高等学校应用型本科管理学

"十二五"规划教材

现代推销技术

主　审　姚　旭

主　编　张海霞

副主编　赵雪虹　李翠亭

中国金融出版社

责任编辑：丁　芊
责任校对：张志文
责任印制：陈晓川

图书在版编目（CIP）数据

现代推销技术（Xiandai Tuixiao Jishu）/张海霞主编 . —北京：中国金融出版社，2014.8
高等学校应用型本科管理学"十二五"规划教材
ISBN 978 - 7 - 5049 - 7552 - 2

Ⅰ．①现…　Ⅱ．①张…　Ⅲ．①推销—高等学校—教材　Ⅳ．①F713.3

中国版本图书馆 CIP 数据核字（2014）第 119818 号

出版
发行　中国金融出版社

社址　北京市丰台区益泽路 2 号
市场开发部　（010）63266347，63805472，63439533（传真）
网 上 书 店　http://www.chinafph.com
　　　　　　　（010）63286832，63365686（传真）
读者服务部　（010）66070833，62568380
邮编　100071
经销　新华书店
印刷　北京华正印刷有限公司
尺寸　185 毫米×260 毫米
印张　24
字数　531 千
版次　2014 年 8 月第 1 版
印次　2014 年 8 月第 1 次印刷
定价　48.00 元
ISBN 978 - 7 - 5049 - 7552 - 2/F. 7112
如出现印装错误本社负责调换　联系电话（010）63263947

前　　言

　　21 世纪是一个知识主导经济、营销决胜未来的时代。随着社会主义市场经济的建立和发展，特别是中国加入世界贸易组织后，中国市场逐步融入世界市场，国内外市场竞争日趋激烈。消费者主权时代的来临向企业提出了新的挑战，企业要想在竞争中得以生存和发展，不仅要大力开发新产品，提高产品的科技含量，向消费者提供物美价廉的商品，还必须重视掌握推销规律、加强推销活动。

　　为了适应我国市场经济发展，本书根据推销员岗位能力标准，结合普通高等院校教育要求和应用型、技能型人才培养的特点，以提高学生整体素质为前提，以培养学生专业基本技能为主线，确定了本书的内容体系。

　　本书在总结多年的推销课程的教学经验基础上，试图编写出一本既有系统的理论知识，又兼具可读性和可操作性的推销理论教材。作为主要为普通高等院校使用而编写的教材，本书较全面地介绍了现代推销学的原理、方法与技巧，体现出"系统、精准、实用"三大特点。

　　1. 理论系统，结构完整。在内容的取舍上，严格按照《中华人民共和国高等教育法》对本科毕业的要求，做到理论体系完整、内容全面。整个教材分为"理论"、"实务"、"管理"和"实训"四大部分。第一，将"推销技术理论"、"推销方式"、"推销理论"、"推销环境"、"客户购买行为分析"和"推销员的素质和能力"等内容合并为"理论篇"。第二，将"寻找客户技术"、"接近客户技术"、"推销洽谈技术"、"客户异议处理技术"、"推销成交技术"、"客户维系技术"六项推销实务技术作为本书的重点，分章叙述，统称为"实务篇"。这一部分可概括为"推销六法则"：寻找客户→接近客户→推销洽谈→异议处理→推销成交→客户维系。这一概括打破了过去所谓的"推销四法则"。一个完整的推销活动应该始于礼仪的准备，然后进行推销调查，接着寻找客户、接近客户，进行实质性洽谈，在洽谈中注意处理好客户异议，消除推销障碍，顺利达成交易，还要进行客户维系，巩固成果和扩大战果。第三，"推销管理"和"推销战略"两章属于知识提升层次的推销管理方面的内容，作为"管理篇"。第四，编排了"专业推销技巧实训"作为"实训篇"共同构成了本书的理论体系。这样划分方便教师因材施教，教师可以按照不同院校、不同专业、不同层次的学生特点进行选择。

　　2. 内容精准，突出应用。本书的编写在理论、原理的叙述上力求精练，言简意赅，在"深度"上以够用为原则。同时在每一章的结尾都安排有"思考与练习"与

"技能训练"。需要学生综合运用所学过的现代推销学的相关知识,在课堂讨论或联系实际,甚至进行一定的实践之后才能回答,加深学生对所学知识的理解。

3. 形式活泼,可读性和可操作性强。根据应用型本科对实践操作能力的要求,坚持实用性、针对性的原则,结合企业推销实践活动,重点突出基本理论的实际应用,将实际管理工作中经常用到的基本思想、基本原理和基本方法讲透。在形式上,打破传统教材的结构形式,每章先用"导入案例"引出教学目标和教学内容,提出问题、引入知识点,大大提高了本书的生动性、启发性与可读性。中间根据需要穿插一些案例或补充知识,帮助学生对原理和方法进行理解;每章后面在小结的基础上进行模拟训练,训练题可操作性强。

本书共分十二章,由哈尔滨金融学院多位教师共同合作完成。具体分工如下:第一章、第二章、第三章、第五章、第六章、第九章由张海霞负责编写;第四章、第七章、第八章由李翠亭负责编写;第十章、第十一章、第十二章由赵雪虹负责编写。全书由张海霞修改定稿。

在本书的编写过程中,哈尔滨金融学院管理系主任姚旭教授提出了许多精辟的见解和宝贵的修改意见,在此表示衷心的感谢。同时本书在编写过程中,参阅了大量论著及文献资料,特向作者们表示深深的谢意!由于水平有限,书中难免有不妥之处,敬请广大师生批评指正。

编者
2014 年 5 月

目　　录

理论篇

实务篇

实训篇

理 论 篇

第一章
推销基础知识

【导入案例】

推销成就人生

据权威部门统计，世界上90%以上的巨富，是从推销员干起的。很多大公司的高层管理人员也都有过作为推销员的经历。

乔·吉拉德连续12年荣登吉尼斯纪录大全"全球销售第一"的宝座，"连续12年平均每天销售6辆车"的汽车销售纪录至今无人能破。他也是全球最受欢迎的演讲大师，数百万人被其演讲所感动，为其事迹所激励。然而，谁能相信，35岁以前的他却诸事不顺，干什么都以失败告终。他换过40余种工作，仍一事无成。

日本明治保险公司推销员原一平，是日本寿险业的泰斗、亿万富翁，被称为"推销之神"。谁会想到他当年进入明治保险公司做一名见习推销员时，连办公桌都是自备的，穷得连午餐都吃不起，没钱搭电车，只能走路上班，晚上甚至露宿公园。

李嘉诚在创业初期也有过一段不寻常的推销经历。11岁时在读完两年小学后便辍学，在舅舅的南洋钟表公司做杂工。后来，他到一家五金厂做推销员，挑着铁桶沿街推销，靠着一双铁脚板，走遍了中国香港的角角落落，从不放弃每一笔可做的生意。再后来，李嘉诚推销塑胶产品，由于业绩突出，20岁便被提升为业务经理，不仅淘得了第一桶金，同时也练就了企业家的才能，为日后进军塑胶业和构建其庞大的企业帝国打下了坚实的基础。

（资料来源：于雁翎．现代推销技术［M］．广州：广东高等教育出版社，2006.）

【教学目标】

通过本章的学习，要求学生了解推销环境的构成、推销要素的划分、推销方式的分类、主要推销模式的演变、推销技术的发展演变；掌握推销环境研究的意义、推销要素之间的联系、爱达模式的主要思想；理解各种推销方式的运用、推销模式的差异。

第一节　推销概述

一、推销技术

推销技术可以划分为广义的推销技术与狭义的推销技术或者划分为传统推销技

术与现代推销技术。广义的推销技术是指把自身的观点、主张、建议、形象、仪表、风格、信誉等推销出去的方法和技巧；狭义的推销技术是通过寻找和接近客户，把企业产品或劳务推销出去的方法和技巧。传统推销技术是以单纯的推销术、广告术为手段，只推销现有产品，不考虑消费者需要的各种方法和技巧；现代推销技术是运用各种现代化工具和手段，针对消费者需求所采用的各种方法和技巧的总称，它要求产品的生产从工艺设计、购进原料开始，就服从于最终销售的要求、服从于消费者需求。

由传统推销技术发展为现代推销技术，是多种因素共同影响的结果，这些因素主要是：社会经济的发展、生产力水平的提高、科学技术的进步、商品流通的发展、消费水平的提高、企业及推销员素质的提高等。上述因素的发展状况决定了现代推销技术的两个基本思想。

（一）推销活动要以消费者需要为中心

现代推销技术首先建立在以满足消费者需要为出发点的思想基础之上，它具体包括以下几个要点：

1. 消费者需要是企业经营活动的出发点。首先，传统的企业经营活动是从购买开始，而现代企业的经营活动产生在产品的设计与构思之前，它建立在市场调研和预测的基础上，是按照消费者需要进行的。由于经营活动从市场调研开始，在产品设计、构思、原材料购买等活动中充分体现了消费者需要，这就从根本上消除了传统推销活动中偶然性的弊端。其次，传统的企业经营是围绕生产进行的，企业重点考虑的是如何以一定的生产设备和生产能力去提高产量并降低成本；而现代企业经营则要求根据消费者需要来调整原材料购买计划，调整企业的生产设备和生产能力。企业的经营思想由过去的以产定销转变为以需定产，这是现代推销技术形成长期性、稳定性特点的重要原因。

2. 消费者需要必须在产品和服务中得到充分体现，即企业生产的产品和提供的服务必须充分满足消费者需要。所谓充分满足是指除产品实体，即产品本身的使用价值能最大限度地满足消费者需要之外，它的延伸价值也要能最大限度地满足消费者需要。所谓延伸价值，是指消费者在使用这种产品的过程中所需要的产品实体之外的其他各种价值，如产品的运送、安装、维修、保养以及销售方式、服务项目等。这种对产品整体性的认识和理解，使现代推销技术的外延有了较大发展。同样，服务行业也应充分体现这一要求，不仅要提供消费者需要的劳务产品本身，还要提供消费者需要的劳务产品以外的各种延伸价值，主要通过优质服务、企业形象等更好地满足消费者需要。

3. 消费者需要的满足程度是衡量企业全部活动优劣的根本标准。对于企业来说，消费者是最重要的公众成员，消费者对企业活动的评价是企业改进工作的最重要依据。现代推销技术还有这样一种思想：客户购买企业特定产品是对企业的惠顾，这本身就包含着对企业的认知以及由认知所形成的良好印象和感情，如果消费者不再惠顾，就标志着企业的失败。

（二）推销活动过程是一项系统工程

现代推销技术的第二个基本思想是用系统论的观点来看待推销技术和推销活动，

把推销活动过程作为一项系统工程。系统论的思想主要包括以下几点：

1. **系统的目的性**。推销活动的目的十分明确，就是把企业生产出来的产品销售出去，实现产品的价值和使用价值，在满足消费者需要并使消费者满意的前提下获得企业利润。事实上，推销员的每一次推销活动都有更加明确和具体的目标：这就要求企业的组织设置、人员调配以及一切业务活动都必须服从于生产适销对路的产品、满足消费者需要这个根本目的。

2. **系统的整体性**。用系统论的观点来看，推销不是一种孤立的活动，而是企业的整体活动，企业中的任何一个部门，推销活动中的任何一个环节，甚至一项具体工作、一位推销员，都是这个系统的重要组成部分，它们构成了一个有机的整体，这个整体的力量大于各个独立部分的力量之和，这个整体要通过共同努力来实现系统的目的和特定功能。用整体性思想看推销，它的成功与否不仅是销售部门的事情，而且是整个企业经营管理活动的综合结果。系统的整体性取决于它的目的性，因为系统的各个组成部分都必须服从系统的目的，必须强调整体配合，不可各自为政、各行其是。只有树立整体性思想，产品推销的成功性才会不断增强。

3. **系统的关联性**。既然推销活动是整体活动，那么其关联性就包括两个方面的内容：一是企业内部各个部门、各项活动、各个环节、各位员工之间的关联性。比如，企业活动的各个环节有着非常紧密的联系，市场调研是生产的前提，生产又是推销的基础，市场调研所得的不准确情报必然导致生产的失误，大量不符合消费者需要的产品又必然使推销活动以失败告终。二是企业对环境的适应性。如果将企业置于整个社会环境之中，把整个社会环境看成一个开放性的大系统，企业就是这个大环境中一个相对封闭并有自身特定功能的子系统，与这个环境相关联。企业要获得推销活动的成功，必须具有较强的环境适应能力和应变能力，根据环境的变化及时调整生产与销售策略。

4. **系统的层次性**。虽然企业中的任何活动都相互联系和相互作用，并服从于统一目标，但是各个部门、各项活动、各个员工都具有更为具体的目标，企业系统的目的和特定功能正是由这些具体目标及经济指标综合形成的。目标具有层次性，小目标必须服从于企业系统的总目标，这样就构成了一个有机整体，这个有机的目标体系使现代企业推销活动具有长期性、稳定性的特点。

二、推销要素

现代推销要素是指构成推销活动过程的内在基本要素，包括推销员、推销对象、推销物品三个方面的内容。在现代推销活动中，推销员和推销对象是推销活动的双重主体，其中，推销员是主动向客户推销产品或服务的主体，推销对象是接受推销员推销的主体；推销物品是推销活动的客体，即被推销员推销和推销对象接受的标的。推销员、推销对象、推销物品三者之间相互依赖、相互联系又相互制约，共同构成了推销活动过程和推销矛盾统一体。就推销双重主体之间的关系来说，推销员追求商品价值的实现，推销对象追求商品使用价值的实现。为了达到双方特定的目的，推销员必须推销商品的使用价值，并力图使之与推销对象的购买目的保持一致；推销对象则应支付相应的交换价值，使之与推销员的推销目的保持一致。

（一）推销员

推销活动能否真正充满激情，给他人和自己带来快乐，完全取决于推销员的素质。一流的推销员，一般应当具备以下素质：思维敏锐、技巧高超、随机应变、通情达理、深谋远虑、积极乐观、勇于进取。

1. 推销员的界定

（1）广义的推销员

从广义上说，推销员的范围较宽，包括工商企业中直接从事产品推销和商品推销的人员（推销员、营业人员等），工商企业中直接参与销售决策和推销管理的人员（厂长、经理、销售主管），工商企业中与销售工作直接联系的从业人员（财会人员、物价人员、公关人员等），工商企业中直接从事商品采购及有关业务的人员（采购员、信息员、调拨员等）。总之，一切与推销有关的业务人员，都是广义上的推销员的组成部分。

（2）狭义的推销员

从狭义上说，推销员是指直接从事产品推销和服务推销的人员。这一界定与习惯上的看法基本相符。按照不同的分类方法，我们可将狭义上的推销员做以下划分：按照销售方式划分，它包括推销员和营业员两类；按照企业性质划分，有生产企业推销员和商业企业推销员。

2. 推销员的素质

推销员的工作十分复杂，要求高、难度大、可塑性强，能否顺利达成交易在很大程度上取决于推销员的个人素质。随着我国市场经济的运行和加入世界贸易组织，培养和造就一支素质较高的推销队伍，已经成为各类企业当前最紧迫的任务和应当努力解决好的问题。在社会主义制度下，要做一名合格的推销员，应当具备相应的政治素质、业务素质、文化素质和法律素质。

（1）政治素质

要当好一名推销员，首先应具备良好的政治素质。推销员必须树立正确的推销思想，养成良好的职业道德情操，文明推销，礼貌服务。不弄虚作假、以劣充好，不招摇撞骗、坑害客户，不见利忘义、唯利是图，严格执行国家政策和法规，真心实意替客户着想，为客户服务。同时，还要有吃苦耐劳的精神和坚韧不拔的毅力，具体地说：

①要有正确的政治立场；

②有良好的推销职业道德；

③树立全心全意为客户服务的意识；

④培养百折不挠的进取精神。

（2）业务素质

作为一个锐意进取、勇于创新的推销员，绝不能仅具备先进的思想，还必须具备过硬的推销本领。只有具备丰富的推销经验、高超的推销技能、敏锐的观察能力和厚实的业务知识，才能适应复杂多变的推销环境，创造良好的工作业绩。推销员的业务素质要求是：

①业务技能。一个熟悉业务的推销员，应该掌握企业、商品、客户、市场等方

面的有关知识和技能。

推销员要熟悉和掌握的业务技能很多，诸如接近客户的技能、探测客户购买动机的技能等。推销业务技巧复杂多样又灵活多变，需要在实践中不断总结、不断改进、不断丰富，也需善于学习、善于借鉴国内外的推销案例。

②熟识行情。推销员必须善于捕捉各种有效的市场信息，并通过对市场信息的识别与利用，掌握市场行情，对商品的兴衰、价格的涨落、竞争的强弱，以及客户兴趣的转移、消费倾向的变迁等情况了如指掌。

③善于观察。推销员经常与客户打交道，接触各种不同性格的客户，必须善于察言观色，及时发现不同客户的差异，随机应变，针对客户个性特点分别采取不同的推销策略。

④善于言辞。具有较好的表达能力，这是推销这一特殊职业的基本要求。

（3）文化素质

推销员具有多重身份，既是企业产品的运销者，又是客户的购买参谋，还是企业与外界的联络员，应当具备较好的文化素质。具体地说，推销员必须具备以下几个方面的文化素质：

①文化知识。推销员要掌握相应的语文、数学、外语知识，最低标准是在推销工作中够用。

②专业知识。推销员应当掌握一定的专业知识和与专业有关的某些知识，包括哲学、政治经济学、市场营销学、现代推销学、商务谈判学、公共关系学、企业管理学、市场物价学、经济法学、广告学、预测学、商品学以及财务、会计、统计、财政、金融、税务等学科的基本知识，这些知识是推销员通向成功之路的桥梁。

（4）法律素质

要做一名合格的推销员，还要有比较强的法律意识和法制观念，要清醒地认识到，与任何企业或个人发生商品或劳务的买卖关系或协作关系，都必须严格守法、依法办事。因此，作为一名推销员，必须具备以下法律素质：

①要有强烈的法律意识；

②要有丰富的法律知识；

③灵活运用国家各项经济法规。

【案例 1-1】

我的财富

某知名大公司欲招聘人才 5 名。经过三轮淘汰，11 位应聘者胜出，他们将参加由总裁亲自面试的最后角逐。而面试当天出现了 12 名考生。"先生，第一轮我就被淘汰了，但我想参加今天的面试。"坐在最后一排的男子站起身说。在场的人都笑了，包括站在门口闲看的一位满头白发的老奶奶。总裁颇有兴趣地问："你第一关都没过，来这儿有什么意义呢？"

男子说："我掌握了很多财富，我本人也是财富。虽然我只有本科学历、中级职称，但我有 10 年的工作经验，曾在 16 家公司任过职……"总裁打断他说："先后跳槽16家公司，我并不欣赏。"

男子说："先生，我没有跳槽，是那16家公司先后倒闭了。我很了解那16家公司，也曾与大伙努力挽救它们，虽然不成功，但我从它们的错误与失败中学到了许多东西。我只有32岁。我认为这就是我的财富……"站在门口的老奶奶这时走进来，给总裁泡了杯茶。男子离开座位，边走边说："这10年经历的16家公司，培养、锻炼了我对人、对事、对未来的敏锐洞察力，举个小例子吧——真正的考官，不是您，而是这位泡茶的老奶奶……"

其他的11个考生哗然，惊愕地盯着泡茶的老奶奶。老奶奶乐了："很好！你被录取了，顺便问一下，我的表演'失败'在哪里？"

（二）推销对象

1. 推销对象的界定及分类

推销对象是推销活动的主体之一，即接受推销员推销的主体，包括生产者、中间商、消费者三种身份的客户。客户按其购买产品或服务的最终用途来分，有消费者和用户两个特定表述。

一般来说，购买产品或服务用作生活消费的个人或者组织，称为消费者；为了生产和经营上的需要而购买产品的个人或组织，称为用户，主要包括生产者和中间商。无论是生产者、转卖者，还是消费者，对某个具体的企业来说，都有可能成为准客户、常客户、潜在客户或现实客户。准客户是指真正有意购买企业产品或服务的个人或组织，这些个人或组织具有足够的支付能力和决策能力。常客户是指经常购买企业产品或服务的老客户。潜在客户是指有可能购买企业产品或服务的客户。客户受支付能力、提货条件等因素的制约，暂时不能购买企业的产品或服务，其需求处于潜伏状态，一旦条件成熟，潜在客户就转变为现实客户。现实客户是指具有消费需要、购买欲望、支付能力、决策能力并进行实际购买的客户。

2. 影响客户购买决定的影响因素

在推销活动中，推销员必然和客户发生联系，这就需要掌握和了解客户的消费需要、购买心理、购买动机和购买行为，分析影响客户作出最后购买决定的各种因素。影响客户作出最后购买决定的因素主要有：

（1）客户的决策能力

具有购买能力的客户往往会十分关心推销员的推销，但是具有购买能力的客户未必一定会购买所推销的产品或服务，还要看客户有没有购买决策能力。因此，客户最终是否采取购买行动，除必要的购买能力外，还取决于他的购买决策能力。

（2）客户的需求欲望

客户对销售物品的需求欲望程度各不相同，这与他们需求的迫切程度以及推销物品满足其需要的能力等因素有关。客户购买的主要是满足特定需要或解决特定问题的产品或服务。推销产品或服务越是能够解决客户的问题，客户的购买欲望也就越大。

（3）客户的产品知识

客户因所取得的产品资料及其来源不同，加上他们本身的差异，其产品知识也会存在很大差异。如果信息资料有误，客户就很可能产生各种误解；如果客户对产品或服务十分了解，他们就会对产品或服务十分喜爱或者憎恶；如果客户对产品完全没有认识，他们也不会对产品或服务产生兴趣；如果客户同时认识同类竞争产品或服务，他们就会全面比较这些产品或服务的优劣，进行综合评价。

（4）客户的购买期望

客户购买商品，都具有相应的期望值，购买不同商品存在不同的期望值。就消费品来说，购买一般的日用品只有对产品本身的期望，即对其性能、质量、功能、效用方面的基本要求；购买高级消费品则除对产品本身有较高的期望外，还对产品附加值存在较高的要求，如运送、安装、维修、保用等。期望越高，购买越慎重。但对推销员来说，最重要的是使产品或服务满足客户需要的程度与客户的购买期望相一致。

3. 三种身份的推销对象

生产者为了生产，要接受生产设备、生产资料及其他与生产有关的产品或服务的推销；中间商为了转卖，要接受生产企业和其他商业企业推销员的推销；消费者为了消费，更要接受各类推销员的推销。因此，消费者、生产者、中间商构成了三种意义上的推销对象。

（1）消费者

从严格的意义上讲，这里的消费者是指进行生活消费的个人或组织。根据消费的性质和规模，可将消费者分为个人消费者和集体消费者两大类。

（2）生产者

生产者是指直接进行物质资料生产的组织或个人。生产者购买产品的目的是进行生产活动，为生产而购买。生产者的种类很多，大致可分为农业生产者和工业生产者两类。

（3）中间商

中间商是专门从事商品流通、媒介商品交换的独立的行业，是生产与消费、工业与农业、城市与乡村之间的桥梁和纽带。受消费需要、产销矛盾、社会分工等多种因素影响，生产企业的很大部分产品一般先向中间商推销，再由中间商去进行最终推销。因此，中间商是生产者和其他中间商的直接推销对象。中间商有许多种划分方法：按流转环节划分，有批发商和零售商；按经营性质划分，有经销商和代理商。

（三）推销物品

推销物品作为推销活动的客体，在各种推销要素中居于十分重要的地位。推销客体一方面依赖于推销双重主体力量的推动，另一方面它的运动变化又会形成自身的规律和特点，反过来要求推销主体遵循自己的运动规律和特点。正是因为推销主体和推销客体的这层关系，才构成了推销。推销客体是产品、服务、观念三个方面的综合体。按照不同标准，推销物品可以分成多种类型，但从大的方面，可分为生活资料和生产资料两大类。

1. 生活资料

（1）日用品

日用品是消费者日常生活经常需要的生活资料，如肥皂、火柴、牙膏等。日用品的主要特点是：单低价、体积小、范围广、生活必需。

（2）选购品

选购品是消费者需要对其质量、规格、花色、式样、价格等进行慎重挑选之后才作购买决定的生活资料。

（3）特殊品

特殊品是至少在某个方面有独到之处的生活资料。我国目前市场上流动的特殊品大致有两类：一是满足各种特殊客户需要的产品，如特殊体型服装、残疾人用品等。二是有独特性能的高级消费品，如高级照相机、豪华音响、高档汽车等。

如果按消费者的需求层次进行分类，生活资料又可以分为生存资料、享受资料、发展资料三类。根据一般的消费模式，人们对这三类生活资料的需要是逐层发展的，即满足了生存需要之后必然产生享受需求，继而又产生发展需求。但这一顺序也不是绝对的。同时，生活资料的消费结构具有明显的趋向性，在吃、穿、用三类生活资料中，用的比重较小。随着消费水平的提高，消费结构会发生相应的变化，将逐渐变为用、穿、吃的结构。任何生产或经营生活资料的企业及其推销员都要把握住这种消费结构的变化趋向。

2. 生产资料

生产资料是指人们在生产物质财富过程中使用的劳动手段和劳动对象的总称。生产资料的推销被称为中间产品的推销，它与生产的关系比生活资料更直接。生产资料包括的范围广泛，门类众多，品种繁杂，涉及各种生产企业进行生产所必需的生产设备、原材料、燃料、动力、辅助材料等。生产资料按其本身最基本的属性划分，有工业生产资料和农业生产资料两大类。

（1）工业生产资料

工业生产资料包括进行工业生产所需的一切物质要素，包括主要设备、次要设备、原材料、半制成品与零件、燃料、动力、辅助材料。

（2）农业生产资料

农业生产资料是进行农业生产的物质要素，是农业生产者从事农、林、牧、副、渔各业生产所需要的物质资料的总称，包括农业机械、改良工具、中小农具、耕畜、种子、种苗、化肥、农药、农用薄膜等与农业生产密切相关的农业投入品，这是进行农业生产最基本的要素。

三、推销形式与典型工作任务

（一）推销的形式

推销的形式主要有上门推销、电话推销、店堂推销、会展推销和网络推销等。

1. 上门推销

上门推销在国外十分普遍，1992 年美国友邦保险公司将上门推销这一新鲜事物带入上海，这种推销形式开始在我国企业大范围采用，成为一种重要的推销方法。推销员上门推销，可以直接同客户接触，具有自身优势。

2. 电话推销

电话推销就是推销员通过电话向潜在客户展示商品或服务，以达到获取订单、成功销售的目的。这种推销形式在联系距离较远的客户或为现有客户服务方面具有一定的优势，推销员可以坐在办公室里开展业务，降低了成本费用。随着我国信息与通信技术的飞速发展，作为一种普遍快捷的信息交流工具，电话推销已成为推销员从事销售活动、与客户保持联系的重要工作方式。

3. 店堂推销

店堂推销是指推销员在固定的营业场所向前来寻购的客户销售商品的一种推销形式。与其他推销形式相比，其主要特点是客户主动上门，只要推销员接近客户的方式和时机恰当，准确掌握客户的需求偏好，往往能得到客户的主动配合，说服客户立即采取购买行为。对推销员而言，不需要去茫茫人海中寻找客户。店堂推销的核心是提供优质服务。

店堂推销的基本方式有柜台售货、开架与自选售货、展销售货等。推销员在接待客户时，要善于察言观色，寻觅时机；主动接近，热情服务；展示商品，激发欲望；说服诱导，促成购买；包扎商品，礼貌送客。

4. 会展推销

在经营活动过程中，企业常常召开各种展销会、洽谈会、交易会、订货会、商品说明会等，这也是一种比较好的推销形式。会展推销的主体包括会展企业和参展商两个方面。如果从会展主办者的角度来看，会展推销是指会展企业为了吸引更多的参展商，提高会展品牌的价值和影响力，通过价格、服务、形象设计、宣传等多种手段所进行的推销活动过程。如果从参展企业的角度来看，会展推销是指参展企业通过有目的地参加若干个专业展览会，采取适当的营销策略来提升品牌形象，扩大品牌知名度和建立并健全营销网络的一种推销活动过程。

5. 网络推销

网络推销是指推销员借助互联网沟通平台，利用各种网络工具推销企业商品的推销形式。

网上推销的方法主要有两种：一是利用第三方平台推销。网络上目前有很多知名的第三方推销平台，如淘宝、易趣、阿里巴巴、京东等，网络推销的初级阶段一般是从这里开始；二是利用企业的网站推销商品。其主要采取通过扩大网站知名度，提高网站访问量，起到宣传、推广企业以及企业商品的效果。企业推销员可以在互联网上，利用各种网络工具从事销售活动，如利用网络广告、QQ 软件、网络聊天室、网上论坛发帖等多种方式向客户销售相关商品，有些软件类商品还可以免费下载试用，从而吸引上网者关注，激发购物欲望，引导上网者到企业网站或网络商店购买商品。

（二）推销的典型工作任务

推销活动的形式多种多样，如果从推销员与客户接触的时间顺序来考察，推销活动则包括推销准备、推销接近、处理异议、推销成交等典型工作任务。不同的推销形式，具体工作任务会有所不同，如图 1-1 所示。

四、推销员的职责

职责是必须做的工作和必须承担的责任。在推销过程中推销员的基本职责包括

典型工作任务	上门推销	电话推销	店堂推销
典型工作任务1 推销准备	寻找客户 资格审查 访问计划	收集客户资料 设计开场白	营造氛围
典型工作任务2 推销接近	接近客户 初步洽谈	找出关键人物 挖掘需求	探寻需求 推介产品
典型工作任务3 处理异议	处理异议	处理异议	处理异议
典型工作任务4 推销成交	推销成交 售后服务	推销成交 跟进客户	推销成交 做好服务

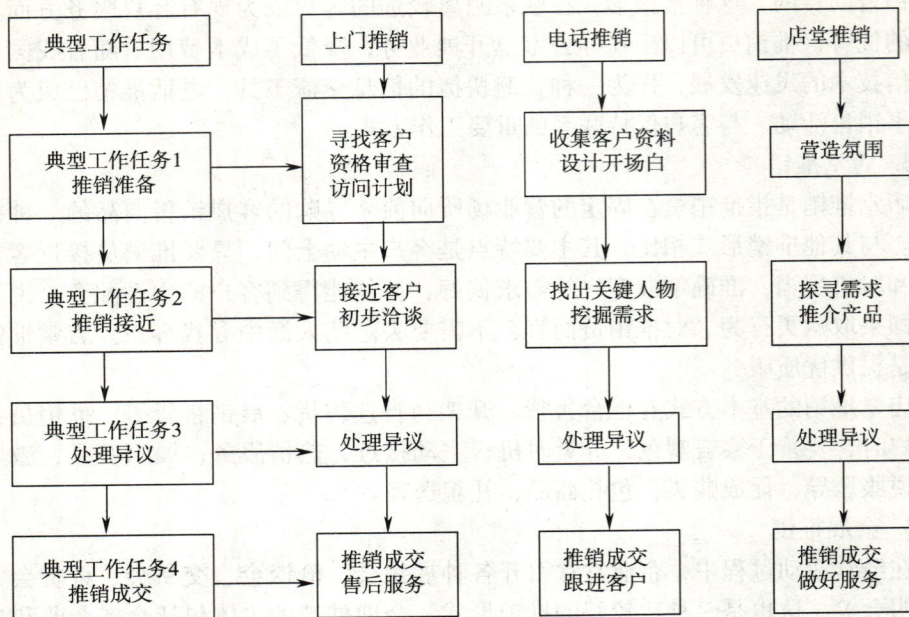

图 1-1 推销的典型工作任务

以下方面。

（一）收集资料，传递信息

推销员是联系企业与客户的桥梁和纽带。在实际推销过程中，推销员应及时准确地向购买者传递有关企业、商品和劳务的信息，向客户说明购买和使用本企业产品所能得到的效益及产品的售后服务情况等，激发购买欲望。与此同时，推销员还应随时收集市场信息资料，如市场的需求状况及其发展变化趋势、目标客户的信息情况、客户对企业产品的评价和意见、竞争对手的产品与本企业产品的区别、竞争对手的市场营销战略和战术等。这些信息要及时反馈给企业以提供决策的依据。

（二）销售产品，开拓市场

推销商品和服务是推销员的主要职责，也是推销工作的核心。推销员不仅要了解和熟悉现有客户的需求动态，还要能够寻求新的目标市场，发展潜在客户，进行市场开拓工作。因此，推销员必须具有市场开拓能力、善于发现机会，挖掘潜在客户并通过真诚的服务将产品销售给客户。

（三）跟踪服务，保持联系

商品推销活动的过程也是为客户提供服务的过程，服务包括售前服务、售中服务和售后服务。做好服务工作是增加产品价值、提高产品竞争力的重要手段。推销员除了直接销售产品外，还应该为客户提供业务咨询、技术协助、融资安排、准时交货等相关服务。此外，客户购买商品并使用后，会对商品有一定的评价，这些评价会直接影响企业及产品的声誉，关系企业的未来，因此，推销员应与客户继续保持联系，了解他们对商品的满意程度并建立客户档案，对重点客户进行分析和管理。

（四）双向沟通，树立形象

推销活动实际上是推销员与客户的双向信息沟通过程，推销员应具备熟练的传播沟通技巧。推销员在与客户沟通过程中，其言行举动代表着产品形象和企业的形象，其素质是客户判断企业形象最直接的标准和依据。因此，推销员要时刻记住宣传企业的形象，处处维护企业的形象，不要为一时小利而损害企业的形象。

第二节　推销模式

推销模式是根据推销活动的特点及对客户购买活动各个阶段的心理演变而采取的策略所归纳出的一套程序化和标准化的推销形式。选择适当的模式开展有针对性的推销有助于推销员出色地完成推销任务。推销理论中最具代表性的模式是爱达模式，其他推销模式还有迪伯达模式、吉姆模式和埃德伯模式等。虽然这些推销模式是建立在推销心理基础之上的，是推销员在推销活动中可以参照的标准推销形式，但由于推销活动的复杂性和推销环境的多变性，推销员不应被标准化程序所束缚，而应从掌握推销活动的规律入手，灵活运用推销模式。

一、爱达模式

爱达模式是欧洲著名推销专家海因兹·姆·戈德曼于 1958 年在其所著的《推销技巧——怎样赢得客户》一书中概括出来的，是根据客户心理的发展过程阶段研究得到的。爱达是 AIDA 的译音，是注意（Attention）、兴趣（Interest）、欲望（Desire）、行动（Action）的英文缩写。其内容可表述为：一个成功的推销员必须把客户的注意力吸引或转移到所推销的产品上，使客户对其推销的产品产生兴趣和购买欲望，而后促使客户作出购买行动。

其中：

"注意"是指推销员以动人的言辞、虔诚的态度，或利用新品的特性，将客户的注意力吸引到推销员或推销产品上来；

"兴趣"是指推销员利用商品的某些性能或外观对客户感官造成刺激，从而使客户对商品作出肯定的评价；

"欲望"是指客户对商品发生兴趣后，推销员主动提供有关商品的详细情况，使客户确信购买了推销的商品，可以得到实惠或精神上的满足，从而激起购买的欲望；

"行动"是指客户作出购买决定，并采取购买行动。当客户有购买欲望后，推销员应设法引导客户作出购买决定。若尚有疑虑，则应耐心地加以诱导使之作出购买决定。

爱达模式是被推销学界普遍认同的推销模式之一，是一种传统的推销模式。爱达模式从客户心理活动的角度，具体研究推销的不同阶段，对推销实践具有一定的指导意义。爱达模式不仅适用于柜台推销、展销会推销等店堂的推销，还适用于一些易于携带的生活用品和办公用品的推销，也适用于新推销员对陌生客户的推销。

推销活动复杂多变，推销员在推销过程中，应灵活运用爱达模式。爱达模式四个发展阶段的完成时间是不固定的，可能数个月，也可能几分钟，四个阶段的先后次序也并非一成不变，有时甚至可省去某一阶段。推销员只有把握推销各环节并掌握其规律性，才能充分运用。其具体应用如下所述。

（一）引起客户注意

注意是人们的心理活动对一定客体的指向和集中，以保证对客观事物获得清晰的反映，它是感觉、知觉、记忆、思维等心理活动过程的综合特征。在推销活动中，客户的购买行动通常是从注意开始的。客户对推销的注意可分为有意注意和无意注意两种类型。有意注意是指客户主观能动地注意推销活动。这类客户通常采取完全主动的态度，只要推销员把握时机，稍加说服就能使客户作出购买决定。无意注意是指客户不由自主地对推销活动产生注意，是在主客观特殊条件下，由一定的刺激物直接引起的。这类客户事先没有预定的目的，对推销的注意往往随着周围环境的变化而产生，若引起注意的刺激物不能继续影响客户，则客户的注意力会下降并转移到其他事物上。

推销员要将客户的注意力"集中到你所说的每一句话和你所做的每一个动作上"。在推销活动中，客户有意注意的发生比无意注意少得多。因此，如何设法唤起客户的注意，主要是实现客户从无意注意向有意注意的转化，使客户愿意把时间、精力等从其他方面转移到推销活动上来，是推销员必须认真思考的问题。引起客户注意的主观因素主要有欲望、情感和兴趣；客观因素主要为强烈刺激、变化刺激和新异刺激。其中，引起客户注意的客观因素称为推销刺激。推销活动中，受到时空和环境条件等因素的制约，唤起客户的注意因人而异、因物而异、因时而异、因地而异。

唤起客户注意的方法有很多，下面简单介绍几种：

1. 出奇制胜法。所谓出奇制胜法就是造成客户的思维模式混乱而当其重新调整时，唤起客户注意的方法。该方法主要运用在推销活动的开头，给客户留下非常深刻的第一印象，有利于推销活动顺利进行，如日本西铁城手表在开拓澳大利亚市场时就采用了从飞机上丢手表的方式来唤起客户的注意。

2. 旁征博引法。所谓旁征博引法就是利用客户熟悉可信且感兴趣的事物（或事件）来唤起客户注意的方法。这种方法一般在企业开拓市场或扩大市场时采用，如四通打字机曾用中国的俗语"不打不相识"来做广告，达到了唤起客户注意的目的。

3. 气氛渲染法。所谓气氛渲染法就是使客户感知周围的事物，包括气味、照明、音响、空间等外界刺激，从而唤起注意的方法。这种方法适用于无形产品的推销，如商业、餐馆、旅游等。

4. 实物招徕法。所谓实物招徕法就是利用商品本身及其包装、商标等招徕客户，唤起客户注意的方法。这种方法加深了人们对商品的感性认识，快速地对商品产生注意，食品、化妆品、服装等商品比较适合用这种方法。

5. 计谋引诱法。所谓计谋引诱法就是利用神秘性和悬念唤起客户注意的方法。这种方法适用于有一定科技含量的商品，通过制造悬念来达到推销商品、引起注意的目的。

（二）诱导客户的兴趣

兴趣是一个人对客体的选择性态度和心理倾向，它表现为客户对某种活动、某种事物的好奇、期待、偏爱和喜好等积极态度。诱导客户的兴趣是指推销员通过推销活动使客户了解产品的优点和优势，认识到该产品能满足自身的需要，从而对推销活动有意识地积极接近。客户购买兴趣的发生和发展是以一定的需要为基础的，人们需要的多样性决定了购买兴趣的差异性。

客户的购买兴趣可分为四种基本类型：①倾向性购买兴趣，即客户受生活环境、职业、地位及个性等因素影响，形成各自不同的购买取向，从而产生偏向于某一销售区域、内容和方式的购买兴趣；②变化的购买兴趣，即客户在一定时期内，受环境、需要和个性等因素影响而经常改变的购买兴趣；③广泛性购买兴趣，即同一客户因需求的多样性而同时具有多种不同的购买兴趣；④效果性购买兴趣，即不同客户受外界的影响，特别是受购后感受差异的影响而对同一感兴趣的购买表现出不同认知结果的购买兴趣。

在购买过程中，客户的兴趣与注意有着密切的联系，注意的发生以一定的兴趣为先决条件，而客户购买兴趣的大小又常常为注意程度所左右。兴趣在注意的基础上发展而来，反过来又强化注意，兴趣的积累和强化便是欲望。

在推销活动中，客户的购买兴趣具有较大的自发性和诱导性。自发性购买兴趣一般不能解决推销过程的全部问题，必须探索一定的技巧和方法去诱导客户的购买兴趣。诱导客户通常有以下几种方法：

1. 感情联络诱导法。感情联络诱导法就是通过感情的联络使客户体验到积极的情感，并通过积极的情感又反作用于兴趣的方法，如推销过程中运用真诚的微笑、亲切的问候、注意礼仪等来与客户沟通，让客户对推销商品和推销活动感兴趣。

2. 展示表演诱导法。展示表演诱导法就是通过展示商品样品以唤起客户注意。当客户注意后进一步显示商品主要部分的功能、特点，这就要采用推销品（服务）展示表演的技巧来诱导客户产生购买兴趣，如推销服装时，通过时装秀去诱导客户的兴趣就是常用的方法。

3. 应变诱导法。应变诱导法就是在客户对推销产生兴趣时，根据客户的各种变化来灵活调整推销活动，让推销活动适应客户的购买，即围绕购买而变化的方法。在推销活动中，会遇到各种各样的推销异议，这时推销员应根据具体情况来诱导客户的购买兴趣。

4. 排除干扰诱导法。排除干扰诱导法是指当客户对推销的积极情感产生后，其他某些外界刺激会干扰客户的情绪，通过排除干扰来保持客户兴趣的方法，如家庭购买时常受到小孩的干扰。

5. 客户亲身体验诱导法。客户亲身体验诱导法就是让客户亲身接触商品或身临其境并感受到商品所带来的利益，从而引起兴趣的方法。此方法能让客户比较直观地感受商品，如推销空调时，让客户在空调房里待会儿就可以诱导其购买兴趣。

6. 对比诱导法。对比诱导法就是分析和综合两件事件或一件事物的两个方面的特征，找出其相同之处和不同之处，并以此来突出自己、诱导客户兴趣的方法。在对比时需注意两个问题：一是要突出商品的"特殊好处"，即商品的卖点；二是要注意对比的"可比性"和"优越性"，只有合理的比较才能得到客户的认同。例如，在推销"减肥茶"时，除了要说明茶叶的诸多好处，如提神、解渴等，更要突出茶叶的"特殊好处"——降脂、减肥，并通过介绍原理突出其好处，激发客户的兴趣。

阅读材料

诱导客户兴趣的关键是要使客户清楚地意识到购买产品所能得到的好处和利益，做示范是向客户证实推销员所提供的产品确实有某些优点的极好办法。爱达模式中的兴趣阶段就是示范阶段，这一阶段推销员要注意以下问题。

1. 明确向客户示范的内容。推销员在进行业务拜访的准备工作时，要问自己："我要向客户示范些什么？"只有对这个问题作出了正确回答，示范的目的才能更明确，重点更突出。推销员为了说明小轿车的动力，不必让客户看密密麻麻的数据，只需请客户和自己外出试车就行了。在示范中，推销员应该向客户介绍怎样使用所推销的产品，让客户了解产品有哪些实际功能和特点。在英国从事推销工作有30年经验的汤尼·亚当斯一次向一家电视公司推销一种仪器，仪器重12公斤，由于电梯发生故障，他背着仪器从一楼爬到五楼，见了客户，一阵寒暄之后，亚当斯对客户说："你摸摸这台机器。"趁客户伸手准备摸机器时，亚当斯把仪器交到客户手中，客户很惊讶："喔，好重！"亚当斯接口说："这台机器很结实，经得起剧烈的晃动，比其他品牌的仪器耐用2倍。"最后，亚当斯击败了竞争企业，虽然竞争企业的报价比他便宜30%。

2. 无论推销什么产品，都要尽量做示范。即使是客户比较熟悉的产品，或客户对示范不太感兴趣，也要做示范，而且示范得越早，效果越好。产品越复杂，技术性能要求越高，就越有必要通过示范使其具体化。如果产品不便携带，则可以利用模型、样品、照片和图片等做示范。推销员也可通过写写画画，如用图表的方式说明推销的产品。

3. 示范动作要熟练有吸引力。示范动作要干净利落、准确无误，多余的、拖泥带水的以及太夸张的动作都会带来消极影响。有时，为了使所推销的产品更具有吸引力，做示范时可适当安排些小插曲。例如，一个推销员推销承重量达100公斤的儿童玩具，为了向客户证明该儿童玩具牢固结实，他猛地一下子跳到玩具的小座椅上。一个钢化玻璃推销员身边总是带着一把榔头。在向客户做示范时，他用榔头猛力敲打玻璃。

4. 让客户参加示范。若条件允许，应让客户亲自示范，比推销员自己单独做示范更能激发客户的兴趣。推销员也可以在做示范时给客户一些必要的指点，自己先示范所推销的产品，边示范边指导，然后让客户自己操作。对一些机械产品和小型电动机械，客户总想亲自试一试。许多办公室的电话系统、计算机、汽车、家用电器和其他一些产品都是通过这种方式销售出去的。

5. 引导客户从示范中得出结论。一般情况下，推销员做完示范后应当直截了当地向客户提出这样一个问题："你现在是否相信这种产品确实像示范所证实的那样？"客户的回答可能有三种。

第一，"不，这种示范说明不了问题。"如果得到这样的答复，那就表明推销员的推销失败了。假如推销员没有向客户提问，他就会对示范的效果茫然不知，永远被蒙在鼓里。

第二，"嗯……我不知怎么说才好。这产品看起来倒挺好，但……"这种回答表明，虽然不能说推销员的示范是失败的，但起码它不能完全令人信服。客户对产品仍心存怀疑。究其原因，可能是推销员过高地估计了示范的效果，可能是客户没有亲手示范，也可能是客户认为示范的产品是专门挑选的。因此，应尽量由客户亲自操作，而且必须能使客户相信所提供的样品与其他产品没有差别。

第三，"您的示范我非常相信。"听到客户类似的回答，就可以证明推销员的示范达到了预期的效果。客户对推销员的示范表示信服，这为下一步的推销工作奠定了良好的基础。推销员应该抓住机会，进一步唤起客户的购买欲望，达到实现产品销售的目的。

（三）激发客户的购买欲望

购买欲望是客户想通过购买某种商品或服务给自己带来某种特定利益的一种需求。激发客户购买欲望是指推销员通过推销活动唤起客户的购买兴趣后，努力使客户的心理不平衡，把对推销产品的需要和欲望放在重要位置，从而产生购买欲望。一般而言，客户对商品发生兴趣后就会权衡买与不买的利益比较，对是否购买处于犹豫之中。这时，推销员必须要从认识、需要、感情和理智等方面入手，根据客户的习惯、气质、性格等方面的个性特征，采取多种方法和技巧，促使客户相信推销员和商品，不断强化客户的购买欲望。当客户觉得购买产品所获得的利益大于所付出的费用时，就会产生"购买的欲望"。

激发客户欲望主要有以下两种方法：

1. 利益直陈法。利益直陈法就是通过直接对客户购后利益的充分陈述来激发客户购买欲望的方法。这种方法使用时要实事求是，对客户要晓之以理、动之以情，不断强化客户的购买欲望。如果推销员使客户认识到，不能拥有此产品则心理将永远不能趋向平衡，那么客户就会产生对推销产品的强烈的购买欲望。

一位推销员唯有具备丰富的产品知识，才能在推销中成功地激发客户的"购买欲望"。所谓"具备丰富的产品知识"，指的是对产品的各种特色有相当的了解。而"产品的特色"的含义是与同类产品相比，有明显不同的地方。

2. 因势利导法。因势利导法就是通过推销员精心设计成的一系列提问来诱导客户逐渐悟出某些道理的方法。这种方法运用得好，能起到事半功倍的作用。因为客户在购买之前对商品不一定非常了解，这时推销员通过一些提问了解客户的想法，并进行有针对性的引导教育，让客户明白道理，随之激发其购买欲望。总之，"让客户明白一个道理比推销员陈述一百遍这个商品的好处更有用"。

在此阶段，必须消除客户的消极情绪。一方面客户觉得产品不错，自己需要，这是客户的积极情绪；另一方面有的客户又会产生消极情绪，面对推销员和推销产品，客户会充满疑虑与患得患失，他既不愿失去一个能较好地满足自己需要的机会，又担心产品是否真正能够满足需求。如果对推销员并不很熟悉，客户会担心推销员所描述的一切是否属实。推销员若不能消除客户的顾虑，客户就不会产生购买欲望。

（四）促使客户采取购买行动

促使客户采取购买行动是推销员运用一定的成交技巧和策略来敦促客户采取购

买行为的过程。通常情况下，尽管客户对商品产生了兴趣并有意购买，但也会处于犹豫的状态。这时，推销员就应注意成交的信号，把握时机运用策略和技巧来促成购买，而不是任其发展。成交的时机是很难得的，而且稍纵即逝，一旦时机成熟应该立即提出成交，绝不能坐失良机。推销员应密切观察客户的言行举止，从中确定客户心理变化，判断客户体态言行所体现出来的含义，从中捕捉成交的实际信号。

二、迪伯达模式

迪伯达模式是海因兹·姆·戈德曼根据自身推销经验总结出来的新模式，被定位为"创造性销售的一种新方法"。"迪伯达"是六个英文字母"DIPADA"的译音。这六个英文字母分别为六个英文单词的第一个字母。它们表达了迪伯达模式的六个推销步骤：准确地发现客户的需要与愿望（Definition）；把推销品与客户需要结合起来（Identification）；证实所推销的产品符合客户的需要（Proof）；促进客户接受所推销的产品（Acceptance）；激起客户的购买欲望（Desire）；促成客户采取购买行动（Action）。

迪伯达模式是以需要为核心的现代推销技术在实践中的运用，其特点是紧紧抓住了客户需要这个关键性环节，被认为是一种创造性的推销方法。作为推销公式，它的实际运用与推销活动的程序同步，它使推销程序和推销技巧获得了统一，使推销活动走向了公式化、程序化、现代化的时代，是现代推销技术研究的划时代的标志，被誉为现代推销法则。迪伯达模式较适用以下方面：生产资料市场产品、老客户及熟悉客户、无形产品及无形交易（如保险、技术服务、咨询服务、信息情报、劳务市场等）单位购买者。

迪伯达模式的实施步骤如下。

（一）准确发现客户有哪些需要和欲望

客户只有产生需要才会产生购买动机并导致购买行为。推销员要善于了解客户需要变化的信息，利用多种方法寻找与发现客户现实和潜在的需要和愿望，通过说服启发，刺激与引导客户认识需求，为推销创造成交机会。

（二）把商品和客户的欲望结合起来

在发现和指出愿望后，再向客户介绍推销的商品，并把商品与客户的需要和愿望联系起来，找到其共同点。这样就能非常自然地把客户的兴致转移到产品上去，为以后的推销铺平道路。

（三）证实商品符合客户的需要和欲望

证实不是简单的重复，而是推销员使客户认识到商品是否符合他的需要的过程。要达到这个目的，推销员必须做好证据理由的收集和应用等准备工作，熟练掌握展示证据和证实推销的各种技巧。

（四）促使客户接受商品

有些推销员在使用迪伯达模式时，往往忽视向客户证实他对所推销的商品有需求。客户只有接受了商品并证实为他所用才可能采取购买行动，因此推销的主要目的是促使客户接受商品，对商品产生积极的心理取向。

（五）刺激客户的购买欲望

当客户接受了商品后，推销员应及时激发客户的购买欲望，利用各种方式和策略刺激客户对商品产生强烈的满足愿望，为客户的购买行动打下基础。

（六）促使客户采取购买行动

在客户产生强烈的购买欲望后，推销员应不失时机地运用各种技巧和方法来强化客户的购买欲望，并使之作出购买决定，促成购买。

三、吉姆模式

吉姆模式是指在推销活动中，客户接受商品、采取购买行动、实现推销成交，是产品、企业和推销员三个因素共同作用的结果。因此，推销员只有充满信心，相信自己的产品、自己的企业，才能在推销活动中取得成功。"吉姆"是英文产品（Good）、企业（Enterprise）和推销员（Man）的第一个字母的组合"GEM"的译音。吉姆模式的核心特征是"相信"，它对于培养推销员的自信心和说服能力具有重要作用。

吉姆模式的"相信"包括以下三个方面。

（一）相信自己推销的商品

推销员在向客户推介产品时要表现出对商品的信心，首先要对自己商品的性能特点、设计原理、生产过程、成本、利润及经营策略等有充分的了解；其次对竞争对手的产品也要有所了解；最后还要能有效地发现自己的长处与不足，这样才能满怀信心地帮助客户选择并购买其真正需要的商品。

（二）相信自己代表的企业

企业对员工的关心和重视会使员工对企业产生感情，激励他们维护企业的形象，富有责任感和使命感。企业的成功要靠全体员工的共同努力，企业要有深厚的企业文化，要求员工了解企业的财力、制度、规模、实力和竞争力等状况，加强员工参与意识，使其愿意与企业同舟共济，赢得良好的社会信誉和社会形象，并用自己对企业的荣誉感来吸引和感染客户。

（三）相信推销员自己

推销商品首先是推销自己，只有推销员自己为客户所接受，客户才会接受商品。推销员必须自信，并用自己的推销热情去鼓舞客户，用自己的推销艺术去感染客户，用自己的推销知识去说服客户。推销员的自信不是一蹴而就的，而是在长期的实践中逐渐磨炼出来的。

四、其他模式

（一）埃德伯模式

埃德伯模式是迪伯达模式的简化形式。"埃德伯"是五个英文字母"IDEPA"的译音。这五个英文字母分别为五个英文单词的第一个字母。它们表达了埃德伯模式的五个推销步骤：第一步是"Identification"，即把推销品与客户需要结合起来；第二步是"Demonstration"，即向客户示范产品；第三步是"Elimination"，即淘汰不合适的产品；第四步是"Proof"，即证实客户的选择正确；第五步是"Acceptance"，即促使客户接受产品。

埃德伯模式多用于向熟悉的中间商推销，也用于对主动上门购买的客户进行推销。

（二）希斯模式

希斯模式把整个推销过程分为四个发展阶段，即分析购买欲望、判断购买决策者、协调集体决策各个成员的意见分歧、创造有利的市场环境。这种模式主要适用于推销各种生产资料。

（三）韦伯斯特—温特模式

韦伯斯特—温特模式包括四个基本要点，即把握市场环境、了解组织、掌握购买核心、熟悉决策参与者。这种模式主要适用于向集团推销。

（四）费比模式

它是由美国俄克拉荷马大学企业管理博士、中国台湾中兴大学商学院院长郭昆漠总结并推荐的推销模式。"费比"是四个英文字母"FABE"的译音。这四个英文字母分别为四个英文单词的第一个字母。它们表达了费比模式的四个推销步骤：把产品的特征详细地介绍给客户（Feature），充分分析产品优点（Advantage），尽数产品给客户带来的利益（Benefit），以"证据"说服客户（Evidence）。

【案例1-2】

彭奈连锁店的零售哲学

彭奈公司是美国最大的零售商之一，仅次于西尔斯公司排行第二，彭奈公司从当初的一个小小的零售店变成连锁店遍布全美的大企业，其中包含着彭奈的不少经营哲学。

他的第一个原则是"什么价钱买什么货"，也就是说，在他商店里买的东西，绝没有骗人的货色。

关于这一点，彭奈对他的店员要求得非常严格，并对他们施以短期训练。比如一条毛巾有50美分、60美分、80美分三种货，店员一定要对客户事先说明，这种货有三种，并把三种货都拿个样品给客户看，让客户有充分的挑选机会。有时候，店员甚至还会告诉客户，其他店里有而他们没有的货物，他们会说："这是一种新出的牌子，我们还没有深入了解它的品质，所以暂时还没有供应。"

当初彭奈要实行这一接待技巧时，有很多人表示反对，他们认为这样做无疑是给别人的新产品做宣传。

"不然，"彭奈说，"如果我们不事先告诉客户，客户回去后，万一听到别人说，新出一种东西如何如何的好，他一定会有一种后悔的感觉；如果我们先说明了，情形就大不相同，客户自然会判断东西的好坏了。"由此可见，彭奈是个很通达世故和了解消费心理的人。

"如果你想做大生意，必先在小生意上多体会。"这是彭奈勉励员工的话，"因为小生意是与客户直接接触的第一线，而且每天所接触的形形色色的客人很多，假如你肯留心，必定会捉摸出客户心理的几个共同点，只要你能把这几个共同点加以适当地运用，在商场上一定是无往不胜。据我了解，大客户与小客户之间的心理差别，几乎等于零。"

他常说，一个一次订 10 万美元货品的客户和一个一次买 1 美元沙拉酱的客户，虽然在金额上不成比例，但在他们心里对店主的期望却是完全一致的，那就是"货真价实"。在彭奈的经营哲学中，"货真价实"的解释并不是"物美价廉"，而是什么价钱买什么货。

"客户的等级不一样，所要求的货色也完全不同。"彭奈说，"一个周薪 1 000 美元的人和一个周薪只有几十美元的人，假如到你店里都是买毛巾，店员一定要用两种截然不同的方式来接待他们，才能把这两个客户同时拉住。"

他的第二个原则是"现钱交易"。本来这种"不近人情"的做法是不符合商场惯例的，但彭奈却实行得非常成功。原因是，这种零售生意每笔的金额不多，很少有人要求赊欠。他采用的收款方式，开价款单与收款部门是分离的，要想赊账也不可能。

彭奈遵循"一手交钱一手交货"的经商准则，为客户提供质量上乘的商品，对于客户不满意的已购商品还实行退货回款服务，并对所经营商品维持固定的单价。在这些经营宗旨的指导下，商店第一年营业额就达 3 万美元，不久彭奈又开了另一家零售店。到 1910 年，彭奈将公司正式改名为 J. C. 彭奈公司，此时他的连锁商店已发展到 26 家零售商店，分布在西部的六个州。对于设在各地的分公司，彭奈从来不干涉他们的经营方式，让他们拥有完全的自主权，只是在年终检讨会上，他才把自己的经营和管理理念灌输给他们。他到分公司视察业务，从来不查账目，甚至连开支或营业情形也不过问，他只选择营业最忙的一段时间，到店里实地查看营业情形。他的理由是："分公司的经理都是我信任的人，他们有权决定自己的开支，我所重视的，只是他们这个月赚了多少钱，经营的方针是否正确。"

彭奈不主张以销售金额多寡作为店员奖励的标准，他认为："做我们这种零售生意，从业人员要抱定服务大众的精神，在平淡中增加与客户间的感情。换言之，要以吸引长期客户为目标，这样的业绩才能保持平稳的增长。我认为任何带有刺激性的临时措施，都会破坏本公司深厚而平稳的服务精神。与其让员工每月为一点优胜奖金而患得患失，倒不如让他们对本公司怀有长远的希望，使他们深切体会到一分努力必有一分收获的道理。"

彭奈采用的是分红制度，公司每年按比例拨出一部分红利给分公司，而各分公司人员所得红利多寡，则要视每个分公司的业绩而定。分公司本身的业绩好，所分到的红利自然也就比其他分公司多。

这种公平的原则，不仅被他应用在管理上，同样在经营上，他也提倡以这种精神为根本。"不赚不应该赚的钱"，这是他做生意的信条之一，任何分公司都不准违背这一原则。有一次，在视察蒙大拿州的一家分公司时，彭奈发现每包白糖多了 5 分钱，分公司的负责人告诉他："由于运输白糖时为了赶时间，改用汽车运输，成本提高了一点，所以把它平均地分摊到每包白糖上去……"没等经理说完，彭奈就告诫他："增加运费是我们自己为了赶时间，不能把这种钱加到客户身上。"

"我并没有说你改变运输方式来争取时间的措施不对，这些事你有权决定，我绝不过问。"彭奈说，"可是，改变运货方式而增加客户负担，我是绝不同意的。你应该知道，商品价格虽是由我们定的，但在事实上却有一个很大的限制，那就是赚'合理的钱'，不是凭经营人高兴而随意乱定的。"

有人说，彭奈之所以能由一个零售店变成连锁店遍布全美各地，全靠他这种一丝不苟的精神。实际上，他这种做法，也是非常成功的广告，让消费者加深印象：到彭奈的零售店买东西是不会受骗的。

当然，也有人嘲笑他的经营观念陈旧，但他仍然是我行我素，他曾幽默地说："我把不可能的事当作完全可能的事去做，所以在别人认为我根本不会做生意的情形下，使我的生意由每年几万美元的营业额到 10 亿美元，这是上帝创造的奇迹吧？"

点评：

零售业是一个直接面向消费者的行业。准确、细微地把握客户的心理是零售业得以生存和发展的关键。彭奈做生意强调处处以客户为重，为客户着想，根据客户等级的不同，提供不同的商品，使每位客户都得到最大的满足。这种诚信的经商作风无疑是一块最大的招牌。

第三节　推销技术理论

推销方格与客户方格是近年来由美国管理学家罗伯特·R. 布莱克教授和 T. S. 蒙顿教授提出的一种推销技术理论，是推销理论中比较常用的一种。

一、推销方格

（一）推销方格的含义

推销员在进行推销工作时至少要考虑两个方面的具体目标：一是设法说服客户购买，出色地完成推销任务；二是如何赢得客户欢迎，建立起良好的人际关系。若把推销员对这两个目标的态度和重视程度的组合用一个平面坐标系第一象限的图形表示，就形成了推销方格。

（二）推销方格的理论

推销方格中的纵坐标表示推销员对客户的关心程度，横坐标表示推销员对推销任务关心程度。横坐标、纵坐标各分为九等份，其坐标值都从 1 逐渐等值增大到 9，坐标值越大，表示推销员对推销任务或客户的关心程度越高（如表 1-1 所示）。方格中的各交叉点代表推销员的推销态度，如图 1-2 所示。

表 1-1　　　　　　　　　　　　推销方格的理论分析

类型	特点	对完成任务的关注程度	对客户需求的关注程度	评价
事不关己型 （1，1）	既不关心客户需求的满足，也不关心自己推销任务的完成，缺乏工作目的与目标，不具备作为推销员应有的基本素质。	不关注	不关注	不推荐

类型	特点	对完成任务的关注程度	对客户需求的关注程度	评价
强力推销型 (9，1)	通常有强烈的成就需求，但他们不理解目标和手段之间长远利益和短期利益的辩证关系，不可能建立长期的合作关系，可能会给企业带来短期效益，获得暂时的成就感，但最终会给企业造成危害。	关注	不关注	不推荐
客户导向型 (1，9)	他们富有同情心，能为企业带来好的声誉，但事业心不强，不能把这种声誉转变为实际利益。	不关注	关注	不推荐
推销技巧型 (5，5)	往往通过一定的技巧促使客户达到暂时的满意，有可能成为业绩卓著的推销员，但却因难以创新，不易成为推销专家或取得突破性进展。	关注	关注	中性
满足需求型 (9，9)	把推销任务的完成建立在满足客户需求的前提下，把人员推销看成是沟通或协调双方的需求，最终达到双赢的有效途径。	关注	关注	最佳推荐

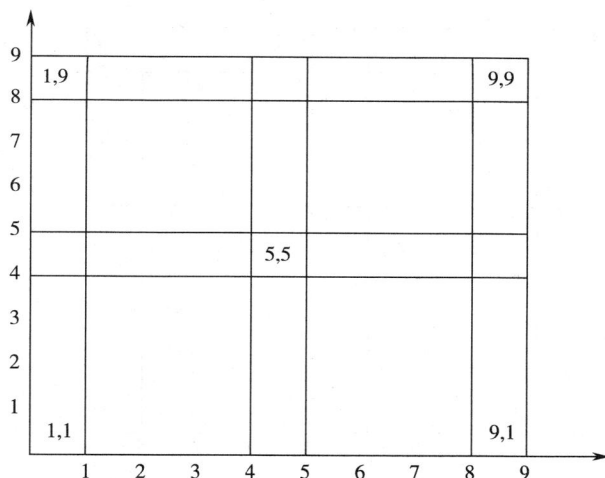

图1-2 推销方格

推销员的推销方格理论可以帮助推销员更清楚地认识自己的推销心态，看到自己在推销工作中所存在的问题，进一步提高自己的推销能力。

【案例1-3】

在某百货店里，实习生小王正在接待一位客户。这是一位来自农村的老大娘，她想买一个暖水瓶胆。小王连续给她看了三个暖水瓶胆她都摇头。小王有些奇怪，就问："大娘，这三个都有什么问题吗？"大娘说："三个都坏了。"小王很惊讶："不会的，这可是新进的货呀。""每只瓶胆都有几个黑斑，明显有毛病嘛！"老大娘一边用手指点上面的斑点，一边无奈地摇头。小王这才恍然大悟，笑着解释说："大娘，这不是什么黑斑，这是三块石棉。因为瓶胆是双层玻璃构造，中间是真空的，为了防止瓶胆内壁承受压力过大而破碎，需要将内壁承受压力分散一部分到外壁上，所以用三块石棉连接内外壁，这样瓶胆就不易破碎了。"大娘听了后疑惑地笑笑，最后还是摇摇头走了。小王的师傅老刘得知此事后说道："如果是我的话，我只要说'大娘，相信我吧，这绝不是坏的。'大娘肯定会买。你知道为什么吗？"这回轮到小王摇头了。刘师傅说："第一，我在这儿多年了，周围的老百姓都认识我，他们相信我；第二，我不会说他们听不懂的话。"

二、客户方格

（一）客户方格的含义

客户在购买活动中，至少有明确的两个目的：一是与推销员讨价还价，希望通过自己的努力获得有利的购买条件；二是希望与推销员建立良好的人际关系，为日后长期合作打下基础。若把客户对这两种目的的重视程度用一个平面坐标系中第一象限的图形表示出来就形成了"客户方格"。

（二）客户方格的理论

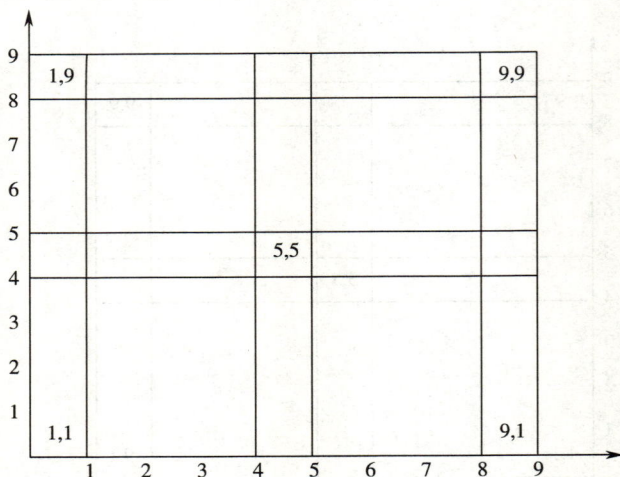

图 1-3　客户方格

客户方格图中的纵坐标表示客户对推销员的关心程度，横坐标表示客户对购买的关心程度，如图 1-3 所示。纵坐标、横坐标各分为九等份，其坐标值都是从 1 到 9 逐渐增大，坐标值越大，表示客户对推销员或购买的关心程度越高。客户方格图中的每个方格分别表示客户各种不同类型的购买心态。

五种客户类型是：

1. （1，1）型，漠不关心型

具有这种购买心态的客户既不关心推销员，对购买行为也不关心。具体表现为尽量避免作出购买决策，经常逃避或敌视推销员。原因是其没有购买决策权，在现

24

实生活中，这类客户通常是受命于人；或者害怕承担责任和引起麻烦，因而希望远离购买活动。这种类型的客户一般来说很难打交道。

2.（9，1）型，防卫型

防卫型又称购买利益导向型。他们只关心如何以更佳的条件购买商品，对推销员不但不关心，反而极为反感，甚至敌视。这类客户可能受传统观念的影响，认为"无商不奸"或者有受骗上当的经历，认为推销员都是骗子，因而本能地采取防卫态度。这种现象的原因有可能是过去购买了不良的产品，也有可能是传统偏见所致。对待持有这种心态的客户，推销员应首先推销自己，消除对方的防范意识，然后再推销产品。

3.（1，9）型，软心肠型

这是一类情感型的客户。他们对推销员极为关心，尤其体谅推销员的心情和处境，但对购买行为则不甚关心。所以，他们极易被销售人员说服，一般不会拒绝购买。

他们也许只是因为推销员热情周到，或因为推销员辛苦工作而受感动购买产品。这种客户往往感情重于理智，喜欢享受愉快的推销氛围，对推销员的言谈举止十分重视，和气热情的推销员往往比较容易打动他们。软心肠型的客户自然是所有的推销员都希望碰到的了。

4.（5，5）型，干练型

这类客户有商品知识和购买经验，在与推销员打交道时显得非常聪明，既考虑到自己的购买，又关心推销员，非常合作。但干练型的客户摆在首位的是在接受推销时能显示自己的知识、经验、聪明、公正、宽容等，而恰恰不是自己的真正需要，受个人的某种购买心理影响较大。对待这类客户，推销员应该多摆事实，出示证据，并让客户自己作出购买决定。

5.（9，9）型，寻求答案型

这是最成熟的购买人，具有理想的购买心态。持有这种心态的客户，既高度关心自己的购买行为，又高度关心推销员的工作。他们了解自身的需要，通过倾听推销员的推销介绍，分析问题所在，购买合适的产品或服务来满足自身的需要，解决存在的问题。他们的购买行为是明智的。对待这类客户，推销员应认真帮助他们分析问题的关键所在，利用推销品为其解决问题。

三、推销方格和客户方格的关系

从推销方格图来看，推销员的推销心态越趋向于（9，9）型，其推销能力就越强，推销成绩也就越佳。有人曾对推销员推销心态与推销绩效之间的关系作了比较分析，其结果是（9，9）型推销员工作业绩要比（5，5）型人员高3倍，比（9，1）型推销员高7倍。因此，每一个推销员都应该努力学习，提高自身素质，使自己成为一名能够帮助客户解决实际问题的推销专家。

所以，推销的成功与失败，不仅仅取决于推销员的工作态度。从布莱克教授总结出的推销方格与客户方格的关系中，我们知道，推销员与客户的心态多种多样，在实际推销活动中，任何一种心态的推销员都可能接触到各种不同心态的客户。那么，推销员与客户的哪两种心态类型的搭配会使推销活动成功实现呢？

表1-2反映了推销方格与客户方格之间的内在联系。图中"＋"表示成功，"－"表示失败，"0"表示推销成败的概率相等。

表1-2 　　　　　　　　　　　　　　　　　**推销成败概率表**

推销方格 ＼ 客户方格	1, 1	1, 9	5, 5	9, 1	9, 9
9, 9	+	+	+	+	+
9, 1	0	+	+	0	0
5, 5	0	+	+	－	0
1, 9	－	+	0	－	0
1, 1	－	－	－	－	－

从搭配表中可以看出，（9，9）型心态的推销员无论与哪种心态类型的客户相遇，都会取得推销的成功。因此，企业要想赢得广阔的市场，就应积极培养（9，9）型心态的推销员。推销员能否协调好与客户的关系，事关推销的成功与失败，推销员的推销心态和客户的购买心态共同决定了推销的成败。

从现代推销学的角度看，趋向于（9，9）型的推销心态和购买心态比较成熟和理想，推销活动的成功率较高。但这并不是说其他类型的推销心态和购买心态的搭配就不能取得理想的效果。在错综复杂、千变万化的推销活动中，没有哪一种推销心态对所有客户都是有效的，同样，不同的购买心态对推销员也有不同的要求。因此，成功推销的关键取决于推销心态与购买心态是否吻合。由此可见，推销员的推销活动能否成功，除了自身的努力以外，还要看客户是否愿意配合、推销员能否准确地把握客户购买的心态等。如果推销专家遇到一位无论如何也不愿意购买推销品的客户，即使他有再高明的推销技巧，也很难成功。相反，如果一位迁就客户型的推销员遇到一位软心肠型的客户，双方都特别关心对方，尽管推销员不算是一个优秀者，但是他依然能够取得推销的成功。

从推销员的角度来看，推销员越是趋向于问题解决型，其推销的能力就越高，达成推销的可能性就越大。因此，要成为一位出色的现代推销员，健康的推销心态是不可缺少的。所以，推销员应树立正确的推销态度，要加强培训与锻炼，调整与改善自我推销心态，努力使自己成为一个能够帮助客户解决问题的问题解决型的推销员。

正确把握推销心态与购买心态之间的关系是非常重要的。不同类型的推销员遇到不同类型的客户，应采取不同的推销策略，揣摩客户的购买心态，及时调整自己。

四、推销方格的自我测验

罗伯特·R.布莱克教授和T. S.蒙顿教授为了帮助推销员了解自己的心理态度和对客户的心理态度有充分的认识，合编了一份推销方格试题，特供每一位推销员进行自我测验。

完成推销员方格自我测验，结合自己未来的职业规划谈谈今后的打算。每题分

A 至 E 五个陈述句。先将六道题略看一遍，然后逐题回答，对每题的五个陈述语句加以排列，对你认为最合适的陈述句给 5 分，次之给 4 分，再次给 3 分，依此类推，最后对不合适的给 1 分。

自我测验如下：

第一题

A. 我接受客户的决定

B. 我十分重视维持与客户之间的良好关系

C. 我善于寻找一种对客我双方均为可行的结果

D. 我在任何困难的情况下都要找出一个结果来

E. 我希望在双方相互了解和同意的基础上获得结果

第二题

A. 我能够接受客户的全部意见和各种态度，并且避免提出反对意见

B. 我乐于接受客户的各种意见和态度，更善于表达自己的意见和态度

C. 当客户的意见和态度与我的意见和态度发生分歧时，我就采取折中办法

D. 我总是坚持自己的意见和态度

E. 我愿意听取别人不同的意见和态度，我有自己独立的见解，但是当别人的意见更为完善时，我能改变自己原来的立场

第三题

A. 我认为多一事不如少一事

B. 我支持和鼓励别人做他想做的事情

C. 我善于提出积极的合理化建议，以利于事业的顺利进行

D. 我了解自己的真实追求，并且要求别人也接受我的追求

E. 我把全部精力倾注在我从事的事业之中，并且也热爱、关心别人的事业

第四题

A. 当冲突发生的时候，我总是保持中立，并且尽量避免惹是生非

B. 我总是千方百计避免发生冲突，万一出现冲突，我也会设法去消除它

C. 当冲突发生的时候，我会尽力保持镇定，不抱成见，并且设法找出一个公平合理的解决方法

D. 当冲突发生的时候，我会设法击败对方，赢得胜利

E. 当冲突发生的时候，我会设法找出冲突根源，并且有条不紊地寻求解决办法，消除冲突

第五题

A. 为了保持中立，我很少被人激怒

B. 为了避免个人情绪干扰，我常常以温和、友好的态度来对待别人

C. 当情绪紧张时，我就不知所措，无法避免更进一步的压力

D. 当情绪不对劲时，我会尽力保护自己，抗拒外来的压力

E. 当情绪不佳时，我会设法将它隐藏起来

第六题

A. 我的幽默感常常让人觉得莫名其妙

27

B. 我的幽默感主要是为了维持良好的人际关系，希望利用自己的幽默来冲淡严肃的气氛

C. 我希望我的幽默感具有一定的说服力，可以让别人接受我的意见

D. 我的幽默感很难觉察

E. 我的幽默感一针见血，别人很容易觉察到，即使在高度压力下，我仍然能够保持自己的幽默感

答完以上各题后，请将每一题里每个方案的得分填写在表1-3中的空格里，然后将纵列的分数相加，每列的总计最多30分，最少6分，哪一列的总计最高，你就属于（或者说接近于）哪一类型。例如，你在（1，1）列得分30分，而在（5，5）列得分20分，则表示你较接近于（1，1）类型。

表1-3　　　　　　　　　　　　　自我测验得分表

得分题目 ＼ 心理态度	1，1	1，9	5，5	9，1	9，9
第一题	A1	B1	C1	D1	E1
第二题	A2	B2	C2	D2	E2
第三题	A3	B3	C3	D3	E3
第四题	A4	B4	C4	D4	E4
第五题	A5	B5	C5	D5	E5
第六题	A6	B6	C6	D6	E6
总分					

第四节　推销学的演变过程与研究对象

一、推销学的演变过程

（一）推销学溯源

从历史的角度来考察，推销活动先于市场出现，而市场的产生和发展又促进了推销的发展。在我国古代文献《易经》中有记载："神农氏作……日中为市，致天下之民，聚天下之货；交易而退，各得其所。"在尧舜时期，有了"北用禺氏之玉，南贵江汉之珠"的现象。据说舜本人就曾经做买卖往返于顿丘、贾夏之间，进行频繁的推销活动。

到了商代，商业活动与商人阶层作为社会大分工的产物而正式出现。春秋战国时期的大商人，像范蠡、子贡、白圭等人就是较具代表性的人物。范蠡辅助勾践灭吴国后，更名易姓，弃官经商，世称"陶朱公"，因为他出色的贸易技巧与推销本领，积资巨万。子贡是孔子的弟子，复姓端木，名赐，子贡经商很有一套，他奔走于曹、鲁之间，"与时转货资"，很会掌握推销时机与购销动向，成为孔子七十二门徒中最富有的一个。由于范蠡、子贡高超的经商技巧与推销技术，所以后人把经营买卖和产品推销活动称作"陶朱事业，端木生涯"。白圭是战国时期以经营农副产

品贸易为主的大商人。白圭十分讲究贸易致富理论，对商品需求变化的内在规律已有初步认识，提出了"人弃我取，人取我予"的经营策略。白圭还十分讲究推销决策与推销艺术，提出经商推销要勇于决断，而且还要工于心计，并提出"智、勇、仁、强"四字诀。他的这套理论留给后人有益启示，使人们认识到要从事推销活动，必须研究和掌握推销活动的内在规律，才能保证在竞争中立于不败之地。

翻开世界历史，处处都可看到各国劳动人民经商贸易的记载。无论是古希腊、罗马时代频繁往来于地中海沿岸的一艘艘商船，还是古埃及、印度穿梭跋涉于林莽大漠和崇山峻岭中的马帮驼队，都在史书上留下了古代经济中推销活动的足迹。

（二）推销学的发展

1. 古老的推销技术（19世纪中叶以前）

商品推销和商品生产是一对孪生兄弟，自有商品生产和商品交换时起，商品推销就产生了，并形成了古老的推销技术。在这个时期，自给自足的自然经济占主导地位，商品经济还不发达。由于社会制度的原因而形成势力割据，使市场小而分散，加上交通不便，市场规模呈现出相对稳定的形态。从事推销活动的人主要是个体生产者和商人，推销技术主要以个人推销技术为主。传统推销技术就是在这个时期发展起来的，它具有以下特点：

（1）推销成功与否带有很大的偶然性。其原因主要是因为所推销的商品是已经生产出来的，它们不一定为消费者所需要。而且推销成功主要依赖于个人的作用，它包括个人的素质、技术水平、私人关系及社会联系等。

（2）推销活动带有短期性。以集市、庙会为主，店铺为辅的非连续性的销售方式，推销活动的重点总是放在"这一次"如何把商品卖出去，推销者并不关心"下一次"的推销活动。

（3）推销活动具有欺诈性。偶然性与短期行为的特点必然造成推销活动带有欺诈性。

（4）在推销方式、方法上，出现现代推销中的一些原始雏形，一些说服消费者购买的方式、方法已出现。

即使在今天，我们仍能在一些集市、庙会上看到这种古老的推销技术及它们表现出来的基本特点。

2. 生产型推销（19世纪中期至20世纪20年代）

在这半个多世纪的进程中，商品生产有了长足的发展，商品经济已基本取代了自给自足的自然经济。推销主体也由个人转变为企业。在商品经济条件下，如果企业不能把商品卖出去，商品的价值就不能得以实现，企业就不可能获得利润，甚至还会破产。因此，它要求推销摆脱偶然性，推销技术也就有了其生存、发展的土壤。但是，随着封建市场割据被逐步消灭，发达国家对不发达国家殖民占领，使市场的空间范围不断扩大，消费需求迅速增长，由于生产的发展赶不上需求的发展，因此，市场处于供不应求的状态。在这种形势下，企业生产的产品都可以卖出去，企业的注意力主要集中在降低成本以及充分利用现有的设备、技术、原材料生产出更多的产品上，以产定销的经营思想决定了企业以生产为中心，并不重视推销活动。

这个时期，推销在方式和手段上有所发展，广告已应用在销售现场和营业推广中。但从总体上来说，以生产为中心、以产定销的格局，仍使推销具有短期行为的特点，推销技术的发展也比较缓慢。

3. 销售型推销（20 世纪 20 年代至 50 年代）

20 世纪 30 年代资本主义国家频繁发生经济危机，资本主义基本矛盾日益尖锐。随着资本主义国家对世界的分割完毕，客观上要求企业必须重视商品的推销，商品价值能否实现已直接威胁到企业的生存与发展。这个时期的特点如下：

（1）许多企业内部开始设立销售部门，销售活动作为一种职能从企业经营中分离出来，它推动了推销技术的迅速发展。

（2）逐步把"坐等客户上门"的消极被动方式转变为"走出去，说服客户"的积极推销方式。在生产中，也开始注意产品的差异性。

（3）传统推销的短期性和成功的偶然性已不能适应企业发展的需要。在这个时期，推销的一些基本手段已形成并逐步完善，企业推销技术和推销观念已开始面临一场新的革命性的转变。

4. 现代推销（市场型推销）（20 世纪 50 年代至今）

第二次世界大战后，科学技术迅猛发展，物质财富有了较大的增长，形成了以消费者为主导的买方市场。客户的消费需求呈现出多样化、复杂化的趋势。资本主义商品和资本的相对过剩在市场上表现日益明显，企业间的竞争日益激烈。在这种形势下，新的推销方式的产生便成了自然而然的事情，它从根本上改变了传统推销的概念，并日益科学化。1958 年，欧洲著名推销专家戈德曼《推销技巧》的问世，宣告了现代推销学的产生。现代推销主要有以下特点：

（1）以消费者的需求为中心，即消费者需要什么就生产什么，企业以销定产、以需定产，这就彻底地改变了传统销售中成功的偶然性。

（2）现代推销具有全局性和系统性的特点。全局性主要表现在以销售指导生产和采购，企业中的销售部门发展为占有主导地位的综合性市场部门，企业的一切经济活动围绕市场来进行。系统性主要表现在：推销已不再单纯是销售部门的事情，而是企业经营管理水平的整体体现，是企业各经营环节配合是否紧密的综合反映。

（3）现代推销使销售成功具有长期性和稳定性的特点。企业要生存和发展，要使生产持续地进行，必须使推销的成功长期而稳定，绝不能像传统推销那样靠一次性交易去牟取暴利，靠欺诈手段进行"一锤子买卖"。

（4）现代推销改变了企业的经营策略与目标。在策略上，更注意开拓市场，开发新产品和提高市场占有率，注意制定科学化的产品、价格、销售渠道、经营方式和促销手段等方面的策略。在经营目标上，从过去只注重利润目标转变为创造客户的企业目标，即在实现一定利润水平目标的前提下，争取更多的客户，保障企业长期、稳定的发展。

（5）现代推销要求企业注意广泛利用现代科学技术，它包括新的通信手段、信息处理手段、信贷手段、结算手段和科学的决策等。这也是企业提高竞争能力，使成功的推销具有长期性和稳定性的条件。

二、现代推销学的研究对象

尽管推销活动十分复杂，但并非毫无规律可循，作为一门科学，推销也具有规律性。现代推销学所研究的是企业以市场为中心，从消费者需求出发所开展的现代推销活动的整体过程及其规律。这个表述强调了以下两点。

（一）现代推销学的研究范围是推销活动的整体过程

商品的推销活动过程是由多个环节构成的，包括寻找买主、约见、接近买主、洽谈、处理异议、达成交易以及提供售中、售后服务等，如果其中某个环节出了问题，推销活动过程就难以顺利进行。

（二）现代推销学的研究目的是总结推销规律

现代推销学的研究目的是总结一些具有普遍意义的推销规律或规律性的东西，从而更好地指导推销实践。

三、现代推销学的研究内容

现代推销学是在市场营销理论指导下，对人员推销的具体研究。现代推销学的研究对象决定了它的研究内容，现代推销学的具体内容如下。

（一）现代推销的基本理论

推销员要取得较大的推销成果，必须有科学的理论做指导，因此，掌握现代推销学的基础理论是每一个推销员的首要任务。具体来说，要具备现代推销观念，充分地把握客户心理和购买行为，了解客户需求，掌握寻找潜在客户的方法等。作为一个合格的推销员，必须全面掌握这些知识，以便自己在推销工作中能适应各种环境的变化，取得优异的推销成绩。

（二）推销员的素质与能力

推销员是推销活动过程的主体之一，在沟通企业与消费者、传播新产品和新技术的信息、顺利完成推销任务等方面起着重要作用。推销员只有具备较高的素质和能力，才能更好地掌握推销理论，灵活而有效地实施推销策略与技巧，才能在推销工作中取得优异的成绩。所以，推销员必须时刻注意提高自我修养，促进自我发展，加强自我完善，明确自我职责，不断提高自身的能力。

（三）推销策略与技巧

掌握各种推销策略与技巧是推销员达成交易的保证。推销策略与技巧主要包括寻找客户及客户资格审查、接近与约见客户技巧、推销洽谈技术、客户异议处理与成交策略等。

推销员要保证自己取得更好的推销绩效，就需要掌握推销组织与管理方式。掌握了这些推销策略与技巧，推销员在推销工作中才能应付各种突发事件，在处理复杂的推销情况时才能游刃有余。

四、推销学的研究方法

现代推销学是一门实践性很强的综合性应用学科，与多种学科密切相关，因此，在现代推销学的研究中，必须结合中国国情，坚持唯物辩证法，走理论联系实际的道路。在研究和掌握这门学科时，首先，应当采用综合性的研究方法，即借鉴各有关学科的研究方法来研究现代推销活动过程，掌握一般规律。现代推销学与市场营销学、市场调查与预测、消费心理学、消费行为学、广告学、公共关系学、现代传播学、社会学、商品学及管理学的关系都极为密切，所以，作为一个合格的推销员，必须通过各种方式和途径，广泛吸收知识，为我所用。其次，要用理论与实际相结合的研究方法，在现代推销理论的指导下，注重实际应用。当然，这种实际应用可以根据自身情况灵活掌握，如商品推销可以从小商品做起，业务量也可以由小到大，同时，在日常生活及与人交往中也应留心观察，积累经验。总之，事物是不断发展变化的，只要我们一切从实际出发，从现实的推销活动出发，就可以从中总结出正确理论，从而进一步指导推销活动的实践。

现代推销学研究的方法很多，归纳起来，可以概括为以下五种。

（一）调查法

对复杂的市场环境进行科学判断和估量是推销活动的起点，只有了解了目标市场的实际状况、消费者的购买力水平、消费需求的特点、竞争对手的策略等，才能掌握全面、准确的市场信息，继而有针对性地制定和实施有效的推销策略与技巧。运用调查法，就是把推销原理与具体技术放在一定的市场环境和推销活动中去考察，在复杂的具体事例中寻找带有普遍意义的规律。

（二）实验法

推销实验实际上是一种市场实验。市场实验不仅是检验产品的一种重要方法，也是检验推销策略与技术的一种手段。采用实验法学习推销技术，既有助于更好地掌握必要的推销理论及推销方法，又可以了解在不同时间、地点条件下应用推销原理和方法会遇到的各种问题，避免原理与方法脱离推销实际。

（三）联系法

推销活动是一个相当复杂的过程，包括市场调研、客户约见、洽谈、成交、服务等，各个环节之间相互衔接、相互依赖，有着密切的内在联系。用联系法学习现代推销技术，就不会孤立地看待某一个环节或片面地强调某一个要素，而从这些环节或要素的相互依存和相互作用中去探索它们之间的本质联系。联系法强调一种整体的观点，但不排斥充分发挥各个环节的积极作用。

（四）比较法

推销员要善于通过对推销产品质量、性能、价格、风险等方面的比较，寻找有利的交易条件，要学会用比较法去评定不同市场的消费水平、结构和方式，不同推销对象的需求、动机及行为特征。通过比较和分析，为特定推销产品确定最佳目标市场，为特定推销对象提供最符合其自身需要的产品。同时，比较法还可以形成对推销主体双方都有利的推销方案。

（五）借鉴法

推销活动历史悠久，几千年来，商品生产者为了尽快地实现交换，在实践中创造了丰富多彩的推销文化，总结出许许多多成功的推销经验。学习现代推销技术，对于古今中外的成功经验，都要善于继承和借鉴，特别对符合社会主义市场经济要求的推销理论、策略、方法，更应尽量吸收和消化，在努力做到古为今用、洋为中用的同时，认真总结当代推销实践中的新成果，不断丰富现代推销技术的内容。

【本章小结】

推销是一个古老而又年轻的名词，随着我国市场经济的发展，推销这一职业在中华大地上得到迅猛发展，为满足人们的需要，为社会经济的发展发挥着重要的作用。本章从总体上阐述了推销的含义、特点、作用、推销模式、推销技术理论及推销学的发展演进过程等。

推销的定义有广义和狭义之分。广义的推销是泛指人们在社会生活中，通过信息传递的方式，使推销对象接受并实施推销内容的活动与过程。从这个意义上说，生活中无处没有推销。狭义的推销是指推销员在一定的推销环境里，运用各种推销技术和推销手段，说服推销对象接受推销客体的活动过程。本书所说的推销就是指狭义推销这个概念。

随着商品经济的发展，推销也由古老推销向现代推销发展，推销学作为一门学科也在不断发展，学习现代推销技术要把握现代推销的含义、特点，以及它的发展历程及研究对象。

【思考与练习】

1. 主要概念

广义推销　狭义推销　爱达模式　方格理论

2. 复习思考题

（1）列举你所熟悉（或推销）的产品，并说出它们能满足客户的哪些需求。

（2）推销有哪些特点？试比较推销与营销的差异。

（3）推销的基本要素包括哪些？

（4）简述推销过程的主要步骤及其工作的主要内容。

（5）阐述你对推销这一职业的认识。

【技能训练】

1. 课堂实训

实训主题：教师根据本章有关教学内容，以"我的推销生涯设计"为主题，请学生自行分组（5～6人），围绕主题进行讨论，完成发言报告，并选择一名同学代表本组发言。各组讨论结束后，进行现场汇报比赛。

实训目的：在限定时间和限定主题的情况下，充分发挥学生的想象力和团队合作能力，结合实际，坚定推销信念，树立正确的职业观念，为今后的学习和实践打下良好的基础。

时间：讨论时间5分钟，演讲时间每人2分钟，教师根据学生数量控制总时间。

组织：学生自由分组，最好安排在案例讨论教室完成。

训练题

（1）说出10句可以吸引客户注意的第一句话。设计出吸引客户注意的10种不同的第一个动作。

(2) 到一个商店，最好是超市去参观，回来后汇报：店堂应该怎样吸引客户的注意力？他们是怎样做的？有什么好的建议？

2. 课外实训

任务：尝试选择一种日常用品，到社区开展推销。

目的：在不掌握有关推销理论和技巧的情况下，总结你所面临的推销问题。

要求：个人完成。

考核点：对推销的认识。

3. 案例分析

齐藤竹之助的推销人生

齐藤竹之助，日本著名推销员，他在 57 岁那年开始从事推销生命保险工作。7年后荣登全日本推销第一王座，6 年后又以年签订 4 988 份合同创下了世界第一的纪录。

一旦决定了的事情，就要不顾一切地去干，这是齐藤竹之助的性格。他在进入朝日生命保险公司时，即立志成为公司 2 万名推销员中的首席推销员。首先，他开始学习，找来所有能找到的国内外有关涉及推销员成功的书籍，用心阅读，以书中所列的事例作为典型，训练自己的头脑。多年之后，在他成为世界第一推销员后还告诫立志从事推销工作的人说："要做第一流的优秀推销员，需要有足够的见识，努力掌握推销技术。"

齐藤竹之助第一次推销是去拜访东邦人造公司。当被引进到房间时，他心里感到从未有过的紧张。他向经理和总务部部长说明了情况，即告辞出来。可是，在他走过收发室时，却遭到了意外的打击。收发员告诉齐藤竹之助，第一生命保险公司的渡边幸吉先生来了，门口正停着渡边幸吉豪华的"凯迪拉克"车，幸吉先生在生命保险推销界号称日本第一老手。看着那黑闪闪的高级轿车，齐藤竹之助感到一种沉重的败北感压上心头，是就此作罢，还是一直努力到最后？这两个念头，在他的头脑里打转。然而，不久齐藤竹之助就想开了，怎么能认输呢？绝不认输，他感到斗志在全身燃烧。

有"超过'凯迪拉克'"的这个信念之后，不论是睡觉还是走路，齐藤竹之助的脑子里想到的只有这一件事。那天晚上，他回到家中，一直坐到深夜，制订了一份详细的计划。那是一份无论提问哪一点，无论谁提出质问，都可从中找到完整答案的庞大计划。

第二天，齐藤竹之助就带上计划书，去东邦公司，再次拜访总务部部长。"和幸吉先生相比，我不过是个初出茅庐的新手，深感自愧。不过，若是部长能抽空审查、研究一下这份计划，将使我感到万分荣幸，无论如何请您关照。"说着，放下计划书就告辞了。此后几天，他天天来访，打听情况。要"超过'凯迪拉克'"的这个信念在激励着他不懈地努力。

"你可真能干啊！"终于，收发员对齐藤竹之助这样说道。在他每次访问时，深深感到要想使自己的意志贯彻始终是多么艰难，但热忱总是能得到理解的。不论什么时候，对方一定会满怀善意地予以接待。收发员的这句话，使齐藤竹之助受到很大鼓励，更加起劲地每天拜访。"不论是多么困难的推销，只要能以诚意和热忱相待，就必定成功"，他翻来覆去地背诵着贝德格的这句话。

终于有一天，总务部部长打电话叫他立即去，盼望已久的时刻终于到了。当他走进经理室，经理和总务部部长微笑着站起身来说："齐藤君，让你多次奔波，辛苦了。我们决定和你签订 2 000 万日元的合同，因为你的计划制订得很出色，祝贺你！"此时，齐藤竹之助不由得热泪盈眶。为了这一瞬间的成功，他付出了多大的努力啊！终于胜利了，终于战胜了那辆"凯迪拉克"。当他告辞出来，走到大门时，已看不到那辆黑色的高级轿车了。当想到这是靠自己的努力把它赶走时，内心无比激动。

此后不久，齐藤竹之助制订计划准备向五十铃汽车公司开展企业保险推销，可是听说那家公司一直以不缴纳企业保险金为原则。在当时，不论哪个保险公司的推销员发动攻势都无济于事。这是一个难对付的公司。他想，如果集中攻击一个目标可能有效。于是他选择总务部部长作为对象进行拜访。然而，总务部部长总也不肯与齐藤竹之助会面。去了好几次，他都以各种理由推脱，根本就不露面。但是，齐藤竹之助继续坚持耐心地拜访。

就这样过了 2 个月，终于齐藤竹之助得到允许与总务部部长见面。走进接待室，他抑制不住兴奋之情，竭力向总务部部长说明加入生命保险的好处，紧接着拿出早已准备好的资料，热心地开始说明。可是，总务部部长刚听了一半就说："这种方案不行，不行。"然后站起身走开了。

齐藤竹之助怀着说不出的气愤离开了那里。回到家后立即坐下来，绞尽脑汁地反复推敲、修改那份方案。第二天早晨，他将新的销售方案和参考资料交给总务部部长。然而，总务部部长以冷冰冰的语调说："这样的方案，无论你制订多少带来也没用。因为本公司有不缴纳保险的原则。"齐藤竹之助惊呆了：怎么说出如此轻侮的话呢？昨天你说的是那个方案不行，我熬一夜重新制订的方案，却又说什么无论拿出多少方案也白搭……

齐藤竹之助几乎被这莫大的侮辱整垮了。但忽然间，他的脑海里闪出"等着瞧吧，看我如何成为日本首席推销员"以及"我是代表公司来搞推销"的自豪感。于是，他的心情渐渐平静下来，说声再见就告辞了。从此，他开始了长期、艰苦的推销访问，前后大约跑了 300 次，持续了 3 年之久。从齐藤竹之助家到五十铃汽车公司来回一趟大约需要 6 小时。一天又一天，他抱着厚厚的资料，怀着"今天肯定能成功"的信念，不停地奔跑。就这样过了 3 年，终于成功地完成了这笔盼望已久的销售。

齐藤竹之助也曾经历过失败的痛苦，那是在他搞推销的第三个年头。他和某机械公司成功地签订了 1 亿日元的保险合同。在接到该公司第一次缴纳的保险金时，他非常高兴，在饭店里设宴招待这次合同的参与者，花费了 50 万日元。齐藤竹之助指望从不久即可到手的合同手续费中支出。可没想到突然发生了意外事件，那家公司倒闭了，当然也就不会再缴纳第二笔保险金，而他却必须按照公司内部的规章制度，如数偿还了 50 万日元的手续费。

然而，齐藤竹之助没有这么多钱，他陷入了一筹莫展的绝境。面对此情景，他想:"既然如此,那就向别的公司推销吧。"这需要完成大约3 000万日元的保险销售,而且,一定要在新年到来之前完成,而当时已是12月25日了。在凛冽的寒风中,齐藤竹之助急匆匆奔波在空旷的大街上,寒风袭来,只感到浑身刺骨般的寒冷。他拼尽全力地去销售,脑袋里只有一个念头:无论如何都要完成3 000万日元的销售额。他终于成功了,12月30日那天傍晚,他终于同一家公司签订了3 000万日元的保险合同。

唯有渡过难关,推销员才能变得异常坚强。无论哪个出色的推销员,都有过十分艰难的经历,而因为闯过了这些难关,才能成为今日的成功者。齐藤竹之助说,作为推销员,也应该具有承受百倍苦难的勇气和意志,排除万难,努力奋斗。

成功当然不仅仅需要毅力和勤奋,齐藤竹之助认为推销首先要推销你自己。客户是人,推销员也是人,那么其间必然存在着人与人的交往,形成"人事关系"。要使这种人事关系圆满地进行下去,就需要有相互间的信赖。为了取得这种信赖,优秀的推销员首先是从推销自己开始的。16年的推销经历使齐藤竹之助深切感到,对于推销员来说,自我推销是非常重要的关键点。他就是始终坚持首先推销自我,才能够取得今天的成功。

推销员要赢得客户的信任和喜爱,应当真诚地对待客户。齐藤竹之助认为,即使语言笨拙,只要能与对方真诚相见,也一定能打动对方的心灵。客户不是为你的推销技巧所感动,而是为你的高尚人格所感动。如果成为让客户信任的推销员,你就会受到客户喜爱,而且能够和客户形成亲密的关系。一旦形成这种关系,客户仅因照顾你的情面,也会自然而然地购买商品。推销员要经常替客户着想,站在客户的立场上考虑问题,进行商谈。齐藤竹之助将自己的做法归纳为:最要紧的是对客户想了解、期望、要求的事情,全力以赴、诚心诚意地帮助去办,尽快、尽早地提供服务;对客户接待自己并购买自己推销的商品,要经常怀着感激的心情,去与客户接洽;尊重客户的想法、知识、人格、职业和地位。

推销就是初次遭到客户拒绝后的坚持不懈。也许你会像齐藤竹之助那样,连续几十次、几百次地遭到拒绝。然而,就在这几十次、几百次的拒绝之后,总有一次,客户将同意采纳你的计划。为了这仅有的一次机会,推销员要坚持不懈地努力。推销员的意志与信念就显现于此。在遭到客户拒绝之后,如果不再努力的话,客户将无法改变原来的决定而采纳你的意见,也就失去了销售机会。

齐藤竹之助认为,遭到客户拒绝而不气馁的要点在于:耐心地坚持访问以及揣摩客户的意愿,去动脑筋、想办法,不断改变推销方案。还要记住:无论在什么时候,都要为客户着想去推销,这是有可能收到最佳效果的要点。

问题:

(1) 齐藤竹之助的成功给你什么启示?

(2) 成功推销员应具备的素质、品质、能力有哪些?

(3) 对照案例,反省自己。你具备优秀推销员的条件吗?

第二章
推销环境与客户购买行为分析

【导入案例】

了解消费者需求　用心服务

泰国东方饭店堪称亚洲饭店之最，几乎天天客满，不提前一个月预订是很难有入住机会的，而且客人大都来自西方发达国家。泰国在亚洲算不上特别发达，但为什么会有如此诱人的饭店呢？

于先生经常因公务出差泰国，并下榻在东方饭店，第一次入住时良好的饭店环境和服务就给他留下了深刻的印象，当他第二次入住时几个细节更使他对饭店的好感迅速升级。

那天早上，在他走出房门准备去餐厅时，楼层服务生恭敬地问道："于先生是要用早餐吗？"于先生很奇怪，反问："你怎么知道我姓于？"服务生说："我们饭店规定，晚上要背熟所有客人的姓名。"

于先生高兴地乘电梯下到餐厅所在的楼层，刚刚走出电梯门，餐厅的服务生就说："于先生，里面请！"于先生又问："你是怎么知道我的？"服务员说："刚刚接到楼层服务生的电话，说您已经下楼用餐了。"

于先生刚走进餐厅，服务小姐微笑着问："于先生还要老位子吗？"于先生的惊讶再次升级，心想："尽管我不是第一次在这里吃饭，但最近的一次也有一年多了，难道这里的服务小姐记忆力那么好？"看到于先生惊讶的目光，服务小姐主动解释说："我刚刚查过电脑记录，您在去年的6月8日在靠近第二个窗口的位子上用过早餐。"于先生听后兴奋地说："老位子！老位子！"服务小姐接着问："老菜单？一个三明治，一杯咖啡，一个鸡蛋？"现在于先生已经不再惊讶了，"老菜单，就要老菜单！"于先生已经兴奋到了极点。

上餐时餐厅赠送了于先生一碟小菜，由于这种小菜于先生是第一次看到，就问："这是什么？"服务生后退两步说："这是我们特有的某某小菜。"服务生为什么要先后退两步呢？他是怕自己说话时口水不小心落在客人的食品上，这种细致的服务不要说在一般的酒店，就是美国最好的饭店里于先生都没有见过。这一次早餐给于先生留下了终生难忘的印象。

后来，由于业务调整的原因，于先生有三年的时间没有再到泰国去，在他生日的时候突然收到了一封东方饭店寄来的生日贺卡，里面还附了一封短信，内容是：亲爱的于先生，您已经有三年没有来过我们这里了，我们全体人员都非常想念您，希望能再次见到您。今天是您的生日，祝您生日愉快。于先生当时激动得热泪盈眶，发誓如果再去泰国，绝对不会到任何其他的饭店，一定要住在东方饭店，而且要说服所有的朋友也像他一样选择。

（资料来源：王保新．顶级服务是啥样——泰国东方饭店成功宝典［J］．乡镇企业科技，2004（9）．）

案例点评：在销售过程中，如何才能无往不利呢？当然要投其所好。彼得·德鲁克早已在《管理的实践》一书中指出："是客户决定了企业是什么。因为只有当客户愿意付钱购买商品或者服务时，才能把经济资源转变为财富，把物品转变为商品……客户是企业的基石，是企业存活的命脉……"

对于泰国东方饭店来说，他们的客户都是来自世界各地的成功人士。在他们的购买过程中，那种备受尊重的需求心理诉求被发挥到极致。所以，在充分分析推销环境之后，了解了客户的这种需求，就可以成功地一次又一次推销自己的产品了。

【教学目标】

通过本章的学习，要求学生了解推销环境的构成；掌握推销环境研究的意义、影响消费者购买行为的主要因素；理解资本市场购买行为的类型和决策过程。

第一节　推销环境

一、推销环境概述

各种商品推销要素的组合，离不开一定的环境和条件。推销员的推销活动总是在一定的环境下进行，良好的推销环境是推销品成功的基本条件和要素。

（一）推销环境的概念

环境是指以人类生存和活动为中心的周围及其相关的事物境况，包括自然环境与社会环境。推销环境是指围绕并影响企业生存和发展的各种因素的总和，这些因素在不同程度上独立于企业而存在，是与企业推销活动相关的外部条件，它们影响着企业维持和拓展目标市场的能力，制约着企业的推销活动。企业的推销活动，从本质上来说是企业利用自身资源不断适应外界环境的过程。企业作为一个开放的系统，一方面不断从外界吸收各种物质和信息资源，另一方面通过企业自身的活动，输出产品、服务和信息，对外界施加影响。

（二）推销环境的分类

根据外界环境对企业的推销活动发生影响的方式和程度，可将推销环境大致分为两大类：微观环境和宏观环境。微观环境是指直接影响与制约企业推销活动的环境因素，主要包括竞争环境、需求环境等，它们与企业的推销活动有直接联系，直接作用于企业的推销过程，因此被称为直接环境或作业环境。宏观环境是通过直接环境的相关因素作用于企业的推销活动的社会力量，主要包括经济环境、人口环境、自然环境、政治法律环境、科学技术环境、社会文化环境等。它们虽然不直接作用于企业，但通过直接环境对企业产生强大的影响，因此被称为间接环境。宏观环境和微观环境两者的关系并非并列关系，而是包容和从属的关系，微观环境受制于宏观环境，宏观环境借助于微观环境发挥作用。

（三）推销环境的特点

推销活动面对的不是单一的环境，而是各种环境因素相互影响、相互作用的结果。推销环境是企业推销活动的基础和条件，因此，推销环境对推销活动的影响是极其复杂的，这种复杂性主要是由于推销环境本身的特性导致的，它具有以下特点：

1. 复合性

随着社会生活和经济生活的日益丰富，市场日趋复杂和多元化。任何一个市场都是各种环境力量共同作用的结果，只有综合分析影响市场的宏观因素和微观因素，才能了解市场的全貌，认清不同市场的差别，从而开展有针对性的推销活动。

2. 系统性

各种环境因素之间是按系统层次组合的，任何一个环境因素的变化，又会引起其他环境因素和整个环境系统的变化，因而环境系统具有内在运动的关联性。

3. 动态性

推销环境是一个动态概念，任何环境因素都不是静止的，企业所面临的宏观环境和微观环境无时无刻不在发生变化，如产业政策，十几年前重点还在重工业，现在已明显向高科技产业、信息产业倾斜，这种产业结构的调整对企业的推销活动带来重要的影响。

4. 不可控性

推销环境是影响企业决策的外部力量，不受企业控制，推销目标能否实现，在于企业能否适应环境的变化，但认为企业只能被动地受环境制约的看法是极其片面的。企业对环境的适应，既是对环境的依赖，又是对环境的改造，企业可以借助科学的研究手段，预测市场环境变化的趋势，调整推销策略，促使推销环境中的某些因素向有利于企业的方向发展，创造一个有利于企业发展的空间。

二、推销环境对推销活动的影响

推销环境直接影响企业的推销活动，主要表现在以下三个方面。

（一）影响推销目标的制定

推销目标的制定一方面要取决于企业自身的内部条件；另一方面要受制于外部条件。离开了外部环境，目标既无意义，也不可能实现。推销的目标市场、策略以及推销工作的各项具体目标都由推销环境决定，它们都必须建立在对推销环境的调查预测基础上。

（二）影响推销组织的设计和控制

推销组织的设计必须根据环境决定，没有一种组织模式可以适应各种不同的环境。环境的稳定性、向企业输入信息的可靠程度、向企业反馈信息时间的长短都会影响企业的组织设计和控制方式。

（三）影响推销方式和方法的选择

推销员采取什么推销策略、方式和方法必须根据环境特点来决定。即便是一些比较成熟和成功的方法也不能简单拿来套用，必须首先分析在什么时间、地点和条件下才具有成功的可能。

三、正确面对推销环境

任何推销活动必须适应一定的推销环境。但是，推销活动在推销环境面前并非完全是被动的，推销员应该争取充分认识推销环境。因此，推销员要做到以下三点。

（一）认识推销环境

每个推销员都应该知道推销环境是复杂的，而且还应该知道这种变化是有规律可循的。探索推销环境变化的规律要进行长期的、细致的调查和研究。只有掌握环境的变化规律才有可能预测未来，使推销活动长期、稳定发展。

（二）适应推销环境

推销环境中有很多因素是推销员无法控制的，因此只能去适应它。在整个推销活动中，推销员可以尝试在这个过程中随着环境的变化随机应变、及时调整，也可以在制定推销目标和计划的时候预测到环境可能的变化，提前做好防范和采取应变的措施。一旦推销环境发生的变化让推销员措手不及，面对后果一定要积极总结经验，为以后的推销活动奠定基础。

（三）利用推销环境

推销环境既给推销活动带来困难和风险，也给推销活动带来机遇和挑战。能否利用机会关键在于推销员是否善于把握机会，只有在很好地认识和适应推销环境的基础上，才有可能利用推销环境。

四、推销环境的内容

（一）宏观环境

1. 经济环境

经济环境指企业营销活动所面临的外部经济因素，如消费者收入与支出、经济发展状况等，其运行状况及发展趋势会直接或间接地对推销活动产生影响。经济环境的内容相当丰富，它对推销活动的影响可以从以下两方面来分析：

（1）消费者收入变化

直接影响推销活动的经济因素就是消费者的购买力。市场不仅是由人口构成的，这些人还必须具备一定的购买力。而一定的购买力水平则是市场形成并影响其规模大小的决定性因素，它也是影响企业推销活动的直接经济环境，主要包括：消费者收入水平、消费者支出模式和消费结构的变化以及消费者储蓄和信贷情况的变化。消费者收入的高低，直接影响购买力的大小，从而决定了市场容量及消费支出模式。消费者收入主要是指消费者所得到的劳动收入和其他收入，这些收入并不全部购买商品，只有扣除直接负担的各项税收、保险金、罚款等项后，才形成消费者个人可支配收入，用于消费支出和储蓄。消费支出和储蓄又相互转化：一旦储蓄倾向强烈，部分消费支出就会转化为储蓄；一旦消费倾向强烈，部分储蓄又会转化为消费支出。因此，消费者可支配收入中支出比例的变化对推销会产生一定的影响。

消费者的收入是不断变化的，随着实际收入的增加，消费者的支出模式和消费结构也会发生变化。我国目前恩格尔系数已下降到35%左右，对娱乐、文化教育、交通、邮政、通信、旅游等相关商品和服务的需求有所增加，由于新建、改建住房，实施室内现代化，住宅消费支出的比重也在增大。推销员在分析消费者收入时，对就业情况、人口流动状况也不可忽视。失业率是西方国家用来衡量社会经济发展的重要指标，失业率的高低，必然影响消费者的收入水平，进而影响消费者的消费水平。

（2）经济发展状况

经济发展状况从根本上制约一国国民的消费水平和消费结构，是决定推销的核心因素。经济的发展并非直线上升，而是曲折前进，呈波浪式发展，表现出明显的阶段性特征。在经济发展的不同阶段，对消费行为和推销的影响和制约状况则不相同，应考虑通货膨胀时期与经济衰退时期的影响。

除了这些直接影响企业的市场推销活动的经济环境因素外，还有一些经济环境因素也对企业的营销活动产生或多或少的影响。比如，该地区的经济体制、地区与行业发展状况和城市化程度等。

2. 人口环境

现代市场营销学认为，市场是由那些想购买货物、同时又具有购买能力的人构成的，这种人越多，市场的规模就越大，因此，人口是构成市场的第一位因素，人口的多少直接决定市场的潜在容量，人口越多，潜在市场规模就越大。而人口的年龄结构、地理分布、婚姻状况、出生率、死亡率、人口密度、人口流动性、职业、文化、教育等人口特征，又会对市场需求格局产生深刻影响，并直接影响企业的市场营销活动，对市场格局产生深刻影响。老年人会有明显不同于年轻人的需求，同样，男性与女性、南方人与北方人，以及不同文化、不同种族、不同职业的人，在需求结构、消费习惯和方式上，都会有显著的差异。作为一名推销员，必须重视对人口环境的研究，密切注视上述人口特性及发展动向，针对不同的人口环境，采取不同的推销策略。

目前，世界人口发展，有以下几方面的动向：

（1）世界人口迅速增长，许多国家面临人口膨胀的压力；

（2）美国、西欧等西方国家人口出生率下降，儿童减少；

（3）许多国家人口趋于老龄化；

（4）许多国家的家庭发生变化，家庭规模趋于小型化；

（5）西方国家非家庭住户迅速增加；

（6）许多国家人口流动性大；

（7）发展中国家人口城市化浪潮十分迅猛；

（8）发达国家人口就业结构发生变化，妇女就业比重上升，"蓝领"工人减少，"白领"工人增加；

（9）许多国家的人口是由多民族构成的。

3. 自然环境

自然环境的内容包括：一是自然地理状况，如阳光、雨水、地形、地貌、气候、温度等。这些因素决定了处于不同地理位置、不同经纬度地区的居民会有不同的商品需求，因此，推销商品必须因地制宜。二是自然资源状况，包括国土资源、水资源、矿产资源、植物资源、动物资源等。自然资源受自然地理条件的限制，在不同国家和地区存在着明显的资源差异，某些自然资源已经短缺或即将短缺，既可能给一些产业或行业带来机会，也可能造成威胁，势必影响到某种或某类商品的销售，如一些资源的代用品、节能设备将具有良好的销售前景。

4. 科学技术环境

科学技术是第一生产力，它对推销的影响主要体现在以下几个方面：

（1）新技术革命有利于企业改善经营管理，提高推销效益

第二次世界大战后，西方发达国家的科学技术发展很快，一场以微电子为中心的新技术革命正在蓬勃兴起。目前，发达国家的许多工商企业在经营管理中都使用计算机和传真机设备，这对于改善经营管理，提高经营效益起到了很大作用。

（2）新技术革命会影响零售商业结构和人们的购买习惯、购买行为

随着科学技术的发展，传统的、古老的商业机构——百货商店的统治地位逐渐削弱，新的商业机构不断涌现，如超级市场、邮购和电话订购、零售业、互联网销售业、自动售货机销售形式、现代化的购物中心，这些新型零售机构的兴起与发展，大大方便了客户的购买。

新技术革命不仅影响着零售商业的结构，而且对消费者的购买习惯和购买行为也产生了积极的影响作用。随着计算机、电话系统的发展，出现了"计算机购物"这种居家购物方式，消费者如果想买东西，可以打开链接各商店的终端机，各种商品的信息就会在荧光屏上显示，消费者可以通过电话订购荧光屏上所显示的任何商品，然后输入自己的银行账号，即把货款自动付给有关商店，订购的商品很快就会送到消费者的家里。

5. 政治与法律环境

政治因素像一只有形的手，调节着企业推销活动的方向，法律则为企业规定商贸活动行为准则。政治与法律相互联系，共同对推销员的推销活动发挥影响和作用。

政治环境指企业市场营销活动的外部政治形势和状况以及国家方针政策的变化对推销活动带来的影响，政治法律环境的影响主要体现在以下几个方面：

（1）政治局势的变化

政局稳定，推销活动就能正常开展。特定的政治局势，会刺激或抑制某种商品推销。在国际市场的商品销售中，一个国家执政党的变化或内阁主要成员的更迭以及政变、战争，都会影响正常的商品推销活动。

（2）政治、经济体制的变化

在不同的政治、经济体制模式下，商品流通的调节方式、管理方法、决策体系各不相同，经营机制不同，必然会影响推销活动。我国实现了由计划经济体制到社会主义市场经济体制的伟大历史转变，推销工作必须转变观念，以市场需求为出发点，一切为客户着想、为客户服务，这样才能取得长期的推销效益。

（3）各种法律法规的制定、颁布和实施

市场经济是法制经济，各种法律、法规的制定、颁布和实施，特别是有关经济方面的立法、规章和制度制约着企业的活动，推销商品必须依法行事。

（4）政府方针、政策的变化

政府的方针、政策是随着政治、经济形势的变化而变化的，并具有较强的针对

性，对商品推销活动产生各种直接或间接的影响作用，尤其是财政、金融、税收、价格、购销等各项政策，对商品推销具有更加显著的直接作用。

（5）群众利益团体的发展

群众利益团体主要有保护消费者利益的团体和保护环境的团体，这些团体组织的发展状况对消费者的商品选择以及企业销售方案的制定和实施会产生重大影响。

6. 社会文化环境

社会文化是人类在长期的社会生产和生活中形成的独特的生活方式、行为规范、价值观念、对事物的态度和看法、审美观以及世代相传下来的风俗习惯、语言文字等。每个人都生活在一定的社会文化环境中，不同的社会文化环境下，消费者的需求和行为会有很大差异，推销员应做到"入乡随俗"，采取不同的推销策略。不同国家、不同地区有不同的文化背景，推销员与外商洽谈生意时，必须了解对方的风俗习惯、商业习惯，避免造成误会，影响成交。

每种文化之间有巨大的差异，在同一种文化的内部，也会因民族、宗教等多种因素的影响，使人们的价值观念、风俗习惯和审美观表现出不同的特征，这就是亚文化。亚文化通常按民族、宗教、地理、年龄、性别、职业、语言、种族、文化教育水平等标准来划分。在同一种亚文化中，人们必然有某些相似的特点，以区别于其他的亚文化。因此，推销员在分析社会文化环境时，还要着重分析各种亚文化，以便于有针对性地采取推销策略。

总体来说，社会文化环境通过以下几种方式影响推销活动：

（1）文化的多层次影响

①主体文化。主体文化是指占据支配地位，起着凝聚整个国家和民族的作用，由千百年的历史所形成的文化。例如，中华文化博大精深、兼收并蓄、历史悠久、对整个中华民族都起着主导和支配作用，它形成了中华民族的价值观、人生观等，这些无疑对推销活动有着重大影响。

②亚文化。亚文化是指在主体文化支配下所形成的文化分支。如上所述，亚文化是由种族、地域、宗教等不同而形成的。例如，由地域而形成的岭南文化。

（2）文化的全方位影响

文化的全方位影响是指文化对营销的影响牵涉到各个方面。例如，文化对产品的外形、款式、包装等的影响；文化对广告宣传、推销方式的影响；文化对消费心理、消费习惯、价值观念、生活方式等的影响。

（3）文化的渗透性影响

文化的渗透性影响是指文化对推销活动的影响在很大程度上是通过间接的、潜移默化的方式来表现的。一方面，中国几千年的悠久文化对人们的影响表现在各个方面，不是一朝一夕就能改变的。另一方面，表现在各种文化的交融汇合、互相渗透上。例如，我国实行对外开放以来，西方文化的影响渐渐增大，开始渗透进入原有的东方文化，从而也慢慢地改变着人们的生活方式和消费观念。

（二）微观环境

1. 需求环境

企业的一切活动都是围绕着消费者的需求进行的。消费者是市场经营活动的衡量者或裁判员，也只有消费者才能最终裁定企业的成败与得失，消费者的这种最终"判决"权又直接表现为他们的购买力的构成与投向，而购买力的构成与投向正是构成市场需求的基本要素。在现代推销理论以"消费者需求为中心"理念的指导下，推销员应对以下需求环境及其内容予以足够关注。

（1）消费者购买力的构成

在我国，无论生产性消费还是生活性消费，消费者购买力的最终构成可概括为城乡居民购买力、社会集团购买力和生产资料购买力三大部分。

（2）消费者购买力的投向

生产性消费与生活性消费的投向涉及两大类的比例关系。这一比例关系的确定，从宏观方面制约着消费者购买力的投向，直接决定着生产和消费的比重，决定着眼前消费与长远消费的关系，也间接制约着生产性消费、生活性消费的内部比例关系。

2. 竞争环境

竞争是市场经济条件下永恒的主题，任何企业都是在激烈的市场竞争中得以发展和壮大的。同样的道理，优秀的推销员也是在残酷的推销竞争中脱颖而出的。因此，推销员必须认真了解和分析竞争环境。

（1）竞争者行为

①竞争对手的类别。根据产品替代的程度，企业面临四种层次的竞争：ⅰ）品牌竞争。一个公司可以将其竞争者看作是以相似的价格向同一客户提供同样产品的其他公司。因此，"捷达"生产企业可视"富康"生产企业为竞争对手，但它不能一方面视"奥拓"生产企业为竞争对手，而另一方面又视"别克"生产企业为竞争对手。ⅱ）行业竞争。一个公司可以将其竞争对手较广泛地看作是所有生产同样产品或同类产品的公司。这样，"捷达"生产企业可以视自己在与所有的汽车生产企业竞争。ⅲ）形式竞争。一个公司甚至可以更广泛地将所有提供相同产品与服务的公司都看作是它的竞争对手。这样，"捷达"生产企业可以认为自己不仅与其他汽车制造商竞争，而且与摩托车、自行车和货车制造商进行竞争。ⅳ）一般竞争。一个公司可以更加广泛地将所有为争取相同客户货币而竞争的公司看作是它的竞争对手。这样，"捷达"生产企业会认为自己与那些销售主要耐用消费品、国外度假旅游等有关公司进行竞争。

②竞争者战略。推销员应尽可能了解每个竞争者的产品质量、性能和组合、客户服务、定价政策、分销覆盖面、广告和销售促进方案等。

③竞争者目标。推销员还必须了解和探讨每一个竞争者在市场上追求什么，是什么驱动着每一个竞争者的行为，竞争者的目标是利润最大化还是市场份额最大化，是技术领先还是成本领先等。

④竞争者反应模式。推销员在调整竞争策略之前，要了解和估计竞争者的可能反应。竞争者是温和型还是凶猛型？是选择型还是随机型？

（2）竞争者的优劣势

推销员必须努力识别每一个竞争者的优势和劣势，通常可通过二手资料、个人经验和传闻来了解竞争者的优势和劣势。推销员需对各竞争对手在客户知晓度、产品质量、技术服务等方面与本企业进行对比，并作出客观分析和评价，这样才能在销售竞争中"以人之长，克己之短"，有效排除客户异议，顺利实现销售目标。

第二节　消费者购买行为分析

一、消费者市场和组织市场

社会中每个人都是消费者，消费者可以是某个人，也可以是一个家庭，他们都是最终的消费者。在消费过程中，每个人都会有自己的价值判断、消费习惯、行为方式，在购买不同质量或大小不同的商品时，也会产生不同的心理，会受到不同的因素影响。

消费者市场是指所有为了个人消费而购买物品或服务的个人和家庭所构成的市场。消费者市场是现代市场营销理论研究的主要对象。

由于资本品市场、中间商市场、公共产品市场的消费者都是组织单位，一般统称组织市场。推销员要根据这三个市场的特点，运用一定的推销策略和技巧，才有可能获得客户的订单。

二、消费者市场购买行为分析

（一）消费者的需要与欲望

1. 消费者需要

消费者需要是指消费者生理和心理上的匮乏状态，即感到缺少些什么，从而想获得它们的状态。个体在其生存和发展过程中会有各种各样的需要，如饿的时候有进食的需要，渴的时候有喝水的需要，在与他人交往中有获得友爱、被人尊重的需要等。当然，消费者的这种匮乏感达到一定迫切程度的时候，才会激发需要，促使消费者采取行动。需要一旦被唤醒，消费者就会消除匮乏感和不平衡状态采取行动。

美国著名心理学家马斯洛在1954年发表的《动机与个性》中提出了"需要层次论"。他将人类的需要分为五个层次：生理需要、安全需要、社交需要、尊重和爱的需要以及自我实现需要。当代作家王小波称："世界上只有两种问题，一种是没饭吃饿出来的问题；一种是吃饱了撑出来的问题。"虽然很调侃，但却反映出了马斯洛需要层次论的本质，较低层次的需求优先于高层次的社会需求和自我实现需求。较低层次的需求满足之后，才会产生高层次的需求。

所有推销员都应该了解所推销的产品能够满足的需要层次。一旦推销员了解了消费者的心理特征和心理需求，就容易通过推销技巧促使消费者产生购买欲望，最终达成推销。

【阅读材料】

妄想谣（瑶族民间歌谣）

终日忙忙只为饥，才得饱肚又思衣；衣食两样都丰足，房中又思美貌妻；

娶下美妻并美妾，出门无轿少马骑；骡马成群轿已备，田庄不广用光币；

买得良田千万顷，又无官职被人欺；七品八品又嫌小，三品四品又嫌低；

一品当朝为宰相，又思君王做一时。种种妄想无了日，一棺长盖草萋萋。

《妄想谣》一开头就说："终日忙忙只为饥，才得饱肚又思衣"，这就真切地反映了人最基本的需求。这是人的需求中最基本、最强烈、最明显的一种，是人类赖以维持生存的基础。

接着说："衣食两样都丰足，房中又思美貌妻"，说明大约这首歌谣的主人公正处一个相对和平、安全、良好的社会，所以在该文本中，写作者略过"安全需要"，直接提到第三层的需要："对爱和归属的需要。"

接下来，主人公娶下妻之后又纳妾，美妻美妾都有了，又嫌出门没有轿子、少马骑；等他"骡马成群轿已备"，又感觉"田庄不广"；最后"良田千万顷"也"买得"了，欲望的展开仍然没有停止。他转而把欲望指向对权力的追求。从没有官职被人欺负。"七品八品又嫌小，三品四品又嫌低"；到"一品当朝为宰相，又思君王做一时"。

最后一句可谓点睛之笔："种种妄想无了日，一棺长盖草萋萋"，人的心性无论多高多远，短暂的生命转眼即到头。原来全部的种种妄想，最后都不过是一个"一棺长盖草萋萋"的结局。

（资料来源：简圣宁. 此在的时间性——再析民间歌谣《妄想谣》[J]. 歌海，2009（1）.）

2. 欲望

欲望是消费者更深层次的需求。人的欲望受社会因素诸如职业、团体、家庭、教会等影响。因而，欲望会随着社会条件的变化而变化。1818年德国哲学家叔本华在他的《作为意志和表象的世界》中提出，为了满足不断增长的欲望，人们总是欲壑难填，一个欲望刚刚满足，随即又会产生另一个更高的欲望，所以欲望永不能被满足。欲望是某一群体共性愿望或习惯，如法国人吃面包、美国人吃汉堡、中国人吃馒头等。

这种无形的欲望对推销活动具有很大的影响力，主要有以下两点原因：

（1）推销员的目的不仅是要将推销品销售出去，而且要建立客户的品牌忠诚度。有些消费者在产生购买行动时，注重的是内心的一种无形的感觉，而不是有形的产品。品牌忠诚度是消费者对推销品的度量，反映了一个消费者从一个品牌转向另一个品牌的可能程度。

（2）成功的推销员及其推销品具有竞争对手难以模仿的形象与个性，而这正是赢得客户忠诚度的前提。

【案例2-1】

因人而异的推销

林方生是台湾的一位保险推销员，他有一位从事社会工作的客户。该客户对于保险和理赔一点兴趣也没有，一心投入社会工作，对赚钱或储蓄的欲望不高。

"最近申请的一笔基金一直下不来，这对我们残疾人教育推广的计划实在影响极大！"在一次偶然的交谈中，客户谈到了最近的苦恼。林方生突然灵机一动："周先生，社会工作面临的最大困难是财务方面，对不对？其实，保险就是一项社会福利，只是把社会工作企业化经营而已，如果每个残疾人都有一大笔钱能解决他们的生活问题，那么他们自然能够再学习、再教育了，不是吗？"这番话吸引住了客户的注意，林方生第一次为他展示了建议书，周先生同意考虑这个计划。

第二天，林方生再去看他，周先生说这个计划很不错，但因为再过三个星期他就要到韩国、日本考察，所以等回台湾后再办。林方生一颗盼望的心被浇了一盆冷水，可是他又希望客户能早一点投保。

"周先生，是这样，您早一天办，早一天得到保障，对您的家庭不是更好吗？"

"可是，我现在需要准备一些钱出国，两个月的保险费也要十几万台币呀！"他面有难色，也说出了自己的困难。

"周先生，我知道您的困难，但是您有没有想到，出国考察的这两个月是您一生中危险性比较大的时候？如果您现在办，可以提前两个月得到保障，也使您能安心出国。这样吧，您先缴这一季度的保费，等回国后再把余额缴完，如何？"

"喔，可以先缴一部分？"他非常兴奋。林方生为周先生算了一下保费，也填好了安保书，周先生要林方生第二天上午10：00去收钱。

第二天，林方生排完了拜访计划，可是，9：10他突然接到周先生的电话："昨天我回家同妻子商量，她还是认为回国后再办，为了这件事，我们吵了架，我实在很抱歉，等我回国后再说吧！"

林方生心中一愣，但还是抑制住失望的情绪。

"这样吧，我现在就过去，我们当面谈谈！"林方生没等周先生回答，就把电话挂了。一进入办公室，周先生就给了林方生一个苦笑。

"不好意思了，答应你的事又……""不要这么说，我也觉得不好意思，害得你们夫妻吵嘴，我知道您是很尊重妻子的，不过，您知不知道，这份保险除了为您妻子买以外，更是为您三个孩子买的？"

"我知道，可是我没办法呀！"

"周先生，其实有件事您忽略了，您只考虑到您妻子的看法，您有没有考虑到您三个孩子的看法，您也忽略了您自己的愿望，您不是说过您要全力栽培您的小孩吗？这一点钱也不会影响您出国呀！"

周先生犹豫了一下，然后露出了坚定、充满自信的微笑："好吧，现在就办！"这时，林方生反而担心了："那您妻子那边……"周先生摆出一家之主的架势："没关系，先斩后奏。事后我再和她解释吧！"于是，他从抽屉里抽出一叠钞票，缴了第一季度的保费。

这件事情对林方生有很大的启发，他对周先生有了深入的了解，所以能急中生智说出有针对性的话来。这件事使林方生悟出一个推销要领——对不同的客户，要强调不同的商品利益。

现在，林方生对所有的拜访对象，都会提出同样一个问题：为什么他特别需要这份计划（保险计划）？除了一般的家庭生活费、子女教育费、医药费及晚年退休金外，还有什么？

三位年轻人合伙开一家公司，他们各有所长，在公司里都起到举足轻重的作用。林方生为他们设计了一份股东互保计划，并使他们的保费编入公司的固定费用支出。

一家船务代理公司的经理，他们夫妻都上班，有两个小孩，经济富裕，林方生为他们设计了一份夫妻互保计划，当任何一个人发生事故时，另一个人就有能力独撑大局。

一位新创业的年轻人，林方生为他设计了一份创业保险，作为他保险生活的起步，也是他经济完全独立的开始。

一位新婚的年轻人，林方生为他设计了一份新婚保险，作为他担负起婚姻、家庭责任的开始。

就这样，林方生针对不同的客户，提出了不同的计划，终于打动了客户。

（二）影响消费者购买行为的主要因素

在现代社会经济条件下，随着人们生活水平的不断提高和消费内容的日益丰富，人们的消费水平也不断提高，消费者的购买过程受到多种复杂因素的影响，归纳起来主要有文化、社会、个人和心理等因素。这些因素，推销员基本上是无法控制的，但这些因素是制订推销计划、进行推销活动的基础和根据。

1. 文化因素

文化是人类欲望和行为最基本的决定因素。文化一般是本国或本民族人民在生活习惯、价值判断和行为模式等方面的一种长期而稳定的积淀。在社会中成长的儿童通过其家庭和其他主要机构学到了一套基本的价值、知觉、偏好和行为的整体观念。文化包括亚文化和社会阶层。

（1）亚文化。亚文化是由具有共同生活经历和环境形成的具有共同价值观念的人群组成。每种文化都包含较小的亚文化群体；每种亚文化都使得其成员在社会性上区别于其他文化。亚文化包括国籍、宗教、种族和地理地域特征，很多亚文化组成了重要的细分市场。

（2）社会阶层。社会阶层是在一个社会中具有相对的同质性和持久性的群体，它们是按等级排列的，每一阶层成员具有类似的价值观、兴趣爱好和行为方式。人们以自己所处的社会阶层来判断各自在社会中占有的高低地位。同一社会阶层的人其行为比较相似，这样也就决定了他们的消费行为的相似性，这值得每一个推销员去仔细研究。

2. 社会因素

除了文化因素之外，一个消费者的行为还会受到其他因素，如相关人群、家庭、社会角色、身份等因素的影响。

一般情况下，一个人的相关群体来自他的家庭、朋友、邻居与同事等，也会受到一些关联不大的群体影响，比如宗教、职业和贸易协会，还会受到一些离他们很遥远的群体的影响，比如崇拜的偶像、一些意见带头人等，这也是企业更愿意邀请大明星做产品代言的原因。对受相关群体影响大的产品和品牌制造商来说，必须想办法去接触和影响有关相关群体中的意见带头人。

　　家庭是一个社会中最重要的消费购买组织。家庭成员组成了最具有影响力的最初参照人群。家庭一般由父母和兄弟姐妹组成。从父母身上，一个人获取了有关宗教、政治、经济、个人目标、自我价值和爱的观念。即使一个消费者不常和父母接触，父母对他们的影响还是很大的。在父母和孩子们生活在一起的国家里，父母的影响是长久而连续的。推销员对家庭中丈夫、妻子、孩子在购买大宗产品和服务中的角色和影响有很大兴趣。这些角色在不同国家和社会阶层中有很大差距。例如，中国传统观念"男主外，女主内"，虽然这种观念随着社会的发展也在不断变化，但女性在家庭消费品购买中仍占据着主要的角色。

　　角色是由人们所期望的一个人所应该表现出来的一系列行为所组成。每一种角色都反映了一定的地位。一个法官可能比一个警察有更高的地位，或一个销售经理比一个普通职员有更高的地位等，这些角色和地位都反映了社会对本人的综合评价。人们在购物中，有时会选择那些能反映自身角色和地位的产品。这就是为什么某些大的公司总裁会选择奔驰作为座驾，穿着名贵服装等。

　　3. 个人因素

　　一个购买者的行为往往还由一个人的人格特征决定。这些特征包括购物者的年龄和人生阶段、职业和经济状况、生活方式、个性和个人感官等。

　　（1）年龄和人生阶段。在不同的阶段所需要的产品和服务是不同的。人们对食品、服装、家具及娱乐的品位常常和年龄有关。有时，购买行为还和"家庭生命周期"密切相关，家庭生命周期是指家庭随时间推移而不断成熟所经历的不同阶段（见表2－1）。

表2－1　　　　　　　　　　　　　　家庭生命周期

青年	中年	老年
单身	单身	已婚
已婚无孩子	已婚无孩子	
已婚有孩子	已婚有孩子	
离婚有孩子	已婚无尚未独立的孩子	
	离婚无孩子	
	离婚有孩子	
	离婚无尚未独立的孩子	

　　（2）职业和经济状况。一个普通工人可能更倾向于购买粗犷的工作服，而白领则更多地购买职业套装。有的公司甚至向某个特定职业群体提供专业的产品和业务。一个人的经济状况会影响其对产品的选择。一个人的收入、储蓄和可支配收入等决定了他对产品的选择权限。收入敏感型产品的营销者应关注个人的收入、储蓄和利率的发展趋势。

　　（3）生活方式。生活方式是指一个人的生活形式，可以由他或她的消费心态来表示，包括衡量消费者的主要 AIO 项目：活动（工作、爱好、购物、运动、社会活动）、兴趣（食物、时尚、家庭、娱乐）及观念（关于自己的、社会问题的、商业的、产品的）。它勾勒了一个人在社会上的行为及相互影响的全部形式。

（4）个性。个性是指能导致一个人对自身环境产生相对一致和持久的反应的独特心理特征。消费者的个性和某种品牌的选择方面具有一定的关联性。例如，一个IBM 电脑销售商发现，IBM 电脑使用者的个性特征很多表现为高度自信、独立及主动。

（5）个人感官。潜在的消费者在产生了购买动机之后，是否采取行动还取决于对刺激物的感觉。我们可以从视觉、听觉、嗅觉、味觉和知觉等各个方面来分析。消费者往往通过综合分析来决定是否真正购买。所以，一切广告宣传要通过人的感觉才能真正影响消费者的购买。

4. 心理因素

一个人的购买选择还要受到四个心理因素：动机、知觉、学习及看法和态度的影响。

（1）动机。一个人在每一个时刻都会有许多需求，一个需求只有达到足够强烈的程度才能成为"动机"。因此，所谓"动机"是指足以迫使人去寻找满足的需要。

（2）知觉。受动机驱使的人准备采取行动，但是，一个人的行动会受到这个人对环境知觉的影响。在同一情况下，具有相同动机的人会采取完全不同的行动，原因就是他们对外界环境的知觉不同。知觉是具有个人化特征的。有的人可能会感觉一个语速很快的销售员很真诚或有雄心，也可能感觉另一个销售员聪明和乐于助人。

（3）学习。学习是指由于经验而引起的个人行为的变化。人们在行动时，也同时在学习。人类的大部分行为都是通过学习得到的，学习过程发生在动机、刺激、线索、反应及巩固的相互作用过程中。"动机"是强烈的要求人们采取行动的内部刺激。"线索"是指能决定人们何时、何地、怎样来作出决定的刺激。假设你是一位电脑爱好者，曾经购买过"惠普"电脑，感觉使用良好，也许就会更多地使用"惠普"电脑，你的看法和观点也许就在你的使用过程中得到进一步的"巩固"，以后你在购买其他诸如打印机之类的产品时，可能也会首先想到"惠普"。

（4）看法和态度。通过行动和学习，人们会获得看法和态度。而这反过来又会影响他们的购买行为。营销者对人们关于某个产品或服务所形成的看法感兴趣，因为正是这些看法构成了能影响购买行为的品牌或产品形象。如果其中有些看法不正确或对购买者不利，营销者就需要开展营销攻势来更正它们。

（三）消费者购买行为的类型

在日常的生活中，我们总会发现随手便可以决定是否买一张 2 元的彩票或者是一斤猪肉，可是面对冰箱、彩电、汽车和房子就要颇费周折了。这就是在较为复杂的和花钱多的购买决策中，购买者往往要反复比较、权衡，并且可能还需要其他人（如家庭成员、朋友、销售人员等）参与购买决策。根据购买过程中参与者的介入程度和品牌间的差异程度，可以将消费者购买行为分为复杂的购买行为、减少失调感的购买行为、习惯性的购买行为和寻求多样化的购买行为四种类型。

1. 复杂的购买行为

如果购买的商品单位价格很高，购买行为是属于偶尔购买的、冒风险的和高度自我表现的，这种购买行为就属于高度介入购买。这种情况下，消费者对商品的品牌、类型、属性了解较少，需要大量学习。作为这一类商品的推销员必须懂得对高度介入的消费者收集信息并评估其行为，采取一些创新性的策略，以便协助购买者学习有关产品类别属性、它们之间的重要关系以及品牌的影响力。

2. 减少失调感的购买行为

有时一些需要参与人高度介入但各种品牌看起来没什么差别的产品，客户对于购买这类产品也持慎重态度。往往会把在一定价格幅度内的大多数产品看成是同样的，在了解相关特性后，购买决策一般会非常迅速。但是，客户在产品购买后有时会产生一种购后失调感，因为他可能感觉到产品上一些使他感到烦恼的缺点。这时，客户往往开始学习更多东西，试图证明自己的决策是正确的，以减少购买后的失调感。

在这种情况下，推销员应该让客户真正满意，以培养客户的忠诚度，主要目的在于增强信念，以帮助购买者对他选择的品牌有一种满意的感觉。

3. 习惯性的购买行为

许多产品的购买是消费者在低度介入、品牌间无多大差别的情况下完成的。这一类产品一般为单位价值较低的生活必需品。面对这样的产品，消费者有时会出于习惯，而非出于对品牌的忠诚而长期购买同一种品牌的产品。对于低度介入且品牌之间差异极小的产品而言，利用价格与销售促进作为某品牌产品使用的诱因是一种非常有效的方法。

4. 寻求多样化的购买行为

产品的购买是品牌之间差异显著并且属于低度介入。在这种情况下，消费者有时会经常改变品牌选择。消费者尽管在前一次购买中选择某一品牌，但在下一次购买时，他也许想尝试而转向购买另外一种品牌。品牌选择的变化常起因于产品的品种众多，而不是起因于对产品的不满意。

三、组织市场的购买行为分析

（一）资本品市场的购买行为

资本品市场也称生产者市场、产业市场或者生产资料市场。在资本品市场上，个体或组织购买货物和劳务的目的是为了生产其他产品和劳务，以便出售、出租或供给他人。构成资本品市场的产业包括农业、林业、渔业、牧业、采矿业、建筑业、运输业、通信业、公共事业、金融业、保险业和服务业等。

1. 资本品市场的特点

资本品市场的购买者数目少，购买规模大，地理位置较集中，缺乏需求弹性，一般均为专业化、理性、长期互惠的购买行为，通常采用直接采购的方式。虽然没有和最终消费者接触，可是依然受他们的需求喜好的影响。

2. 购买决策的参与者

资本品市场的采购组织随着企业的规模不同而不同，有的企业仅由一个人或者几个人负责，有的则有专门的采购部门。这些参与资本品采购的人们担任的角色一般包括以下四种类型：

（1）使用者。使用者即所要采购物品的实际使用者，通常采购某种物品的要求是由他们首先提出来的。他们在规格型号上起很大作用。

（2）影响者。影响者是企业内外直接或间接影响采购决策的人，其中技术人员是特别重要的影响者。

（3）采购者。采购者是企业里有权决定采购项目和供应商的人。在日常采购中，采购者就是决策者；在复杂的采购中，决策者常常就是企业的主管。

（4）控制者。控制者是控制信息流的人员，可控制外界与采购有关的信息。这些人能够控制外界与采购有关的信息流入企业。

3. 影响资本品市场购买行为的主要因素

相对于消费品市场而言，资本品市场的购买行为更为理性，追求的是最大的经济利益。但是资本品用户的采购者也是人，他们具有社会人的某些特点，特别是当供应商在质量、价格、服务方面大致相似的情况下。所以，采购人员选择供应商时也要考虑人际关系和个人情感因素。归纳起来，影响资本品市场购买行为的主要因素包括以下方面（见表2-2）。

表2-2　　　　　　　影响资本品市场购买行为的主要因素

环境因素	企业内部因素	人际因素	个人因素	采购者
市场需求水平	目标	权力	年龄	风险态度
经济前景	政策	地位	收入	
货币成本	程序	情绪	教育程度	
市场供给情况	组织结构	说服力	职务	
技术创新	制度		性格	
政治法律				
市场竞争趋势				

（二）中间商市场的购买行为

中间商市场采购者行为往往也是从提出需求开始，而以决定向哪一家供应商采购结束。其采购者行为受环境、组织等因素的影响。中间商在采购业务的类型、采购决策的参与者，以及怎样制定采购决策方面，都有其特点。

1. 中间商采购决策和采购业务的类型

中间商是客户的采购代理人，它必须按照客户的需求来制订采购计划。中间商的采购计划包括三个主要决策：经营范围和商品搭配措施，选择怎样的供应商，以怎样的价格和条件采购。搭配策略是最重要的策略，它决定着中间商的市场地位。

2. 批发商和零售商可选择的搭配战略

独家产品——只经营一家厂商制造的产品。

深度搭配——经营各企业制造的同类产品。

广泛搭配——经营范围十分广泛，但是往往有一定的关联性，如某一经销商不仅经营各种品牌的收音机，而且还经营电视机、VCD、组合音响等。

混合搭配——经营各种无连带关系的商品，比如不仅经营各种音响设备还经营吸尘器、家具、电冰箱等。

3. 中间商市场购买者的类型

中间商的采购同资本市场一样，也要受到环境、组织因素、人际因素和个人因素的影响。此外，采购人员的采购风格，也要予以考虑。一般来说，中间商的采购者可分为如下七种类型。

（1）忠实采购者。他们年复一年地忠实于同一货源，不轻易更换供应商。

（2）机会采购者。他们善于从备选的几个符合其长远利益和发展前途的供应商中，随时挑选最有利的资源，而不固定于任何一个。

（3）最佳交易采购者。他们专门选择与在一定时间内能给予最佳交易条件的供应商成交。

（4）创造型采购者。他们向卖方提出他所要求的产品、服务和价格，希望以他的条件成交。

（5）广告型采购者。他们在每一笔交易中都要求供应商补贴广告费。

（6）悭吝型采购者。他们在交易中总是要求供应商给予价格折扣，并且只同给予最大价格折扣的供应商成交。

（7）精明干练采购者。他们选择的货源都是最物美价廉的。

中间商市场的推销员应该了解采购者的特点，因地制宜，促成交易。

（三）公共产品市场的购买行为

公共产品是指那些向社会大众提供，但不直接收取费用的公用设施。公共产品带有一定福利性质，是政府免费提供给社会大众消费的，是不直接收费的产品。公共产品的购买者主要是政府及执行政府职能的有关组织。

1. 参与公共产品市场购买行为的角色

公共产品的采购者包括中央政府、地方政府等；在西方，公共产品的采购者包括联邦政府、州政府和地方政府等。实际上，并没有一个统一的机构为政府各部门统一采购，而是由各部门自行采购自己所需要的物资，特别是专用设备。各级政府都是那些希望向他们出售产品或劳务的企业的潜在目标，企业的推销员应该研究各种机构的采购模式和需求特点。

2. 影响公共产品市场购买行为的主要因素

公共产品市场的采购者一般也受环境、组织、人际关系、个人特性等因素的影响，然而公共产品市场的采购者其独特之处在于它还受到社会公众的制约。在西方国家，一个监督者是国会，另一个监督者是预算局，它们抨击政府的浪费行为或者负责审查政府的开支。此外，一些民间监督机构或媒体机构也往往监督政府机构，保护纳税人的利益。

一般来说，政府支出要受到公众审查，政府机构在采购前要做许多文案工作，如填写系列表格和正式的审批等。供应商常常会抱怨过量的文书工作、官僚主义、规章条例、决策拖延以及主管人员的频繁更替。政府官僚作风越重，推销员就越要设法绕过或冲破这种官僚主义。还有一些非经济原则在政府采购中起着日益重要的作用。有些要求政府采购时要照顾衰退的行业和地区，照顾小企业和没有种族、年龄、性别歧视的企业。那些准备向政府机构出售产品的企业必须牢牢记住这一原则。

【本章小结】

推销员的推销活动总是在一定环境下进行的。推销环境直接影响着企业的推销活动，推销员应该正确面对推销环境。

在消费者市场中，主要影响消费者购买行为的因素包括：文化、社会、个人和心理等。消费者的购买过程在购买者实际作出购买行为之前就已经开始了，而且会持续到购买之后，具体过程分别是：需求确认、信息收集、选择评价、购买决定及购买后行为。

除了消费者市场外，还有资本品市场、中间商市场、公共产品市场的消费者们。它们都是组织单位，一般统称组织市场。推销员应该学习这三个市场的特点，掌握一定的推销策略和技巧。

【思考与练习】

1. 主要概念

推销环境　AIO　文化　社会阶层　家庭生命周期

2. 复习思考题

(1) 什么是推销环境？简述推销环境对企业推销活动的影响。

(2) 推销环境的内容包括哪些？

(3) 消费者购买决策过程包括哪些？

(4) 假设你是某种产品（个人选择）的推销员，你能将所处销售区域的消费者划分为几个典型的社会阶层吗？

(5) 假设你是某种产品（个人选择）的推销员，你认为客户购买你推销的产品时主要考虑的因素是什么？

(6) 假设你是某种产品（个人选择）的推销员，请举出客户购买你所推销的产品的 10 种理由。

(7) 同消费者市场相比较，资本品市场、中间商市场、公共产品市场的消费者各自具有哪些特点？

【技能训练】

1. 课堂实训

实训主题：教师提出消费品和资本品各三种产品，请学生自行分组，选择其中一种产品进行讨论，完成消费者购买行为分析报告。讨论结束后，进行现场汇报比赛。

实训目的：在限定时间和限定主题的情况下，充分发挥学生的想象力和团队合作精神，理论联系实际地完成消费者购买行为分析，更好地理解消费者市场、资本品市场、中间商市场、公共产品市场的消费者们的消费心理和他们之间的差异。

时间：讨论时间 15 分钟、汇报比赛时间根据学生数量自行调整。

组织：学生自由分组，最好安排在案例讨论教室内完成。

2. 课外实训

任务：访问若干位最近购买过大件商品的消费者和另外购买过小件商品的消费者。分析他们的购买决策过程在哪些方面相同，在哪些方面不同。

目的：考察消费者购买决策过程。

要求：个人完成。

考核点：消费者购买决策过程是怎样的？影响消费者购买行为的环境因素有哪些？

3. 案例分析

戴尔直销

IT 企业中的戴尔公司以其高成长业绩为世人所称道。该公司成立于 1984 年，目前已成为全球最大的计算机直销商。该公司 1999 年的收益达 270 亿美元，在全球 34 个国家设有销售办事处，销售的产品与服务遍及 170 个国家和地区，所供应的客户包括商业、工业、政府教育机构和广大的个人消费者。

戴尔公司发展成功的最大奥秘就是在产品销售上坚持直销。该公司的创始人迈克尔·戴尔曾不止一次地宣称他的"黄金三原则"——坚持直销、摒弃库存、与客户结盟。

直销又称直接商业模式（Direct Business Model），即企业不经过中间商，而是将产品直接销售给用户。直销模式使戴尔公司能够提供最有价值的技术解决方案：系统配置强大而丰富，无与伦比的性能价格比。这也使戴尔公司能以富有竞争力的价格推出最新的相关技术。戴尔在他的回忆录中这样描述了直销模式的好处，他说：与传统的间接模式相比，直接模式真正发挥了生产力的优势。因为间接模式必须有两个销售过程：一是从制造商向经销商，二是从经销商向客户。而在直接模式中，只有一级销售人员，并得以把重心完全摆在客户身上。在这点上，戴尔公司并没有以一种方式面对客户，他们把客户群进行细分，一部分人专门针对大企业进行销售，而其他人则分别负责联邦政府、州政府、教育机构、小公司和一般客户。这样的架构对于销售大有好处，因为销售人员因此成为专才。他们不必一一搞懂多家不同制造商所生产的不同产品的全部细节，也不必记住每一种形态的客户在产品上的所有偏好，而在处理自己客户的问题时则成了行家里手，这使得戴尔公司与客户之间合作的整体经验更为完善。那么，戴尔公司是如何面向客户的呢？

（1）将客户作为企业营销的中心，而不是竞争者

戴尔对客户和竞争对手的看法是：想着客户，而不是竞争者。随着市场竞争的日益加剧，有些企业为了更好地节省成本，降低费用，有效地争取客户，出现了一种更为便捷的做法，即将营销的重点放在竞争对手身上，在模仿竞争对手做法的基础上，还要更胜一筹，与其直接争夺客户，扩大市场份额。但是，戴尔公司一直坚持深入地研究客户。他们认为，许多公司都太在意竞争对手的作为，因而更受牵制，花了太多时间在别人身后努力追赶，却没有时间往前看。企业过于坚持自己的经营方式，一味让消费者去适应会导致经营失败。戴尔坚持直销，最大的优势就是能与客户建立直接的关系，这样，戴尔的客户可以十分方便地找到他们所需要的机器配置，戴尔则可以按照客户的订单制造出完全符合客户需求的计算机。

（2）细化市场，深入研究客户

戴尔公司与其他企业的另一个不同是不仅要做产品细分，还要做客户细分。他

们认为：随着企业对每一个客户群认识的加深，则对客户所代表的财务机会更能够精确衡量，从而可以更有效地分析各营运项目的资产运用，通过评估细分市场的投资回报率，制定出企业发展的绩效目标，使各项业务的全部潜能得以充分发挥。戴尔坚持认为："分得越细，我们就越能准确预测客户日后的需求与其需求的时机。"在这种指导思想下，1994 年，戴尔公司的客户被分成两大类，即大型客户和小型客户，当年的公司资产为 35 亿美元；1996 年，在大型客户市场中，又分化出大型公司、中型公司、政府与教育机构三块市场，公司资产升至 78 亿美元；到 1997 年，戴尔又进一步把大型公司细分为全球性企业客户和大型公司两块市场，小型客户则进一步分解为小型公司和一般消费者两块业务。当年公司资产攀升到 120 亿美元。

（3）戴尔直销的特点

戴尔公司坚持直销是因为通过直线销售模式，客户不仅可以直接与戴尔公司互动，可以买到具有很好性价比的电脑，更重要的是客户可以得到戴尔公司最新技术和最完善的服务，收到很好的投资回报。因为客户花费同等价格可以买到更快速的机器，或只要花费稍高一点的价格，就可以买到更高速度的机器，而且，最新技术总是具有更高的可靠性、稳定性和更多的性能。要实现这一点，戴尔公司力求做到最完善的服务。公司为客户提供全国范围的保修服务和跟踪服务，目前戴尔公司是全球少数几个能够提供现场服务的供应商之一。

戴尔公司在直销上的另一个特点，就是建立电话服务网络。公司仅在中国就有94 个免费电话，每个月的付费电话费用就有 10 万美元。在厦门，戴尔有一个 CTI系统（电脑电话集成系统），它可以对打入的电话进行整理，并检查等候时间，以确保尽可能快地给客户回答。而且公司要确保有足够的工程师来接听客户服务电话，一般技术上的问题，公司可以在 30 分钟内通过电话解决；如果是客户硬件上的问题，一周之内保证解决；对销售的笔记本电脑，公司有国际服务承诺，客户只要在当地拨打免费电话，就会有当地的工程师解决问题。现在，戴尔实现了这一目标的 90%。

（4）利用互联网，开展网上营销

戴尔公司在 1994 年将直销模式发展到互联网上，而且业绩突飞猛进，再次处于业内领先地位。今天，戴尔运营着全球最大规模的互联网商务网站。该网站销售额占公司总收益的 40% ~ 50%。戴尔服务器运作的 www.dell.com 网址包括 80 个国家的站点，目前每季度有超过 4 000 万人浏览。客户可以评估多种配置，即时获取报价，得到技术支持，订购一个或多个系统。在 21 世纪，戴尔公司的网上销售重点转向亚洲，公司还打算在互联网销售产品的基础上，整合从零部件供应商到最终用户的整个供应链。

"与客户结盟"是戴尔直销模式的特点之一。戴尔与客户结盟最重要的方式就是精心研究客户的需要，与客户进行最快速的信息交流，最大限度地满足客户的需要，并提供尽可能多的服务。戴尔每个月要接到 40 万个寻求技术支援的电话，而客户每周上网查询订购的次数多达 10 万次，所有这些都需要公司有完善健全的服务系统来支撑实现。而戴尔最创新的服务形式就是"贵宾网页"，共设 8 000 个迷你网站，这是戴尔公司针对每一个重要客户的特定需求精心设计的企业个人电脑资源管理工具。客户可以在这些网页上找到企业常规的个人电脑规格与报价，并上线订购，同时，还可以进入戴尔的技术支援资料库下载资讯，为负责管理企业电脑资源的员工省下许多宝贵的时间，该做法深受企业界欢迎。目前，戴尔电脑"贵宾网页"正以每月 1 000 个的速度在增长，这极大增加了客户对公司的忠诚度。

戴尔公司不仅与客户结盟，还注重与供应商的结盟。戴尔与众不同的一个做法是把"随订随组"的作业效率纳入到供应体系之中，这使得它比其他电脑供应商更有效率。这种做法使戴尔的直销运营模式更切合实际，因为公司更清楚地掌握实际销售量，这是戴尔能够以 7 天存货保证供应的基础。戴尔目前的计划是为供应商提供每小时更新的资料，这在其他企业是不可想象的。

戴尔与供应商在原料进货之间的连接是其成功的关键。这是因为，一是购买者与供应商之间的价值可以共享；二是无论是哪一种新产品，能否快速地流通到市场上都关系到市场份额的大小，甚至企业的生死。戴尔产品的需求量是由客户直接确定的，如果客户有需求，而企业没有原材料生产，直销岂不是一句空话？所以，戴尔公司强调与供货商之间的结盟，这种连接越紧密有效，对公司的反应能力越有好处。目前，戴尔主要是通过网络技术与供应商之间保持完善的沟通，而且十分有效。

最后，需要指出的是，戴尔也有其经销商，或者说也利用渠道。但戴尔的经销商主要是服务的提供者，而不是销售产品。戴尔要求与其配合的经销商只做服务和增值工作，他们希望通过更专业的队伍来补充企业在市场覆盖面和服务能力上的缺陷。因此，戴尔公司并不要求与经销商保持密切的联系，或与其结盟。

问题：

（1）影响人们购买电脑的环境因素有哪些？

（2）戴尔直销模式如何满足客户的多样化需求？

第三章
推销员的素质和能力

【导入案例】

世界上伟大的推销员——乔·吉拉德

闻名世界的汽车推销员乔·吉拉德，以15年共推销13 000辆小汽车（日均近3辆）的惊人业绩，被《吉尼斯世界纪录大全》收录，并荣获"世界最伟大的推销员"称号。乔·吉拉德成功的秘诀何在？乔·吉拉德自我介绍有三点。

（1）树立可靠的形象。乔·吉拉德努力改变推销员在公众心目中的精神形象，不但有儒雅得体的言谈举止，而且有对客户发自内心的真诚和爱心。他总是衣着整洁，朴实谦和，脸上挂着迷人的微笑，出现在客户的面前；而且对自己所推销的产品的型号、外观、性能、价格、保养期等烂熟于心，保证对客户有问必答，一清二楚。他乐于作客户的参谋，根据客户的财力、气质、爱好、用途，向他们推荐各种适宜的汽车，并灵活地加以比较，举出令人信服或易于忽略的理由来坚定买主的信心，主动热情、认真地代客户进行挑选。年复一年，乔·吉拉德就这样用自己老成、持重、温厚、热情的态度，真心实意地为客户提供周到及时的服务，帮助客户正确决策，与客户自然地达成一种相互信赖、友好合作的气氛。客户都把他当做一个值得信赖的朋友，戒备心理烟消云散，高兴地接受他的种种建议。

（2）注意感情投入。乔·吉拉德深深懂得客户的价值，他明白推销员的工作就是对客户的竞争。而客户都是活生生的人，人总是有感情并且重感情的。所以，他标榜自己的工作准则是："服务，服务，再服务！"他豪迈地说："我坚信每个人都可能成为潜在的买主，所以我对我所见到的每一位客户都热情接待，以期培养他们的购买热情。请相信，热情总是会传染的。"

乔·吉拉德感情投入的第一步是以礼貌待客，以情相通。客户一进门，他就像老朋友一样地迎接，常常不失时机地奉上坐具和饮料；客户的每一项要求，他总是耐心倾听，尽可能作出详细的解释或者示范；凡是自己能够解决的问题则立即解决，从不拖拉。在这种情况下，绝大多数客户都不得不对是否买车作出积极的反应了；否则，心中就可能产生对不起推销员的内疚感。

乔·吉拉德感情投入的第二步是坚持永久服务。他坚信："售给某个人的第一辆汽车就是跟这个人长期关系的开始。"他把建立这种"老主顾"的关系作为自己工作的绝招。他坚持在汽车售出之后的几年中还为客户提供服务，并绝不允许别的竞争对手在自己的老主顾中插进一脚。乔·吉拉德的销售业绩中有80%来自原有的客户。

（3）重复巧妙的宣传。乔·吉拉德宣传的办法不但别出心裁，而且令人信服。客户从把订单交给乔·吉拉德时起，每一年的每一个月都会收到乔·吉拉德的一封信，绝对准时。所用的信封很普通，但其色彩和尺寸都经常变换，以至没有一个人知道信封里是什么内容。这样，它也就不会遭到免费寄赠的宣传品的共同厄运——不拆就被收信人扔到一边。乔·吉拉德还特别注意发信的时间，1 日、15 日不发信，因为那是大多数人结算账单的时候，心情不好；13 日不发信，因为日子不吉利……他总是选取各种"黄道吉日"，让客户接到自己联络感情的信件时，心情愉悦平静，印象自然会更加深刻。这样挖空心思的劳神费力值得吗？乔·吉拉德的回答是"太值得了"。因为平时"香火"不断，关键时候客户这个"上帝"会保佑的。想想他，每年近80%的重复销售额，相信此言不虚。

然而这么一位优秀的推销员，却有一次难忘的失败教训。有一次一位客户来跟乔·吉拉德商谈买车，乔·吉拉德向他推荐了一种新型车，一切进行顺利，眼看就要成交，但对方突然决定不买了。乔·吉拉德百思不得其解，夜深了还忍不住给那位客户打电话探明原因，谁知客户回答说："今天下午你为什么不听我说话？就在签字之前，我提到我的儿子将进入密歇根大学就读，我还跟你说他的运动成绩和将来的抱负，我以他为荣，可你根本没有听我说这些话！你宁愿听另一位推销员说笑话，根本不在乎我说什么！我不愿意从一个不尊重我的人手里买东西！"

从这件事，乔·吉拉德得到了两条教训：第一，倾听客户的话实在太重要了，自己就是由于对客户的话置之不理，因而失去了一笔生意；第二，推销商品之前，要把自己推销出去，客户虽然喜欢你的产品，但如果不喜欢你的这个推销员，他也可能不买你的产品。

案例分析：营销素质是否与生俱来，我们不敢妄下定论，但是当我们回顾许多伟大的成功者的人生历程时会发现：每一名成功者都是天生的营销大师，无论他们从事何种工作、无论他们的生命起点是如何之低，出色的营销总是能帮助他们的事业腾飞发展——松下幸之助向世界成功推销了日本产品的新形象，比尔·盖茨向世界推销了一个个人电脑进入千家万户的梦想。从松下幸之助、比尔·盖茨、乔·吉拉德，再到其他成功的营销大师，他们的成功固然离不开天时地利，离不开时代赋予的种种机遇，但在他们的生命底色中，有某些素质与能力是与生俱来的，那正是作为一名优秀营销人员所需要的。正是这些素质与能力使得他们在历经艰难挫折之后，最终成就辉煌事业。

【教学目标】

通过本章的学习，要求学生理解推销员应具备的职业素质和业务素质，这是推销工作的基本条件；掌握推销员应具备的个人素质多方面的职业能力，这是提高推销业绩的必要条件。最后充分理解礼仪在推销过程中的作用，掌握送访、交谈、体态、仪表礼仪知识，提高综合素质。

第一节 推销员的职业素质

推销员的素质，主要是推销员的思想、信念、能力、气质、性格等因素的综合体现，其中思想道德素质和业务与文化素质最为重要。一个优秀的推销员应具备的素质包括如下几种。

一、思想道德素质

品德是一个人的品性、良心。在推销员市场供过于求的状况下，对其个人品质的要求排在第一位。没有工作经验，可以给你时间摸索；没有技能，可以给你找师傅带；不知道要求与流程，可以多培训；你要求上进，可以给你一片天空。但唯独不能允许品德低、有不良嗜好的推销员进入销售团队。品德是一个人在几十年的生活中养成的，是不会轻易改掉的，企业只要求个人能力而忽视个人品德，将为此付出数倍的代价。所以招聘时，用人单位会查看简历、工作经历、任职、离职原因、有没有不良记录等。一位推销员应具备的思想道德素质包括以下四点。

（一）具有强烈的事业心和责任感

推销员的事业心主要表现为：应充分认识到自己工作的价值，热爱营销工作，有献身于推销事业的精神，对自己的工作充满信心，积极主动，任劳任怨，全心全意地为客户服务。推销员的责任感主要表现为：忠实于企业，忠实于客户。本着对所在企业负责的精神，为树立企业良好的形象和信誉作贡献，不允许发生有损害于企业利益的行为。本着对客户利益负责的精神，帮助客户解决实际困难和问题，满足客户的需要。

（二）具有良好的职业道德

推销员的职业道德是推销员在推销活动中处理好各种行为关系的准则和规范。推销员单独的业务活动较多，在工作中，应有较强的自制力，不利用职业之便坑蒙拐骗，不侵吞企业的利益。推销员必须自觉遵守国家的政策、法律，自觉抵制不正之风，正确处理个人、集体和国家三者之间的利益关系，依照有关法律规范推销产品。

（三）具有正确的推销理念

推销理念是推销员进行推销活动的指南。正确的推销理念要求推销员在推销工作中要竭尽全力地为国家、企业着想，全心全意地为客户服务，把客户需要的满足程度视为检查推销活动的标准。

（四）诚实守信

诚信不仅是推销的道德，也是做人的准则，它历来是人类道德的重要组成部分，在我们的日常销售工作中也发挥着十分重要的作用。实际上，向客户推销自己的产品，就是向客户推销自己的诚信。

赫克金法则源于美国营销专家赫克金的一句名言："要当一名好的销售人员，首先要做一个好人。"这就是赫克金所强调的营销中的诚信法则。美国的一项销售人员的调查表明，优秀销售人员的业绩是普通销售人员业绩的300倍的真正原因与长相无关，与年龄大小无关，也和性格内向外向无关。其得出的结论是，真正高超的销售技巧是如何做人，如何做一个诚信之人。

要做到诚信，是一件很不容易的事情，而违反诚信法则的人，是无法在这个行业中生存下去的。美国销售专家齐格拉对此深入分析道，一个能说会道却心术不正的人，能够说服许多客户以高价购买劣质甚至无用的产品，但由此产生的却是三个方面的损失：客户损失了钱，也丧失了对推销员的信任感；销售人员不但损失了自重精神，还可能因这笔一时的收益而失去了成功的推销生涯；从整个行业来说，损失的是声望和公众的信赖。

那么，销售人员如何训练并且表现自己的真诚呢？下面是一些说真话的秘诀，它们有助于销售人员成功推销自己。

1. 不夸大事实。有些人吹牛吹得没有分寸，歪曲了事实。更可悲的是，时间一久，这些人也相信自己所夸大的事实了。因此，不要绕着事实搞恶作剧。不要在它的边缘兜圈子，更不要歪曲或渲染它。

2. 三思而后言。这点其实很容易做到。也许你讲话过快，以至于中心意思不够突出或者你表达能力较差，无法有序表达自己的观点，这都不要紧。只要耐心等待，直到自己的声带与大脑完全合拍，这样你再开口则基本不会出现任何问题了。

3. 用宽容调和矛盾。矛盾常常是尖锐的，但仍然要说出来。"不过"——这个"不过"不是表示可以说谎，它只是表示要缓和事实，使它不致伤害一个人的情感，要说真话但要避免使对方感到困窘。

4. 别为他人做掩护。有时候，你可能会遇到别人要求你为他说谎，或为他们掩饰实情。要记住，你不可以这样做。一个老板最差劲的行为，就是强迫他的雇员为他说谎，而这也是一个雇员要做的最困难的决定：我应该为老板说谎吗？

先试着拒绝这样做，你将惊讶于自己的诚实和勇气。你的老板可能更惊讶，或许因此对你有一份崭新的尊敬，从此不再要求你为他掩饰。但是，如果他的反应不是这样呢？给你一个率直而诚恳的建议——辞职。

当然，自己出现错误的时候，也不能要求别人替你说谎掩饰，正所谓"己所不欲，勿施于人"。

【阅读资料】

刘政是个售楼高手，谈到售楼的"秘籍"时，他说："售楼首先要推销自己，要让客户先信任你，才能信任你推荐的房子。我总是把客户当作自己的朋友，将房子的优势和不足都讲给客户，并根据客户的需求帮他选房，而不是像有的售楼人员将楼盘吹得天花乱坠，给人不实在的感觉。"

二、文化素质

推销工作并不是一件轻而易举的工作，而是一项富有创造性和挑战性的工作，因而推销员除了要具备过硬的思想素质以外，也要求具有较高的文化素质，尤其是在知识大爆炸的今天。推销员需要接触众多的客户，有全国各地乃至世界各地的人们，他们有不同的心态和想法，推销员必须在较短的时间内作出迅速的判断，从而确定正确的推销方式和技巧。这就要求推销员必须具备较高的文化素质。文化素质主要体现在以下三个方面。

（一）掌握更多的语言知识

在现代的市场经济中，推销员不仅要掌握中国的几种方言，而且还要学会几种外语，尤其像日语、韩语、俄语等小语种，针对性比较强。

（二）了解不同的风俗习惯和宗教信仰

不同地区、不同国家民族的风俗习惯和宗教信仰、禁忌等各不相同，有的还有很大的差异。如果一个推销员不了解所在地区的风俗习惯等，可以说，他连推销工作的第一步都迈不出去，哪里还能谈得上推销产品呢？因而，尊重该国、该地区的风俗习惯、宗教信仰等，是一个推销员最起码的素质之一。如香港居民十分忌讳不吉利的字眼，据说瑞士产的西马牌手表在香港不好销售是由于"西马"与"死妈"同音。又如，和日本人谈话，盯着对方眼睛被认为失礼；而在美国，与人谈话时不注视对方眼睛，则被认为是不礼貌和狡猾的。

（三）不断学习，提高自身素质

日本推销专家原一平说过："就我而言，学习的时间比推销的时间还要长，但是结果却是工作效率不但不减反而上升。"学习的最大好处就是：通过学习别人的经验和知识，可以大幅度地减少犯错和缩短摸索时间，使人们更快速地走向成功。成功本身是一种能力的表现，能力是需要培养的。成功的推销员注重养成良好的学习习惯。

销售是一个不断摸索的过程，销售员难免在此过程中不断地犯错误。反省就是认识错误、改正错误的前提；反省的过程，就是学习的过程；有没有自我反省的能力，具不具备自我反省的精神，决定了推销员能不能认识到自己所犯的错误，能不能改正错误，是否能够不断地学到新东西。

【案例 3-1】

河北省安平县的一家罗网厂，生产罗网之类的产品。该厂有一位姓王的推销员，有一次听说河南某地有个塑料厂。他想，制塑料得用过滤筛，于是急忙坐上火车，昼夜兼程赶到那里。待他说明来意，对方厂里的人笑了，说："我们生产的是白色塑料，不用过滤。带颜色的塑料，才需要过滤。"小王只好扫兴而归。时隔不久，小王又到天津某橡胶厂推销罗网。对方厂里的业务负责人问："你厂能生产多大拉力的网？最高含碳量是多少？能经得起多高的温度？"小王愣了，他只知道罗网是过滤用的，不知道还有这么多的讲究。对方说："你连这些都不懂，怎么做推销？又怎么订合同？"王某终于明白，当一个推销员其实并不那么简单。后来，小王下苦工夫学习，掌握了各种金属材料的含碳量、拉力受压能力、耐酸、耐热性能等科学知识。他所在部门的推销业绩直线上升，工厂也越办越红火。

三、业务素质

业务素质又称为能力素质，是指完成一定活动的本领。作为推销员来讲，必须具备一定的业务知识，才能在市场竞争中占有一席之地。

（一）企业知识

推销员应掌握本企业的历史背景、发展历程，在同行业中的地位，经营的指导思想，相关的制度、惯例，企业的营销战略和策略，交货方式、付款条件、服务项目等。

（二）产品知识

产品知识的掌握是正式进入推销的第一步，有再好的心态与自信心，可对产品知识一无所知，用户向你咨询产品特点、性能、使用方法，你一问三不知，客户根本就不会买你的产品，你让他感到没有安全感。消费者会在心中盘问："这个人是不是江湖骗子？"

推销员对产品知识的掌握，不仅是对产品用量、使用方法、特点、性能等一些技巧参数的掌握，还要对产品能带给用户、消费者的利益一清二楚。优秀的推销员会将产品带给经销商的利益、用户的利益、普通消费者的利益都罗列出来，面对什么类型的人都能说出相应的利益点，这样才能有的放矢。

（三）客户知识

推销员一方面需要了解客户购买的可能性及希望从中得到的利益，另一方面还需要了解客户购买决策依据，客户购买决策权在谁手中，谁是购买者，谁是使用者和消费者。了解客户的购买条件、方式和时间，深入分析不同客户的心理、习惯、爱好和要求。

（四）市场知识

推销员还要掌握的相关知识主要包括营销策略、市场供求情况、潜在客户数量、分布、购买动机、购买能力、有关法规等。

（五）法律知识

推销员也应具备相应的法律素质，工作中要有强烈的法律意识和丰富的法律知识。推销工作是一种复杂的社会活动，受到一定的法律法规制约。推销过程中，推销员应注意衡量自己的言行是否合法，以及会给社会带来什么后果。

四、身体素质

推销员的工作既是一项复杂的脑力劳动，也是一项艰苦的体力劳动，因此推销员必须具有良好的身体素质。知识再渊博，还是要身体力行。这里所讲的身体素质是一个比较广义的综合性概念，既包括个人的体格、体质及其健康状况，又包括个人的举止、言谈及其仪表风范等。

就个人的体格和体质而言，要求推销员经常锻炼身体，保持强健的体魄和旺盛的精力。推销工作流动性大，活动范围大，连续作业时间较长，如果没有良好的体质，根本就无法胜任这项具有挑战性的工作。就个人的举止、言谈和仪表风范来看，虽然没有统一的具体标准，但也存在不少必须遵守的推销员礼仪和行为规范。推销员是企业的外交家，要代表企业与各类社会公众打交道，必须讲究一定的企业外交礼仪和风范。良好的个人气质和推销行为会促进推销工作，有助于增强推销员的说服力。所谓"推销自己"，关键的意义就在于此。一般来说，企业在选拔和培养人员的时候，都应该充分考虑这些因素。国外有些企业还制定了一系列的选拔标准，要求非常严格。不仅要进行"体检"而且要进行"面试"，目的就在于全面地考察其身体素质条件。因此，推销员应注意如下几点：

1. 要经常保持自己良好的心态；
2. 要学会放松自己；

3. 尽量每天坚持运动；

4. 要注意饮食卫生和预防疾病；

5. 要保证充分的休息。

五、心理素质

良好的心理素质是指抵抗挫折的能力很强，遇到困难与失败时，能保持情绪稳定，以高昂的精神状态去面对环境的压力。推销是最容易遭遇挫折的职业。推销员经常受到冷落、拒绝、嘲讽、挖苦、打击与失败，每一次挫折都可能导致情绪的低落，自我形象的萎缩或意志的消沉，最终影响业务的拓展，或者干脆导致退出竞争。所以，在招聘推销员时寻找"乐天派"远比寻找"聪明人"更重要。良好的心理素质是对推销员的第一要求。在招聘推销员时，应聘者其他各方面的条件无论多么得好，如果其心理素质不好，就应该毫不犹豫地淘汰他（她）。因为心理素质不好的人，是绝不可能做好销售的。

（一）自信、豁达

自信是各项工作获得成功的开始，是不断提高自身应急处理能力和创新能力的保证。只有自信才能够在面对困难和挫折时坚强地走下去，坚持下去，才能够使成功变成可能。

豁达不仅是做人的良好品质，而且是推销员应该具备的良好心理素质。推销最好的结果是与客户达成长期的合作，所以推销员需要具备豁达的心态，坚持真诚地为客户服务，保持友好的合作关系，才能树立推销员个人和企业的良好形象。

【案例3-2】

向布什推销斧子

2001年5月20日，美国一位名叫乔治·赫伯特的推销员，成功地把一把斧子推销给了布什总统。布鲁金斯学会得知这一消息后，把刻有"最伟大销售员"的一只金靴子赠予了他。这是自1975年该学会的一名学员成功地把一台微型录音机卖给尼克松以来，又一学员获此殊荣。

布鲁金斯学会创建于1972年，以培养世界上最杰出的推销员著称于世。它有一个传统，在每期学员毕业时，设计一道最能体现推销员能力的实习题，让学生去完成。克林顿当政期间，他们出了这么一个题目：请把一条三角裤推销给现任总统。8年间，有无数个学员为此绞尽脑汁，可是，最后都无功而返。克林顿卸任后，布鲁金斯学会把题目换成：请把一把斧子推销给布什总统。

鉴于前8年的失败与教训，许多学员知难而退。个别学员甚至认为，这道毕业实习题会和克林顿当政期间一样毫无结果，因为当今的总统什么都不缺，即使缺什么，也用不着他亲自购买；退一步说，即使他亲自购买，也不一定正赶上你去推销的时候。

然而，乔治·赫伯特却做到了，并且没有花多少工夫。一位记者在采访他的时候，他是这样说的："我认为，把一把斧子推销给布什总统是完全可能的，因为布什总统在得克萨斯州有一个农场，那儿种了许多树。于是我给他写了一封信，说，有一次，我有幸参观您的农场，发现种着许多矢菊树，有些已经死掉，木质已变得松软。我想，您一定需要一把小斧头，但是从您现在的体质来看，小斧头显然太轻，因此您仍然需要一把不甚锋利的老斧头。现在我这儿正好有一把这样的斧头，它是我祖父留给我的，很适合砍伐枯树。假若您有兴趣的话，请按这封信所留的信箱，给予回复……最后他就给我汇来了15美元。"

乔治·赫伯特成功后，布鲁金斯学会在表彰他的时候说，金靴奖已空置了26年。26年间，布鲁金斯学会培养了数以万计的推销员，造就了数以百计的百万富翁，这只金靴子之所以没有授予他们，是因为我们一直想寻找这么一个人：这个人从不因有人说某一目标不能实现而放弃；从不因某件事难以办到而失去自信。

（资料来源：《推销实务》精品课程，广州番禺职业技术学院。）

（二）勤奋刻苦

推销工作是非常辛苦的一项工作，推销员要想取得良好的推销成果，必须要不怕辛苦，迎难而上。在推销工作中，必须要不断地自我反思、自我提高，并且将这些感受和认识不断地实践到推销工作中去。通过不断地实践才能够使自身的业务水平得到提高，才有可能获得成功。而在这个过程中，勤奋刻苦是使推销员达到最终目的的必要甚至是唯一条件。老推销员传授经验和企业的推销工作培训仅仅是纸上谈兵而已，要想取得最后的胜利还是要靠自己的实践积累。

（三）持之以恒

推销员经常被拒绝，推销员要有这些心理准备，据统计只有10%的推销员坚持被拒绝5次后才取得成功，所以推销员要具备持之以恒的素质。在遭受拒绝的时候不沮丧、不气馁，总结失败的原因继续开展工作，只有长此以往的坚持才能够最终成为一名合格的推销员。

（四）沉着、冷静

在现实生活中，市场复杂多变，客户也是千差万别，推销员需要有探索精神，具备沉着冷静的心态，深入市场，沉着应对，对客户提出的问题一一解答，不慌不乱。与此同时，推销员需要具备冷静的头脑，在与客户交流时有清晰的思路，知道什么时候应该向客户介绍产品，什么时候应该与客户闲话家常。只有这样，才能保证推销工作顺利而流畅的进行。

总之，现代企业市场营销人员应该培养热情、开放、大方、得体的推销心态，成为一名超"心"级的企业"外交官"。

第二节　推销员的职业能力

一个推销员具有良好的素质固然重要，但如果缺乏搞好推销工作的真实本领，素质再好，也没有意义。所谓本领就是能力，推销员所需要的能力是由工作性质及任务所决定的。一般来说，推销员应具备以下几个方面的能力。

一、敏锐的观察能力

由于不同的人在天资、能力、个性、生活阅历、社会经验等方面存在着不同的差异，因而对一件事情就可能产生不同的看法，仁者见仁，智者见智。又由于各人所处的地位，担负的工作及生活习惯不同，从不同的角度去观察问题时，也会得出不同的结论，正所谓"横看成岭侧成峰，远近高低各不同"。我们在日常工作和生活中可以发现，有些人擅长察言观色，而有些人对别人的态度变化则显得迟钝木讷，这说明人的敏感性和观察力是有一定差别的。如果某人具有敏锐的观察能力和行为上相应的灵活性，从这个角度看，该人就比较适合于从事推销工作。

推销员的观察能力主要是指其通过客户的外部表现去了解客户的购买心理的能力。人的任何行为表现都与内心活动有关联，反映了内心活动的一个侧面。客户也是这样，推销员可以从客户的行为中，发现许多反映了客户内心活动的信息。因此，观察能力就成了揭示客户购买动机的重要一环。

要想提高洞察能力，首先必须从提高观察的质量下手。知识、方式和目的是影响推销员观察质量的三个主要因素。

知识是观察客户、理解客户的基础，推销员所具有的知识越丰富、越精深，那么对客户的观察也就会越深入、越周全。例如，掌握心理学知识的推销员，就能较快地通过客户的言行、情绪，了解到客户的意图与需求。没有外语知识，缺乏产品知识和外贸知识的推销员，就无法通过与外商谈话，接触观察到外商的内心世界。

科学的观察方式，要求观察路线要正确：先上后下，先表后里，先局部后全部，先个别后整体等，注意力的分布要合理，视觉和听觉要密切配合，观察与判断也要有机地结合起来。

有一位比较成功的推销小姐，不仅善解人意，而且敏感性很强，能准确地从对方的沉默中窥见对方的思想与内在意图。当别人问到她是怎样去把握对方沉默不语时的思想时，她回答道："只要你留心观察，就会发现对方虽然沉默不语，但从他的神态和表情变化中能够发现内心思想感情的变化。比如在正常情况下，客户坐着的时候总是脚尖着地的，并且静止不动。但一到心情紧张的时候，对方的脚尖就会不由自主地抬高，因此，我只要看到对方脚尖是着地还是抬高，就可以判断他的内心世界是平静还是紧张的。又如，在正常时候，对方的烟蒂就不可能很长，所以如果你发现对方手中的烟蒂还有很长，却已放下熄火，你就要有所准备，对手可能打算告辞了。"从这位推销小姐的一席话中，可以看出她有何等观察入微的工作作风，这也道出了她做到成功推销的个中奥妙。

【阅读资料】

一对颇有名望的外国夫妇，在我国一家商店选购首饰时，太太对一只八万元的翡翠戒指感兴趣，两只眼睛看过来看过去，一双手拿着摸了一遍又一遍，但因其价格昂贵而犹豫不决。这时一个"察言观色"的营业员走过来介绍说："某国总统夫人来店时，也曾看过这只戒指，而且非常喜欢，但由于价格太贵，没有买。"这对夫妇听完后，为了证明自己比那位总统夫人更有钱，就毅然决定立刻购买这只戒指。

二、较强的社交和沟通能力

推销员向客户推销的过程，实际上是信息沟通的过程。沟通能力是销售人员必不可缺的能力，沟通有两层含义：一是准确地采集对方信息，了解对方真正的意图，同时将自身信息也准确传达给对方；二是通过恰当的交流方式（如语气、语调、表情、神态、说话方式等）使得谈话双方达成共识。

推销员必须善于与他人交往，有较强的社交能力和沟通技巧，才能维持和发展与客户之间长期稳定的关系。推销员在与客户交往的过程中，要热情诚恳，对人友善，能设身处地为客户着想，替客户分忧，这样才能取得客户的信任、理解、支持与合作。

表示友善的最好方法就是微笑，只要你养成逢人就展露亲切微笑的好习惯，保证你广得人缘，生意兴隆。友善就是真诚的微笑，开朗的心胸，加上亲切的态度。微笑代表了礼貌、友善、亲切与欢快。它不必花成本，也无需努力，但它使人感到舒适，乐于接受。

推销员还要有广泛的兴趣和爱好，能与不同年龄、职业、性格、地位、爱好的人交朋友，成为客户的良师益友。

人际交往能力自测题

目的：通过本测试，了解个人人际交往能力，并有针对性地培养自己的交际能力。

以"是"或者"否"回答下列各题。

1. 一群朋友突然请你去做某事或参加某项娱乐活动，你愿意一同前往吗？（　　　）

2. 如果因参加与你关系较大的活动未能准时回家，你是否在意？（　　　）

3. 在工作和学习中，你经常主动承担额外任务吗？（　　　）

4. 你是否参加了社会性较强或有慈善性质的组织？（　　　）

5. 参加某些不能直接获益的活动，你愿意吗？（　　　）

6. 领导交给你工作，而自己当时身体很不舒服，是否能竭尽全力去完成？（　　　）

7. 人们是否因为你工作勤恳而经常称赞你？（　　　）

8. 你乐于与其他人一块参加活动吗？（　　　）

9. 当你的意见与小组意见想法相距甚远时，会断然退出该小组活动吗？（　　　）

10. 你积极参加各项活动或各种会议吗？（　　　）

11. 与一大群朋友在一起，你是否经常感到孤寂或失落？（　　　）

12. 你同别人友谊的发展，是否多数由别人采取主动态度呢？（　　　）

13. 参加集会，你是否总是坐在熟人旁边呢？（　　　）

14. 和自己兴趣爱好不相同的人相处你也不会感到索然无味，无话可谈吗？（　　　）

15. 当处于一个新的集体中时，你会觉得交新朋友是一件容易的事吗？（　　　）

16. 是否具有只要自己在场，就能带给周围人喜悦心情的能力？（　　　）

17. 你是否无微不至地关心与照顾朋友？（　　）

18. 你是否经常用积极的行动来帮助他人？（　　）

19. 你经常指出别人的不足，要求他们去改进吗？（　　）

20. 你善于和老年人谈他们关心的问题吗？（　　）

评分标准：选"是"得1分，选"否"得0分。

得分评析

0～7分：性格比较内向，不善于交际，个性较强，为了掌握更大的主动权，喜欢天马行空，独来独往。但由于担心出现问题和承担责任，不愿意参加集体活动、不合群，平时总是依靠自己而不求助他人，并不害怕孤独和寂寞。因此，从未想过要加入朋友中以消除孤独感。

8～15分：性格平静，办事稳重，处事比较老练，并不因为自己持批评态度而拒绝加入各种组织，而是尽可能使自己表现得热心一点，认为这样可以从中得到许多有益的东西。另外，自立能力较强，向来不愿意勉强寻求他人的帮助与合作。很清楚自己的才能和学识，从而不至于好高骛远，想入非非。不轻易放弃自己的主张，也不苟同他人的看法，能够在所参加的活动中起着一定的推动作用。

16～20分：好动恶静，喜欢经常参加新鲜的活动。为了使自己有一种安全感，觉得有成为某个小组的积极分子的必要。极为讨厌孤独，害怕正视现实，为了回避困难，只是简单地假想其实并不存在的东西，从而将自己置身于表面上看来无忧无虑的活动之中。这种做法是错误的，起码是不可取的，尽管认识到这一点对你来说是痛苦的。要改变自己只有通过集体活动才能寻求安全感的看法，否则，一旦失去了集体活动，就永远摆脱不了孤独带来的苦恼。

三、良好的语言表达能力

优秀的营销人员讲究语言的艺术，善于启发客户，说服客户。良好的语言表达能力的修养标准是：说话清晰、准确、有条理、重点突出；富于情感，使客户听了感到温暖、亲切，起到感染客户的作用；诚恳、逻辑性强，起到说服客户、增强信任感的作用；生动形象、风趣幽默，能起到吸引客户的作用；文明礼貌，热情友善，能引起客户由衷的好感，起到增进友谊的作用。

【阅读资料】

某市有位优秀营业员，一次接待熟客——一位年近花甲的老大娘买牙刷。老大娘买了两把牙刷后，营业员忙着接待另一客户，老大娘在道谢后忘记付钱就往外走。营业员侧头看到这种情况，便略提高声音，十分亲切地说："大娘！您看……"老大娘以为什么东西忘在柜台上了便返回来，营业员举着手里的包装纸说："大娘，真对不起您老人家，您看我忘了把您的牙刷包好了，让您那么拿着容易落上灰尘，多不卫生，这是入口的东西呀。"说着，接过大娘的牙刷熟练地包装起来，边包装边说："大娘，这牙刷每支四元，两支共八元。""呀！你看看，我还忘记给钱了，真对不起！""大娘，我妈也有您这么大年纪了，她也什么都好忘！"

四、随机应变能力

随机应变能力是指人对突然发生的情况和尚未预料到的情况的适应能力、解决能力。推销员在推销过程中会遇到千奇百怪的人和事，情况也总是处在不断变化之中，经常会出现各种意外的突发状况。当这些突发情况出现时，一旦推销员缺乏处理异常情况的临场应变能力，就会陷于被动，可能导致推销失败。面对复杂多变的情况，推销员要善于对突变的情况进行快速分析，分析情况变化的原因，作出新的判断，冷静而沉着地处理问题，根据情况的变化调整推销的策略和方法，提出各种变通的方案，尽快妥善解决。如果拘泥于一般的原则不会变通，往往导致推销失败。因此，推销员一定要有随机应变的能力。

【案例 3 – 3】

机敏的钢化玻璃杯推销员

一名推销员正在向一大群客户推销一种钢化玻璃杯。他首先向客户介绍产品，宣称其钢化玻璃杯掉到地上是不会坏的，接着进行示范表演，可是碰巧拿到一只质量不合格的杯子，只见他猛地往地下一扔，杯子"砰"地一下全碎了，真是出乎意料，他自己也十分吃惊，客户更是目瞪口呆，面对这样尴尬的局面，假如你是这名推销员，你将如何处理呢？这名富有创造性的销售员急中生智，首先稳定自己的心境，然后笑着对客户说："看见了吧，这样的杯子就是不合格品，我是不会卖给你们的。"接着他又扔了几只杯子，都获得了成功，得到了客户的信任。

案例分析：这位推销员的成功之处就在于他具有极强的应变能力，把本来不应该发生的意外情况转变成一个事先准备好的推销步骤，做得天衣无缝。

（资料来源：中华管理学习网。）

【阅读资料】

美国"亚默尔公司"的创始人菲力普·亚默尔具有惊人的敏锐目光。美国南北战争快要结束时，市面上的猪肉价格十分昂贵。亚默尔深知，这都是战争造成的，一旦战争结束猪肉价就会猛跌。亚默尔有读报的习惯，一天，他拿起一份当天的报纸，看到一则极为普通的新闻报道：一个神父在南军李将军的管区遇到一群儿童，他们是李将军下属军官的孩子。孩子们抱怨说，他们已有好些天没有吃到面包了。父亲带回来的马肉很难下咽。亚默尔立即得出如下判断：李将军已到了宰杀战马充饥的境地，战争不会再打下去了。亚默尔立即与当地销售商签订了以较低的价格售出一批猪肉的销售合同。条件是，付货时间推迟几天。

果然，战争迅速结束了，猪肉的价格暴跌，亚默尔从这笔交易中轻松地赚取了100 万美元。

1875 年春天的一个周末，亚默尔同夫人商量好外出郊游，突然报纸上一则看来并不重要的消息引起了他的注意。消息报道了墨西哥的一种牲畜病例，而那种病好像是由一种瘟疫引起的。当时，亚默尔已开始经营肉类生意。他的目光停留在那条消息上，脑子飞快地转动着。他想，要是墨西哥真的发生了家畜瘟疫，美国邻近的两个州——加利福尼亚州和得克萨斯州势必将受到传染。而这两个州是美国肉类食品的供应中心，一旦发生瘟疫，整个美国的肉类供应必将严重短缺。经过一番盘算，他一把抓起电话，拨通了家庭医生的号码，问对方想不想去墨西哥旅行一次。这个突如其来的建议使医生丈二和尚摸不着头脑，不知如何回答是好。但亚默尔不容医生多想，便请医生放下手头的一切，立即赶到他郊外野餐的地点当面商量。

医生赶到郊外，发现亚默尔游兴索然，当然，他的整个身心早已被大生意占据了。他请医生立即赶到墨西哥去，实地查明一下那里是不是真的发生了瘟疫。医生第二天到了那里，迅速将所了解的情况告知了亚默尔，证实了他根据报纸的消息作出的判断正确无误。

掌握了这一情报后，亚默尔便迅速行动起来，他集中了全部能够动用的资金在加利福尼亚州和得克萨斯州抢购了大批肉用牛和生猪，把它们运到美国东部。不久瘟疫在加利福尼亚州和得克萨斯州传播开来，美国政府严厉禁止这两个州的一切肉类食品外运，市场上肉类食品紧缺，价格猛涨。而备货充足的亚默尔在短短几个月之内，就赚了600万美元。可亚默尔不无遗憾地说："我本想让医生立即动身去墨西哥，但他延误了一天，使我丢掉了100万美元。"

五、创新能力

推销工作是一项极富挑战性的工作，每一次的推销过程都不可能是前一次的重复和翻版，每一次的推销都可能会出现新的情况，面临新的问题。这就需要推销员应当注重敏锐、好奇、进取等创造性能力的培养，不但要学会开拓新市场，还要采用新方法，解决新问题。

【阅读资料】

有一个报童在一个小镇上卖报纸，他很勤奋，叫喊的嗓门也很大，往往能得到一些收入。然而，有一天，又有一个报童来到这个小镇上，两个人成了竞争对手。

第一个报童更加勤劳地去卖报，嗓门也提得更高了，可是他的报纸销售量却明显地减少了许多。反而是第二个报童后来者居上，卖的报纸越来越多。

原来，第二个报童非常聪明，他不仅将眼光定位在沿街叫卖上，还更多地跑茶楼、酒店、菜市场，去了之后，就将报纸先给读者，等到这些地方都跑完了，他再转回头来收钱。时间长了，大家也都习惯了这种买报纸的形式，也没有人会赖账。这样一来，他节省了大量时间，将最佳的销售时间占用了，等到第一个报童送报的时候，大家手上早已有报纸了，所以，第一个报童的报纸越卖越少，一个月之后，便坚持不下去，只好另寻别的职业。

同时，推销还需要不断学习。学习是做好任何事情的首要前提，想要成为强者，最快的方式就是向强者学习。同样，想要成为一个优秀的推销员，学习别人的优点也是最快的方法。推销员要与各行各业、各种层次的客户接触，不同的客户所关注的话题和内容是不同的。推销员应该清楚不同的客户喜欢谈论什么样的话题，进而才能与对方有共同语言，谈起话来才能投机。这就要求推销员要具有广博而不一定精深的知识面。因此，推销员要不断地充电和学习，以使自己跟上时代的步伐，要博览群书，养成不断学习的习惯。还要向身边的人学习、向客户学习、向同事请教，培养自己不断学习的能力。

一个推销员还要勤思考，勤总结，要养成日总结、周总结、月总结、年总结的习惯。推销员每天面对的客户不同，就要用不同的方式去进行沟通，只有不断地去思考、去总结，才能与客户达成最满意的交易。推销员所需要接触的知识甚为广泛，从营销知识到财务、管理以及相关行业知识等，可以说销售绝对是"综合素质"的竞争，面对如此多的知识和信息，没有极强的学习能力是无法参与竞争的。因此没有良好的学习能力，在速度决定胜负、速度决定前途的今天势必会被淘汰。学习不但是一种心态，更应该是我们的一种生活方式。21世纪，谁会学习，谁就会成功，学习不仅能够提高自己的竞争力，也能够提高企业的竞争力。

【阅读资料】

如何提高推销技能

推销能力是推销员的看家本领。一般来说，推销员要努力用三年时间来理解推销之道，掌握推销技巧，把自己培养成一位素质过硬的推销员。有的推销员刚从事推销时，凭的是满腔热情和本能；三年后，他们仍然凭本能去推销。在三年的经历中，他们除了知道"锅是铁打的"，"推销工作是难的"之外，没有收获。这些推销员把推销理解为"扛起背包就出发"的事情，认为推销很简单，就是推着产品去销售。推销之前，没有思考、准备、计划如何推销；推销之后，没有反思、总结、改进自己的推销。结果，三年已过，两手空空。这是推销员的悲哀。

要提高自己的推销能力，推销必须做好以下三点：学习、实践和反思。

（1）学习。推销是一门科学，有其基本的法则和逻辑，掌握推销的基本知识和法则，就为成功打下了坚实的基础。一年签订4 988份合同而创下世界第一纪录的日本推销员齐藤竹之助，在57岁刚步入推销领域时，他将所能找到的推销方面的书加以研究，甚至在前去拜访客户的途中还在专心致志地阅读。齐藤竹之助在成为世界第一的推销员之后，谆谆告诫年轻推销员："要做一流的优秀推销员，要努力掌握推销技术，并且需要有足够的见识。"

（2）实践。古诗云"纸上得来终觉浅，绝知此事要躬行"，说明了实践的意义。《孙子兵法》人人读，但并不是每个读过的人都能成为军事家。"置之死地而后生"，韩信用之则生，马谡用之则死。岳飞说"运用之妙，存乎一心"是真理。一句生意经是"十年可以学成一个书生，十年学不成一个商人"，这些都说明推销之道是没有人能够教会你的。成功需要实践、实践、再实践。推销员要把书本上的道理变成自己的行动。在推销之前，推销员要做到：把推销理论和实践结合起来，制定一个推销计划；拜访客户时，根据推销计划结合实际情况灵活发挥。这样，逐渐地把推销原则变成自己的价值观念，把他人的经验变成自己的处事方式，形成自己的推销风格。日本经济学家松本顺说得好："职业推销员有一条共同的经验，即使模仿销售业绩最好的推销员所使用的方法，效果也不过尔尔。"只有从亲身体验中发掘出独特的推销方法，才能产生令人满意的效果。

（3）反思。曾子说"吾日三省吾身"，推销员也要对自己的推销行为进行反思：找出正确之处加以发扬、找出不足之处加以弥补、找出错误之处加以改正。齐藤竹之助每天必做的事情就是检讨反省自己的推销。欧洲一家保险公司有两位明星推销员，他们在每天上午和晚上的休息时间都要回到办公室进行一次谈话。同事们感到好笑，因为大家都在工作，而两位明星却在喝咖啡休息。他们在干什么？事实上，他们在探讨前一天所出现的问题。他们遭遇的结局越是尴尬，他们就讨论得越彻底。理由、指责、计算问题，所有的问题都要详细地检查一遍。这两位推销员为什么要这样做呢？他们想要改进工作。当两个人中只有一个人在场的时候，仍然要进行这种天天都做的检讨，在场的另一位对着空椅子把问题说一遍，然后试着找出有效的答案。只有优秀的推销员才会想到这个主意，而那些成效不大的推销员通常发现不了问题，甚至还觉得根本没有问题，而恰恰是这些不十分优秀的推销员更需要进行自我检讨。

英国大文豪莎士比亚说："推销员先生，你的过错不是从天而降，一切都源于你自身！"推销员对自己的推销工作进行检讨、反思，才能更快地提高自己。

（资料来源：龚荒. 商务谈判与推销技巧［M］. 北京：清华大学出版社，北京交通大学出版社，2005.）

第三节　推销礼仪

推销礼仪是推销活动中推销员的综合素质修养的具体体现，而且也是客户认可推销员的标准体现。推销礼仪在现代推销活动中是非常重要的，是一种行业操守遵循的行为规范。推销员应掌握推销活动中的相关礼仪知识，因为推销员对外代表着企业的信誉与形象。本节将推销礼仪主要分为四大礼仪：送访礼仪、交谈礼仪、体态礼仪和仪表礼仪。

【阅读资料】

在西方经济发达国家，流传着这样一句话：没有卖不出去的商品，只有卖不出去商品的推销员。推销员要把商品卖给客户，除了要掌握必要的推销技巧，熟知市场知识、产品知识、消费者知识外，更须做到：成功推销自己——让客户在购买商品前首先接纳推销员。

日本保险业泰斗原一平在27岁时进入日本明治保险公司开始推销生涯。当时，他穷得连午餐都吃不起，经常露宿公园。

有一天，他向一位老和尚推销保险，等他详细地说明来意之后，老和尚平静地说："你的介绍，丝毫不能引起我投保的意愿。"

老和尚注视原一平良久，接着又说："人与人之间，像这样相对而坐的时候，一定要具备一种强烈吸引对方的魅力，如果你做不到这一点，将来就没什么前途可言了。"

原一平哑口无言，冷汗直流。

老和尚又说："年轻人，先努力推销自己吧！"

"推销自己？"

"是的，要推销产品首先必须推销自己，先要让别人认可你，然后才是你的产品。"

老和尚的话给了原一平很大触动，从此，原一平开始努力推销自己，改善自己，大彻大悟，终于成为一代推销大师。

一、送访礼仪

从推销员与客户正式接触开始，各种送访活动就反复发生，成为给客户留下良好整体印象的重要环节。送访礼仪大致可以分为四个组成部分：拜访礼仪、迎送礼仪、宴请礼仪和赠送礼仪。

（一）拜访礼仪

根据拜访的性质可将拜访划分为商务性拜访和礼仪性拜访两种。在推销过程中，推销员常常使用这种访问步骤与客户沟通，交换信息、增进了解、加深感情。

1. 拜访前的准备

（1）预约

拜访客户，一定要在双方都方便的时间和地点，所以事前一定与被访者取得联系以便双方都能够控制好时间。一般预约的方式主要有当面向对方提出、电话向对方提出和用信件形式提出等。在预约时应告知对方拜访的人数，拜访人数应根据拜访的时间、地点以及拜访目的和拜访对象的不同而确定。另外，如果因为某些特殊原因无法事前预约而直接拜访，在见面时一定要向客户讲明原因并诚恳道歉，取得客户理解。最后，尤其要注意的是，一旦与被访者约定好了时间，就一定要守时，不要随便更改，更不要迟到或早退。

（2）材料准备

首先拜访前要对客户的情况有一定的了解，如拜访对象的个人基本信息、公司的产品、销售情况等，防止在拜访交谈过程中出现冷场；其次要根据被访者的情况为被访者或其家人准备合适的礼品，礼品选择应注意的事项在本部分最后一个问题中将作详细阐述。

（3）仪表准备

为了给被访者留下良好的第一印象以及表达对被访者的尊重，要特别注意自己的仪表服饰。服饰要根据被访者的身份、双方关系以及拜访的场所来进行选择。穿着要端庄、整洁、规范。另外，作为推销员必不可少的是，一定要提前准备好名片。男士的名片可放在西装的口袋中，也可放在名片夹中；女士则可将名片放在提包中容易掏出的地方。

2. 正式拜访

按约定好的时间来到约见地点后，应向接待人员主动告知自己公司的名称、自己的姓名、职务以及拜访对象的姓名、职务及工作部门，并说明事先有预约。经接待人员通报进入拜访者办公室后，应向接待人员表达谢意。就座时注意座次顺序，不要忘记向对方致意，感谢以往的关照惠顾，介绍同行人员后双方寒暄并互赠名片。

如果约见地点为对方居所，无人通报时，应先敲门或按门铃。开门后主动向主人打招呼，经允许入室后无须过分谦让，但要注意细节：进入前应在门垫上擦干鞋底，换上主人指定的拖鞋或鞋套；进入客厅后外套、帽子、手包等不要随意乱放，应交给主人代为存放；主人递上茶水或水果等东西时，起身双手接过并致谢。

拜访的时间长短应根据具体情况而定，拜访目的完成后不宜过久逗留。辞行时感谢主人的盛情款待，并适时提出回访邀请。

（二）迎送礼仪

在与客户的业务往来中，迎送是最频繁发生的活动。在接待拜访者过程中，要注意相关迎送礼仪的运用。做好接待工作，能够表示出对来宾的尊敬、友好与重视，给来宾留下良好印象，从而为下一步深入接触打下基础。

1. 接待程序

接待工作非常烦琐，要按照一定的程序进行，如果出现疏漏，会为整个推销活动带来不便。接待的程序分为接待前准备和正式接待两大部分。

（1）准备阶段

首先，掌握来宾基本情况。在接待客户前，要确定约见时间、地点、来访人数以及来访目的，准确掌握客户的姓名、性别、年龄、籍贯、民族、公司名称、职务、偏好等基本情况。如果可能，最好还能掌握客户的婚姻状况、宗教信仰等。

其次，制订具体接待计划。为了避免出现接待疏漏，应该制订具体的接待计划。确定接待人员、迎送方式，安排食宿和日程，准备合适的礼物并进行经费支出预算。

最后，确定客户到达时间、迎接地点。为了避免客户来访前因为身体状况、日程安排、天气变化、交通状况而临时改变到访时间，接待人员应该在起程迎接前再次进行确认。如果接待方因为突发状况不能按时前往迎接，应该安排职位相当的人或副手负责迎接，并向来访者说明情况。

（2）正式接待

首先，接待人员按时到达约定地点迎接客户。迎接的常规地点有：来宾临时住所、接待人员办公地点门外、交通工具停靠站如机场、码头、火车站等。

其次，待客户稍作休息后，与其敲定活动安排。

再次，根据日程安排精心组织好洽谈、参观、娱乐等活动。

最后，根据客户要求，为其安排返程。送走客户，与其道别。

2. 注意事项

（1）安排迎送人员时要注意，迎送人员与来宾的身份要相当，最好与来宾专业对口。

（2）无论选择什么样的迎接地点，都应提前出发，比客户先到。给客户留下守时、守信的第一印象。

（3）迎接客户前，要了解客户的外貌特征及当天穿着。如果在交通工具停靠站迎接，应准备标示牌"欢迎××先生"，字迹工整、清晰，便于客户识别。

（4）接到客户后，应首先对对方的到来表示欢迎。随后进行自我介绍，并将迎接人员按职位顺序介绍给客户。

（5）送别时要与客户道别。在客户临上飞机、轮船、火车或汽车之前，送行人员应按一定顺序同客户一一握手话别。轮船、火车、汽车开动之后，送行人员应向客户挥手致意，直至轮船、火车或汽车在视野里消失，送行人员方可离去。

（三）宴请礼仪

在推销过程中，为了答谢客户或者展开某些特定的推销活动，经常要设宴或赴宴，这就要求推销员掌握一定的宴请礼仪，以达到沟通感情的效果。

1. 宴请前准备

（1）宴请的目的要明确，邀请的对象、范围要合适

宴请的目的归根结底都是联络感情、加强交流，但是具体的名目可以做些修饰。如果是答谢宴、庆功宴最好是单独请特定一方参加，能充分表达对对方的重视；如果是多方参加，则一定要对邀请名单进行认真研究，权衡多方之间的关系状况，如果赴宴各方关系状况糟糕则会很难堪，进而对主办方产生不满。邀请名单千万不要有漏列，因漏列而没被邀请者一旦知道宴请的事情，后果可能非常严重。

（2）选择合适的时间地点

宴请的时间最好征求对方的意见，选择双方都方便的时间。宴请地点的选择可以参考档次高低、就餐环境、口味特点和费用等因素。周围的交通状况也应在考虑范围之内，如果对方没有自备车辆，则选择交通较便利的地方，也可安排车辆接送；如果是自驾车，则要考虑附近是否有停车场。

（3）及时发出邀请

规模较大的宴会可以以推销组织的名义发出邀请；规模较小则可以以个人名义发出邀请。邀请分为口头邀请和书面邀请两种形式：口头邀请可以是当面告知或者打电话邀请；书面邀请要有邀请函，写明被邀请人的姓名、职务、邀请名义、时间、地点、形式、主办单位或个人姓名。如果有座次安排，应在请柬中注明。邀请函应提前一周左右发出，确保被邀请人能及时收到并早作安排准备。

（4）安排好座位

在安排宴请座位次序时，可按照五原则：一是右高左低，两人并排就座时，通常右为上，左为下，因为上菜一般按照顺时针的方向；二是中座为尊，三人一同就餐时，中间座位为上，左为下；三是面门为上，用餐时以面对正门者为上座，以背对正门者为下座；四是观景为佳，有些高档餐厅就餐时有演出或室外有优美风景可供观赏，以观赏角度最佳为上座；五是临墙为好，为防止就餐被打扰，以靠墙为上座，临过道为下座。

（5）确定适宜的菜单

宴请菜品的选择一定要慎重，要考虑到来宾的口味、饮食习惯、健康状况等。对于特色主菜的选择，可以参考以下四种。

①中餐特色菜。多数外籍人士对中国的特色菜很感兴趣，比如四喜丸子、饺子、烤鸭、元宵等，因为具有鲜明的中国特色而备受外籍人士的推崇。

②本地特色菜。中国疆域广阔，每个地区都有各自独特的饮食文化。中国菜按地方风味进行区分——清初鲁、苏、川、粤"四大"菜系初见端倪，到了清末又加

入湘、浙、闽、徽形成"八大菜系"。那么，在宴请时可以优先考虑具有本地特色的菜肴，尤其是宴请客户为外地人。当然也可选择客户家乡的特色地方菜，使客户倍感亲切。比如湘潭的毛家红烧肉，陕西的羊肉泡馍，内蒙古的烤肉，云南的过桥米线，乌鲁木齐的手抓羊肉，西藏的生牛肉酱，长沙的口味虾等。

③本店特色菜。中国饮食文化丰富，唐宋时已见南北两大风味分庭抗礼，而各地都会有几家以经营本地菜系而声名远播的老字号。如今，造访这些传统老字号饭庄，就是在体味不同历史和地域的风土人情。比如鲁菜的代表丰泽园以德州扒鸡、红烧海螺、水晶肘子、香酥鸭最为有名；粤菜的代表广州酒家以金牌虾、烤乳猪、冬瓜盅等最为受欢迎。即便不是闻名全国的酒店，也各有各的特色，各有各的招牌菜。在宴请时选择酒店招牌菜也是比较稳妥的。

④时令菜。许多佳肴是有季节性的，比如中秋节的螃蟹是最肥的，应季的美味也是非常好的选择。

此外，如果是私人的家庭宴请，还可以做主人的拿手私房菜。主人亲自下厨会使对方倍感尊重，并不必追求色香味俱全。

2. 宴请过程中的礼仪

（1）安排上菜的次序

中餐的上菜顺序为：冷盘、热炒、主菜、点心、汤，最后是果盘。注意甜点和汤的搭配，咸点心配咸汤、甜点心配甜汤。西餐的顺序为：开胃菜、面包、汤、主菜、点心、甜品、果品、热饮。

（2）正确使用中餐餐具

中餐餐具分为主餐具和辅助性餐具。主餐具要有：筷子、匙、碗、盘子，辅助性餐具如水杯、牙签、湿巾等。

①筷子。筷子是食用中餐时必不可少的，主要功能是夹取食物。使用筷子时一般应以右手执筷（若使用左手，应首先向左手边同桌说明、致歉），以拇指、中指、食指三指的前部，共同捏住筷子的前方三分之一处。使用筷子过程中要注意以下几个问题。

• 筷子是用来夹取食物的，用筷子抓痒、剔牙、插取食物都是不礼貌的，也不要用筷子夹取食物以外的东西。

• 就餐前发放筷子时，要按顺序轻轻地将成双的筷子放在就餐者面前。相距较远时，可以请人传递过去，不能掷到就餐者面前。

• 在等待就餐过程中，不可以拿着筷子随意敲打餐桌、餐具，显得无聊、不耐烦。

• 暂时不使用筷子时，可将筷子放在筷子座上或碗的边缘，不要直接放在餐桌上或横放在碗、盘上，尤其是公用的碗、盘，更不要插放在食物上，在中国民俗中，只有祭祀时才会这么做。不小心筷子掉到地上，不要捡起来擦拭后继续使用，应叫服务员再上一副。

• 有些人喜欢在夹菜前舔掉筷子上残留的食物，这样做是不礼貌的。不论筷子上是否残留着食物，都不要去舔它。长时间把筷子含在嘴里也不合适。

• 在夹菜时，不要用筷子在盘子里搅来搅去，上下乱翻。与人同时夹菜时，要注意避让，防止"筷子打架"。

- 进餐过程中与人交谈时，应暂时放下筷子，千万不能用筷子敲击碗、盘，指点对方，或者拿着筷子停在空中，好像迫不及待地要去夹取食物以外的东西。也不要在请别人吃菜时，用筷子戳到别人面前或用筷子敲击菜盘边缘。

②匙。匙也叫勺子，主要用于舀取流质食物，也可用做辅助筷子夹取食物。在使用过程中要注意以下几个问题。

- 用餐过程中，如果暂时不用勺子，应把勺子放在自己面前的碟子上，不要直接放在餐桌上，或放于食物中间。

- 在用勺子取食物时，不要舀取过满，以免溢出弄脏餐桌或衣服。在舀取食物后，可在原处暂停片刻，等汤汁不会再往下流再移过来享用。

- 用勺子取回食物后，应立即食用，不要再次把食物送回原处。

- 如果取用的食物过烫，不可用勺子舀来舀去，也不要用嘴对它吹来吹去，应把食物先放到自己碗里等凉了再吃。

- 食用勺子里的食物时，不要把整个勺子塞入口中，或反复吮吸勺子。

③碗。碗在食用中餐过程中主要用于盛放主食和流质食物。使用碗时，需要注意以下几个问题。

- 不要端起碗来进食。

- 食用碗内食物时，用筷子夹或辅之以匙，不可以直接用手抓或者用嘴吸。

- 如果碗内剩余食物不多时，不可以端起碗倒入嘴里，也不可以用舌头舔。

- 不能把碗倒扣在桌子上。

④盘子。盘子在中餐中主要用于暂时存放取回的食物，其使用方面的讲究与碗略同。稍小一些的盘子，也被称为碟子。在使用盘子的时候应该注意以下几个问题。

- 一般不要取放过多的菜肴在食碟里，那样看起来既杂乱不堪，又好像从来没有吃过一样，有损身份。

- 不要将多种菜肴堆放在一起，也许它们会相克，互相串味，不仅不好看而且也不好吃。

- 不吃的食物残渣、骨头、鱼刺不要吐在饭桌上，而应轻轻取放在食碟的前端，取放时不要直接用嘴吐到食碟上，而要使用筷子夹放到碟子前端。如食碟放满了，可示意让服务员换食碟。

⑤水杯。中餐的水杯主要用于盛放清水、果汁、汽水等软饮料。注意不要用水杯来盛酒，也不要倒扣水杯。另外需要注意，喝进嘴里的东西不能再吐回水杯里，这样是十分不雅的。

⑥牙签。牙签主要是用来剔牙的。用餐时，尽量不要当众剔牙，非剔不可时，应以另一只手掩住口部，切勿大张口，剔出来的东西切勿当众欣赏，或再次放入口中，也不要随手乱弹、随口乱吐。剔牙之后，不要长时间叼着牙签。除非特别说明用牙签辅助食用，否则取食物时不要用牙签乱扎取。

⑦湿巾。用餐前，一般会为每位用餐者上一块湿毛巾。这块湿毛巾的作用是擦手，擦手后，应该把它放回盘子里，由服务员拿走。而宴会结束前，服务员会再上一块湿毛巾，和前者不同的是，这块湿毛巾是用于擦嘴的，不能用其擦脸或抹汗。

（3）正确使用西餐餐具

西餐最主要的餐具是刀叉、餐匙和餐巾等。

①刀叉。在吃西餐时，大多数情况下是刀叉配合使用。在正规的西餐宴会上，吃一道菜就会用一副刀叉，不要一副刀叉用到底。使用刀叉时，右手持刀、左手持叉，双肘夹在腰的两侧，不要左右开弓。要将食物切成刚好入口的小块，不要用叉子叉住食物一口一口咬着吃。可以用叉子插着吃，但不能用刀扎着吃。进餐过程中与他人交谈时，将刀刃朝内、叉弓向上，两者呈八字放在盘子上，千万不要交叉成十字放置。如果刀刃向外、叉弓向下、并排放在盘子里就是告诉服务生自己吃完了，可以将刀叉带单盘都收掉。

②餐匙。在西餐的正餐里，会有至少两把餐匙，大一点的叫汤匙，小一点的叫甜品匙。餐匙除了舀汤、饮甜品外，不可以用来舀取其他任何食物。一把汤匙开始使用后就不可再放回原处，不能在杯子里"立正"。使用餐匙时不可以在汤、甜品里舀来舀去，每次取食不要过量，一次舀回来的食物要一次喝完，不要反复品尝好多次。喝汤时，只有餐匙前端入口，不要全部放进嘴里。如果食物比较热，不可以口对着食物吹，喝的时候也不要发出呼噜呼噜的声音。

③餐巾。西餐的餐巾一般会被折成各种图案放在就餐者右前的水杯里或直接平放在餐者右前桌面上，就餐时将餐巾打开、折好放在腿上：如果是正方形餐巾，将其对角折成等边三角形，直角朝向膝盖方向；如果是长方形餐巾，将其对折，折好朝外。打开及折叠餐巾的过程要在桌下进行。折好的餐巾不要掖在领子里、围在脖子上或系在裤腰上。餐巾的作用是防止食物掉落弄脏衣服、擦拭嘴部，不要用来擦汗，尤其是不要用餐巾擦拭餐具。中途离开时，可以用盘子或刀叉压住餐巾一角，使其从桌上垂下一角，否则被认为已经离席。

一个推销员就是企业的外交官，是沟通企业与客户的友好使者。作为推销员经常会遇到社交或者谈生意的吃饭场合，掌握一定的用餐礼仪是推销员的基本常识。

（四）赠送礼仪

馈赠即赠送礼品，是交往过程中表达情意的重要形式。在推销活动中，馈赠是与客户保持联络感情、加深印象、沟通信息的重要方式。

1. 礼品的选择

礼品是馈赠活动的媒介，是感情和敬意的物化，所以礼品的选择一定要慎重，过于昂贵或太便宜、品位很差都不适合作为礼物，可能使客户为难或恼怒。礼品的选择一定要以客户的喜好以及礼品的意义为出发点，尽可能小（易送易存）、巧（立意新颖）、少（少而精）、轻（价格适中）。此外还要注意客户的禁忌：禁忌可以是因为客户的个人原因造成的，如疾病、家庭生活习惯、文化背景等；也可以是因为风俗、宗教信仰、职业道德等形成的公共禁忌。比如，在我国一般不送钟，朋友之间不送伞，不向穆斯林朋友送有关猪的礼品，以及特殊职业有禁止收礼的规定等。

2. 时机的选择

赠送礼品不仅要慎重选择礼品，更需要考虑送礼的时机。没有缘由的礼物一般人不会收，所以找不准赠送的时机，容易导致对方误会甚至拒绝。一般的送礼时机有结婚、晋级、乔迁、生日、传统节日等道贺之时；谈判开始、交易达成、受他人关心、帮助之后表示谢意之时；参观拜访、临行话别等纪念之时。当然把握好时机还包括注意选择合适的赠送场合。

3. 方式的选择

法国大文学家高乃依说过，"赠送礼品的方式比礼品本身更重要"。赠送礼品的方式很有讲究，如果方式选择不当，不仅有损礼品的价值达不到预期的目标，甚至会影响原有的感情。

赠送礼品有三种方式，亲自赠送、邮寄赠送和委托他人赠送。亲自赠送的方式最为常见，可根据对方反应情况控制赠送进程，有助于充分体现礼品价值；邮寄赠送和委托他人赠送都需要附有署名信件，说明赠送礼品的缘由及祝福，两者都可以避免当面赠送可能产生的尴尬，相比较而言，委托第三方人员赠送显得比较重视对方。

为了表示对对方的尊重，一般要对礼物进行认真的包装。注意包装之前一定要去除礼品上的标签，包装时要认真选择包装材料，要认真考究又要量力而行，可以用礼品纸也可以用特制的盒子、瓶子，同时要注意对方是否有特殊的礼节。送礼时要双手递，如果同时为在场的几个人送礼物，一定要先送给职位最高的人；若礼物只有一件，也要送给职位最高的，并在赠送时表示感谢。

二、交谈礼仪

交谈作为信息沟通的基本方式，不仅仅是语言本身的组织运用，更是增进感情交流，赢得好感、信任和支持的重要方式，所以交谈礼仪一直备受推销员的重视。俗话说："到什么山唱什么歌。"由于交谈对象的个体差异、交谈场合和语境的不同，交谈语言的选择很重要。

（一）使用敬语

在交谈中适当地使用敬语，充分体现了对客户的尊重，给人留下彬彬有礼、很有教养的印象，有利于营造融洽的交谈氛围。

1. 称呼方面的敬语

（1）亲属性称呼

中国人特别重视亲情，亲属性称呼让人倍感亲切。如大爷、大妈、叔叔、阿姨、大姐等，使用亲属性称呼能有效拉近与客户的距离。但是受西方文化的影响，有些人不喜欢陌生人这么称呼自己，在遇到比较西化的年轻客户和外国客户时建议不要使用亲属性称呼。

（2）职业性称呼

职业性称呼是指可以直接称呼其职业或者在姓氏后面加上职业，比如张老师、王警官、李医生等。

（3）职务性称呼

职务性称呼比如李教授、王局长等，对有官衔或高级职务的人以职务称呼显得特别尊重。在我国有这样的惯例，称呼副职的时候不加"副"，比如称呼姓张的副处长时直接说"张处长"，当副职和正职同时在场的时候，为了有所区别要加上

"副"字。

(4) 一般性称呼

一般性称呼比如同志、女士、小姐、先生等，使用的时候一般在前面加上姓氏，如李女士、王先生等。需要注意的是，同志一般用于称呼年龄较长的对象，女士与小姐的区别在于是否结婚，但在某些地区，"小姐"这个称呼不能随便使用。

(5) 姓名称呼

在一般称呼前加上客户的姓名，比如××小朋友、××小姐、××同志。记住对方的姓名，体现了对方的重要性，是对对方的尊重。但是要注意的是，在不确定的情况下，采取其他方式的称呼，也不要把对方的名字搞错，否则是非常不利的。

2. 日常使用的敬语

初次见面说"久仰"，有客来访说"欢迎光临"，请人提意见说"指教"，表示感谢说"谢谢"，表示歉意说"实在对不起、不好意思"。此外，"请慢用"、"请稍候"、"请进"、"请就位"等"请"字开头的敬语更为常见。敬语的使用不仅仅体现在语言上，为了能充分表达情感，语气的使用也十分重要。诚恳、热情、适度的谦恭是交谈的基本态度。比如，说"请稍等"时一定要表达出马上就回来的感觉，否则客户可能觉得你在拖延时间；说"欢迎光临"时要表达出感谢来到我们公司，我们一定会让您满意的热情；说"对不起"时态度诚恳，表达出责任确实在我们，我们一定会尽力解决使您满意的诚意。正确使用敬语，才能充分表达出这些敬语的真实情感。

(二) 注视

与人交谈过程中目光注视对方，表示对谈话内容感兴趣，是关注、尊重对方的体现，有利于营造良好的交谈氛围。但是注视眼神的运用应符合一定的规范礼仪，否则会被认为是无礼的表现。

1. 注视的时间和范围

交谈时注视对方的时间要把握好，注视的时间一般占交谈时间的30%～60%。注视时间过长表示对对方的兴趣大于交谈的兴趣，时间过短表示对谈话内容不感兴趣。连续注视的时间也不要过长，在3秒左右。连续注视时间过长会让对方觉得不安。注视不能一直盯着对方眼睛看，"看"是有范围的，高不过对方头顶，低不过对方衬衣的第二粒纽扣，左右以两肩为准的方框。目光有一定的引导作用，适当的注视后将目光移向所介绍的物品，那么对方的注意力就会自然地转到介绍的物品上。

2. 注视的注意事项

(1) 不要回避客户的目光。回避客户的目光，会显得心不在焉、心虚，使客户认为你在隐瞒、撒谎，容易失去客户的信任。

(2) 不要打量客户。用审视的眼光打量客户是最不礼貌的行为，使客户觉得尴尬、难堪，认为这是一个以貌取人、势利的推销员。

(3) 不要尾随客户。客户走到哪，推销员就尾随到哪，会使客户有种被监视、不被信任的感觉，影响客户参观、挑选、消费的心情。

(4) 不要盯着客户的某一部位看。如果有需要去观察客户身体的某一部位，比如推销帽子需要去观察客户的头部，卖鞋子需要去观察客户的脚，可以用余光和自然的移动来观察。切记，除非客户提出要求，否则不要盯着观察客户的某一部位，这会使客户觉得推销员在丈量、比较他。如果恰巧这一部位的物品有所破损，会损伤客户的自尊心，造成尴尬。

（5）当客户说错话时，不要马上转移视线。客户说错话会显得很害羞、不自然，如果马上转移视线，会被客户误认为在嘲笑自己。此时，应用和蔼、理解的目光注视对方。

3. 学会观察

在交谈过程中要留意观察，比如观察客户的性别、穿着、面部表情、说话语言、肢体语言等获取尽可多的信息，比如客户的年龄、职业、性格、消费水平、消费习惯等，对客户进行分类，进而判断客户的需求。在对客户的消费心理及消费能力的判断上一定要准确，如果导购得当，会给客户留下非常好的印象。如果为消费档次高的客户介绍便宜的低档商品，会让客户觉得你瞧不起他；而为低收入客户介绍很高档的商品，会使客户的自尊心受到伤害。此外，如果客户不是单独一个人，还需要判断他们之间的关系，初步分析谁有购买决策权，谁更容易沟通便于接近。

（三）聆听

很多人认为：合格的推销员一定能言善辩。但事实证明，真正优秀的推销员都懂得如何聆听客户的谈话，获得许多靠多"说"所无法获得的好处，获取更多有关客户的有用信息。《圣经》中说：上帝赐予我们两只耳朵、一张嘴巴，就是要我们少说多听。

1. 聆听的作用

（1）聆听可以使客户感到被尊重。卡耐基曾说过，专心地听别人讲话，是我们所能给予别人最大的赞美。人们总是更关注自己的话题，聆听能让客户觉得推销员非常关心他所谈到的事情，有种被重视的感觉。

（2）聆听可以降低客户的抵触情绪。心理学研究证明，倾诉可以减缓心理压力。说得越多，越感到舒适和放松。在推销洽谈过程中，客户会因担心作出错误的决定而产生紧张和抵触情绪。如果推销员能够尽可能地让客户多说，这种抵触情绪就会降低，因而决定购买而产生的压力也会减小。

（3）倾听可以增加沟通、建立客户信任。人们都有表现欲，喜欢让别人听自己表达观点，客户也是如此。推销员的聆听会使客户产生一种被"认同"、"肯定"的感觉，觉得推销员和自己的观点立场是一致的，有利于营造融洽的推销氛围。

2. 聆听的技巧

（1）聆听要集中精力，表现出积极诚恳的态度。研究表明，听者的思维速度是讲话速度的4~6倍，因此要强迫自己集中注意力，不要在客户说话的时候思维开小差。同时配合微笑、身体前倾，表明对客户的谈话很感兴趣，在认真思考客户所说的内容。

（2）聆听一定要有耐心，不要随意打断客户的话题。许多客户谈话时条理不清，甚至表达零散混乱，需要推销员耐心地听。客户谈得越多就越放松、越感到愉快，即使听到不能接受的观点，也要耐心听完之后再作反驳，不要打断客户。在客户讲完时，要等两三秒钟看看客户是否还要继续说下去，同时利用这个间隙思考一下自己所要说的是否合适。

（3）适时澄清谈话内容，给予鼓励。有些客户在说话时有些含糊不清，可以在其说完后验证："如果我没理解错的话，您刚才的意思是……"或者干脆请求其重复一遍："对不起，我刚才没太听清您的话……请您再说一遍好吗？"在客户谈话过程中可以适时用简单的语言对其谈话内容加以肯定和鼓励，如："确实如此"、"是"、"对的"、"这很有趣，您接着说"。

（4）开始聆听的时候不要假设已经明白客户的问题。如果在一开始就以为自己知道了客户的真正需求，就不会认真听客户的诉求。客户对产品的认识都是有区别的，很有可能推销员先入为主的理解并不是客户真正要表达的，很容易产生误会，使问题得不到根本的解决。

（四）拒绝

拒绝是对他人行为和意愿的间接否定。在推销过程中，推销员要面对客户提出的各种各样的要求，由于客观条件的限制，推销员不可能满足客户的所有要求，这就需要推销员适时适当地表达出拒绝的意思。如果客观上不能满足客户，但是出于种种原因答应了客户的要求，最后的结果只能是无法兑现承诺，为客户、为公司带来无法挽回的后果。推销员要正确认识拒绝，敢于向客户说不。拒绝客户的要求是有针对性的，并不是全面的拒绝，在拒绝这项要求的同时，可能在其他方面作出了让步。所以，拒绝并不意味着交易失败。

当然，当客户要求遭到拒绝，可能会心灰意冷、产生抵触情绪，甚至导致交易中断。为了将这种消极影响降到最低，在拒绝客户的时候要讲究一些技巧。巧妙拒绝客户的办法大致有四种：直接拒绝法、委婉拒绝法、沉默拒绝法和回避拒绝法。

1. 直接拒绝法

在不能满足客户提出的要求时，直接表达拒绝的态度。这容易对推销氛围产生不良影响。在使用过程中要注意以下四个问题：

（1）态度和蔼。任何人都不可能愉快地接受别人对自己的要求说"不"，所以在拒绝的时候不要轻易地、直截了当地说"不"，一副完全不妥协的态度，这样显得没有继续谈下去的诚意。容易破坏推销气氛、伤了双方和气。

（2）尊重对方。在拒绝客户的时候，不要因为客户提出了无法满足的要求就态度冷淡、藐视对方，甚至在客户还没有讲完的时候就拒绝；要尊重客户的心理感受，认真听客户把话说完，站在对方的立场上，对其提出这样的要求表示理解。只有维护了客户的自尊心，让客户感受到了尊重，才能使其有耐心考虑拒绝的原因，接受推销员给予的建议。

（3）开诚布公。拒绝客户，一定是有这样做的原因，而这些原因可能是客户不知情的。推销员可以直陈拒绝的原因，充分表达诚意，争取客户的理解。

（4）留有余地。拒绝是手段而不是目的，拒绝的目的是为了获利或避免损失。所以，在拒绝后，及时向客户提出一些补偿性的建议，使客户获得一定的心理平衡。一定要让客户明白，虽然这个建议遭到拒绝，但是我们还可以就其他方案达成交易。

【阅读资料】

　　某大型机器设备生产企业的推销员，在与客户洽谈时，客户提出 85 万元的购买价格。而这套设备的价格底线为 100 万元。推销员在认真听完对方的意见后说："现在总体经济形势不容乐观，所有企业都在开源节流、降低成本、缩减开支，但 100 万元确实已经是最低价格了。这样，如果您能购买我们设备的话，我们将为贵公司提供免费的操作培训服务，并且可以采取分期付款的形式，您看怎么样？"该客户会接受这位推销员的提议吗？

　　分析：推销员在不能满足客户条件的情况下，寻求提供增值服务的方法来满足客户需求，使对方有可能进一步进行谈判。

　　在推销过程中，遇到不能满足客户提出的要求时，考虑到本公司的利益，推销员应该及时提出"拒绝"。但是这种拒绝不能破坏整个推销交易，应该讲究一定的策略和方法。这个推销员就在拒绝后及时向客户提出一些补偿性的建议，使客户获得一定的心理平衡。

　　2. 委婉拒绝法

　　推销员并不用语言直接明示对方，而是用委婉的语言使客户明白拒绝的本意。与直接拒绝相比较，委婉拒绝法比较容易被接受，因此也是使用最普遍的。但是，在使用过程中要避免因表述不清或理解差异而产生误会。幽默法、提问法等都是常见的、非常有效的委婉拒绝法。

【阅读资料】

　　有一个时期，前苏联与挪威曾经就购买挪威鲱鱼进行了长时间的谈判。在谈判中，深知贸易谈判诀窍的挪威人，开价高得出奇。前苏联的谈判代表与挪威人进行了艰苦的讨价还价，挪威人就是坚持不让步。谈判进行了一轮又一轮，代表换了一个又一个，还是没有结果。

　　为了解决这一贸易难题，前苏联政府派柯伦泰为全权贸易代表。柯伦泰面对挪威人报出的高价，针锋相对地还了一个极低的价格，谈判像以往一样陷入僵局。挪威人并不在乎僵局。因为不管怎样，苏联人要吃鲱鱼，就得找他们买，是"姜太公钓鱼，愿者上钩"。而柯伦泰是拖不起也让不起，而且还非成功不可。情急之余，柯伦泰使用了幽默法来拒绝挪威人。

　　她对挪威人说："好吧！我同意你们提出的价格。如果我的政府不同意这个价格，我愿意用自己的工资来支付差额。但是，这自然要分期付款。"堂堂的绅士能把女士逼到这种地步吗？所以，在忍不住一笑之余，就一致同意将鲱鱼的价格降到一定标准。柯伦泰用幽默法完成了她的前任们历尽千辛万苦也未能完成的工作。

　　（资料来源：《世界五千年智谋汇集（外国卷）：决策与智谋》。）

　　分析：这是一个非常经典的案例，尽管不是推销员对客户的拒绝，但是我们仍旧能够从中感受到幽默法委婉拒绝的魅力。当对方非常坚持自己要求或标准时，不但不拒绝，反而接受。然后根据对方的要求或标准推出一些明显不切实际的结论，达到非常幽默的效果，并且使对方在幽默中感受到要求或标准的不合理性，进而放弃对原来要求或标准的坚持。

3. 沉默拒绝法

沉默拒绝法是推销员在遇到难以回答的问题时，暂停谈话，一言不发，比较适用于客户提出挑衅甚至侮辱性的问题。在遇到这样棘手的要求时，可以暂停谈话、保持沉默，虽未说"不"，但却准确地传达出无可奉告的信息，是制止对方在这个问题上继续纠缠下去的比较有效的方式。这种方式如果用在一般性问题上，非常容易引起客户的不满。所以，在遇到难以答复的要求时，最好采取回避的方式。

4. 回避拒绝法

回避拒绝法就是对客户提出的要求不给予正面答复，不同意也不反对，避实就虚，将客户的注意力转移到其他问题上。

三、体态礼仪

交谈是进行信息传递的过程，如果将承担某一信息传递的各种载体的负荷量进行分解，那么其中的语言部分（有具体信息含义的有声语言）占7%、语音（语音、语调、音色等）占38%、体态（面部及身体姿势等）占55%。可见，在交谈过程中体态在信息传递方面的作用远远高于语言本身。所以在推销过程中，良好的体态语言是推销员的另一张名片。

（一）面部礼仪

面部表情是人们思想、心理的外在表现。在推销过程中，推销员可以通过面部表情传递对客户的友善和敬意，所以一个合格的推销员必须正确把握和运用自己的面部表情。

1. 眼神

眼睛是面部最能有效传情达意的感觉器官，俗语说"眼睛是人类心灵的窗户"，从一个人的眼睛中可以看到他的整个内心世界。在交谈过程中如何真诚、智慧地"看"，在前面已经详细阐述过了，这里不再重复。但除了眼睛以外，面部还有两个能非常好地配合眼睛传递信息的器官：眉毛和嘴。

眉毛离眼睛最近，关系也最为密切。虽然表达丰富程度不及眼睛，但也可以流露出多种内心情感。比如：眉头紧皱，表示不满、厌恶、为难、思考；双眉平展，表示心情舒畅平和；眉梢轻挑，表示询问和怀疑；眉梢耷拉，表示无奈、遗憾或毫无兴致；等等。为了体现良好的修养，眉毛一般都保持自然平直的状态，不要随意改变眉毛的位置，更不要随意夸张的挑眉、皱眉。

嘴表达情感的能力仅次于眼睛，不同的嘴部动作也会传递不同的含义：嘴唇紧闭，表示在严肃思考问题；稍稍撅起嘴唇，表示轻微的不高兴；撇嘴表示轻蔑或讨厌；咂嘴表示赞叹或惋惜；等等。在交谈中，双唇自然开合，不要轻易撇嘴。不说话时，嘴唇自然微闭，不要露出牙齿，保持微笑的状态。

2. 微笑

自信而真诚的微笑，能使自己保持良好的心态又能表达对别人的热情、尊重和理解。中国有句俗语叫"伸手不打笑脸人"，微笑可以感染别人，使交谈处于一种轻松愉悦的气氛中。做到真诚的微笑，前提是对人有友爱之心、尊重之意，发自肺腑、无任何做作之态。微笑的基本做法是：不发声、不露齿，嘴角两端向上略微提起，面含笑意。一般在练习微笑时，为使双颊肌肉向上抬，可念普通话里"一"字音。同时要注意眼睛的结合，练习的时候用纸遮住眼睛以下的部位，对着镜子想最开心的事情。这时的笑是最自然的，双颊肌肉向上抬，这就是"眼形笑"。这样的笑才显得亲切自然，大大提升了亲和力。

（二）动作礼仪

站、坐、走、蹲以及各种手势是肢体语言的重要组成部分，可以体现一个人的气质和修养。古人形容"站如松、坐如钟、行如风、睡如弓"是对姿态形象的总结。

1. 站姿

良好的站姿能给人一种挺拔舒展、积极进取、充满自信的感觉。规范的站姿是：脖颈挺直、头顶上拔、下颌微收、双眼平视前方；两肩平齐、双臂自然下垂于体侧、手掌虎口向前、手指自然弯曲；腹肌和臀大肌微收并向上挺、后背挺直、胸向前上方挺起；两脚跟相靠，脚尖开度45°～60°，身体重心落于两腿正中。

男士在站立时可以两脚跟相靠，也可将双腿分开，两脚平行，但不能超出肩宽。手可以自然下垂于体侧，也可双手在身后交叉，右手搭在左手上贴在臀部。女士站立时也可以在以一条腿为重心的前提下，支撑脚脚尖向前，另一只脚的脚跟贴着支撑脚的二分之一处，双手叠放在小腹前。推销员不同于酒店服务人员，站姿不必过于拘谨，可以适宜地调整姿态。

在推销过程中，无论男推销员还是女推销员，在站立时一定要正面面对客户。双手平端或抱在胸前，或者把手插进衣袋或手夹香烟都是对客户不尊重的表现，一定要加以克服。

2. 坐姿

推销员工作中大部分时间是和客户座谈，所以良好的坐姿是推销员塑造良好形象不可欠缺的环节。

（1）入座、离座规范

推销员和客户同时入座时，请客户先入座，先侧身走近座椅，背对座椅站好，右腿后退一步确认座椅位置，然后轻轻坐下，将双脚并排自然摆放。如果是女士穿裙装，入座时应将裙摆稍微拢一下，不要等坐下后整理。

离座时要注意的事项有：离开座位前，应用语言或动作向客户示意；与客户同时离座时，应在客户之后离开；起身时动作轻缓，不要弄响座椅或将椅垫、椅罩弄掉地上，同入座一样，从座椅的左侧离座。

（2）坐姿规范

坐稳后，头部保持平稳端正，双眼平视，下颌微收，腰腹挺起。手的摆放有几种方式：双手可以相握或相叠后放在双膝上或一侧膝盖上，可以放在身前的桌子上也可以分别放在两侧的扶手上；如果是侧身坐，也可将双手相握或相叠后放于一侧扶手上；若女士穿短裙，也可将手包或文件放在膝盖上，然后双手相握或相叠于手包或文件夹上。

脚的摆放也有几种方式，一般通用的方式是上身、大腿、小腿和地面分别呈直角，双膝、双脚都要完全并拢（男士允许适当分开双膝，分开幅度不得超过肩宽）；也可以双膝并拢，两小腿稍许分开向内侧收回，双脚脚掌撑地，或者双脚内收或斜放并交叉于踝部，注意不要远远地直伸出去。如果女性推销员穿裙装，可以双腿并拢或一上一下交叠，双脚向左或向右斜放，腿与地面呈45°夹角。

【阅读资料】

坐姿的注意事项

——双腿不要分开过宽，尤其是着裙装的女性推销员。

——不要抖腿。反复抖腿或摇晃腿部，会让客户心烦意乱，而且给人以极其不安稳、轻佻的感觉。

——不要架腿。把一侧脚踝架在另一侧膝盖上，俗称"二郎腿"。这显得很放肆。

——不要把双腿直挺挺地伸向前方。看起来十分不雅观，甚至可能妨碍别人。

——不要将手夹在双腿之间。有些推销员落座后，不经意地把双手放在双腿之间，这个动作会被客户看做胆怯、害羞、不自信的表现。

——不要双手抱腿或卧伏在桌椅上。私下休息的时候可以这么做，但是在客户面前这样做就过于随便了。

分析：中国有句俗话说得好，"站有站相，坐有坐相"，一个良好的仪态是推销员的名片。在具体的推销过程中，推销洽谈活动往往是交易双方座谈完成的。推销员应该注意自己的坐姿规范，有利于推销员在客户心目中留下好的印象，增强推销的效果。

3. 走姿

走姿是站姿的延续动作，良好的走姿能充分展现推销员的风度、活力以及积极向上的精神面貌。

（1）基本走姿

起步时，身体略微前倾。行走时，上身基本保持站立时的标准姿势：双肩平稳，目光平视，下颌微收，腰背挺直。双臂以肩关节为轴前后自然摆动，前臂摆幅约为30°，后臂摆幅约15°，掌心向内，手指自然弯曲。步幅一般是前脚后跟与后脚脚尖相距一只脚的长度，重心落于前脚掌，行走在一条直线上，步频一般男士为每分钟108～110步，女士为每分钟118～120步。

（2）变向走姿

在行走中，需要改变方向时，身体先转，头稍后转，同时向客户告别、提醒等。比如与人告别时，不能扭头便走，应先向后退三步再转体、转头。注意后退的三步步幅不要太大。

（3）引导走姿

在引导客户时，应走在客户的左前方，身体半转向客户，左肩稍前右肩稍后，与客户保持一米左右的距离，经过拐弯或光线不好的地方时应提前提醒客户留意。另外，引导行走时要照顾到客户的速度、方位等，处处以客户为中心。

上楼梯时走在客户左后方的位置，下楼梯的时候走在客户左前方的位置。

乘坐电梯要先进后出，以方便控制电梯。如果有人驾驶电梯，要后进后出。遇到同乘的陌生人也要谦让，请对方先进先出。

进入房门前要先敲门，得到许可后请客户先进。在为客户开门后要使自己处于门后或门边，不要挡住客户。开关房门时最好是正手开门反手关门。

4. 蹲姿

蹲姿的应用频率不高，但作为礼仪细节仍应得到重视。蹲姿有两种基本形式，高低式和交叉式。

高低式蹲姿：下蹲时，左脚在前，全脚掌着地，右脚在后，脚跟提起，前脚掌着地，大腿靠紧，左膝高于右膝，上身稍向前倾，臀部向下蹲。

交叉式蹲姿：下蹲时，右脚在前，左脚在后。右小腿垂直于地面，全脚掌着地，左腿在后与右小腿交叉，左膝由后伸向右膝右侧，同时左脚跟抬起，前脚掌着地，两脚前后靠紧支撑身体。

5. 常用手势礼仪

手势是人们交往时不可缺少的动作，与其他肢体动作协调起来使用会使我们的肢体语言更加丰富、更具有表现力。

（1）握手

握手是中国人在见面、告别、祝贺时最常用动作。握手时，与对方相距约一步，上身前倾，右手四指并齐，拇指张开与对方相握，上下摆动两三次然后松开手。握手对象不同，握手力度也不同，如：跟上司或前辈握手时，伸手擎住，不要过于用力；跟下属或晚辈握手，用力不要太轻，时间也不要太短，要体现出热情；与异性握手，一般只是象征性地轻轻一握。

握手时伸手需要讲究次序。异性之间，女士先伸出手后男士握手，如果女士不想握手，没有伸出手来，男士可点头致意；宾主之间，主人先伸手，此时男主人可以向女来宾先伸手表示欢迎；上下属之间，上司先伸手后下属立即回应。

握手的时候，男士要脱下帽子和手套，如果有特殊情况要致歉。与异性握手的时间不要太长，不要越过他人正在相握的手与另外的人握手。握手时要精力集中，不要左顾右盼。

（2）指引手势

首先要注意的问题是：用手掌，而不用手指。指引过程中站在被指示的物品或道路一侧，面对着指引对象，以右肘为轴伸出手臂，右掌的掌心向上，五指并拢，手掌与水平面呈45°角，指尖朝向所指向被指示物的方向。一般在引导客户或向客户展示大型商品时往往用到这个手势，此时推销员与客户之间保持一臂左右的距离。

6. 接递物品

接递物品时应起立。如果离客户比较远，推销员要主动上前。接递物品要用双手，以示对客户的尊重。如果恰巧不方便用双手接递，也一定要用右手。接过客户递给的物品后要立即表示谢意。递给客户物品时，要给客户留出接物品的空间，不要让客户无从下手。所递物品有刺、尖或刃时，刺、尖或刃不要对着客户，同时提醒客户小心，等客户拿稳后再放手。

手势的运用要适宜。谈话时指手画脚、手势使用频率过高会给人留下装腔作势、缺乏涵养的印象。手势的幅度也要适宜，不要动作过大，手势的活动范围一般在客户右前方、不超出客户视线。手部动作要温柔、自然亲切，可以有效拉近与客户的心理距离。另外，不要把手插在口袋里，不要摆弄自己的手指头，不要用关节捻响，否则会让人觉得你工作心不在焉，不求上进。避免抓头发、挖鼻子、摆弄饰物、拉客户的袖子以引起注意，这些会显得推销员非常没有修养。

四、仪表礼仪

在中国国粹京剧中，演员都是脸谱化的，"红脸"、"黑脸"是忠臣义士，"白脸"、"粉脸"是奸人。只要演员登台亮相，观众就能准确判断他们扮演角色的定位。作为推销员，留给客户的第一印象十分重要。如果没有留下良好的第一印象，再花上几倍的时间都很难扭转。

这就要求推销员必须确保能够给客户一个积极、可信任的第一印象。"质于内而形于外"，文化修养高、气质好的人都懂得如何修饰自己的形象。

（一）服装礼仪

服饰是指人的服装、饰品，是仪表的重要部分。人际交往中服饰是重要的视觉对象。俗话说："人靠衣装马靠鞍。"一个人的穿着打扮能反映出他的修养。作为推销员，穿着不仅体现个人的素质和修养，更能反映出公司或团队的氛围。服饰规范的推销团队给客户以规范、严谨、积极、干练的感觉。

服饰要根据所处时间、地点、场合的变化进行选择。时间既指每年的春、夏、秋、冬或每天的早、中、晚，也可以指不同的年龄段。一般春、夏服饰以清爽、简洁为主，冬天以保暖、轻便为主；工作时间，应根据工作场合，以便于工作、庄重大方为主，晚宴、舞会、音乐会等晚间正式娱乐活动以晚礼服为主。只有在正式的工作场合才合适穿正装。纪念日、开业庆典等喜庆场合，服饰的颜色可鲜艳明快。

1. 男士着装规范

（1）西服着装规范

在推销工作中，对男性推销员来说，西装是最被认可的。在选择西服时，主要考虑款式、面料和颜色。西服款式主要分单排一颗扣、两颗扣、三颗扣和双排扣。正式场合的西服一般采用黑色、深蓝、深灰等颜色的纯毛面料。要注意西服穿着的三色原则，即整个套装的颜色搭配不要超过三个色系。另外，男性推销员正常情况至少要有两套西服。

西服的穿着很有讲究。西服衣袖合适的长度是在手臂向前伸直时，使衬衫的袖子露出二三厘米。衣领的高度以使衬衫领口外露两厘米左右为宜。如果穿的是单排两颗纽扣西服，只扣上边一颗；单排三颗扣的西服，可以只系中间一颗扣子或全扣。西方人认为穿西服扣上的扣子数目应该保持单数。如果是双排扣西服，要把所有的扣子都扣上。如果单排扣西服内穿有背心或羊毛衫，可以不系扣；就座时，上衣的扣子是可以解开的。为防止西服在外观上走样，口袋里要少放东西，甚至不放。穿着西服不能将袖子和裤脚挽起，否则是粗鲁、失礼的表现。

（2）衬衫的选择

在工作场合，和西服配穿的衬衫主要以纯棉、纯毛为主的单色正装衬衫。白色衬衫搭配深色西服是最安全、最普遍的，浅蓝和浅粉也可以，但不要选择淡紫色、桃色等。在工作场合以外的地方也可以有多种搭配形式：花衬衫配单色西装，单色衬衫配条纹西服，搭配效果都很好。需要注意的是条纹衬衫和方格西服或方格衬衫和条纹西服是不能搭配在一起的。

穿着衬衫的时候，所有的扣子都要扣上，只有在不打领带的时候才可以解开领扣。衬衫的下摆要均匀地收到裤腰里。衬衣不要过旧，领头一定要硬挺，外露部分一定要干净，领子不要翻在西服外。现在立领衬衫很受欢迎，但是不适合搭配西服穿。

（3）领带的选择

领带虽然小，是细节，但是对佩戴者的身份、品位的影响非常大。领带的面料一般以真丝为优，颜色尽可能不选择太浅的，黑色领带几乎可以和除了宝蓝色以外任何颜色的西服搭配。深色西服可以搭配比较华丽的领带，浅色西服搭配的领带相应也要浅一些。领带的花纹也很多，以斜条图案最为常见。高个子适合大款、雅致的领带；矮个子适合斜条纹的；长者应该选择暗色、花型简洁的；年轻人可以适当选色彩鲜艳、对比强烈的款式。

在比较正式的场合，穿西服应打领带。现在出现的"一拉得"领带不适合推销员在正式场合使用。打领带的方式分为四合一式、温莎式和半温莎式。打领带的时候要将领结打得端正，在外观上呈倒三角形，领结下方要压出一个窝儿，打出的领结大小要与衬衫的衣领大小成正比。领带的长度要适中，打好后领带下端碰到腰带为宜。如果穿毛衣或西服背心，应将领带下半部放在毛衣内。如果系领带，衬衫的领扣一定要扣好。

（4）鞋袜搭配规范

脚是人立于世上之根本，所以有"脚上无鞋穷半身"的说法。男性推销员在正式场合只能穿深色、单色的皮鞋搭配西服，其中尤以黑色最佳。面料方面，翻毛皮、磨砂皮都不适合；要选择无图案、无装饰的款式，系带的皮鞋是最规范的；皮鞋无论新旧，都应该擦亮；如遇雨雪天气，不要弄上泥水；如果条件允许，可以随身携带鞋刷和鞋油。

袜子衔接裤子与鞋。袜子的选择要注意长度、颜色和质地。袜子的长度以坐下时不露腿为宜；颜色一般为深色、单色，黑色最正规，不要穿白色袜子、彩色袜子、花袜子或发亮有装饰的袜子；袜子的质地为纯棉最好，不要太厚也不要太薄。

2. 女士着装规范

穿着得体大方的女性推销员，通常能给人以成熟、干练、亲切、稳重的感觉。女性推销员的职业装以西服套裙最为标准、最能体现女性的体态美；西服套裙上身为女式西服，下身是一条半截裙子。还有一种三件套的套裙，即：衬衫、背心和半截裙的搭配。

（1）西服套裙的穿着规范

西服套裙的面料为半毛制品或亚麻制品，亚麻质地需要加入人造纤维，否则很容易出现褶皱。套裙的大小要合体，上衣最短齐腰，裙子最长可达到小腿中部。高大丰满的女士可选择长过腰的上衣、长度过膝的裙子，矮个子女士可以选择齐腰上衣和短一些的裙子，并且上下颜色要一致。套裙要搭配透气、吸汗、柔软的衬裙来穿，尤其是穿着面料薄或颜色浅的套装时。衬裙的裙腰不要高于套裙的裙腰，衬裙的下摆也不要露在套裙外面。衬衫下摆要放在衬裙和套裙之间。

（2）鞋袜的搭配规范

西服套裙应该搭配皮鞋穿，半高跟黑色牛皮鞋为最佳，和套裙颜色一致的皮鞋也可以选择。不能穿运动鞋、布鞋、凉鞋、靴子、系带皮鞋，不可以露脚趾、脚后跟，鞋跟不要过高。

女士穿裙子应当搭配长筒丝袜或连裤袜，不可以光腿、光脚。袜子颜色以肉色最为常用，修长的腿可以选择透明丝袜，腿过细可选择浅色丝袜，腿较粗可选择深一点颜色的袜子，但不可深过套裙和鞋的颜色。袜子最好没有图案和装饰，一些有网眼、链扣、珠饰或印有时尚图案的袜子都不能穿。袜子的大小要合体，太松会往下掉，也不要把袜口露在外面形成三节腿。跳丝、破损的袜子不能穿，所以最好多备一两双袜子，以备袜子被钩破时使用。

（二）首饰礼仪

推销员都希望给客户留下严谨、积极、稳重的印象，赢得客户信任。推销员佩戴首饰的目的是烘托个人气质，而不是彰显华丽、突出个性，所以在工作中，首饰以少为宜。佩戴两种以上的首饰，要注意相互间风格、颜色的相互呼应。

1. 戒指的佩戴

一般情况下，礼仪戒指戴在左手上，左右手都戴也可以，但一只手只能戴一枚戒指。戒指戴在各个手指上，含义是不一样的：戴在食指上，表示单身，想结交异性朋友；戴在中指上，表示已有恋人，恋爱进行中；戴在无名指上，表示已经结婚；戴在尾指上，表示独身主义。一般情况下，大拇指不戴戒指。在正式场合，一定要按照这样约定俗成的规范佩戴戒指，否则容易使人产生误会。

2. 项链的佩戴

女性推销员应选择比较细致、质地较轻的项链。项链的佩戴要注意其质地、颜色是否与服装搭配得体。不同脸型的人，选择项链的长度、规格是不一样的：方形或圆脸的人，选用较长的项链，有拉伸的效果；尖且消瘦的脸型，一般选择细一些的项链比较协调；瓜子脸的人，可选短项链系在颈间。

3. 耳环的佩戴

耳环的佩戴要依据脸型进行选择。脸型长适合佩戴没有拉伸效果的短坠耳环、贴耳式耳环，方脸形不适合佩戴大圆形耳环，圆脸形可佩戴有坠耳环可从视觉改变脸部轮廓，戴眼镜的女士不适宜戴耳环，特别是有坠耳环。

4. 腰带

皮带的质地主要有皮革、塑料及金属的，款式主要分为金属扳扣和嵌式扣两种。

男性推销员适合使用深色，最好是黑色的皮带；女性推销员不能佩戴时装腰带，颜色不要选用特别鲜艳的，要和服装颜色相协调。

5. 身份牌

身份牌即姓名卡，是单位统一制作、有一定规格、用来说明员工身份的标志牌。由推销员在工作岗位上佩戴。佩戴身份牌能增强推销员责任感，促进自我监督，便于客户求助或监督。在佩戴时，要保证身份牌无破损、清洁，一般将其佩戴在左胸前。

（三）化妆礼仪

仪容主要是人的容貌，包括头发、眼睛、鼻子、嘴巴、耳朵、脸型和手等部位。容貌是先天的，但可以通过后天修饰得以完善。正式的、得体的仪容会使客户更容易接受，有助于增强推销员的自信心，体现个人积极进取、乐观向上的精神面貌。

1. 女性推销员的仪容规范

（1）头发

工作场合，头发一般不长过肩，不遮挡眼睛。女性推销员不应染过于显眼、花哨的颜色，最好也不要烫发。长发要盘起来、束起来，显得端庄、干练。头发要保持清洁，为了保持健康的头发，要选择合适的洗护用品，不要在洗发后用电吹风吹干，而是自然晾干。

（2）牙齿

干净、洁白的牙齿是良好仪表的重要部分。牙齿不洁是人际交往中的大忌。首先，为了保证牙齿的清洁，每天需要刷牙三次：早晨，口腔中的细菌最多，饭前一定要刷牙，饭后要漱口；午饭后也要刷牙，如果条件不允许，至少要漱口，保证口腔内没有异物；晚上，睡眠时口腔停止活动，细菌易于繁殖，损伤口腔、牙齿，所以晚饭后一定要刷牙。正确有效的刷牙方法是顺着牙缝上下竖着刷，许多人刷牙时采用横刷的方法，这是不正确的。其次，少抽烟，不喝浓茶，避免在牙齿上出现"烟渍"、"茶锈"而变黄、变黑。最后，工作前不要吃葱、蒜等有刺激性气味的食物。平时多漱口，必要时可以吃口香糖来保持口气清新。但是不要在人前吃口香糖，尤其是与人交谈时。

（3）皮肤

良好的仪容离不开好的皮肤，没有好皮肤很难化好妆，所以日常生活中一定注意皮肤的保养，保养皮肤的基础是做好清洁。女性推销员一般都要化妆，所以在洗脸前应先卸妆。唇部和眼部皮肤比较敏感，需要使用专门的卸妆用品。卸妆后开始洗脸，洗脸水温不要太高，否则容易使皮肤变薄。在使用洁面乳前用温水使毛孔充分张开，洁面后用凉水冲洗，这样既可以促进面部血液循环，又可以保持皮肤弹性。另外，各种品牌的洁面乳针对不同的肤质设计了不同的产品，一定要选择适合自己肤质的洁肤产品。

除了使用护肤品外，规律、充足的睡眠，多喝水都是对皮肤有好处的。在睡眠状态下，身体器官能够得到充分休整，加速细胞更新，皮肤可以获得更多的氧。多喝水，增加皮肤的含水量，可以使皮肤更有光泽、更有弹性，如果每天能保证2 000毫升的饮水量，可以起到滋润皮肤的作用。

（4）面部妆容

职业女性在工作时间需要化淡妆，既能美化个人，提升企业形象，又能表达对客户的尊重。化妆前要做好基础皮肤护理，化妆后一段时间，尤其是出汗、就餐之后妆容会出现残缺，需要补妆，补妆需要在无人的角落或在洗手间进行。

【阅读资料】

香水的使用

香水的常用方法有喷雾法和七点法两种。喷雾法：在穿衣服前，让喷雾器距离身体 10～20 厘米喷出雾状香水，喷出的范围越大，香味越淡。然后在雾状香水中站立一会儿，使香水均匀落在身上。七点法：先将香水喷在左、右手腕的静脉处，然后用双手中指及无名指轻触手腕静脉处，再轻触双耳后、后颈部并轻拢头发，双手手腕轻触相对的手肘内侧；再将香水喷于腰部两侧，分别用双手中指和无名指轻触喷香水的部位，然后轻触大腿内侧、左右膝盖内侧、脚踝内侧。注意任何轻触动作都不要摩擦，否则香水中有机成分发生化学反应，有可能破坏香水原有的味道。女性推销员使用香水要注意以下问题：

——尽可能选用清淡、中性的香水，并且不要施用过量。

——香水与化妆品的味道相协调。现在洗发水、洗面奶等洗护用品以及化妆品都添加一定的香精，使用香水时要注意与它们的协调。如果选用无香的洗护用品和化妆品，就更能保证香水香味的纯正。

——出门前 20 分钟使用。香水和肌肤融合后会形成独特的味道，所以，同一款香水用在不同的人身上味道是不一样的。鉴于香水的这种特性，建议出门前 20 分钟使用。

——避免阳光直射。阳光直射会使香水发生化学反应。为了避免皮肤不适，香水一般都喷涂在阳光不能直接照射的部位。

——香水不要与金银饰物直接接触。直接接触会使金银饰品退色，所以要先喷香水，过一会儿后再佩戴饰品。

分析：仪容在人的仪表美中占有重要的地位。女性推销员在推销过程中一定要"雅"，展示女性特征的同时不能"过分"。在使用香水时，更应该注意，始终保持"清新"、"自然"。

（5）手的修饰

握手是中国人使用频率最高的礼节，所以手部的修饰不能忽视。首先，手要保持清洁，随时洗手。洗手时要使用香皂或洗手液，不要忘记连手腕一起清洗，因为握手时手臂前伸会露出一部分手腕。其次，常修剪指甲。推销员不要蓄长指甲，以掌心向上，看不到指甲的长度为宜。另外，不要咬指甲。最后，为了防止手部皮肤干裂，可以在洗手后涂护手霜，注意，面霜不能代替护手霜使用。

2. 男士推销员的仪容规范

（1）头发的要求

男士的头发比较容易出油，所以要经常洗头，保持头发的清洁。男士西装以深色居多，所以也要注意头皮屑的问题。男性推销员的头发不可以太长，大家比较认可的长度是：前不及眼、左右不及耳、后不及衣领。不要染、烫或者蓄奇特的发型。在工作过程中，不要在别人面前梳理头发，也不要抓、揪自己的头发。

（2）面部美化

男士大多数没有化妆的习惯，但是基本的清洁和护肤还是必需的。男性皮肤比较容易出油，清洁的时候要选择男士专用的洁肤用品。如果没有特殊的民族信仰，需要每天剃须。剃须后可以涂抹须后水，须后水可以代替男士香水，同时有润肤的作用，使皮肤更清爽舒适。另外，男士鼻孔、耳孔里要清洁干净，尤其是鼻毛要经常修剪，不要伸到鼻子外面来。

（3）手部美化

男士的手部美化与女士大致相同，尤其要注重指甲。指甲是最容易藏污纳垢的地方，要经常修剪，清洗时要十分认真，必要时可以用小刷子刷。不要有啃咬指甲的不卫生习惯，啃咬指甲还会给人留下不成熟的印象。

【阅读资料】

"口"外推销技术

推销是说服的艺术。如何说服客户？一些推销员认为，只要有好口才就能说服客户，因此在推销过程中，只练"嘴功"。大量的推销案例表明，取得推销的成功，仅仅有好口才还不行，还需要用眼——认真观察，用耳——仔细倾听，用手——进行示范，用工具——提供证明。

推销要用眼——认真观察

"一开口就谈生意的人，是二流的推销员。"一位日本推销专家认为，推销是从融洽双方感情、密切双方关系、创造一个有助于说服客户的良好气氛开始的，而要创造出这种气氛，推销员就必须仔细观察。

推销员在走进客户办公室后，首先要用眼睛仔细观察。观察什么？就是要观察客户办公室的布置、办公桌的摆放等；在和客户谈话时，要观察客户的言谈举止，以了解客户的性格、爱好、志趣、脾气。掌握这些信息，对说服客户十分有益。

有一位推销员到某厂找厂长联系业务。一走进厂长办公室，发现墙上挂着几幅装裱精美的书法作品。而厂长正在小心翼翼地掸去一幅书法立轴上的灰尘。这位推销员立即意识到厂长喜爱书法，于是走上前对厂长说："厂长，看来你对书法一定很有研究。唔，这幅篆书写得好，称得上'送脚如游鱼得水，舞笔如景山飞云'，妙！看这悬针垂露之法的用笔，就具有多样的变化美……"厂长一听，此人对书法很内行，一定是书法同好，便说："请坐，请坐下细谈……"这样，双方的感情迅速接近，当后来推销员谈到合同时，自然就"好说"多了。

美国一位心理学家提出这么一个公式：一个人表达自己的全部意思＝7%的言辞＋38%的声音＋55%的表情。

在推销过程中，客户有许多真实想法并不会直截了当、明白无误地告诉推销员。这时，推销员就要仔细观察客户的言谈举止，以洞悉客户的内心世界，找出客户没有说出的意思：他需要的是什么，最关心的是什么，最担心的是什么，还需要考虑的是什么，犹豫不决的原因是什么，等等。一旦推销员掌握了客户的内心世界，就可以进行针对性的说服，也就掌握了主动权。

推销要用耳朵——认真倾听

倾听，是推销的好方法之一。日本推销大王原一平说："对推销而言，善听比善辩更重要。"推销员通过听要比通过说能做成更多的交易。

推销要用手——进行示范

推销员只有让客户清楚地认识到所推销的产品的确能够给客户带来利益，才能打动客户。然而，人们常说："耳听为虚，眼见为实"，客户不会轻信推销员对产品的介绍，要说服客户，推销员就需要用一定的方式向客户证明你的产品确实具有你所说的优点。为此，推销员就要用手进行示范。

示范就是推销员通过对商品的现场操作表演的方式，把商品的性能、特色、优点表现出来，使客户对商品有直观的了解。

某厂开发的新产品——气功激发仪，在某商场柜台摆放了三个月无人问津。忽然有一天该商品被客户抢购了198个。产品由滞转畅的原因是，推销员不仅向客户介绍商品的性能，而且现场进行表演，在一位患肩周炎的老人身上具体示范，奇迹发生了，当即这位老人的胳膊不仅能抬起，而且伸直弯曲也不疼。围观的客户无不为之折服，纷纷解囊争购这种产品。示范的作用有两个方面，一是形象地介绍商品，有助于弥补语言对某些商品，尤其是技术复杂的商品无法完全讲解清楚的缺陷，使客户从视觉、嗅觉、味觉、听觉、触觉等感觉途径形象地接受商品，起到口头语言介绍所起不到的作用；二是起证实作用，因为直观了解，胜于雄辩。

推销要用工具——提供证明

美国伽罗克公司的推销员，在推销他们的多功能大功率车床时，推销员用印有大量彩照的册子介绍商品。在图片册子的每页上，产品介绍言简意赅。利用图片册描述产品功能引起了客户的注意，客户说："以前我不知道你们生产这种产品。"该公司所有的推销员使用图片向客户推销后，6个月内订货就增加了300%。

通常，客户是凭听推销员对商品的介绍来购买商品的。如果推销员备有促进推销的小工具，则更能吸引客户，激发他们的兴趣和好奇心，引发他们的购买欲。一个皮包里装满推销工具的推销员，一定能对客户提出的问题给予令人满意的回答，客户也会因此而信任并放心购买。

（资料来源：业务员网。）

【本章小结】

推销员是推销活动的主体，是联系企业与客户的桥梁和纽带。推销员在推销过程中真正要做的工作，是如何在企业利益和客户利益之间找到共同点，既让客户得到应得的利益，也使企业的利益得以维护。推销员要履行这些职责，就要求具备良好的思想道德素质、过硬的业务素质和优秀的个人素质。推销员不是先天就具备推销素质，而是要靠自身的努力去不断完善。只要认真学习、努力实践，就可以提高和改善素质，就可以成为优秀的推销员。

在推销过程中，推销员所代表的不仅仅是他们自己，也代表着企业。为了树立良好的企业形象，以使推销工作顺利开展，推销员应注重推销的基本礼仪，如送访、交谈、体态、仪表等方面的问题。

【思考与练习】

1. 主要概念

推销素质　职业能力　推销能力　个人素质　推销礼仪

2. 复习思考题

（1）推销员应具备哪些素质？

（2）推销员应具备哪些能力？

（3）联系推销实际，谈谈电话礼仪、送访礼仪、介绍礼仪的应用和注意事项。

【技能训练】

1. 训练项目：推销员基本仪态训练

实训目的：了解推销员仪态的相关内容；掌握推销员基本仪态的训练方法；通过本训练了解自身形体特点，总结优势，发现不足，形成自我纠正的意识，刻苦练习，使自己的仪态符合礼仪规范。

实训内容：

①在教师的指导下，进行基本站姿、坐姿、走姿、鞠躬等标准姿势的训练。

②总结交流素质训练心得，制定自我训练计划。

2. 每人2~3分钟，作自我推销

目的：了解学生的基本素质状况，让学生尝试在大庭广众之下演讲，可增强学生的勇气和自信，锻炼学生的语言表达能力及思维反应速度。

3. 课堂实训

目的与要求：充分认识礼仪在推销活动中的重要性，熟练掌握并正确使用推销礼仪。

材料：沈阳安达汽车租赁公司因业务拓展需求，需要招聘3名推销员。经过初试有6人进入下午的面试程序。地点安排在公司会议室。公司销售部张经理和人力资源部王经理负责此次招聘工作。

任务要求描述：每组学生不但要设计好自己的应聘表现，还要为扮演应聘者的其他组学生进行评价。各组间循环评价，最终得出各组平均得分。通过这样的面试模拟，使同学们在运用各项礼仪的同时，能够互相寻找礼仪上的失误，使学生们加深对推销礼仪的掌握。

具体步骤：按班级实际人数将8人分成一大组。再将一大组内的8名学生分成4组，每两名学生为一组。每次模拟面试开始时，由一组学生扮演两位经理，三组学生扮演应聘者，经理组学生为应聘组学生打分。模拟应聘循环进行总结与交流（见表3-1）。

表3-1　　　　　　　　　　　　　礼仪运用测试标准

项目		评价			
		优秀（3分）	合格（1分）	不合格（-1分）	改进建议
仪表	发型				
	妆容				
	着装				
	饰品				
体态	站、坐、行姿态				
	面部表情				
	就座、离座行为				
	肢体语言的运用				
交谈	自我介绍				
	对业务知识的了解				
	语音、语气、语速				
	是否使用赞美语言				
	能否认真听问题				
能力	分析问题能力				
	个性特征				
	职业计划				
	自我推销				

测试结果：你对测试结果是否满意？存在哪些问题？对其他人的评价。

4. 案例分析

推销员李军

李军是新纪元广告公司的销售员，科北酒厂是他的第一个客户。科北酒厂厂长姓徐，是一位不苟言笑，看起来冷若冰霜的人。如何与这位厂长沟通呢？李军在出发前专门选择了一套与徐厂长风格一致，款式庄重的深色西装，并比预约提前5分钟到了酒厂。当秘书把他向徐厂长引见后，他先是谈了初来该厂的四个方面感受，得体含蓄地称赞了徐厂长。接着话锋一转："由于贵厂在我们省内消费者心目中有较高的知名度和较好的口碑，因此我们来厂之前特意精心准备了几种赋予贵厂产品更高形象定位的方案，供贵厂选择。打个比方，就相当于我们是开饭店的，今天配备了数种口味不同、各具特色的菜肴，你们相当于我们的客人，至于哪一种菜肴更适合你们的口味要求，请你们选择享用。"这几句话使本来因初打交道而显严肃的气氛一下子轻松了许多。

徐厂长也忍不住接话了："看来李经理还很有做菜的高招，好，请再介绍介绍您的菜谱吧。"初谈轻松，他们开始像老朋友一样共同探讨一个课题。李军在本上记下了谈话的重要内容，并用随身携带的录音机把客户有关的需求内容录制下来。不过在与负责合肥地区销售的周科长商谈具体事项时，李军又碰到了不小的麻烦。周科长言语不多，且从不正视李军，颇有些冷漠，落座后一开口，李军便感到空气骤然紧张："李经理，我在合肥跑销售四五年了，与广告界常打交道，但没听说过你们新纪元广告公司。"其势压人，但又言之有理！李军迅速调整一下思路后，微微一笑说："周科长说得不错，我们公司成立才半年，这半年来我们公司主要做了两件事：一件是开展社会调查；另一件是对员工进行培训。所以即使已经做了一点小的业务，在合肥广告界仍是一名新兵。"然后语调一变："我们公司倒是有一点可以和其他广告公司比较一下，就是我们公司的八名员工中，大学生四人，大专生两人，中专生和高中生各一名，知识层次可能不算低！"周科长若有所思地"噢"了一声，看来他还算满意。"不过我想请教一个问题：合肥市内路牌广告每平方米每年多少钱？"

李军头"嗡"的一声，天啊，他对这种当时仅仅呈零星散布的媒体还没来得及注意呢。事不等人，但又不知如何回答，怎么办？情急生智，话到嘴边，突然变成这样的了："周科长这个问题叫我无法回答，因为路段不同、用料不同，价格也不同呀。"说话间，李军立刻把基本费用大致分几个方面估算了一下，场租费、管理费、材料费……还没算出结果，周科长又补了一句：

"比如四牌楼附近的护栏呢？"

"就按一年期算吧？"

这时李军已经大致算出来了：月租金每平方米10元，普通纤维板每平方米10元，税费及加工费每平方米大约5元，绘制费每平方米25元，其他辅料每平方米3元，再加上适当利润，"每平方米月租价55元左右！"

"嗯，差不多。"

李军如释重负。以后的问题李军就更从容了，仿佛掌握了主动权。

"那么付款方式呢？"

李军谦虚的态度中带着固执的用词："我们的惯例是合同签订三日内付总费用的30%，制作完成正式发布时付50%，其余20%在发布后一个月内付清。"

"基本可以，下午我向厂长汇报，明天早晨请你们做好准备签合同。"周科长露出合作的笑容。

问题：

（1）李军具备推销员的哪些方面素质？

（2）从案例中你得到哪些启示？

实　务　篇

第四章
寻找客户技术

【导入案例】

　　小王曾经是某外贸公司的办公室文员，由于公司生意不景气，辞掉了公职，加盟雅芳公司，做了一名职业推销员。加入了一个新的行业，一切都必须从头开始，小王为自己没有客户而发愁，不得不每天挎着一个大背包，里面装满了各种眉笔、唇膏、粉饼等化妆品，一家家地敲着陌生人的大门。可是能开门见她的人很少，多数人只是在门镜里看了看，就很不客气地在门里说："我不需要，快走吧！"一连几个月她的收入虽然有所提高，但仍不足以维持温饱，这深深刺痛了她那颗骄傲的心，她不相信在别人干得有声有色的行业中，自己只是一个"脓包"，一定有办法开创自己的新天地。小王先向她的同学、亲友介绍雅芳化妆品，先请她们试用，并借机向她们推销产品，很快业绩有了上升，之后又请她们把自己介绍给她们的同事，但是当用这些常规方法发展到近50人时，她的业务又出现了停滞。接下来小王决定在自己的小区里展开推销活动，她写了几百封信："××号的李女士，您好！我是您的邻居王小丽，在雅芳公司工作，我很希望与您交个朋友。能在晚上6点至8点之间给我打个电话吗？我的电话是87654321。"并附上一些化妆品的说明书，然后把信件塞进了各户的信箱。以后几天晚上陆续接到了5个电话，卖出了3支口红、4个保湿粉底和1瓶收缩水。就这样做了几个月，小王的推销成绩又有了很大进步，但她仍觉得销售增长的速度慢。怎样才能提高效率呢？她苦思冥想了很长时间也不得要领。后来在儿子的家长会上她偶然得知有一个孩子的妈妈是某单位的工会主席，姓王，突然有主意了，决定试一试。机会来了，有一天下着大雨，工会主席还没来，看着孩子们一个个被家长接走了，她的孩子很着急，小王就主动上前安慰他，告诉他说："阿姨可以送你回家。你先给妈妈打个电话，告诉她不要着急，康明（小王的儿子）的妈妈送你回家。"小家伙照办了。小王把他送到家，记住了她家的地址。她们成了好朋友，小王给她做了全套护肤美容和化妆，边做边讲解，并针对她的肤质特点提出建议，工会主席发现化妆后比平时漂亮多了。大家的赞美使她很高兴，自然成了小王的客户，她也帮助小王介绍了一些同事，在她的影响下，她们单位不少女同事也都开始使用雅芳化妆品了，小王的客户数量也达到了300人，收入大有增长。工会主席后来又帮小王与另外几个大企业的工会主席取得了联系，建立了友谊。通过这种方法，小王发展了几个公司的大量客户。她们中有的人买全套化妆品，有的人只买单件，不论怎样，小王对她们都一视同仁，以周到服务获得大家的满意。因此，她的客户量像滚雪球般越来越大，销售量直线上升，收入也有了极大提高。

　　案例分析：在竞争激烈的现代市场环境中，谁拥有的客户越多，谁的推销规模和业绩就越大。但客户又不是轻易能获得和保持的。推销员的主要任务之一就是采取真正有效的方法与途径来寻找与识别目标客户，并实施有效的推销。寻找客户是推销的起点，有效地寻找和识别客户是成功推销的前提。

【教学目标】

通过本章的学习，要求学生充分理解寻找客户的含义及作用，寻找客户的原则。掌握寻找客户的程序和方法，要求学生学会将各种技巧结合起来使用，创造性地寻找客户。理解客户资格审查，掌握简便的客户资格审查法。最后，要求学生了解如何制作客户资料卡，划分客户等级。

第一节 寻找客户概述

进行客户的寻找工作是推销实践的开始，在推销活动中占有重要的位置。推销员要向特定客户推销商品，必须要确定自己的推销对象，明确谁是自己真正的客户，然后才能有效地实施推销活动。寻找客户是一项非常细致的工作，需要经过大量的调查分析过程，需要掌握一定的策略和技巧。

寻找潜在客户使推销活动有了开始工作的对象，掌握与潜在客户进行联系的方法与渠道，就使以后的推销活动有了限定的范围与明确的目标，避免推销工作的盲目性。掌握一份不断补充的、稳定的潜在客户名单与联系方法，能使新的客户不断弥补流失的老客户留下的空缺，使企业与推销员保持稳定的客户数量，从而使企业与推销产品保持一个稳定的市场和销售额。寻找客户的工作是推销事业不断取得成绩的源远流长的源泉，是推销员保持不间断的产品销售与不断扩大市场的保证。日本"推销冠军"——汽车推销大王奥诚良冶曾反复强调：客户就是我最宝贵的财富。可见寻找客户的重要性。但是，如何在成千上万的企业和人海茫茫的消费者中找到准客户，又是推销活动的难点。因此，每个推销员都应学会掌握一些寻找客户的技巧与方法，苦练基本功，才能突破这个难点，获得丰富的客户资源。

【案例 4 - 1】

汤姆逊和罗格斯是美国加州某电器厂销售部的两位推销员。汤姆逊电器销售工作多年，经验丰富，客户较多，加之在工作上积极肯干，其销售业绩在本部门遥遥领先。罗格斯是刚毕业的市场营销专业的大学生，到公司销售部不足一年，销售业绩直线上升，当年就略微超过汤姆逊。两人推销情况对比如表 4 - 1 所示。

表 4 - 1　　　　　　汤姆逊和罗格斯的推销情况对比　　　单位：人、次、美元

推销情况		汤姆逊	罗格斯
原有客户		218	144
推销访问次数	老客户	184	75
	新客户	—	68
订货次数	老客户	0.66	0.79
	新客户	—	0.49
平均订货额		7 200	8 300
总推销额		865 000	869 700

由表 4-1 可以看出：汤姆逊的原有客户比罗格斯多，推销访问客户的次数也比罗格斯多，而在客户的订货概率和平均订货额方面却低于罗格斯，致使汤姆逊的总销售业绩略低于罗格斯。问及其中缘由，罗格斯解释说："我在拜访客户之前先对客户资料进行分析、研究，然后进行针对性的拜访。我不仅重视拜访老客户，而且更注重新客户的开发与管理工作，尽管新客户的订货概率在一段时期内不高。但通过寻找与筛选，与一些新客户和潜在客户建立了关系，对我的推销工作起了很大的作用。"

一、寻找客户的含义和作用

（一）寻找客户的含义

推销员的中心职责是推销商品，推销商品不能被动地等待客户上门，这就要求推销员主动去寻找客户，于是寻找客户就成为推销过程的第一步。可以说，有效地寻找客户是成功推销的基本前提。寻找客户是指推销员在非确定性客户群中确定近期的潜在客户（即准客户）。推销过程是从寻找潜在客户开始的，要确定近期的潜在客户，是一种纷繁复杂的工作。推销员必须理清寻找客户的思路和方法，才能有效地做好寻找客户的工作。

（二）寻找客户的作用

在推销活动中，推销员是以寻找客户、推销产品作为目标而展开一系列活动的。因此，寻找客户理所当然地就成为一个推销员必须首先去做的重要工作。它的重要性表现在两个方面：

1. 市场竞争客观地要求迅速寻找到可能的客户

随着市场经济的发展，市场竞争必然日趋激烈。这在客观上也加大了产品推销的难度和复杂性。特别是我国有相当部分产品正经历着从"卖方市场"到"买方市场"的转变，无疑使产品的推销变得更加复杂和艰难。在这种情况下，一个企业的实力再雄厚、产品的竞争能力再强，所使用的推销技巧再精明，也绝不可能赢得市场上所有的潜在客户。因此，推销员必须为自己的产品规定一定的推销范围，力求满足一部分潜在客户的需求，依据自己产品的特点和优势，从整体市场上寻找和选择推销对象。寻找客户，无疑有利于强化企业在竞争中的地位。

【案例 4-2】

有一次，原一平下班后到一家百货公司买东西。他看中了一件商品，但觉得太贵，一时拿不定主意。正在这时，旁边有人问售货员："这个多少钱？"问话的人要的正是原一平想要的东西。"这个要 3 万元。"女售货员说。"好的，我要了。麻烦你给我包起来。"那人爽快地说。原一平觉得这人一定是有钱人，出手如此阔绰。于是他心生一计：何不跟踪这位客户，以便寻找机会为其服务？原一平跟在那位客户的背后，发现那个人走进了一幢办公大楼，大楼门卫对他甚为恭敬。原一平更坚定了信心，这个人一定是位有钱人。于是，他去向门卫打听："你好，请问刚刚进去的那位先生是……""你是什么人？"门卫问。"是这样的，刚才在百货公司时我掉了东西，他好心地捡起来还给我，却不肯告诉我大名，我想写封信感谢他。所以，请你告诉我他的姓名和公司的详细地址。""哦，原来如此。他是某某公司的总经理……"就这样，原一平又得到了一位客户。总是能及时把握生活中的细节，绝不会让客户溜走，这正是原一平成为"推销之神"的原因。

2. 有效地寻找客户是提高推销成功率的保证

在推销工作中，寻找客户既是推销过程的必要环节，又是企业制定推销计划和确定有关推销策略的必要前提条件。寻找客户的最直接的意义就在于推销员通过有效地寻找和选择客户，可以充分利用有限的时间和费用，集中精力说服那些有着强烈的购买欲望及购买量大的客户，从而大大减少推销工作的盲目性，提高推销的成功率。显然，正确地寻找到可能的客户，对推销工作具有重大意义。在美国，曾有人问过一家大型机械设备公司的一位出类拔萃的销售代理人，求教其成功之道是什么，他的回答是"把时间用在最有希望的可能买主身上，不在希望不大的人身上浪费光阴"。可见，寻找客户十分重要，准确地确定准客户的范围，就会使企业的整个营销活动收到事半功倍的效果。

【阅读资料】

不愿访问客户的代价

根据《行为科学研究》的一个研究表明，销售人员中不愿访问客户的现象总是非常普遍的，其代价也是很高的。下面是达拉斯研究和销售培训公司的一些研究成果：

● 第一年从事销售工作的人员中，80%失败的人是因为寻找潜在客户的活动不到位。

● 40%的老推销员都有一段或数段受不愿访问情绪困扰的经历，严重到威胁他们能否在推销中继续干下去的程度。这种困扰可能随时发生。

● 不愿访问的推销员每月要丢给竞争者15个以上的新客户。

● 不愿访问的股票经纪人每年要比那些学会如何克服恐惧心理的经纪人少得到48个客户。

● 在有些情况下，不愿访问客户的推销员每月在总销售额中丧失10 800美元。

● 在另一些情况下，不愿访问客户使推销员每年损失10 000美元的佣金。

（资料来源：查尔斯·M. 富特雷尔. 销售学基础 [M]. 苏丽文，译. 大连：东北财经大学出版社，2000.）

二、寻找客户的基本原则

寻找客户看似简单，其实并非易事。在整个推销过程中，寻找客户是最具有挑战性、开拓性和艰巨性的工作。推销员需遵循一定的规律，把握科学的准则，使寻找客户的工作科学化、高效化。

（一）准确定位推销对象的范围

在寻找客户之前，首先要确定准客户的范围，使寻找客户的范围相对集中，提高寻找效率，避免盲目性。准客户的范围包括两个方面：

1. 地理范围，即确定推销品的推销区域。推销员在推销的过程中，需要将该区域的政治、经济、法律、科学技术及社会文化环境等宏观因素与推销品结合起来，考虑该区域的宏观环境是否适合该产品的销售，以便有针对性、有效地开展推销工作。在人均收入低的地区就不适宜推销像豪华家具、高档家电之类的产品。

2. 交易对象的范围，即确定准客户群体的范围。这要根据推销品的特点（性能、用途、价格等）来确定。不同的产品，由于在特征方面的差异，其推销对象的群体范围也就不同。例如，如果推销品是老人保健食品、滋补品、老年医疗卫生用品（如药物、眼镜、助听器等）、老年健身运动器材、老年服装、老年娱乐用品和老年社区（敬老院、养老院）服务等，则推销的对象应是老年人这一客户群体；而药品、医疗器械等产品，其准客户的群体范围应为各类医疗机构以及经营该产品的经销商。

（二）树立随时随地寻找客户的强烈意识

作为推销员，要想在激烈的市场竞争中不断发展壮大自己的客户队伍，提升推销业绩，就要在平时（特别是在"业余时间"）养成一种随时随地搜寻准客户的习惯，牢固树立随时随地寻找客户的强烈意识。推销员要相信客户无处不在，无时不有，客户就在你身边，不放过任何一丝捕捉客户的机会，也绝不错过任何一个能扩大销售、为客户提供更多服务的机会。这样，你就会寻找到更多的准客户，推销业绩也会随之攀升。机会总是为那些有准备的人提供的。

【案例 4 - 3】

美国有位叫卡特的商人曾做过这样一个实验：把半新的钱包拴在小汽车后面，在地上拖着钱包到处跑，不多久，钱包便破烂不堪。于是，他便在破旧的钱包里装上钞票、信用卡、驾驶证等先后到五家绅士用品商店购买领带。在这五家商店里，领带与钱包是在一起摆放的。卡特每次掏钱买领带时，钱包总是"很偶然"地掉在了地上。而每次，这五家商店的营业员都无一例外地帮他捡起了破烂不堪的钱包并还给他，并看着他离开商店，从来没有人建议他换个新钱包。这一实例说明，这五家商店的营业员在思想上缺乏推销钱包的强烈意识，当机会到来时，任其白白失去而毫无察觉。

（三）多途径寻找客户

对于大多数商品而言，寻找推销对象的途径或渠道不止一条，究竟选择何种途径、采用哪些方法更为合适，还应将推销品的特点、推销对象的范围及产品的推销区域结合起来综合考虑。例如，对于使用面极为广泛的生活消费品来说，运用广告这一方法来寻找客户就比较适宜；而对于使用面较窄的生产资料而言，则宜采用市场咨询法或资料查阅法。因此，在实际推销工作中，采用多种方法并用的方式来寻找客户，往往比仅用一种方法或途径的收效要好。这就要求推销员在寻找客户的过程中，应根据实际情况，善于发现、善于创新并善于运用各种途径与方法，以提高寻找客户的效率。

【案例 4 - 4】

小火柴大功效

被誉为丰田汽车"推销大王"的椎名保久，从生意场上人们常用火柴为对方点烟得到启发，在自制的火柴盒上印上自己的名字、公司名称、电话号码和交通线路图等，并投入使用。椎名保久认为，一盒 20 根装的火柴，每抽一次烟，名字、电话和交通图就出现一次，而且一般情况下，抽烟者在抽烟间隙习惯摆弄火柴盒，这种"无意识的注意"往往成为推销员寻找客户的机会。椎名保久正是巧妙地利用了这小小的火柴盒，寻找到了众多的客户推销出了大量的丰田汽车；其中许多购买丰田汽车的用户，正是通过火柴盒这一线索实现购买行为的。

（四）重视老客户

对于商家而言，想方设法开发新客户固然重要，但更应采取积极有效的措施留住老客户，重视老客户，一位老客户的直接消费对商家而言不容低估，失去一位老客户的连锁反应也足以引起经营者的警惕。在对待维护客户和开发新客户孰轻孰重的问题上，人们应当有个更科学的认识，那就是：只有在留住老客户的基础上再发展新客户才是企业发展壮大之道。国外客户服务方面的研究指出：开发一个新客户的费用（主要是广告费用和产品推销费）是留住一个现有老客户费用（主要是支付退款、提供样品、更换商品等）的 6 倍。另有研究显示：一个不满意的客户至少会向 11 个人讲述其不愉快的购物经历，有的甚至会告诉更多的人。同样的研究表明，这 11 个人中，平均每个人又会告诉其他 5 个人。如此下去，"坏消息"会传播得更快、更远，不满意的客户会越来越多，商家正常的、健康的运行将受到威胁。

【阅读资料】

老客户是企业经济效益的主要来源

商家的销售收入和利润是若干客户提供的，但不同的客户对商家的经济效益的"贡献"是不同的。忠诚客户惠顾商家的时间长，购买频率大，因而是商家经济效益的主要提供者。

● 一项统计数据表明：企业 80% 的销售业绩来自 20% 的经常惠顾企业的老客户。这 20% 的老客户是企业营销人员经常与之保持长期合作关系的稳定的客源，如果企业丧失了这 20% 的老客户，将会丧失 80% 的市场。

● 美国的一项研究报告指出：再次光临的客户可以为商家带来 25% ~ 85% 的利润。吸引客户再次光顾的因素中，首先是服务质量，其次是产品本身，最后才是价格。

● 另据美国汽车业的调查，一个满意的客户会引发 8 笔潜在的生意，其中至少有一笔成交；而一个不满意的客户会影响 25 个人的购买意愿。

● 美国可口可乐公司称，一听可口可乐卖 0.25 美元，而锁定一个客户买一年

（假定该客户平均每天消费 3 听可口可乐），那么，一个客户一年的销售额约为 300 美元。

第二节 寻找潜在客户的程序和方法

一、寻找潜在客户的程序

（一）广泛收集潜在客户信息

推销员所推销的商品和服务的种类不同，准客户的来源也就可能不同，也许有些商品的客户来源方式很多，而有些却极少；有些准客户来源的途径经常不断变化，而有的却始终保持相对稳定。也许一个管道公司的推销员需要广泛接触的是每个城市的市政建设公司、自来水公司、煤气公司，通过电话簿就可以找到它们的相关信息；而推销人寿保险的推销员可能需要利用自己的人际关系或客户给你所作的推荐；药品推销员则必须关注每个地方的医院、药店的发展变化情况。

表 4 - 2 提示了美国推销员收集准客户信息源的途径，可供我国销售人员参考。

1. 从企业内部获取准客户信息

很多企业在业界有多年的经营历史，有健全的管理体系，也有一批训练有素的销售人员队伍。

表 4 - 2 准客户的来源

类别	目标客户探寻的技术
外部环境	推荐方法：向一个目标客户询问另一个目标客户的名称 社会关系：向朋友和熟人打听目标客户的名称 介绍方法：获得一位目标客户经由电话、信函或亲自对其他目标客户的介绍 社会机构：从服务俱乐部和商业会所寻找销售线索 无竞争关系的销售人员：从无竞争关系的销售人员处寻找销售线索 结交有影响力的客户：结交能够影响其他客户的受公众瞩目和有影响力的客户
内部环境	检查记录：检查公司的数据库、姓名地址目录、电话本、成员清单以及其他书面材料 广告询问：答复客户对公司所做广告提出的问题 电话或邮件提问：回答潜在目标客户通过电话或邮件提出的问题
个人接触	个人观察：看到或听到良好的目标客户的线索 游说：对潜在目标客户进行访问（通过电话或亲自拜访）
其他	网上浏览：通过名称和地址了解目标客户 主办或参加贸易展览：组织或参加直接面向目标客户的贸易展览 猎狗：让下级销售人员确定上级销售人员将要联系的目标客户 销售研讨会：目标客户作为群体参加，来了解有关销售人员产品的一个主题

资料来源：托马斯·N. 伊格拉姆，等. 专业化销售——基于信任方式［M］. 刘似臣，译. 北京：中信出版社，2013：164.

企业内部的营销信息系统可能就有很多有助于推销员确认准客户的信息资料，因此，对于一个初出茅庐的新手来说，从企业内部开始寻找准客户不失为明智之举。企业内部资料主要包括以下几个方面：

（1）公司销售记录。推销员首先应检查公司的各种原始记录，列出一个在过去几年内停止与其公司订货的客户清单，分析这些客户流失的原因。或许是由于公司的推销员停止了他们的访问，或许是由于该市场的推销员走马换将，业务关系也随着某个人员的离去而中止。不管是什么原因，推销员都可以打一个电话了解他们的现状，或许能从中发现若干准客户，让他们重新回到公司的客户名单中来。

（2）广告反馈记录。通过查阅公司的各种广告反馈记录，可以了解到可能的准客户，这总比大海捞针式地普遍访问去搜索准客户范围要小得多，而且相对较为可靠，推销成功的几率会得到大大提高。广告反馈信息应加工分类，分别传送到各个市场的推销员手中，为各地市场发掘准客户提供线索。

（3）客户服务电话记录。客户服务电话除接受现有客户对公司产品的使用查询、服务申请和投诉外，也对其他非客户公布，还可作为公司的咨询电话，从而成为吸引准客户的一种通道。

（4）公司网站。因特网在中国城市家庭已越来越普及，而且深入人心，许多公司正是看到了它的商业价值才在网上竞相开办网站，也许网站本身并不能赚钱，但从中却能获得许多依靠商业手段才能取得的效果。网站就是一个公司的窗户，包括了一家公司的历史、产品、加工、订货方式、付款方式、联系方式等方面的信息，必然能够吸引一些对公司及其产品感兴趣的人，通过对网络浏览器的统计查询就可能发现准客户。

2. 从企业外部获取准客户信息

企业内部资料的获取相对较为容易且成本低，可以及时地反馈给一线的推销员，但仅依靠内部资料是不够的，在很多情况下推销员都需要进一步从企业外部去获取更及时准确的准客户信息，主要包括以下一些途径：

（1）客户推荐。现有客户不仅给你提供利润来源，甚至还会给你带来准客户，其前提是你实施的是解决问题导向型推销，你真正帮助客户解决了他们所面临的问题，你已经赢得现有客户的信任，建立起较为稳固的关系。满意的客户就会不断地充实你的准客户名单，向你推荐他所熟悉和认识的可能客户，帮助你扩大客户圈。

（2）电话簿及各种名录。现代商业社会，一些公用性质的名录存在着巨大的使用价值，如电话簿、工商企业名录等，只要推销员勤于动脑，愿意花时间进行钻研，就会有收获。一般大中城市的电话簿都是按党、政、工、教育、文卫、娱乐等性质划分的，你分析所推销商品的可能适用对象后，就可有针对性地从电话簿上找到可能的客户，通过上面的电话取得联系或走访，确定是否具备购买商品的欲望、购买能力及购买权限等；同样，工商企业名录对你推销生产资料用品将更有帮助，针对性会更强。利用好这些工具，就能为你编织好准客户网。

（3）贸易展销会。我国现在有很多规模不等的商品贸易展销会，如广交会、乌交会、昆交会等，通过参展、办展不但能现场销售出去一些商品，而且还能为公司建立公共关系进行宣传和扩大影响，同时通过办展激发准客户的兴趣，也可以为确定准客户提供线索，为将来的推销走访缩小范围。

（4）探查走访。对于一个没有任何经验的推销员来说，探查走访可能是唯一的寻找准客户的途径，也可能是最不成功、最不经济的办法。探查走访需要勇气、意志力，也需要时间和付出，经过如此磨炼就会琢磨出寻找准客户的更好方法。

（5）自我观察。推销员需要细心地观察生活、体验生活，其实准客户就在人群中间，只要你瞪大眼睛，竖起耳朵，就会发现准客户就在你的身边。因此，推销员要善于观察，并把它记录下来，通过推敲就能找到准客户的"影子"。例如，牛奶推销员要注意观察城市中小学有无课间加餐，一般学生既方便又卫生的食品是什么，学生是个人行为还是学校统一行动。你连续观察几所学校后，肯定有所冲动：准客户不就出现了吗？已经采取统一购买的学校有哪些？还有哪些学校是学生自主选择？

（6）其他产品的推销员。虽然同是推销员，但所推销的商品并不都相同，只要不是竞争性的商品，推销员彼此之间就有一定程度合作的可能，有些甚至还可能相互"取长补短"，彼此为对方提供准客户的信息来源，共求发展。

（二）对准客户进行分类

通过对"引子"的分析判断，审查是否符合购买条件，合格的引子就成为准客户，即推销访问的主要对象。但每一位准客户购买的概率与数量是不完全相同的，推销员不可能把时间均衡地分配到每一位客户身上，也不可能同时对所有准客户进行走访，必然需要划分重点对象，安排好走访的先后顺序。国外通常将准客户按照一定的具体标准进行分级管理，以便使日常推销工作程序化、系统化与计划化，提高推销效果。划分准客户的标准主要有两种：

1. 以准客户的购买概率作为分级标准

把最有可能的购买者确定为 A 级，有可能的购买者定为 B 级，可能性小的购买者定为 C 级，划分时应具体确定其数量界限。

2. 以购买量作为分级标准

推销员自身根据准客户购买数量分为 A、B、C 三个等级，然后对照实际的购买数量再行调整，以便有针对性地"照顾"购买量大者，达到事半功倍的效果。

为了准确地划分客户，经常自我审核以下问题对确定客户的类型和级别是有帮助的：

（1）客户是否正从你这里购买产品？如果是，这就意味着这是增加购买公司其他产品的机会。

（2）他是否曾经是你的客户？如果是，他为什么要中止购买你的产品？是否应该恢复同他的业务关系？

（3）现有客户中是否有人也从你的竞争者那里获取产品？其原因何在？

（4）准客户能具有多大规模的购买数量？

（5）准客户的信用等级如何？

还应该注意的是，推销员应根据自己的特定需要来制定标准；随着推销环境的变化，推销员应调整分级标准，并依据新标准重新界定准客户的级别；在照顾重点的同时，也不可忽视一般；在分级标准难找、困难较多时，应考虑采用区分推销区域的方法。

3. 对准客户进行筛选和审查

对准客户进行筛选和审查是推销员开展市场调研的重要内容之一，筛选和审查的目的在于发现真正的产品推销对象，避免徒劳无功的推销活动，确保将推销工作落到实处。通过筛选和审查，可以使推销员节约大量宝贵时间，也可以提高客户的成交率和增加客户的订购量。对准客户进行筛选和审查的有关内容将在后面具体阐述。

4. 进一步开发准客户

一般来说，要避免手头的现有客户完全不流失是不可能的，要使自己的业务不至于萎缩甚至还要不断扩展，就必须开发准客户。准客户的来源是推销事业不断攀升的基础，尽管我们竭尽全力朝着培养终身客户这个方向去努力，但不可能人人都是终身客户，因为你的客户总是存在流失的可能。另外，不断向上的销售压力也需要你拓展客户的范围，寻找新的客户源。

在多数情况下，更准确、更有效率地挖掘准客户，取决于推销员对所销售产品及产品用户市场的了解程度，对自身产品及其市场了解得越多，对准客户的开发也就越有成效。

二、寻找潜在客户的方法

推销员要取得良好的销售业绩需要了解有效地寻找潜在客户的技巧和方法。在人员推销中，寻找客户就是识别潜在购买者的过程。寻找潜在客户是销售循环的第一步，在确定你的市场目标后，你就得找到潜在客户在哪里，并同其取得联系。如果不知道潜在客户在哪里，你向谁去推销你的产品呢？事实上推销员的大部分时间都在找潜在客户，而且你会形成一种习惯、比如你将你的产品推销给一个客户后，会问一句："您的朋友也许需要这种产品，您能帮忙联系或者推荐吗？"

推销员如果缺乏潜在客户，推销工作便无法进行。因此，为了充分挖掘潜在客户，需要非常有实力地从事推销活功，同时也必须运用各种挖掘潜在客户的方法。

（一）普遍寻找法

1. 普遍寻找法的含义

普遍寻找法也称"地毯"式访问法、逐户访问法、贸然访问法、挨门挨户访问法或走街串巷寻找法，是指推销员在任务范围内或特定地区、行业内，用上门探访的形式，对预计的可能成为准客户的单位、组织、家庭乃至个人无一遗漏地进行寻找并确定准客户的方法，也称"扫街"。地毯式访问法是以"平均法则"为基础的，即推销员所要寻找的客户是平均地分布在某一地区或职业的所有人或组织中的，如果推销员的寻找是彻底的，那么总会找出一定数量的潜在客户，其中会有一定比例的潜在客户与推销员达成交易。假如过去的经验表明，访问的10人中有1人会买某种推销品，那么50次访问会产生5笔交易。采用这种方法，首先要根据推销产品的用途、产品的基本使用价值和特性、企业市场营销策略确定的目标市场范围、推销员的初步判断与研究，确定出一个大致的目标市场范围，这样可以大大地提高推销的效率。

【案例 4 –5】

江铃公司的独特销售模式

近几年江铃汽车在已经设立的全国 60 多家汽车销售中心的基础上，引进了福特六合汽车公司的推销员体系，即每个销售中心的代理商除在自己的展厅卖车外，都必须雇用几名推销员，对分管片区的目标消费群进行汽车的上门推销。"哪有这样卖汽车的？"曾任江铃东莞销售公司的区域经理提出质问。据他所知，没有一家其他的汽车代理商是采用这种"走街串巷"的方式来推销汽车的。于是公司请来中欧国际商学院的一位教授进行论证，得出结论：每个推销员只要在每年卖掉一辆汽车，工资成本就可以相抵；而每个推销员在品牌推广、客户接触方面对汽车促销的力度每年显然不止一辆车，"走街串巷"这种方法是合理的。在具体操作中，江铃每个销售团队一般分两批，每批 3~4 个小组，每组 2~3 人来开展工作。针对江铃每一特定的车型进行的推销也分两个阶段，第一阶段是"铺货"阶段，即大规模地对企业进行挨家挨户的宣传。这种宣传以镇、区为单位进行，每个小组负责一个镇、区的企业。每个工作日业务员出发推销时都会由销售中心经理召开晨会，圈定镇、区内有价值的潜在企业客户，然后挨家拜访。第二个阶段，推销员会对登门拜访的结果进行小结，然后会把购车意愿最高的潜在购买客户纳入数据库，进行更细致的电话咨询，直至其产生实际的购车行为。当年江铃汽车的销售达到 5 500 辆，比上年上升 73%。这除了市场上升的因素之外，与他们独特的销售模式也很有关系。

2. 普遍寻找法的优点

（1）不会遗漏有价值的客户。

（2）推销员可借机进行市场调查，能够较客观全面地了解客户的需求情况。

（3）可以扩大企业和推销品的影响。推销员寻找客户的过程，也是传递推销信息的过程。推销员可以广泛地接触客户，广泛地传播与企业和产品的有关信息，从而扩大企业和推销品的影响。

（4）可以积累推销工作经验，培养和锻炼推销员，这种方法是新推销员的必经之路。

3. 普遍寻找法的缺点

（1）此方法针对性不强，有一定的盲目性，比较费时费力，推销成功率比较低。

（2）推销员在不了解客户情况下进行访问，带有较大的盲目性，推销员与客户接触的效果也不可能很好。

（3）推销员的冒昧造访，会受到客户的拒绝甚至是厌恶，客户容易产生抵触情绪，也给推销员造成很大的精神压力。

4. 运用普遍寻找法应注意的问题

（1）推销员首先要根据自己所推销的产品的各种特性和用途，确定一个比较可行的推销地区或推销对象的范围，即寻找一块具有可行性的、可供访问的目标"地毯"。

（2）要注意提高访问的效益。要总结以前经验，设计好谈话的方案与策略，尤其是斟酌好第一句话的说法与第一个动作的表现方式，以便提高上门访问有效性。

（3）做好访问的准备工作，以减少被拒之门外的可能性。例如事先可以进行公告，为推销员准备好各种识别标志和进入手续等。

5. 普遍寻找法的适用范围

逐户访问法适用于日用消费品及服务的推销，也适用于制造企业对中间商的销售或者大型工业品的上门推销，在国外被广泛地应用到生活消费品的挨家挨户地推销中，例如化妆品、食品、药品、保险服务等。总之，这种方法是现代推销员最常用的寻找客户的方法之一。

（二）连锁介绍法

1. 连锁介绍法的含义

连锁介绍法也叫无限连锁介绍法、客户引荐法，是指推销员请求现有客户或者自己关系网中的有关人员介绍有可能购买产品的潜在客户的方法。这种方法要求推销员设法从自己的每一次推销谈话中获得其他更多的准客户名单，为下一次推销访问做好准备。在西方，绝大多数推销员善于利用这种方法，从每一次推销谈话中寻找到更多的准客户名单，为下一次推销访问做好准备工作。连锁介绍法的理论依据是事物普遍联系的法则，就是根据消费者消费需求和购买动机的相互联系和相互影响，根据各位客户之间的社会联系，通过客户之间的连锁介绍，寻找更多的新客户。

【案例 4 - 6】

二百五法则

创吉尼斯世界纪录的美国历史上最伟大的汽车推销大王乔·吉拉德曾自豪地说："'二百五法则'的发现，使我成为世界上最伟大的推销员。"吉拉德做汽车推销员不久，有一次从朋友母亲葬礼上的主持人那里偶然了解到，每次葬礼来祭奠一位死者的人数平均为 250 人左右。又有一天，吉拉德参加一位朋友在教堂里举行的婚礼，从教堂主人那里得知：每次婚礼，新娘方大概有 250 人，新郎方大概也有 250 人参加婚礼。这一连串的 250 人，使吉拉德悟出一个道理：每一个人都有许许多多的亲朋好友、熟人，甚至远远超过 250 人这个数字，而 250 人只不过是个平均数。因此，对于推销员来说，对任何客户都须待之以诚，无论其买还是不买你的东西。因为每位客户不仅可以使你失去许多，而且也可能为你带来许多！如果你得罪了一位客户，也就得罪了另外 250 位客户；如果你让一位客户难堪，就会有 250 名客户在背后为难你；如果你赶走一位买主，就会失去另外 250 位买主；只要你不喜欢一个人，就会有 250 人讨厌你。这就是吉拉德的二百五法则。

2. 连锁介绍法的方式

连锁介绍法的方式主要有以下两种：

（1）间接介绍。所谓间接介绍，就是推销员在现有客户的交际范围内寻找新的客户。推销员应主动地去参与介绍人的社交圈，同一社交圈的人可能都有某种共同的需求，可能是一类客户，如果推销员能成为他们的朋友、熟人，就能消除陌生拜访带来的困难。

（2）直接介绍。所谓直接介绍就是通过现有熟人直接介绍与其有联系的新客户，即由介绍人把自己的熟人或可能的用户介绍给推销员作为潜在客户。这是最常用的一种方式。

连锁介绍法的具体方法：推销员可以请现有客户代为推销商品，代转送资料；也可以请现有客户以书信、名片、便笺、电话等手段进行连锁介绍。

应用连锁介绍法的关键是推销员必须首先取得现有客户的信任，同时和现有客户介绍的未来客户有一定的联系，也有一定的利害关系。他们之间往往团结一致、互相负责。推销员只有成功地把自己的推销人格和自己所推销的商品推销给现有客户，让现有客户感到满意，才有可能从现有客户那里弄到未来客户的名单。

在西方推销学著作里，连锁介绍法常常被看作最有实效的寻找客户的方法之一，有的推销学者甚至把连锁介绍法说成是"推销王牌。"

连锁介绍法适用于推销无形商品和高档消费品，如保险、服务等，因此这些商品的销售特别需要友情和信誉。

3. 连锁介绍法的利弊

连锁介绍法的优点：

（1）可避免推销员主观判断的盲目性。一般情况下，介绍人了解潜在客户的情况，所获得的信息准确、详细，使销售更有针对性。

（2）利用连锁介绍法寻找客户，容易取得被介绍客户或新客户的信任。经过熟人介绍接触的新客户，不易产生对推销员的排斥心理，容易消除心理上的戒备。

（3）利用连锁介绍法寻找新客户，成功率一般都比较高。现有客户所推荐的新客户，一般都是现有客户熟悉的个人或单位，并且他们之间往往存在着某种共同的利益。根据这些客户之间的内在联系而不是根据某些外部特征来寻找客户，能取得较高的成功率。

连锁介绍法的缺点：

（1）采用连锁介绍法寻找客户，事先难以制订完整的推销访问计划。通过现有客户寻找准客户，由于推销员根本就不知道现有客户可能介绍哪些新客户，事先就难以做准备和安排，有时不得不在中途改变访问路线，打乱整个访问计划，使得推销员常常处于被动地位，不利于推销准备。

（2）采用连锁介绍法寻找客户，现有客户的心理因素左右其成功。推销员不能完全寄希望于现有客户，因为介绍新客户不是他的义务，是否介绍要受很多其他因素的影响。有的现有客户不太愿意增加麻烦，更不愿意因介绍不当而给朋友或熟人带来麻烦，所以是否愿意介绍或尽全力介绍是此法能否取得良好作用的关键。有的现有客户顾及情面给销售人员介绍了客户，但对销售人员的评价并不太理想，如果访问失败，给客户留下不好的印象，不但会牵连现有客户，还有可能失去许多客户。

4. 利用连锁介绍法应注意的问题

（1）建立良好的信誉和人际关系。人们一般愿意给信誉良好的推销员介绍新客户，而信誉不好的推销员则难以取得客户的合作。

（2）让介绍人感觉轻松。在推销中要避免提出这样的问题："你知道会有别人使用我的产品吗？"或"你知道谁会买我的产品吗？"因为这样使介绍人很难作出答复，但可以问介绍人，别人是否可能对你的产品感兴趣，让介绍人相信推销员不会给他介绍的人带来麻烦，如："你只要告诉我某某先生（女士）的名字和电话，我将简单地询问一下，如果他们有兴趣，我们才接触，如果没兴趣，我将对占用他们的时间表示歉意，并不再访问他们。"

（3）感谢或回报介绍人。推销员应该随时向原介绍者汇报连锁推销的结果，一方面表示谢意，另一方面可引起介绍者的关心，继续进行连锁介绍，尤其是介绍人的帮助产生了销售额时，最好能给予介绍人意想不到的回报，这样介绍人会很乐意为推销员介绍客户。

（三）中心人物法

1. 中心人物法含义

中心人物法也叫中心开花法、名人介绍法、中心辐射法，是指推销员在某一特定推销范围内发展一些有影响力的中心人物，并在这些中心人物的协助下把该范围内的组织或个人变成准客户的方法，是连锁介绍法的特殊形式。

该方法遵循的是"光环效应法则"，即中心人物的购买与消费行为，可能在他的崇拜者心目中形成示范作用与先导效应，从而引发崇拜者的购买与消费行为。在许多产品的销售领域，影响者或中心人物是客观存在的。特别是对于时尚性产品的销售，只要确定中心人物，使之成为现实的客户，就很有可能引出一批潜在客户。一般来说，中心人物包括在某些行业里具有一定的影响力的声誉良好的权威人士；具有对行业里的技术和市场深刻认识的专业人士；具有行业里的广泛人脉关系的信息灵通人士。

【阅读资料】

光环效应

光环效应是指在人际相互作用过程中形成的一种夸大的社会印象，正如日、月的光辉，在云雾的作用下扩大到四周，形成一种光环作用。常表现在一个人对另一个人（或事物）的最初印象决定了他的总体看法，而看不准对方的真实品质，形成一种好的或坏的"成见"，实际是一种认知偏差，所以光环效应也可以称为"以点概面效应"，还称为晕轮效应。美国心理学家凯利与阿希等人在印象形成实验中证实了这个效应的存在。可以把这个效应看作是主观推断的泛化、定式的结果。

美国心理学家凯利曾做过一个心理实验：让一位演讲者在某大学两个班级分别作了内容相同的演讲。演讲结束后，甲班学生与其亲密攀谈，而乙班学生对其则冷淡回避。同一个人作同样的演讲，为何效果会如此不同？原来演讲前凯利曾对甲班学生说，演讲者是如何热情可亲，而对乙班学生则说，演讲者是如何不易接近。结果学生们戴着有色眼镜去观察演讲者，演讲者被罩上了不同色彩的光环，学生们看到的都是他们期望看到的，这就是"光环效应"的表现。

心理学认为，当一个人在别人心目中有较好的形象时，他会被一种积极的光环所笼罩，从而也把其他良好的品质赋予了他；如果认为某人具有某个突出缺点，这个人就被消极否定的光环笼罩，甚至认为他其他方面都不好。这就是人的心理上一种"光环效应"。当你对一个人产生好感时，他的身上会出现积极的、美妙的甚至是理想的光环。在这种光环的笼罩下，不仅对方外貌、心灵上的不足被忽略，甚至人为地被赋予了很多美好的品质。俗话说："情人眼中出西施"，"一俊遮百丑"也是这种光环效应的结果。生活中的"先入为主"、"个人迷信"、"专家效应"等也是光环效应的表现。

2. 中心人物法的优点

（1）推销员可以集中精力向少数中心人物做细致的说服工作，避免推销员重复单调地向每一个潜在客户进行宣传与推销过程，节省时间与精力。

（2）既能通过中心人物的联系了解大批新客户，还可借助中心人物的社会地位来扩大商品的影响。

（3）可以提高销售人员的知名度、美誉度。

3. 中心人物法缺点

（1）中心人物往往较难接近和说服。许多中心人物事务繁忙、难以接近，每个销售人员所认识的中心人物有限，若完全依赖此法，容易限制潜在客户数量的发展。

（2）一定领域内的中心人物是谁，有时难以确定。如果推销员选错了客户心目中的"中心"人物，就有可能弄巧成拙，既耗时间又费精力，最后往往贻误推销时机。

4. 运用中心人物法应注意的问题

（1）寻找中心人物是决定使用效果的关键。这就要求推销员进行详细而准确的市场分析，确定每个子市场的范围、大小及需求特点，从中选择具有较多潜在客户的子市场作为目标市场，在目标市场范围内寻找有影响力的中心人物。

（2）推销员应努力争取中心人物的信任与合作。在较详细地了解中心人物后，推销员应首先以良好的产品和高质量的服务充分满足其需求。

（3）在现行政策允许范围内，千方百计地开展推销活动，与中心人物建立良好的人际关系。

（四）广告探查法

1. 广告探查法含义

广告探查法，是指推销员利用各种广告媒介寻找客户的方法。在西方国家，推销员用来寻找客户的主要广告媒介是直接邮寄广告（Direct Mail Advertising）、电话广告（Telephone Advertising）和电子商务广告（Electronic Business Advertising）。

广告探查法通常用于市场需求量大、覆盖面较广的商品推销，走访前首先发动广告攻势，刺激和诱导市场消费需求的产生，在此条件下不失时机地派推销员推销商品，把"拉引"与"推动"策略结合起来，促使推销效率的提高。广告媒体很多，可对市场特点、产品特性、推销范围，推销对象和产品寿命周期综合考察后作出选择，报纸、杂志、广播、电视、因特网、产品目录、说明书都是可以利用的理想传媒。

一般情况下，推销主体与推销对象之间存在着信息的阻隔，运用现代化的传播手段往往使信息传递面拓宽，使推销员与准客户之间的信息沟通在短期内得以完成，缩短了推销时间，拓展了市场，从而大大提高了推销效率。一则好的广告相当于成千上万的推销员，产品的营销战役首先要打响的是广告的前哨战，其次才是推销员的常规战和攻坚战。

2. 广告探查法优缺点

广告探查法的优点：利用现代化的信息传播手段，信息传递的容量大、范围广；可以使推销的盲目性减少，时间节省，推销效率提高，广告的先导作用不但为企业探查客户，而且也能刺激需求，说服客户购买；广告的先导作用可以使客户有所准备，有利于顺利实施推销访问工作。

广告探查法的缺点：推销对象的选择难以掌握，从而影响广告媒体的选择；广告探查法不是对所有商品都有用；难以测定广告的实际效果。

【案例 4 - 7】

世上没有哪位企业家像艾柯卡那样命运多舛，大起大落，几经沉浮。他从一个默默无闻的推销员扶摇直上，登上美国福特汽车公司总经理的宝座，而后又从权力之巅被推落谷底；他雄心不泯，从灰烬中奋起，当上了克莱斯勒汽车公司的总裁。一股"艾柯卡狂热"席卷着全球。艾柯卡成了全世界闻名的超级企业家，他的传奇故事也被千千万万人所熟知。

1956 年，艾柯卡被提升为费城地区销售副经理。这时，福特公司推出了 56 型新车，公司发给艾柯卡一部介绍该车安全装置的广告影片，以放映给汽车销售商看。影片的解说词介绍说：这种防震的安全垫很有效，如果你从二楼把鸡蛋扔到安全垫上，鸡蛋会从垫子上弹起来而不会破碎。艾柯卡过于相信解说词的真实性，为追求推销宣传工作的戏剧效果，他决定在有 1 100 个汽车销售商参加的地区推销会上，搞一次实物表演。他把新型安全垫铺在地板上，然后带着一纸盒鸡蛋爬上高梯子，亲自做扔鸡蛋表演。第一个鸡蛋落下来，落在地板上，鸡蛋碎了，引起一场哄堂大笑。第二个鸡蛋落下来时，替他扶梯子的助手不巧晃了一下，结果鸡蛋掉在这位助手的肩膀上，又引起了一阵喝倒彩声。第三个、第四个鸡蛋虽然落到垫子上，但不幸都碰破了。直到第五个鸡蛋才算成功，博得观众一片欢呼声。

福特公司这场安全装置的宣传攻势并未取得预期的效果，福特汽车在各地的销售反而变得疲软；艾柯卡所在的费城地区更糟，落在最后一名，艾柯卡面临被炒鱿鱼的危险。艾柯卡急中生智，挖空心思想出一个名为"花 56 美元钱买一辆 56 型福特汽车"的推销策划。按照这个策划，凡购买 56 型福特汽车的客户，买时只需先付售价的 20%，其余部分每月交付 56 美元，3 年付清；艾柯卡把这个点子向上级汇报，在得到许可实施的情况下，利用当地媒体大肆宣传。"花 56 元买 56 型新车"这个诱人的广告，使福特汽车在费城地区的销量直线上升，仅仅 3 个月，就从原来的最末一名，一跃而居全国第一。福特公司把这种分期付款的推销方法在全国各地推广后，公司的年销量猛增了 7.5 万辆。艾柯卡也因此名声大振。不久，公司晋升他为华盛顿特区经理。

（五）委托助手寻找法

1. 委托助手寻找法的含义

委托助手寻找法是推销员雇用一些低级推销员寻找客户，自己则集中精力从事实质性的推销活动的方法。在实际运用这种方法时，低级推销员通常打着市场调查或免费提供服务等名义，对可能性比较大的推销区域发动地毯式的访问，一旦发现潜在的客户，立即通知高级推销员安排正式访问。通常这些助手都不是企业聘用的，而是推销员安排的探子，他们能自然而然地接触到需要购买推销员货物和服务的准客户，所获报酬依据提供信息后达成生意金额的多少来支付。

2. 委托助手寻找法的优缺点

（1）委托助手寻找法的优点主要有：

①可以使推销员把更多的时间和精力花在有效的推销工作上，避免浪费时间和精力，并且可以节省大量的推销费用。

②可以使推销员和企业获得及时有效的推销情报，有利于适时地开拓新的推销区域，建立新市场。

③可以借助助手的说服力。

（2）委托助手寻找法的缺点主要有：

①推销助手的选择不容易。

②推销员的推销业绩受制于推销助手的合作。

③推销员必须给助手提供必要的推销用具和推销训练，如果助手更换频繁，其费用不菲。

【案例 4 - 8】

乔·吉拉德的猎犬计划

乔·吉拉德认为，干推销这一行，无论你干得多好，别人的帮忙总是有用的。乔的很多生意都是由"猎犬"（那些会让别人到他那里买东西的客户）帮助的结果。乔的一句名言就是"买过我汽车的客户都会帮我推销"。

在生意成交后，乔总是把一叠名片和猎犬计划的说明书交给客户。说明书告诉客户，如果他介绍别人来买车，成交之后，每辆车他会得到 25 美元的酬劳。几天之后，乔会寄给客户感谢卡和一叠名片，以后每年他至少寄一封附有猎犬计划的信件，提醒客户自己的承诺仍然有效。如果乔发现客户是一位领导人物，其他人都会听他的话，那么乔会更加努力促成交易并设法让其成为猎犬。实施猎犬计划的关键是守信用——一定要付给客户 25 美元。乔的原则是：宁可错付 50 个人，也不要漏付一个该付的人。

猎犬计划使乔的收益很大。1976 年猎犬计划为乔带来了 150 笔生意，约占总交易的三分之一。乔付出 1 400 美元的猎犬费用，收获了 75 000 美元的佣金。

（资料来源：陈新武，龚士林. 推销实训教程［M］. 武汉：华中科技大学出版社，2006.）

（六）个人观察法

1. 个人观察法的含义

个人观察法也叫现场观察法，是指推销员依靠个人的知识、经验，通过对周围环境的直接观察和判断，寻找准客户的方法。个人观察法主要是依据推销员个人的职业素质和观察能力，通过察言观色，运用逻辑判断和推理来确定准客户，是一种古老且基本的方法。对推销员来说，观察法是寻找客户的一种简便、易行、可靠的方法。绝大部分推销员在许多情况下都要使用个人观察方法。不管是在何处与何人交谈，都要随时保持警觉，留意搜集潜在客户的线索。

2. 个人观察法的优缺点

（1）个人观察法的优点：

①它可以使推销员直接面对现实、面对市场，排除一些中间干扰。

②推销员花费较少的时间、精力，就能够迅速地发现新客户，而且可以开拓新的推销领域，节省推销费用。

③可以培养推销员的观察能力，积累推销经验，提高推销能力。

（2）个人观察法的缺点：

①推销仅凭推销员的直觉、视觉和经验进行观察和判断，受推销员个人素质和能力的影响。

②由于事先完全不了解对象的情况，失败率比较高。

3. 运用个人观察法应注意的问题

（1）运用这种方法的关键在于培养推销员的职业素质。潜在的客户无处不在，有心的推销员随时随地都可找到自己的客户。

（2）在利用个人观察法寻找客户时，推销员要积极主动、处处留意、察言观色，既要用眼，又要用耳，更要用心。在观察的同时，运用逻辑推理。要想让个人观察方法达到预期效果，推销员就得时刻注意搜集点点滴滴的信息，学会发现准客户。

（七）资料查阅法

1. 资料查阅法含义

资料查阅法又称文案调查法，是指推销员通过收集、整理、查阅各种现有文献资料，来寻找准客户的方法。这种方法是利用他人所提供的资料或机构内已经存在的可以为其提供线索的一些资料，这些资料可帮助推销员较快地了解到大致的市场容量及准客户的分布等情况，然后通过电话拜访、信函拜访等方式进行探查，对有机会发展业务关系的客户开展进一步地调研，将调研资料整理成潜在客户资料卡，就形成了一个庞大的客户资源库。

推销员经常利用的资料有以下几类。

（1）统计资料。统计资料主要包括国家相关部门的统计调查报告、统计年鉴、行业在报刊或期刊等上面刊登的统计调查资料、行业团体公布的调查统计资料等。

（2）名录类资料。名录类资料主要包括客户名录（现有客户、旧客户、失去的客户）、工商企业目录和产品目录、同学名录、会员名录、协会名录、职员名录、名人录、电话黄页、企业年鉴等。

（3）大众媒体类资料。大众媒体资料来源主要有电视、广播、报纸、杂志等大众媒体。

（4）其他资料。其他资料包括客户发布的消息、产品介绍、企业内刊等。

2. 资料查阅法的优点

（1）通过资料查阅寻找客户，可以降低信息获取的成本，节约了时间和精力，提高了工作效率。

（2）政府管理部门、银行、统计部门提供的资料可信度很高，可以减少寻访客户的盲目性，提高客户资料的可靠性。

（3）有些资料查阅比较方便，如图书馆、展览室的资料、电话簿等。

3. 资料查阅法的缺点

二手信息资料多为公开发布的资料，加上当今市场瞬息万变，一些资料的时效性较差，加之有些资料内容简略，信息容量小，使这种寻找客户的方法具有一定的局限性。

4. 运用资料查阅法应注意的问题

（1）要对资料的来源及提供者进行可信度分析，如果这些资料的来源或提供者的可信度较低，则会对推销工作起阻碍的作用。

（2）注意所收集资料的时间问题，应设法去获取那些最新的有价值的资料。如果是反映以前情况的资料，对推销员的帮助不会很大，因为市场是不断变化的。

（八）市场咨询法

1. 市场咨询法含义

市场咨询法，是指推销员利用社会上各种专门的行业组织、市场信息咨询服务等部门所提供的信息来寻找准客户的办法。一些组织，特别是行业组织、技术服务组织、咨询单位等，他们手中往往集中了大量的客户资料和资源以及相关行业和市场信息，通过咨询的方式寻找准客户是一个行之有效的方法。

推销员可以从以下部门获得市场信息：专业信息咨询企业，工商行政管理部门，各级统计和信息部门，当地行业协会，其他相关部门——如银行、税务、物价、公安、大专院校、科研单位等。

2. 市场咨询法的优点

（1）方便迅速，费用低廉，信息可靠。与推销员自己寻找客户所需费用相比较，可以节省推销费用开支。

（2）节省推销员的推销时间，全力以赴进行实际推销。

3. 市场咨询法的缺点

（1）推销员处于被动地位。若推销员过分依靠咨询人员提供信息，容易丧失开拓精神，失掉许多推销机会。

（2）咨询人员所提供的信息具有间接性，存在许多主观片面的因素，甚至会出现一些与实际情况大相径庭的错误信息。

（3）市场咨询法的适用范围有一定限制性。

（九）网络搜寻法

1. 网络搜寻法含义

网络搜寻法就是推销员运用各种现代信息技术与互联网通信平台来搜索准客户的方法。它是信息时代的一种非常重要的寻找客户方法。近些年来，随着互联网技术的不断发展与完善，各种形式的电子商务和网络推销也开始盛行起来，市场交易双方都在利用互联网搜寻客户。互联网的普及使得在网上搜索潜在客户变得十分方便，推销员借助互联网的强大搜索引擎如 Google、Baidu、Sohu 等，可以搜寻到大量的准客户。对于新推销员来说，网上寻找客户是最好的选择。

通过互联网推销员可以获得以下信息：准客户的基本联系方式，准客户企业的介绍，准客户企业的产品；此外一些行业的专业网站会提供该行业的企业名录。

2. 网络搜寻法的优点

（1）网络搜寻法是一种非常便捷的客户搜寻法。推销员可以在相关商业网站，通过各种关键词，快速寻找目标准客户，从而节约时间，避免盲目的市场扫荡，提高推销工作效率。

（2）可以降低推销成本和市场风险。

（3）可以较全面地搜寻到有关准客户的资料。

3. 网络搜寻法的缺点

（1）由于网络信息更新较快，在一定程度上会影响推销员在网上所检索到的目标准客户资料的准确性。

（2）出于信息安全的考虑，一些重要资料并不在网上公布。如目标准客户及其相关资料，以及一些官方资料、企业内部信息资料等，推销员在网上并不是完全能够查到。

（3）网络世界是个虚拟的世界，推销员在运用互联网这一现代化信息手段查找资料时，难免会遭遇到假情报的干扰，从而不能完全保证目标准客户资料的真实性和可靠性。

（十）贸易展览法

1. 贸易展览法的含义

贸易展览法是指利用各种贸易展览会或自己举办展览会来寻找客户的方法。许多销售经理经常参加各种贸易展览会，一方面可以接触到许多潜在客户，另一方面又可了解市场信息。销售经理通常也自己组织销售展览会，邀请新老客户参加。通常我国由某企业自己举办的销售展览会，都配有各种促销和娱乐活动，以吸引潜在客户参加或回报老客户的支持与配合。

展览和演示经常发生在贸易博览会和其他特殊行业的集会上，有关的公司经常在这样的博览会上出资设一个摊位，再配上一个或几个推销员。当人们走到摊位前仔细观看产品时，推销员仅有几分钟的时间去认识潜在客户，记下名字和地址以便日后与他们在家里或在办公室里接触、做示范。虽然推销员与买主的接触是短暂的，但这样的集会给推销员提供了在短时间里与大量的潜在买主广泛接触的机会。参加贸易展览会要注意：陈列设计要有趣，这样可引起人们的注意；运用线索卡片写下潜在客户的信息，供以后进行有效的邮寄跟踪使用。

2. 贸易展览法的优点

效率高，此法能在最短的时间接触到很多有可能购买某类产品的客户，因为参加贸易展览会的人本来就对该行业有兴趣，对有兴趣的客户，销售人员可以充分展示。

3. 贸易展览法的缺点

费用较高，参加展览会需要交给主办单位一定的展位费。自己举办展览会的费用更高。

寻找潜在客户的方法有很多，哪一种方法最为适宜？这应根据推销品的特点以及推销对象的范围综合考虑。对于大多数产品来说，寻找目标客户的方法不只是一条，而是多条，推销员应根据实际情况，灵活运用各种方法寻找，同时要善于观察、学习、思考，创造出适合于自己的新方法。

第三节　客户资格审查

推销员在销售过程中会发现，可能购买产品的潜在客户不仅数量多，而且所处地区跨度大，分布范围广。如果盲目寻找，就得花费很多的时间和精力。即便找到了，其中一些人也可能因需求已经满足，没有支付能力或没有决策权等原因而不会采取购买行动。客户资格审查是推销员开展市场调研的重要内容之一，审查鉴定的目的在于发现真正的产品推销对象，避免徒劳的推销活动，确保将推销工作落到实处。

客户资格审查通常包括客户购买需求的审查、客户支付能力的审查和客户权利资格的审查。

一、客户需求审查

需要是购买的前提，只有真正的需要才能激起拥有的欲望，从而产生选购的行为（情感因素除外）。面对一位并不需要你的产品的客户，你就是说尽了产品的好处，给予了很多的优惠条件，也是无济于事的。所以说，进行客户需求审查是有必要的。

（一）概念

客户需求审查是指推销员通过分析所具备的资料，从而判断某一特定的对象是否对推销品具有实际需要，然而在现实生活中，客户除因客观需要本身在不断寻求所需商品，当推销员上门访谈，会马上拍板当面成交外，还不时为一些情感因素左右，从而具备潜在需求。这就要特别考验推销员，注意掌握并利用情感因素，通过视、听、味、触等各种方式反复刺激客户，挖掘出客户潜意识的需求将其转化为刻不容缓的现实需求。优秀的推销员应该是一位了解客户需求，善于发现客户需求，善于创造客户需求，并开展有针对性推销的专家。

【案例 4-9】

两个推销员

这是营销界尽人皆知的一个寓言故事：两个年轻能干的推销员，虽然分别隶属于不同的公司，但相同的是都以分别推销各自公司生产的鞋为自己的工作指标和任务。由于生产的商品相似，就不免产生了一定的竞争。两个公司在竞争，两个推销员也在暗中较劲。竞争有限的市场占有率，竞争自己的市场份额，竞争未来，都想把对方挤垮。

机会终于来了。一天，两个推销员来到了一个地理位置比较偏僻的小岛上，打算推销自己公司生产的鞋。两个推销员在岛上转了一圈，发现岛上的文明程度非常落后，甚至可以说处于蛮荒时代，人们生活、劳动连鞋子都没有。

看到这样的情形，甲推销员的心情低落到了极点，认为这些思想还没开窍的人们还不懂得什么是文明，想让他们明白鞋的作用和重要性不外乎对牛弹琴，更别想让他们自己掏钱去买鞋了，根本没戏！于是甲推销员打电话回自己的公司，对老总如此汇报，自己也离开了小岛。

乙推销员看到岛上的情况，心中暗喜，两眼发光。他心想：这个消费市场可真大！简直就是一座未开采的天然金矿，就等我来开发了，市场潜力巨大！于是他也掏出电话，打电话回自己的公司，对老总如此汇报。

两公司的未来命运与两推销员的前途会怎样，最终的结果自然不言而喻。面对同样的机会，甲乙两个推销员作出了两个不同的决策，最终等待他们的也是不同的命运。

（二）审查内容

客户对产品的需求不外乎是对推销品需求的可能性及对所需产品的数量、质量要求。

1. 客户对推销品需求的可能性审查。有了需要就会产生动机，聪明的推销员总是要先弄清客户需要什么，然后从客户利益出发，向他们推销对路产品。因此，有人认为推销就是创造需求。然而客户对产品需求的可能性有大有小，许多产品由于受性质、功能等条件限制，一般都有其特定的消费范围。在这个范围内的消费者也许对推销品需求可能性不大，因为他们对竞争者的产品可能抱有否定态度，这就需推销员知己知彼，了解产品竞争者的有关信息，找出两者的差距，避其短、扬其长，运用丰富的实战经验和大量有关的商品知识，耐心细致地去除这些客户的防卫心理，使他们走出特定的圈子，将较小的、较隐蔽的需求扩充上升为明显的购买欲望。

为了使客户把需求愿望释放出来，推销员还应针对客户不购买推销品的原因采取适当的措施，对症下药。如一客户，虽然有买空调的愿望，但考虑到价格太贵，并不打算立即就买。作为推销员，面对这种需求可能性较小的情况，就应针对客户的心理设置一情景：当客户从烈日曝晒下回到家中，是面对电风扇微含热意的风还是喜欢感觉进入一个凉快舒畅的惬意世界？客户在倾听你所描述的场景时仿佛感受到空调的凉风习习，不知不觉中，他的需求可能性已得到提升。这时，就可将其列入准客户名单，择机推销产品了。所以，推销员应结合客户的实际情况，分析其需求可能性，并运用有效的推销手段和方法激发起客户的潜在需求，协助客户发现他真正的需求，并接受推销产品。

2. 客户对推销品的需求质量、数量审查在客户具备了对推销品的需求可能性后，还要对其需求的质量、数量进行审查。"一切为了客户"、"客户就是上帝"等口号在企业、公司的广告宣传中此起彼伏，而客户往往最重视的是产品的质量，高质量的产品备受青睐，所以推销产品时要特别重视客户所提出的质量问题。在客户需要你的产品又对其质量颇加赞赏时，你应不失时机地将之推销出去，面对很挑剔的客户，若其指出的产品质量确有令人不满之处，推销员可以答应改进直至满意。若实在是鸡蛋里挑骨头，则可放弃此客户。根据客户购买推销品数量的大小可将之分为大客户和小客户。作为推销员，应切忌冷落小客户，因为这次购买是小客户，但说不定下次就是大客户了。大、小客户无明显界限，如果得罪了小客户，也就得罪了这个网络。当然，对于需求数量大、时间长的客户可优先列入准客户名单进行访问准备，次要考虑要求数量较小的客户。推销员可根据具体情况确定客户的需求数量对自己的推销是否存在大的影响，应采用发展的眼光看待事物，不要固执地停留在小事件上。一位有能力的推销员，始终会尽力满足客户的需要。只有充分意识到这一点，你才能完成自己的推销计划，提高推销业绩。

（三）审查方法

一般来说，需求是成交的基础条件，正确地引导和协助客户发现其真正需求，对于成功推销出产品具有极大的帮助，了解客户需求的方法途径很多：

1. 可以用电话咨询。这是一种比较直接的方法。通过打电话，可以向客户询问其对产品的规格、花色品种、价格等各方面的看法，然后分析判断是否存在需求心理，进而详细介绍产品的优点，当客户对此作出承诺后将其正式列入准客户名单，以便以后上门服务。当然，要选择适当的时间向客户咨询，以免打扰客户，引起不必要的不愉快，这种方法不宜多用。

2. 上门推销，观察客户的行为，留心客户的提问。当你在向客户推荐产品时，要时刻注意客户的面部表情，是觉得有趣还是不屑一顾。要是前者，你就要引导客户产生欲望，感觉有拥有它的必要和可能，当客户不时地向你提出有关这种产品的问题时，其实他在向你暗示，他已对产品感兴趣了。这时，你应抓住时机，耐心细致地解答疑问，直至客户满意为止。

3. 对于客户企业，观察其经营活动，注意其宣传、广告及发展动向，企业的生产经营方向和规模注定它对生产材料、机器设备等有种类和数量的需求，这对推销这类产品的人员来说是极有利的。留心企业的广告宣传及新闻媒介的报道，可切中企业的真实需求，推销令其满意的高质量的产品，进而建立和发展长期合作关系，这是有经验的推销员必备的推销技巧。

【案例 4－10】

小程是推销传真机的推销员。有一次，他要拜访一位需要传真机的客户，下面是他与客户的对话。

小程："谢谢您抽空见我，您在电话里提到，贵公司需要一台传真机，我们来谈谈，好吗?"

客户："没问题。"

小程："您在找什么样的传真机?"

客户："能传真给别人的机器啊!"

小程："我知道，也许我的问题不够明确，很抱歉。我想知道的是，为什么您不利用邮寄或电子邮件的方式，将文件传给客户呢?"

客户："首先，因为客户常要求尽快收到最新的提案或企划书，用平信邮寄太耗时，如果每件都用快递得花很多钱。"

小程："您有一台很棒的电脑，为什么不利用电子邮件呢?"

客户："因为这些小公司多半是有300年历史的老字号，老板对新科技都很排斥，而且也不信任。对他们来说，收到电子邮件后还要自己印出来，太麻烦了。他们喜欢邮寄或传真。他们就要看到白纸黑字才放心。"

小程："我看，您还是比较喜欢电子邮件，而不是传真机，对吧?"

客户："没错，我讨厌用传真机，既要按一大堆按钮，而且又经常卡纸。我敢说，两三年后，传真机就会像老打字机一样被电子邮件取代，所以，我只要能用两三年的便宜货就够了。"

小程："照您刚才讲的，您不是很喜欢用传真机，只想迅速将文件传给客户，对吧?"客户："是的。"

小程："好，那么我建议您不用买传真机了，我相信您应该会喜欢这套电脑传真软件。这套软件不需要其他周边设备，能让您利用电脑发传真，文件可以直接传到对方的传真机上。这比较符合您的需要吧?"

客户："噢，那太好了! 我可以试试吗?"

通过以上对话，你能发现客户到底需要什么吗? 客户说需要一台传真机，可实际上他根本不喜欢传真机，有没有都无所谓。他真正需要的是可以迅速把文件传给客户的办法。小程通过询问，了解到了客户的需求，再对症下药，其结果是可想而知的。

IBM 公司前营销副总裁巴克·罗杰斯曾说过："人们购买某种产品，是因为产品能够解决问题而不是因为产品本身。IBM 不出售产品，它只出售解决问题的办法。"由此可见，客户需要的不是产品本身，而是产品所带来的利益与好处。因此，审查客户购买需求，就是要了解客户追求的利益是什么，需要解决的问题是什么，能否通过所推销的产品满足其需要。除此之外，还应对客户的需求量进行审查。如果客户有需求但需求量不大，而且只是一次性购买，前去推销将得不偿失，这些客户应考虑从名单上剔除;如果客户需求量大，又是长期购买，则应把其列入重点目标客户中。

二、客户支付能力审查

人的潜在需求并不等于市场需求，更不等于现实的购买行为，任何潜在的购买需求，只有在具备了支付能力之后，才成为现实的需求，才能构成实施的购买行为。如果推销员不进行深入的市场调查，不掌握各类客户的支付能力，不对客户的资信有充分的了解，那么，他便会付出许多无效的劳动，降低推销工作的效率，甚至还会遭受财物的重大损失。对客户支付能力进行审查，可以提高推销工作的经济效益并防止损失。

（一）对组织型客户支付能力的审查

组织型客户由于交易的规模大，涉及的金额多，钱货交易存在时间上的差异，稍有疏忽和不慎，不仅影响到推销效率，还关系到货款是否能够及时收回的问题，因此组织型客户支付能力的审查就显得尤为重要。组织型客户的支付能力就是客户对其采购的货物按期支付货款的能力。客户的支付能力是推销员能否按期收到货款的客观基础。

从可操作性讲，推销员对客户支付能力的审查主要是通过了解客户此项购买的资金来源及到位情况而对客户的支付能力状况作出判断。不同客户单位其资金来源渠道是不同的，不同渠道的资金来源，其支付保障性也有所差异。资金到位情况决定了客户是具有现实的支付能力还是潜在的支付能力。

当一项订单的金额与客户业务规模相比属于小额订单时，或可做到钱货两清时，只要观察客户是有足够的现金维持其正常业务开支就可对客户的支付能力作出判断。但当订单金额太大，以致客户需要专门为该项购买进行预算并在项目进行过程中筹集资金时，或当订单的执行周期较长并分为若干期支付货款时，推销员就要对客户的支付能力进行专门的调查，既要了解资金的来源，又要了解资金到位的量及其真实性。可以通过其经营情况、求助于银行的资信调查、了解组织的规章制度、了解该组织的其他合作客户等来掌握其支付的可能性，也可以从其主管部门与司法部门了解、通过各种途径从客户内部了解或根据公众信息分析判断等。

对组织型客户支付能力的审查较为困难。任何企业都不会把内部财务状况向外人公布，尤其是财务上有困难的企业，更是千方百计地隐瞒真实情况。因此，推销员必须采取某些特殊办法去了解真实情况。以下是几种对组织型客户支付能力审查的方法。

1. 通过主管部门了解

主管部门指的是政府、司法及各业务职能部门。例如，从税务部门可以了解潜在客户的完税情况，可以间接地了解推销对象的经营状况、财务亏损的大概情况和授信状况；从司法部门可以了解潜在客户是否有过关于经济诉讼等方面的记录，目前有无经济往来纠纷或者是否有人报案等；到审计部门可以了解企业的定期审计报告等。

2. 向注册会计师事务所了解

推销员可以向注册会计师事务所了解潜在客户企业的资产负债情况表、经营损益情况表、审计结果等，从中看出企业整体经营状况。

3. 通过银行了解

推销员通过银行，可以了解金融部门对客户企业贷款信用等级的评定结果。可能的话，还可了解客户企业的经营状况、资金运转情况，甚至了解客户企业的现金支付能力。按照国际惯例，银行出示的信用度证明应该是可靠的。凡是对外贸易，都应该通过银行了解客户企业的信用度状况。

4. 通过大众传播媒体了解

推销员应在寻觅到潜在客户后，就开始留意大众传播媒体中关于潜在客户的有关报道，尤其是关于客户内部经营、与其他企业的经济往来、产品质量的市场反应、消费者印象等影响客户支付能力的信息。在市场经济条件下，产品畅销、产品质量稳定可靠，则该企业的支付能力应该是可信的，推销员可以通过大众传播媒体中有关资料的追踪了解，随时分析客户的信用状况。

5. 从推销对象内部了解

推销员可以通过自己的人际关系或其他方面进行了解。西方国家的推销员习惯于在推销对象内部寻找一个内线人物，去了解和关注客户企业的财务状况变化。一旦有什么风吹草动，就可以很快地掌握情况，及时采取措施使损失降低到最低限度。

6. 通过其他同行了解

推销员可以通过其他行业的推销员，尤其是互补产品的推销员，了解同一推销对象的支付能力与偿还款信用。推销员应在一开始寻找潜在客户时，就留意能否寻觅到其他行业的同行，即向同一推销对象供货的推销员，向他们了解客户赊账时间的长短、赊账余额、最高赊销额度、货款支付速度及态度等。

7. 推销员自我观察

推销员可以亲自到潜在客户所在地，通过自己的所见所闻进行分析判断。例如，可以亲眼看看潜在客户企业的工厂生产是否在满负荷运转，工厂内现场管理是否规范，工人情绪是否饱满，工人与干部关系是否正常，产品是否积压；亲耳听听工人们是如何议论的。推销员只要处处留心，事事留意，总能发现一些说明潜在客户支付能力的蛛丝马迹。

在对企业客户进行支付能力审查时，应避免因为审查错误而失去客户，更应避免因为疏忽而遭受损失。需要注意的几个问题：一是应该审查客户的整体情况；二是要选准审查的具体时间，组织机构在年初、年中和年终都有不同的支付能力；三是审核企业的支付制度；四是对一些确有延期支付能力而无即时支付能力的企业，推销员应该进行延期支付能力的审查。

（二）对个人或家庭客户支付能力的审查

由于我国个人或家庭消费信贷的范围较小，很多都属于现金交易，所以对个人或家庭支付能力的审查主要是考察了解推销品与客户的需求层次是否相符以及调查其收入水平。可通过个人客户的职业、受教育程度、住房情况、生活质量、子女求学工作、直系亲属的情况等了解个人或家庭客户的支付能力。

推销员在向客户介绍自己的产品时，不能只注重客户的现实购买力，不要希望客户马上作出购买产品的决定，这是不太现实的。由于生活中存在了这样那样的客观原因，造成某些客户暂时无力购买推销品，如收入颇丰，但现金不足或资金周转不灵等。面对这些情况，推销员应对客户察言观色，判断其真伪，对那些确实对自己推销的产品表现出极大的兴趣并且的确想购买只是苦于不能立即支付资金的客户，推销员应引导其作出承诺，并将其也列入准客户名单以便以后访问，将目前的潜在购买力转化为日后的现实购买力。

对客户个人或家庭的判断，需借助推销员敏锐的观察力。客户的言谈举止、穿着打扮、选购物品的档次、对各种现象的观点看法等都可使推销员从侧面判断该客户的经济状况，以便最终确定其对自己推销品的价格是否具备承受能力。

三、客户权利资格审查

决定推销能否成功，还要看客户是否有购买决策权。潜在的客户或许对推销的产品具有某种需求，也有支付能力，但他也许没有购买决策权。在推销过程中，"找准人"是关键的一环，即要找到具有购买决策权的人或决策的核心人物。了解或找准具有购买决策权的那个"人"无疑能节省推销员的时间、提高推销的效率，还能提高推销成交的可能性。购买资格审查就是对客户的购买决策状况及购买限制等的审查。

1. 家庭及个人的决策权审查

对一个家庭来说，家庭的各个成员在购买决策中都扮演着不同的角色，而且在不同的家庭中，相应成员担任的角色和任务也不相同，主要有：发起者、影响者、信息收集者、决策者、购买者、使用者等角色。其中决策者是最后决定是否购买的人。因此，想将产品推销出去，就要找准购买决策者，这才不至于当客户对你说"真对不起，我还得去询问某某，因为决定权在他手里"时，感觉白辛苦一场。推销者往往要视具体情况而判定决策者。例如：对于共同收入、共同消费的家庭，一般购买决策权集中于丈夫或妻子，或协商决策。对经济条件较好的家庭，一般是自主行事，互不干涉。在购买那些与家庭外部有关的产品时，丈夫的影响力和决定权要大些；而在购买家庭内部装饰，家居美化用品时，妻子的主动权较大。所以，推销员要根据产品的特性来确认购买决策者。另外，在面对有众多人物参与的客户时，要分别给这些人物以不同的角色鉴定，最终辨别出在这一大堆人中，谁是真正的决策者。

如在一个家庭，为了培养4岁的儿子的音乐爱好，父亲想让儿子学钢琴，爷爷奶奶竭力拥护，那么角色分配如下：爸爸是提议者，而且也是购买者，孩子是使用者，爷爷奶奶是影响者，但最关键的还是孩子的妈妈，因为在这个家中，她才是购买决策者。因此，推销员在介绍产品性能时应将"矛头"直指女主人，说得她口服心服，心甘情愿买下你的产品。所以说，找准攻"关"对象是很重要的。

【阅读资料】

夫妻在家庭购买所扮演的角色

日本的一项研究表明：购买汽车时，由丈夫决定的占56.1%，主要由丈夫决定的占29.9%，合计86%由丈夫参与决策；购买电冰箱时，由妻子决定的占38.9%，主要由妻子决定的占43.3%，合计82.2%由妻子参与决策；购买微波炉时，由妻子决定购买的占43.1%，主要由妻子决定购买的占40%，合计83.1%由妻子参与决策；购买吹风机时，由妻子决定购买的占51.5%，由丈夫决定购买的占22.2%，妻子在购买决策中起主要作用。由此可见在不同的购买条件下，夫妻在家庭购买所扮演的角色是不同的。

家庭购买决策类型有妻子做主型、丈夫做主型、共同协商决定型和各自做主型四大类，对于家庭或者个人购买生活资料的资格审查可以从以下几个方面考虑。

（1）家庭生命周期。处在不同阶段的家庭，其购买决策者是不同的。

（2）家庭收入水平。客户收入的多少决定其市场购买水平的高低。其中，收入中可任意支配的部分是影响客户需求量最活跃的经济因素，也是影响高档耐用消费品、旅游等商品销售的主要因素。家庭收入越高，其中对家庭收入作出较大贡献的一方，往往拥有对购买大宗产品的决策权。

（3）家庭的开放程度。例如，比较开放的家庭一般采取协商决策的方式，往往以掌握信息最多的人的意志为转移。

（4）家庭稳定性。稳定的家庭中，夫妻俩的气质类型多为相反的人，比较外向的一方或比较有控制欲的一方，往往处于主动地位。因而，在购买决策中起决策拍板作用。

（5）家庭的心理重心倾向性。例如，典型的小家庭是一对夫妇一个孩子，小孩成为家庭的重心，对家庭的购买决策有较大影响。

（6）产品类型。例如，大件商品以丈夫做主较多，日用小商品的购买主要由妻子做主，除此之外还有很多因素决定家庭购买决策类型，如文化水平、居住地、信仰、价值观念、性格等。

2. 组织类客户决策权审查

对于一个企业，分析谁是购买决策者也是至关重要的。因为，现代企业有的是个人决策制，有的是集体决策制，有的是混合决策制，并不是所有事情都要交由总经理定夺。在有明确分工的企业，各部门都有自己的直接决策者。所以，这需要推销员充分了解该企业的管理制度及决策层情况，明确哪些部门才对自己产品有真正的购买决定权，这样才不会走错门，走弯路。购买限制审查是指生产、经营、消费方面的限制。它必须符合有关商品禁限的条例和法规，不得逾越。如推销药品，应考虑药品的各种经营限制。表4-3为客户资格审查通用表。

审查的方法主要有以下几种。

（1）按照购买行为类型进行审查。客户属于全新的购买类，购买的决策过程最复杂，应该进行规范而详细的客户资格审查工作；客户属于重复购买类，一般由具体的办事人员按照常规管理进行购买决策，只需进行人事变化审查，即对购买通知人、购买品种、数量、付款方式等方面进行审查即可；部分重新购买类，一般需要由企业相应的忠诚职能部门负责人进行决策，推销员需对新加入的购买者进行审查。

（2）对不同性质的企业决策者的审查。不同性质的企业，购买的决策类型差别较大，客户资格审查应该具体问题具体分析。比如，股份制企业，重大购买决策一般要由CEO决策；属于战略性的重大购买决策，由董事会进行决策。私营企业、独资企业则完全由董事长及其委托人进行决策。国有企业，有的属于集体领导、厂长负责制，在重大购买决策上需要集体讨论决定，有时还需要报上级主管部门批准。

（3）对不同购买程序阶段决策人的审查。各企业尤其是各种采购中心，都制定了详细的采购批准程序与制度。推销员应了解企业的购买程序，并按程序进行审查，从而确认有购买决策权的具体人。企业、组织与团体购买者的购买程序一般包括发现需求阶段、核对需求阶段、说明需求阶段、批准需求阶段、购买行为决策阶段、执行购买阶段等。在企业的购买决策程序中，不同部门、不同的人，在购买过程的不同阶段中，可能分别拥有不同的决策权利。推销员应具体了解客户单位的规章制度与办事程序，确认在客户购买行为决策的各个阶段中拥有各种权利资格的决策人。

（4）对各个阶段中的各种购买角色资格的审查。在上述客户购买阶段和购买决策程序中，共有七种角色介入其中，即发现需求的购买行为倡议人、影响人、决策人、执行人、使用人、批准人和把门人。其中"把门人"是指有权阻止推销员与主要决策者接触、有权对推销员递交的各种信息资料进行处理的机关与人物，如秘书、办公室主任、助理等。推销员必须对这些人做好资格审查工作，以便在开始推销接近活动时，有针对性地对上述七种人开展推销活动。

表 4 - 3　　　　　　　　　　客户资格审查通用表

单位名称					
地址					
所有制性质		电话		决策人	
使用者		技术负责人		采购负责人	
有关人员的个人特征（偏好与忌讳）					
欲购品种与规格		品牌倾向		期望价格	
使用要求		使用条件			
欲购数量		购买时间			
决策程序描述					
决策权力结构					
信用度描述					
资金来源与到位情况					
访谈记录与待证实和解决的问题					

【阅读资料】

团体客户购买角色

1. 使用者。指组织中直接使用所采购的产品的人员。这些人员一般会提出购买建议，协助确定产品规格、性能等。

2. 影响者。指组织内部或外部对采购决策产生直接或间接影响的人员。他们会影响供应商的选择及对产品规格、性能、购买条件等的确定。

3. 决策者。指有权对买与不买、买的数量、规格、质量及供应商作出决策的人员。这些人可以是企业内处在不同层次的人，供应商应该弄清对决策起关键作用的人。

4. 批准人。指有权批准决策者或购买者所提出的购买方案的人员。

5. 采购者。指按采购方案实行具体采购行动的人。采购者在采购行动中有时具有较大的灵活性，供应商应该把握好机会，处理好与采购员的关系。

6. 信息控制者。指组织内部或外部能够控制信息之流向采购中心成员的人员。例如，技术人员或采购代理人可以拒绝或终止某些供应商或产品的信息，接待员、电话接线员、秘书、门卫可能阻止推销员与决策者及使用者接触等。

四、简便的客户资格审查法

在实际推销工作中，推销员往往不能按照上述的程序严格审查客户资格，经常会采取一些简单的办法来识别和甄别目标客户。在识别目标客户时，可以询问以下四个问题：

1. 客户为什么需要我们的产品，而不是其他的同类产品？

2. 客户要求的服务有哪些？我们是否具备实现这些要求的服务能力？

3. 客户为产品能付出多少代价？这种支付与我们预想的有什么不同？

4. 客户的潜力如何？

从这四个方面征求客户的意见，如果其中三个方面的回答是满意的，就基本可以确定他是目标客户了。

选择了目标客户，还要针对不同的客户来达成最大的效率，即甄选目标客户。这时，可以问自己四个问题：

1. 客户为购买产品付出的预算是否足够大？

2. 客户要求的服务是否较容易完成？

3. 客户本身的发展前景如何？

4. 争取这个客户所需要面对的困难有哪些？谁是我获得这个客户的竞争者？

从这四个方面来判断推销员要争取的客户，一般来说，在四个方面都是满意答复的情况几乎不存在，因此在实践中要根据公司的能力与性质去甄选。

第四节　客户管理

经过上述一系列的对客户资格审查鉴定，去除各种不合格的客户，就可以确定一份理想的准客户名单，以备正式推销之用。推销员将经过鉴定的各类准客户名单积累起来并装订成册，建立档案，也可以做成各类分析表格，供以后正式访问客户时使用。

一个完整的客户管理一般要经过制作客户资料卡、整理资料及登记、划分客户等级、确定客户访问计划、对客户进行综合评价等。

一、制作客户资料卡

如何建立客户档案，建立客户档案，是有效而直接地提供个性化服务，争取回头客的重要途径之一。这一点，行业人士已达成共识。那么，应该如何建立客户档案，以便充分利用这一珍贵的工具呢？

首先，要多途径收集客户档案资料。尽可能多地积累客户信息是档案建立的基础，包括订房间记录、账单、投诉处理记录、客户拜访录、客户意见书以及平时通过观察收集的一些其他资料。需要特别指出的是，客户档案的建立不仅仅要依靠前台员工或服务部员工或由某个具体部门来完成，而是有赖于全体各部门工作人员的共同努力，互相支持和配合。

其次，必须及时整理档案资料。这就要求有一个客户档案管理的归口组织或部门来牵头，及时将各部门收集到的信息分门别类，整理归档。

最后，必须动态管理档案内容的更新。客户的个人情况，喜恶厌好是在动态变化的，也增加了档案管理的难度，除了要求加快沟通速度外，档案管理需借助多种有效的信息载体，如传统的表单、卡片，具有快速查询更改功能的电脑系统，不断更新信息，确保档案资料的准确和真实。

总之，客户档案的建立是一项复杂而系统的工程，必须采用正确科学的方式、方法。只有高质量的信息，才能对管理决策产生参考价值。

表4－4　　　　　　　　　消费者个人或家庭资料卡

姓名		性别		住址	
学历		年龄		婚否	
工作单位		职业		性格	
购买商品		购买日期		付款方式	
备注					

表4－5　　　　　　　　　　客户（组织）资料卡

组织名称		付款方式	
企业性质		信用等级	
联系电话		营业地址	
日销售量		经营规模	
订购商品			
交易日期			
备注			

表4－6　　　　　　　　　准客户资料卡的详细内容

编号	组织类客户	编号	个人或家庭类客户
1	公司名称	1	姓名
2	公司地址	2	年龄
3	联系电话	3	住址
4	所属行业	4	联系电话
5	员工人数	5	职业
6	注册资本额	6	职务

编号	组织类客户	编号	个人或家庭类客户
7	负责人	7	兴趣
8	业界信用	8	喜爱的运动
9	市场地位（市场占有率）	9	与本企业开始交易的时间
10	采购主管	10	交易实债
11	采购协办人员	11	信用情况
12	公司创办日期	12	往来银行
13	与公司开始交易时间	13	付款条件
14	交易实债	14	付款日期
15	信用评级状况	15	……
16	开户银行		
17	付款方式		
18	付款日期		
19	付款条件		
20	……		

（一）建立客户档案的三个原则

1. 不盲目判断

推销员刚刚开始这个业务时，认为不会接受的人，有可能正是在这个事业中你要找的和最该推荐的人。建议：敢于推荐。将最优秀的人，首先写在客户档案上，将会节省许多时间。相信优秀的人，他们的理解力绝不低，不要怕他不要这个事业。如果他们反对，更多的原因是推销员没有向他展示清楚这个事业。切记：向上推荐，会使推销员的事业如虎添翼。建议第一时间先建立一个 20～30 人的候选名单。

2. 档案越大越好

（1）不要只盯住一个人。每当想起一个人选，同时要写下与他相关的整体人群的名字。只盯住一个人，会浪费很多时间，也会显得推销员在推荐中没有姿态。

（2）尽快再建立一份比较大的档案。将此名单存放在"梦想档案"中。要让名单始终保持一定数量。

（3）档案要随时补充和整理。档案不整理等于没有。

3. 谨防档案丢失

（1）迅速记录，保持联络。每当想起一个老朋友或结识一个新朋友，请尽快写在客户档案上，并在 48 小时之内通一次电话。结识新人后，要在 24 小时内记录认识他的过程和对新人最深刻的印象。

（2）不同名单分别记录。把本地和外地朋友名单分别写在两个名单分析表上。

（3）要备两份名单，防止丢失。千万要将客户档案表和通讯录做好备份，至少应该一式两份，一份随身携带，一份存档备用，以防止丢失。

（二）建立客户档案的方法

1. 缘故法

推销事业和产品适合各年龄段的人，任何人都可能是销售对象和事业合作者，将年龄在 18 岁以上，认识的人都写在客户档案里。注意事项：一定要把所有推销员认识的人写在客户档案里，如果"档案在本子上、档案在脑子里"，等于没有档案。切记：一定要建立一份正式的客户档案，这是成功的起步。不要"惧怕"，而应该感到是在"分享"人生的快乐。

2. 陌生法

推销员要不断地增加新的客户，这样销售队伍和消费群体才会不断扩大。想取得更大的成功，就要不断开发新的客户，这就需要不断结交新朋友。刚开始与陌生人打交道时会觉得不习惯，但主动和别人交往时，很快就发现，交新朋友是一件很简单的事。认识陌生朋友是随时随地的：坐车等车、朋友聚会、婚礼、参加各种社团活动、参加各种俱乐部、参加各种培训、报告会、参加人才交流会等。建议：每天结交一个新朋友，让它成为习惯。主动和别人打招呼、聊天，建立联系。人际关系三个过程：彼此喜欢（亲和力）—建立关系（关心别人）—相互信任（帮助别人）。人际关系中的三多三不：多赞美、多激励、多表扬；不抱怨、不批评、不指责。注意事项：

（1）注意挑选与你地位相同或高于你社会地位的人。

（2）无论你走到哪里，都应设法与人交谈，避免直接谈钱。

（3）让别人意识到你希望成为他们的朋友。

（4）不高谈阔论，不争论，多听少说。

（5）应事先准备好名片，更重要的是留下对方的联系方式。

二、整理资料及登记

推销员可以把对客户的访问资料与自己的推销业绩整理在表格 4 - 7 中。

表 4 - 7　　　　　　　　　　　　推销业绩与访问资料

序号	客户代码	销售额	累计	访问次数	累计
1					
2					
3					
4					
5					
......					

三、划分客户等级

根据以上资料，推销员可以将准客户进行等级划分，类别不同，推销员所采取的策略也不同。

通常，根据客户的重要性来分类，即根据客户可能购买产品数量的多少分类。

虽然每个潜在客户对于企业和推销员而言都很重要，但是根据 80/20 法则，人们更关注企业带来 80% 利润和 20% 关键客户。可以采用 ABC 准客户管理法。

所谓 ABC 准客户管理法，是指推销员根据一定的具体标准对客户进行分级管理和重点推销的科学方法。这些具体的标准可以根据不同行业的具体情况来制定，如客户的规模大小，需求量大小，购买能力大小，客户商誉高低，购买概率大小以及距离远近、可能长期合作关系等标准。

ABC 准客户管理法的分级标准最常用的有两种。

一是以客户的购买概率作为分级标准：A 级准客户——最有希望的购买者，概率在 85% 以上；B 级准客户——可能的购买者，概率在 50% ~ 85% 之间；C 级准客户——购买希望不大者，概率在 50% 以下。

二是以客户购买量作为分级标准：A 级准客户——购买量最大者；B 级准客户——购买量不大不小者；C 级准客户——购买量小者。数量的绝对额视推销规模而定，或根据具体的推销情况而定。

根据标准所得到的不同级别（A 级、B 级、C 级）的客户之后，推销员可以按照级别的先后顺序制定推销计划。其中，A 类客户为重要客户，要加强访问；B 类客户是次要客户，这类客户应该访问，但是不太紧迫，无论是从购买的数量或者获取的利润方面来看，都具有很大的潜力；C 类客户，即普通客户，这类客户尚待开发，许多信息还不完善，销售人员若有时间与精力的话，可以去访问这类客户。

采用 ABC 准客户管理法，可以使日常推销工作计划化、程序化、条理化、系统化，有助于推销员开展重点推销和目标管理，保证以较小的推销投入量取得较大的推销业绩。

采用 ABC 准客户管理法应该注意以下几个问题：

（1）必须根据自己推销工作的特定需要来制定具体的分级标准。级别档次可多可少，如 ABC 三级、ABCD 四级，具体用哪个标准要视具体情况而定。

（2）根据客户情况的变化，要相应改变分级标准，或调整客户的级别。

（3）既要重点推销，也要兼顾中低级客户，做到全面提高推销效率。

（4）在对客户进行分类和不必要分类的情况下，对目标推销区域进行分类管理。

表 4 – 8　　　　　　　　　　准客户的 A 级、B 级、C 级三个等级

项目\n等级	具备准客户要求条件的程度	计划访问次数	计划购买产品的时间	计划购买推销产品的数量
A 级	具备完整的购买条件	1 周访问 1 ~ 2 次	计划当月就购买产品	
B 级	虽未具备完整的购买产品的条件，但是具有访问价值	隔周须访问 1 次	2 ~ 3 个月内购买产品	
C 级	尚不具备完整购买产品的条件，偶尔可以访问	应该每月访问 1 次	半年内购买产品	

四、确定客户访问计划

确定客户访问计划，制作客户访问计划表，如表 4 - 9 所示。

表 4 - 9　　　　　　　　　　　　客户访问计划表

类别	客户代码	累计	访问次数/人	累计
A	1	9	10 次/月·人	90
	2			
	3			
	……			
B	1	6	6 次/月·人	36
	2			
	3			
	……			
C	1	15	1 次/月·人	15
	2			
	3			
	……			
总计				141

五、对客户进行综合评价

根据客户情况综合评价表，如表 4 - 10 所示，对客户进行综合评价。

表 4 - 10　　　　　　　　　　客户情况综合评价表

编号	客户资料	评语	存在问题	改进措施
1	客户的基本情况			
2	每次订货数量			
3	订购频率			
4	占公司销售额比例			
5	销售费用水平			
6	贷款回收情况			
7	客户对本公司的评价			
8	客户对销售业务的支持			
9	访问计划			
10	延迟的情况			

【本章小结】

寻找客户是实质性推销的一部分，要确定近期的潜在客户，是一种纷繁复杂的工作。寻找客户遵循以下几个原则：准确定位推销对象的范围，树立随时随地寻找客户的强烈意识，多途径寻找客户，寻找重视老客户。寻找客户的方法有很多，主要有普遍寻找法、连锁介绍法、中心人物法、广告探查法、委托助手寻找法、个人观察法、资料查阅法等。

当推销员通过一系列方法寻找到一定数量的准客户后，还需要从准客户需求、支付能力和购买决策能力三个方面进行全面的准客户资格审查。如果推销员发现推销对象完全不合格，推销对象根本就不需要推销品、无能力购买推销品或没有足够权限作出购买决策时，就应该立即停止推销，并把这一部分准客户从目标客户名单中除去。反之，对于合格的准客户，应该对其进行分类，建立客户档案或客户管理系统对客户信息进行管理。推销员还应该根据准客户类型和重要程度的不同，采用不同的方式向他们推销产品，想方设法帮助他们解决实际问题，消除推销障碍，促成交易。

【思考与练习】

1. 主要概念

寻找客户　客户资格审查　客户管理

2. 复习思考题

（1）寻找客户有哪些原则？

（2）寻找客户有哪些方法？

（3）为什么要进行客户资格审查？客户资格审查的主要内容是什么？

（4）如何进行客户管理？

【技能训练】

1. 针对电脑产品，写出6种寻找客户的途径。

2. 为某婚礼策划公司提供至少7个寻找客户的渠道。

3. 某品牌的面包机欲进入北京市场，请从家庭消费者和组织消费者角度收集客户信息，并分类进行客户资格审查。

4. 寻找和确定目标客户模拟表演

实训目的：掌握并能灵活运用寻找客户的方法，通过对客户资格的审查确定目标客户。

（1）将班内学生分成若干5人小组，每3个小组组成一个大组。

（2）教师列出不同类型的一些待推销商品。

（3）由每个小组的同学自行选择一种推销品，然后设计寻找和确定目标客户的方案。

（4）大组内部进行交流和评选，推选一个最优的方案，参加课堂点评，回答其他大组同学的提问，最后由教师进行综合点评。

5. 案例分析

安德鲁的工作是把那些做工精美的布娃娃以250美元价格售出，并请客户收养。

当然，人们是很喜欢收养"婴儿"的。安德鲁把自己的店铺装饰得和婴儿室一模一样。他还让雇员们像正规医生、护士一样穿着白大褂。总之，他创造出这样一种气氛——似乎客户们不是来买玩具，而是来领养婴儿！

要是有客户提到玩具娃娃这个词，雇员们就会立刻纠正说："这些小宝宝可不愿别人叫他们玩具哦。"甚至，雇员们还会进一步地说："没有人能够像花钱买商品一样买走'他们'。这些'娃娃'都有出生证，'他们'需要有人领养。自然，这里也就没有什么标价，我们只收领养费。"

在领养室里，一大群人的右手都举着一份领养保证书。雇员们的出色表演会让很多"继父母"双眼噙满泪花。经常可以看到这样的镜头：骄傲的"父亲"们忍不住笑嘻嘻地大声叫起来："瞧，这是个男孩！"或"我领养的是个可爱的小姑娘！"

"有些人来的时候满腹疑虑。但是几分钟后，他们就完全被这里的气氛感染了。"一位正规护士解释说："有时，仅仅因为一个布娃娃的脸，他们就被吸引住了。譬如，太太想要一个长着红色卷发和雀斑的'小男孩'，因为'他'看起来像她的丈夫。而丈夫本来很冷淡，这一下来了兴致，四处寻找一个像他太太一样长着蓝眼睛和小酒窝的'小女孩'。不知不觉中他们就像真的父母亲一样，自豪地走了出来。"

一位年轻的见习医师说："人们抱着刚刚领养的'婴儿'，小心翼翼、百般呵护，简直就像是对待他们的第一个宝宝。他们的眼里充满了爱意，即使是那些最初持怀疑态度的丈夫们也是如此。"

思考题：

（1）安德鲁是用什么方法寻找到客户的？

（2）推销员在寻找准客户时给你带来什么启发？

第五章
接近客户技术

【导入案例】

巧计"攀亲"推销，新产品汹涌入市

奥斯美集成吊顶湖北分公司总经理宁甫胜准备依托装饰公司采购打开局面。

他拿着铝扣板样品，找到一些小型装饰公司上门推销，以为他们会比较"平易近人"。不料，采购员都不认得这新玩意，"搞推销的，走走走！"常常不耐烦地将宁甫胜请出门去。

此路不通。他开始静心思考，勇于尝试新的大企业或许更容易接受他的新产品。宁甫胜将目标瞄准雅庭、嘉禾这样的大装饰公司，"搞定行业巨头，中小企业就会跟风，轻松打开市场。"

第一次登门拜访雅庭公司，采购经理拒绝和他见面。原因是，公司从没用过铝扣板，自然未进入报价体系，谈何采购？宁甫胜没有放弃，他从侧面了解到，雅庭作为一家从深圳崛起的企业，理念较先进，很多从广州、深圳过来的项目经理，在当地已接触过这种铝扣板。

做好充分准备后，宁甫胜再次找到采购经理，力陈铝扣板这种新材料在沿海已开始普及，提前采用将抓住可观商机，并援引项目经理对自己产品的评价。主动"攀亲"的策略，终于激起共鸣，那个采购经理当场表态，将在内部跟设计师大力推广。

产品也同样进入嘉禾公司。用彩漆喷涂的铝扣板吊顶的样板间，果然比塑料扣板漂亮时尚。中小装饰公司不甘落后，主动抢着进货，铝扣板市场四处开花，销售形势一片红火。

（资料来源：《武汉晨报》，2008 - 04 - 09。）

【教学目标】

通过本章的学习，要求学生理解接近客户技术的目的、约见客户前的准备内容及接近客户的意义；掌握约见客户的方法和技巧，能熟练运用接近客户的各种技术。

第一节　接近客户技术概述

接近客户是整个推销活动过程中的艰难环节，接近客户技术应用得好坏，将决定着推销的破冰之旅是否顺利。它对随后的推销洽谈、推销异议的处理、推销成交等环节的工作成果产生直接的影响。因此，现代推销技术对接近客户技术的研究具

有十分重要的意义。

一、接近客户技术的含义及意义

(一) 接近客户技术的含义

接近客户技术,是指推销员在非确定性的目标市场上有目的地接近潜在客户并使之成为现实客户的技术。这里非确定性的目标市场是就市场对某种产品的需求程度而言的,而有目的地接近潜在客户是就产品对特定客户的适应程度而言的。

(二) 接近客户的意义

1. 接近客户是推销员正式接触客户的第一个步骤

接近客户只是推销员正式接触推销对象,为推销面谈的顺利展开做铺垫的过程。它是正式展开推销接触的第一步,为其后续推销洽谈、推销异议的处理、推销成交等工作提供必要的准备。比如,通过推销接近能很好地了解各种信息,加强与推销对象的感情交流等,为推销成交的最终实现奠定基础。

2. 接近客户技术是实现客户由潜在向现实转化的关键过程

推销工作就是要把潜在客户转化为现实客户。通过与客户的接近,了解客户的需求,增进与客户的感情,实现推销工作的"双赢"。只有做好了推销接近工作,才能真正地实现这种转化,而接近是这种了解沟通的关键环节。

【案例 5 – 1】

向屈根保老太太推销电器

华尔菲亚电器公司是生产自动化养鸡设备的,经理威伯先生发现宾夕法尼亚州的销售情况不妙。当他到达该地区时,推销员代表皱着眉头向他诉苦,咒骂当地富裕的农民:"他们一毛不拔,你无法卖给他们任何东西。"

"是吗?"威伯先生微笑着,盯住推销员的眼睛。

"真的",推销员的眼睛没有躲闪,"他们对公司意见很大,我试过多次,一点希望也没有!"

"也许是真的",威伯先生说,"让我们一起去看看吧。"

推销员笑了。他心里想:你们这些当官的,高高在上,平常满口理论,这下可得让你尝尝厉害,他特地选了一家最难对付的农户。

"笃笃笃",威伯先生轻轻地敲那家农舍的门。

门打开一条小缝,屈根保老太太探出头来。当他看见站在威伯先生后面的推销员时,"砰"的一声,关上了大门。

威伯先生继续敲门,屈根保老太太又打开门,满脸怒色,恶狠狠地说:"我不买你的电器,什么电器公司,一帮骗子!"

"对不起,屈根保太太,打扰您了。"威伯先生笑着说,"我不是来推销电器的,我是想买一篓鸡蛋。"

屈根保老太太把门开大了一点,用怀疑的眼光上下打量着威伯先生。

"我知道您养了许多'美尼克'鸡,我想买一篓新鲜鸡蛋。"

门又打开了一点，屈根保老太太好奇地问："你怎么知道我的鸡是良种鸡？"

"是这样的"，威伯先生说，"我也养了一些鸡，可是，我的鸡没有您的鸡好。"适当的称赞抹掉了屈根保老太太脸上的怒色，但她还有些怀疑："那你为什么不吃自己的鸡蛋呢？"

"我养的来杭鸡下白蛋，您的美尼克鸡下棕蛋，您知道，棕蛋比白蛋营养价值高。"

到这时，屈根保老太太疑虑全消，放胆走出来。大门洞开时，威伯先生眼睛一扫，发现一个精致的牛栏。

"我想"，威伯先生继续说，"您养鸡赚的钱，一定比您先生养牛赚的钱要多。"

"是嘛！"屈根保老太太眉开眼笑地说，"明明我赚的钱比他多，我家那老顽固，就是不承认。"

深谙"人际关系技巧"的威伯先生一语中的。顽固的屈根保老太太竟骂她丈夫是"老顽固"。

这时，威伯先生成了屈根保老太太欢迎的客人，她邀请威伯先生参观她的鸡舍，推销员跟着威伯先生走进了屈根保老太太的家。

在参观的时候，威伯先生注意到，屈根保老太太在鸡舍里安装了一些各式各样的小型机械，这些小型机械能省力省时。威伯先生是"诚于嘉许，宽于称道"的老手，适时地给予赞扬。

一边参观，一边谈，威伯先生"漫不经心"地介绍了几种新饲料，某个关于养鸡的新方法，又"郑重"地向屈根保老太太"请教"了几个问题。"内行话"缩短了他们之间的距离，顷刻间，屈根保老太太就高兴地和威伯先生交流起养鸡的经验来。

没过多久，屈根保老太太主动提起她的一些邻居在鸡舍里安装了自动化电器，"据说效果很好"，她诚恳地征求威伯先生"诚实的"意见，问威伯先生这样做是否"值得"……

两个星期之后，屈根保老太太的那些美尼克良种鸡就在电灯的照耀下，满意地咕咕叫唤起来。威伯先生推销了电器，屈根保老太太得到了更多的鸡蛋，双方皆大欢喜。

（资料来源：http：//post. hainan. gov. cn. /postgov_ old/hainanyzzzhi/49i/6. asp。）

二、接近客户前的准备

在确定准客户之后，推销员便要接近准客户，进行推销访问。推销接近是推销的中期活动，包括约见客户及接近客户。由于种种原因，一些推销对象很难接近，常令推销员"扑空"。因此，为了有效地接近访问对象，推销员要做的第一件事，就是做好接近客户前的准备工作。

接近客户前的准备简称接近准备，是指推销员在接近某一特定客户之前所进行的工作，是进一步了解、掌握、分析客户情况而进行的预先准备的过程，它是客户资格审查的继续。准备阶段的中心是资料的收集和整理，包括推销员要不断收集、整理、分析准客户的情况，准备好推销约见、接近、洽谈及成交所需要的资料。然而，部分推销员因为对接近前的准备工作认识不足，以为凭小聪明便可以随机应变，在实际推销工作中，盲目地去拜访，唐突地接触，结果因无知导致无措，落入了尴尬的局面。因此，每一个推销员在接近客户之前，都要事先做好计划、认真准备，预测可能出现的意外情况，想好应变的方法。只有这样才能做到胸有成竹，在接近中赢得主动，获得接近的成功。

（一）初次准备

推销员在推销之前总是要做一些准备的，即使是一次陌生的拜访，推销员也不会为了敲门而敲门，而应该做一些研究，以保证敲对门。在推销实践中，初次见面能否赢取客户的好感关系着商谈的成败，如果初次接近就失败的话，再次拜访就要费很大的力气。因此，推销员在初次拜访客户之前务必全力以赴，根据所提供的产品或服务的不同做好充分的准备。这些准备工作主要包括（见图5－1）。

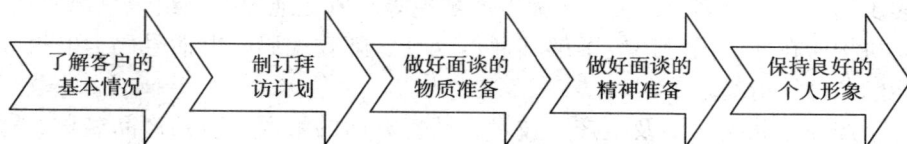

图5－1　推销员的准备工作

了解客户的基本情况　▷　制订拜访计划　▷　做好面谈的物质准备　▷　做好面谈的精神准备　▷　保持良好的个人形象

1. 了解客户的基本情况

（1）对个人客户需要了解的情况

①姓名。一定要牢记，要读准。人们对此很敏感，很多人对自己的姓名有种荣誉感。首次和客户见面，一定要记住对方的姓名与职务，即使事先不清楚，当面请教也比瞎猜好得多。

②年龄。了解客户真实年龄有助于推销预测。值得注意的是：不少人喜欢隐瞒自己的真实年龄，故非万不得已切勿任意打探冒犯，尤其是对女性。有经验的推销员经常提醒新人要"逢人减岁"。如果推销员能准确地了解准客户的年纪，在推销接近过程中，适当地少说对方的年龄；在待客社交礼仪上，适当地高估对方的年龄，以示尊重，或赞美准客户的年轻、机敏和有作为，会有助于推销活动的进展；如果能准确地知道准客户的出生年、月、日，则可以更好地利用生日给予的机会，增近与客户之间的关系。

③籍贯。人们对乡土都有浓厚的情感，在外地遇到同乡会有一种归属感，同时在商谈中可利用同乡攀情交友，密切人际关系。另外，不同籍贯的人往往有一定的性格差异。

④文化水平和个人经历。一方面推销员可以据此决定谈话的内容和方式，另一方面还可以作为一个话题。同时，若推销员与目标客户所受教育相同或个人经历相似，则易于形成他们之间维系的纽带。

⑤家庭背景。了解客户的家庭背景，投其所好，对症下药，也是不少推销员取得成功的原因。

⑥兴趣和爱好。兴趣和爱好不仅可以作为接近和面谈的话题，而且可以成为交朋友、促交易的媒介。了解客户的兴趣和爱好，适时、恰当地对其加以赞美，是一

些推销员博得对方好感的手段之一。如果推销员做到了这一点，也就离推销成功不远了。但对目标客户兴趣和爱好的利用要有个"度"，这种方法是做最后一招使用的。现实经济生活中，绝大部分企业的领导更喜欢谈论业务而不是个人爱好。

（2）对团体客户需要了解的情况

团体客户是指除个体客户之外的所有准客户，包括各种企业、事业单位及其他团体组织，其最大特点是购买人的复杂性，向团体客户推销就是要向团体代理人推销，而对团体客户的接近准备也就是对团体代理人的接近推备。团体客户购买量大，周期也较长，选择性更强，因此比较复杂。除了个体客户的接近准备内容之外，对团体客户的接近准备还应包括以下内容：

①组织名称、组织性质、组织规模及所在地。组织性质主要是指它是官方组织还是民间组织，是营利性组织还是非营利性组织，所有制性质如何。组织规模指它拥有多少固定资产、多少人员、多大生产规模等。所在地包括该组织总部所在地及其分支机构所在地。同时还应了解其通信地址、邮政编码、电话号码、电报挂号、交通运输条件等情况。

②生产经营状况。涉及生产、技术、销售方面的情况，包括产品名称、种类、质量、价格、产量、工艺、生产流程、生产能力及发挥水平、设备技术水平及技术改造方向、产品主要销售地点及市场反应、产品结构调整及执行情况、市场占有率及销售增长率、管理风格与水平、发展、竞争与定价策略、经营业绩及营利能力、诚信情况等。

③采购惯例。主要了解团体客户在作出购买决策时所涉及的人有哪些，如发起者、影响者、购买者、使用者、决策者等，另外还需要了解客户的采购程序。

2. 制订拜访计划

拜访计划主要包括拜访时间的安排和场所的选择等。拜访时间的安排和场所的选择应依据客户的习惯、生活规律和职业等确定，注意不要和客户的工作、生活发生冲突，以免引起客户的反感。以下几个方面是需要着重考虑的：

（1）访问对象。访问对象应具体到人，往往对于个人客户，这一点比较明确，而对于团体购买者，则应明确购买决策人，就是必须搞清楚一个组织中谁是能作出购买决策的人。

（2）约见时间和地点。时间和地点应是访问对象所能容许和接受的，否则，会遭到拒绝，或对面谈产生不良影响。因此，方案中所确定的时间与地点，只是可供选择的适当范围，而不是具体的安排。

（3）接近方式。不同的客户，不同的推销品，应当采用不同的接近方式，即使开口交谈，也要认真思考，精心设计，使交谈朝着有利于促成正式推销面谈的方向发展。

（4）如何介绍和演示商品。必须熟知推销品的特点和功能，以及能够给客户带来的利益，在面谈中根据客户的需要和兴趣所在，介绍商品，确定推销重点。同时，通过示范，证明商品的特征、功能和带给客户的利益，以说服客户。

（5）可能出现的问题。在推销访问过程中，可能遇到一些意想不到的难题。对此，推销员要有充分的心理准备和相应的对策，否则，在遇到这些问题时，就会束手无策，导致推销的失败。

3. 做好面谈的物质准备

台湾企业界流传的一句话是："推销工具犹如侠士之剑。"凡是能促进销售的材料或工具，都应带上。推销工具的准备包括四个方面：

（1）产品目录、样品、幻灯片、录像带、照片、手提电脑等，以便于向客户直接展示商品的实物形态，有助于吸引客户的注意力，促使客户直观感受商品。

（2）各种宣传资料，包括广告、说明书、价格表、检验报告、鉴定证书、有关剪报等，它可以帮助推销员增强说服的效果。

（3）各种票据、印章、订货单、合同文本等，以便一旦达成交易，随时办理有关手续，不至于贻误时机。

（4）其他物品，如名片、身份证、手表、笔、记事本、介绍信、计算器、手帕、打火机、小梳子等。这些物品对推销员来说，都是极具重要性的辅助用具。

4. 做好面谈的精神准备

推销员在与客户的实际接洽中，总不可避免地会遇到一些意想不到的问题，为了顺利地与客户达成交易，就必须有充分的精神准备。要克服畏难情绪和逃避心理，敢于正视客户的拒绝，时刻保持一种旺盛的精神和不灰心、不气馁的心理状态，沉着冷静地去排除面谈中遇到的障碍，以坚韧不拔的毅力，去争取面谈以至整个推销工作的最后成功。

5. 保持良好的个人形象

第一印象往往非常关键，任何人都希望能在第一次给别人留下个好印象。要记住，客户首先看到的就是你的仪表，可以这样说，推销员能否通过业务洽谈而成功地把产品推销给客户，在很大程度上，取决于推销员能否以良好的仪表把自己"推销"给客户，初次见面一定要给客户一个沉稳干练的印象，千万不能不修边幅，随随便便。

（二）日常准备

为了成功地接近客户，推销员在日常工作和生活中，要通过各种方法来提高自身的素质和修养，特别是要锻炼、培养自己良好的心理素质，善于与不同类型的人交往。从某种程度上来说，一个满怀信心、不卑不亢、充满积极的进取精神、知识丰富、准备充分的推销员，已经取得了一半的成功。

【阅读资料】

一位客户正想通过推销员买一辆新汽车，在洽谈时，这位客户提出："我能找公司的推销员以 7 200 美元的价格买到一辆新奥尔兹牌轿车。"这位精明的推销员圆滑地回答说："你应当抢在那个人发现自己弄错数字之前迅速地把那辆车买下来。在他们的价格表上那种车的价钱是 7 800 美元！他竟然给你少报 600 美元，我倒愿意仔仔细细地帮你检查一下那辆车，看看缺什么设备没有，谁都知道这种老花招。"

上面案例中，如果这位汽车推销员不了解竞争产品的情况，不了解竞争厂家的销售政策和价格政策，当买主夸大另一种产品的优点或受到竞争对手的引诱时，这位推销员就会陷入完全被动和无可奈何的境地。由此可见，推销员在平日里做好必要的知识积累十分重要。推销员的日常准备包括：丰富的知识、正确的工作态度、良好的个人习惯和加强口才的锻炼。

1. 丰富的知识

知识准备是日常准备工作的重要内容，包括产品知识（产品的性能、用途、分类、与众不同之处、价格、维修等）、客户知识（心理、习惯、动机等）、竞争知识（市场情报、竞争力量分析、竞争对手的策略等）、本公司知识（企业历史业绩、企业在同行业中的地位、经营状况、产品种类等）的准备。值得注意的是，知识具有周期性的特征，销售人员唯有不断地提升自我，经常参加培训，养成勤学的习惯，才能不断进步，跟上市场的步伐。

2. 正确的工作态度

良好积极的工作态度很重要，只有推销员对产品有浓厚的兴趣，客户才可能对产品感兴趣，一个推销员充满自信、热情洋溢，才有可能影响别人，去除客户对产品的怀疑与排斥，感染客户作出正面决策。因此，推销员要暂时忘记生活中的烦琐杂事，把精力集中在即将到来的会面上。

3. 良好的个人习惯

养成良好的个人习惯，包括养成良好的礼貌和行为习惯、赞美别人的习惯、替人着想的习惯等，这不仅会使你达成一项交易，而且会给你的业务带来连锁反应，带来能够创造新业务的名声。

一个热诚的推销员必定敬业乐群，设身处地多为客户的利益着想，把客户的事情当成自己的事情来处理。推销既非强迫贩卖，也非求人购买，而是在帮助客户作出正确的决定，使客户花合理的价钱买到他所需要的东西。

4. 加强口才的锻炼

口才是语言的表达艺术，同时也是推销员成功推销的基础。可以说，优秀的推销员就是高明的魔术师。他能用绝妙的语言技巧将客户吸引住，用精彩的示范表演赢得客户的信任，用热情的推销态度去打动客户，让客户成为自己的亲人、朋友、同事、知心人。他的语言技巧不但让人惊叹，更令人折服。那么，优秀的推销员是怎样吸引客户，用哪些无上妙计促使销售成交，让自己推销成功的？归根结底，推销员使用的唯一法宝就是：口才。

第二节　约见客户

约见是指推销员事先征得客户同意，在一定时间和地点，以一定方式接见或访问客户的过程。约见作为接近的前奏，本身就是接近的开始。这一阶段至关重要，它关系到下一步即接近客户能否顺利进行。约见的主要目的在于：周密做好接近准备，顺利开展推销面谈，客观进行推销预测，合理利用推销时间，圆满完成推销计划。

一、约见客户概述

（一）约见客户的含义

约见客户在现代推销中越来越受到重视。约见是购销双方的首次接触，是推销进入面谈阶段的基础，它作为现代推销活动的重要环节，对今后的洽谈成功起着非常重要的作用。约见是推销员事先征得客户同意接洽的行动过程，只有采取适当的约见技巧，向对方提出正当的约见理由，才能赢得客户们的信任与配合。否则，忽视约见的策略与技巧运用，没有相应的约见准备，是很难与客户见面的。

约见客户是为了达成交易，但又不一定直接与交易挂钩，聊聊天、问问好、请教问题、探讨一下人生价值，也能为进一步交易或交友奠定良好的基础。事先约见有利于推销员制定一个合理的推销日程表，有利于客户对时间进行合理安排，有利于推销员对推销工作进行周密的计划。一般来说，任何一项推销计划都要考虑对推销员、推销对象、推销环境以及其他有关因素的影响。推销员可以根据约见的对象、时间、地点等制定科学、合理的推销访问计划。

当然，要想全部取得约见几乎是不可能的，约见被拒绝是推销员的家常便饭，但与其在上门时被拒绝，宁可在电话中被拒绝，这样不论成败，时间的损失总会少些，可将时间用于其他更有效的访问上。

（二）约见客户的意义

1. 有利于推销员成功地接近客户

约见是接近客户的第一步，这步走好了，后面的推销工作就顺利多了。事先约好客户，获得当面推销的机会，就是成功推销的开始。

2. 有利于推销员顺利开展推销面谈

经过一个约见的过程，推销员获得客户的同意，就可以初步赢得客户的信任与支持。通过约见，初步接触客户，可以对客户有个感性的认识，便于推销的准备工作做得更充分；同时也可以使客户有一定的准备，为顺利进行推销工作打下良好的基础。

3. 有利于推销员客观地进行推销预测

推销员可以根据约见时的情况及客户的初步反应，对客户的情况进行初步了解，便于对推销面谈作出较为实际的预测。

4. 有利于推销员合理安排时间

推销员事先与客户约定拜访，这样有助于合理安排推销时间，提高推销效率。

5. 争取约见实际上也是一种推销活动

在争取获得约见的过程中，主要是处理各种复杂的人际关系，如推销员与接待人员之间的关系、推销员与客户之间的关系，等等。有时，推销员争取约见那些掌握购买大权的经理是很困难的，为此，他们更多的是与接待人员或秘书打交道，谋求与他们的合作，以求突破一道道防线，而得到经理的约见。可见，争取获得约见是与客户直接打交道的第一环节，对整个推销有极其重要的意义。因此，为了克服客户的各种偏见、误解及其他心理障碍，必须掌握一定的约见技巧和方法，并加以灵活应用，只有这样，才能消除各种阻力，尽快得到客户的约见。

二、约见客户的准备

推销访问的成败在其尚未正式约见之前就已确定。访问对象是否愿意与推销员见面，在很大程度上取决于约见的方式方法、时间地点以及被约见者心态等因素。为避免访问遭到拒绝，并取得预期的约见成果，推销员在正式约见之前应当做好一些必要的准备工作。

（一）材料准备

约见前，要对被约见者的整体情况进行充分调查和了解，从而使约见取得应有的成效。被约见者整体情况材料的主要内容包括：

1. 被约见者的职业、收入及生活水平；

2. 被约见者的经济、社会地位；

3. 被约见者的性格、爱好及生活习惯；

4. 被约见者的家庭状况和交际范围；

5. 被约见者对访问者的了解程度及信誉评价；

6. 被约见者最感兴趣和最关心的问题；

7. 被约见者的工作态度与业绩；

8. 被约见者的年龄、经历、籍贯、专长、学历、职业等。

例如，推销员了解的客户相关背景资料可以起到以下几个方面的作用（见表5-1）：

表5-1   **推销员应了解的客户背景资料**

姓名	见面后会缩短双方的距离，增加亲切感
年龄	有助于推销员了解和预测该客户的个性和需要等情况，以免冒犯客户
籍贯	不同籍贯的人往往有一定的性格差异，了解客户的籍贯对推销员与客户接触很有益处
文化水平	有助于推销员选择合适的话题和推销计划，创造有利的面谈气氛
家庭状况	有助于推销计划的制订和实施
兴趣爱好	可以寻找更多的话题，使客户产生好感，营造友好的谈话气氛

【案例5-2】

约见的力量

约翰是一家从事写作咨询业务的公司的会员，经常代人写作，并通过写作咨询公司向大众及目标客户推销自己的写作才能。一天，他得到消息说一位女士想找人为她代笔写一本书。约翰跟她通了电话，遗憾的是，她在电话中说，她几乎已经决定与另一位作家签订合同，而且已经与他面谈并讨论了此事。为了做最后的努力来挽救这笔生意，约翰打算面约客户。他请她在第二天上午喝茶，花点时间讨论一下这件事。客户同意了，约翰完成了约见前的关键一步。

当约翰与客户在约见地点见面时，彼此都感到相互之间的关系一下拉近了，这是前一天电话中所没有的。尽管约翰的客户已经确定了由谁为她代笔书写。这次见面本应是十几分钟喝喝咖啡，聊聊天，却变成了关于人生哲学、个人观点及业务目标的谈论。时间却是整整两个小时！约翰的客户当晚就打来电话，说她已经决定选择了由他来书写。可以说，如果没有这次的约见，约翰的这次写作生意不可能达成。

（资料来源：陈新武，龚士林．推销实训教程［M］．武汉：华中科技大学出版社，2006.）

（二）语言准备

约见客户时如何运用语言是一个十分重要和复杂的问题，推销员要讲究语言的艺术性和技巧性，做好必要的语言准备。语言准备的重点是开场白的准备，严格地说，是如何最得体地说好第一句话。我国语言十分丰富，这里不必将它弄成一个固定的模式，只对用语原则作以下要求：

1. 切忌急于转向正题；
2. 用语随和又不失庄重；
3. 激发对方非谈不可的欲望。

（三）心理准备

约见前，推销员要对约见时将会出现的各种情况作出充分估计，进行必要的心理准备。约见难免遭到拒绝。拒绝的形式有时会是直截了当的逐客，有时会是间接婉转的推辞，有时还可能是不负责任的应酬……破除各种拒绝的最有效办法只能是：坚定信心，百折不挠，耐心说服，以礼待客。推销员必须坚定必胜的信心，准备好几套说服客户的方案，依次运用，直至被约见者愉快地接受预约，获得约见成功。同时，要善于抓住对方心理，如好奇心理、好胜心理、探秘心理、虚荣心理、自尊心理、表现心理、逆反心理等，对症下药。

（四）确定客户需要

在客户资格审查过程中，推销员初步判断客户对推销产品有需要，但是客户有可能通过购买替代品或竞争对手的产品来满足这种需要，因此在约见客户之前和约见客户的过程中，还要进一步判断客户的需要是否能指向本企业的产品。推销员可以用以下步骤去观察、判断：

1. 观察客户现有产品

每个人的购买行为、购买模式受习惯的影响，在一生中不会有太大的变化（除非有重大事件影响其生活）。因此，推销员可以通过观察准客户目前正在使用的产品，推测出他今后需要的产品。

2. 了解客户喜爱的产品特征

推销员应调查了解客户最喜爱目前所拥有产品的哪些特性、是什么原因使客户购买这些产品，你所推销的产品是否具备这些特性？一般而言，如果客户喜爱某一产品特性，他还会重复购买具有该特性的产品。通过这一调查，推销员可以预测客户是否会对推销产品感兴趣。

3. 发现客户改进的愿望

推销员可以通过调查发现客户对现有产品有何不满意之处，有哪些改进的愿望。由于事物是发展变化的，客户总是追求更舒适、更便利、更满意的产品。所以，从理论上说，任何产品在满足需要时都会有欠缺，如果推销员发现了现有产品的缺陷及客户希望改变的原因，就可以按照这个方向设计自己的推销，以满足客户希望改变、提高的愿望。

4. 提供解决办法

如果推销员发现了客户期望改善的地方，并能够提供办法解决问题，增进其利益，那么向客户提供这个办法就是最好的约见理由。

三、约见的内容

推销员所要约见的客户有各种各样的情况，有的客户对推销员的上门拜访并不反感，而且还能够表示欢迎，热情招待推销员的到来；但也有一些客户，由于工作繁忙，害怕受外界打扰，他们对推销活动深感厌烦，甚至拒推销员于门外，使没有经验的推销员接近不得，未曾交手便很快败下阵来。因此，为了成功地接近客户，就必须事先约见。约见活动概括起来就是"4W1H"，如图 5 - 2 所示。

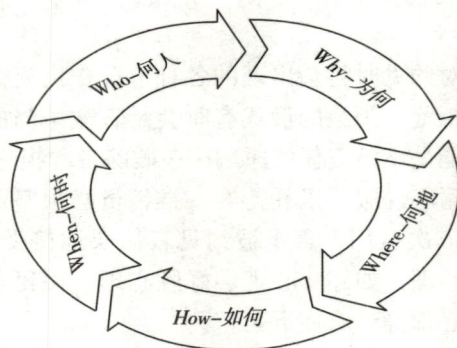

图 5 - 2　约见活动 "4W1H"

（一）约见对象（Who）

1. 确定访问对象

进行推销约见，首先要明确访问对象，即确定与对方哪个人或哪几个人接触。如果推销的是个人家庭用品，访问对象容易确定；如果推销的是大型产业用品，推销员将面对一个采购中心，这时最理想的情况是能够直接约见决策者。就企业法人客户而言，约见对象又可分为三个层次：

（1）企业或有关组织的决策者。如公司的董事长或总经理，这些人拥有巨大的权力。如果能约见这些人，并谈得非常投缘，就能够为你以后的推销扫清公司里的障碍，使得你的工作更容易完成。约见公司或有关组织的大人物并不是一件容易的事情。在实际的推销约见中，推销员往往发现自己无法直接约见拥有决策权的要人。

（2）企业或有关组织中决策者的助手。如公司总经理助理或秘书等，他们往往是决策者的助手，对决策者有直接的影响。他们是公司要人的耳目，经理助理可以在公司中行使巨大的权力。如果推销员不能约见到公司要人，那么经理助理是第二个被优先考虑的对象。

【案例 5 – 3】

日本推销之神原一平的经验

根据打听来的消息，我前去拜访一家业务很活跃的贸易公司。但是，去了好几次，董事长不是不在就是在开会，总是无法见到面。好几次都是在接待小姐同情的目光之下，留下名片，怅然而返。不知道是在第几次的拜访中，我突然发觉接待小姐桌上的花瓶不见了。于是，下一次再去时，我便带了装着两朵菊花的小花瓶，去送给接待小姐，以表示我心中的感激。又惊又喜的接待小姐告诉我，董事长常常推说不在，所以一定要这么守下去。

此后，接待小姐就成了我的内援，每隔几天，我就带着两朵菊花前去拜访。可是，依然没有任何的进展。时间一久，全公司里的人都认得我，并且戏称我为"菊花推销员"。但是，我还是见不到董事长。

大约经过两个月以后，有一天我照常前去拜访，接待小姐好像是自己的事情一样，兴高采烈地对我说："董事长等着你呢！"并立刻将我带入董事长的办公室。"本公司的员工都非常称赞你哟！"他只说了这么一句话，也不容我多言，就签下最高金额的合约。我永远也无法忘记当时不知不觉喜极而泣的情景。

（3）企业或有关组织中的中层管理人员。如销售、供应、采购、财务、管理等部门的经理，他们是政策的主要执行者。虽然这些人没有与公司要人同样的权力，但是却有一定的管理财政的权力。通过约见他们可以为约见公司决策者奠定基础。就一般的小业务，约见的中层管理人员也可以拍板，从而促进交易的达成。

此外，在确定约见对象时，既要摸准具有真正决策权的要害人物，也要处理好相关的人事关系，避免"不见真佛不烧香"，得罪下级人员同样对推销不利。

2. 确定约见对象时应注意的问题

（1）应尽量设法直接约见产品的购买决策人，或者是对购买决策具有重大影响的重要人物，避免在无权或无关的人身上浪费时间。

【阅读资料】

谁是真正的买主

一名浙江推销员与四川某机电公司的购货代理商接洽了半年多时间，但一直未能达成交易，这位推销员感到很纳闷，不知问题出在哪里。反复思忖之余，他怀疑自己是在与一个没有决定权的人士打交道。为了证实自己的猜疑，他给这家机电公司的电话总机打了一个匿名电话，询问公司哪一位先生掌管购买机电订货事宜，最后从侧面了解到把持进货决定权的是公司的总工程师，而不是那个同自己多次交往的购货代理商。

案例分析：弄清谁是真正的买主，谁是名义上的买主，关系到推销工作的成败和推销效率的高低。

（2）应尊重接待人员。为了能顺利地约见主要人物，推销员应尊重有关的接待人员，如助手、秘书等。这些人没有购买决定权是事实，但不一定没有否定购买的权力和影响。一旦推销员得罪了他们，这些人就会在上司面前贬低你的产品，损害你的形象，到头来吃亏的仍然是上门推销的一方。尤其是一些大型企业、事业单位和工贸公司，有些领导往往把接见推销员的事务全盘委托手下的办事员、秘书或有关接待部门处理，他们一般不会直接与你见面，只有当手下的人将推销的情况汇报给他，使他觉得有必要见你的时候，推销员才能与主管领导直接见面。

【案例 5 - 4】

钱刚到一家私营公司去推销办公用品。他很专业地为几位部门负责人介绍了产品的样式、质量以及价格。因为他们公司本来就有较高的商业信誉，很快，老总就表达了购买意向。他告诉钱刚，如果质量问题得到检测，他会签订 6 万元的合同订单。

"6 万元"，钱刚压抑住自己的兴奋，赶紧给办公室里的每个人递上早已准备好的高价烟，并一一给他们点上。当看到一直在办公室抹桌子的上了年纪的老头时，钱刚扫了他一眼，"这个人无关紧要"，他递烟的手收回来了。

当钱刚再次来到该公司联系送货业务，准备签订订单时，后勤主管通知他，他们不打算订购这批产品了。钱刚傻眼了。

"能告诉我原因吗？"

"我们老总的丈人嫌你的报价高，建议老总买其他公司的产品。"

"可老总的丈人怎么会知道呢？"

"你呀，谁叫你两眼看人低，舍不得一支烟呢？老总的丈人说了，你这个毛头小伙子眼皮往上挑，做人不踏实，所以你来推销的产品也得不到完全的保证。"

钱刚回想当日的情景，如梦初醒，悔之晚矣。

（3）应做好准备。推销员要想见到与推销有关的人，就要在约见前做好各项准备，以便"过五关斩六将"。例如，应事先准备好必要的介绍信、引见信、名片、身份证、通行证，并刻意打扮自己，甚至还要准备好态度与"微笑"。

（二）约见事由（Why）

约见的第二项内容是确定与说明访问的事由或目的。任何人都不会接受没有理由的约见，特别是在双方还不十分熟悉的情况下，所以推销员在约见访问对象时，必须告诉对方访问的原因和需要商谈的事项，使对方有所准备。就约见准客户而言，访问的事由主要是推销产品，但在买方市场条件下，以这个理由很难约见到客户。推销员可以借一些其他事由来约见对方，如市场调查、提供服务、提供咨询、走访客户、交换意见等，用这些事由较容易得到客户的应允。

推销员在设想约见事由时，要采用换位思考的方式，即从客户的角度出发，以客户的特点和需要为依据，触动对方的敏感点，这样提出的约见理由才能引起客户的兴趣。推销员可以视情况在以下九种访问事由中作出选择。

1. "投石问路"

和从未谋面的客户的第一次见面，可以把"认识一下"及约定谈话时间等作为目的。

2. 留下印象

对于认为将来有可能对推销有用的人，推销员可以把第一次见面的目的确定为"给对方留下一个好印象"，以便以后有可以接续的"话题"。

3. 市场调查

有时为进一步做好市场调查与继续做好约见前的准备工作，可以与客户进行"火力侦察"式的接触，目的只是"了解了解"。以此为目的或理由约见客户，往往容易让对方接受，容易引起约见对象的信任、合作与支持。这种方式既有利于收集到真实、可靠的信息、资料或情报，也有利于推销工作的进一步开展。

4. 正式推销

直接向约见对象推销产品。为了推销产品而进行约见往往是约见中最主要的目的或事由。在约见客户时为了引起客户的注意与兴趣，可以着重说明所推销产品的用途、性能和特征等，以及所提供给客户的便利与好处。推销员应向所约见的客户说明来访的真实意图，若客户的确需要推销的产品，自然会欢迎推销员的来访，并给予合作。若客户确实不需要，推销员绝不能强求，这样不仅推销不出去产品，而且会给客户造成不必要的麻烦，也给推销员自己造成尴尬，让企业形象和声誉蒙受损失。如果推销员坚信所推销的产品会对客户有利，而客户因各种原因不愿约见时，可以想方设法约见，也可以主动请求在客户方便的时候，再次约见等。

5. 签订合同

如各方面条件具备，可以把某次约见的目的确定为正式签订合同。在现代推销中，与客户签订合同是推销中经常遇到的事情。以签订合同走访客户，显得推销比较主动、有信誉，对树立企业形象是有利的。在推销中，达成交易，签订合同不仅意味一次交易的结束，而且意味着下一次交易的良好开端，必须予以高度重视。为签订合同而进行的约见往往有一些实质性的谈话及讨价还价等，这就要求推销员有备而来，充分估计各种可能发生的问题。

6. 提供服务

由推销员当面向客户了解情况，解答与消除疑虑和购买障碍，提供代办、咨询、回访和技术业务等各方面服务。

7. 收取货款

收取货款及上门约见客户当面催收货款，这也是推销员约见客户的一项主要目的。

8. 联络感情

如逢推销对象的重要纪念日或者习俗节日，推销员可以约见客户，甚至约见客户的家属亲朋，借此表达合作愉快的体会，承蒙关照的感谢之意，把增进与客户的情感交流和建立良好人际关系作为约见目的。目前这种约见目的的比例有上升的趋势，美国有个超级推销员推销谈判都是在谈判桌以外的地方谈好的。

9. 为深交而寻找借口

为了认识一个对推销工作有意义的人，推销员有时把约见当作认识与深交的机会，如慕名求见、当面请教、礼仪拜访、代转口信等，使约见更富人情味，拜访对象更乐于接受，也使见面省去了纯推销的尴尬。

（三）约见时间（When）

大多数约见的主要内容是与客户约定一个见面的时间。选择好一个对推销员和客户都合适的时间很重要。因此，与客户确定时间时，推销员应注意以下八点：

1. 尽量替客户着想，最好由客户确定或由客户主动安排时间。

2. 应根据访问对象的特点确定见面时间，避免在客户最忙碌的时间内约见客户。因此，应注意客户的生活作息时间与上下班活动规律，从中寻找客户较为轻松与愉快的时间。如美国一个保险推销员总是比别人早起两个钟头，在客户吃早餐时或早餐前的活动中会见客户。

3. 应视推销产品与服务内容特点确定约见与访问时间，使时间更能衬托产品的优势与服务内容的重要性，如能选择与结合客户的心境状态则更好。

4. 应根据不同的拜访目的选择日期与时间。例如，约见目的是沟通感情的话，则应该早预定，早安排比迟安排好些。

5. 见面的具体时间应考虑到交通、地点、路线、天气以及人物活动规律后确定。

6. 当客户的时间与推销员的时间安排有矛盾时，应尽量迁就与尊重客户的意图。如推销员与另外客户有约在先而发生时间上的冲突时，应如实向后一个约见对象说清楚。

7. 讲究推销信用，确定约见时要考虑到一些意外情况。约见时间与规定一旦明确，推销员应立即用笔记录在案，并且应严守信用，克服困难，准时到达约见地点。

8. 合理利用访问时间，提高推销访问效率。推销业绩的好坏高低，与推销员是否合理地安排时间有直接关系。在时间安排上，推销员应尽量减少各种等待时间，尽量增加与客户见面开展推销活动的时间。同时，推销员应尽量利用不可避免的等待时间，如通过接待人员了解情况，搞好与接待人员的关系，复习推销要点或干点别的有利于加强自身形象的工作等。

【阅读资料】

拜访约见客户的最佳时间

下面几种情况，可能是推销员最佳拜访约见客户的时间：

1. 客户刚开张营业，正需要产品或服务的时候；

2. 对方遇到喜事吉庆的时候，如晋升提拔、获得某种奖励等；

3. 客户刚领到工资，或增加工资级别，心情愉快的时候；

4. 节假日之际，或者碰上对方厂庆纪念、大楼奠基、工程竣工之际；

5. 客户遇到暂时困难，急需帮助的时候；

6. 客户对原先的产品有意见，对你的竞争对手最不满意的时候；

7. 下雨、下雪的时候。在通常情况下，人们不愿在暴风雨、严寒、酷暑、大雪冰封的时候前往拜访，但许多经验表明，这些场合正是推销员上门访问的绝好时机，因为在这样的环境下前往推销访问，往往会感动客户。

（四）约见地点（Where）

在与推销对象接触的过程中，选择一个恰当的约见地点，如同选择一个恰当的约见时间一样重要。约见的理由、对象不一样，约见的地点也应有所不同，基本原则是方便客户、有利推销。从推销活动的实践看，约见地点可选在客户的办公室、家庭、社交场所等。

约见地点不同则推销效果不同，推销员应学会根据具体情况进行选择。

1. 居住地点

对于个人购买者来说，最佳的拜访地点一般是居住地点。在这种情况下，推销员应该彻底调查了解客户的居住地点、居住环境和居住条件等，做到有备无患。但很多个人购买者不太愿意在家里接受拜访，因此推销员最好不要自作主张将拜访地点定在推销对象的居住地点，而是让对方提出为宜。但是当有人引见时，比如有与对方关系良好的第三者相伴，或带上与对方有交往的人的介绍信函，在这些条件下选择对方的居住地点作为见面地点要比在对方办公室更能创造良好的合作气氛。

2. 工作地点

对于组织购买者来说，最佳的拜访地点一般是工作场所，在这里双方有足够的时间来讨论问题，反复商议以达成共识。因此，在拜访之前，推销员必须全面做好拜访准备，彻底调查和了解客户所在的工作场所和工作环境。在选择具体的推销拜访地点时，既要方便客户，又要营造推销氛围。在可能的情况下，应该在正式推销洽谈开始之前，查看一下拜访路线和访问地点，了解访问对象的工作环境。

需要注意的是：在办公室会面最容易被外界干扰，办公室人多事杂，电话不断。拜访者也不止一个人，因此推销员必须设法使客户集中注意力，争取尽快达成交易。

3. 社交场所

餐厅、宴会等社交场所也可作为访问的地点。国外许多推销生意往往不是在家里或办公场所谈成的，而是在气氛轻松的社交场所，如酒吧、咖啡馆、周末沙龙、生日聚会场所等。在香港、广州，推销员与客户见面洽谈也喜欢在吃早茶、进娱乐厅或开晚会时进行。在这些场合下，与客户面谈易于拉近双方之间的距离。但在这些场合洽谈，对销售人员的各方面能力要求非常高，销售人员要精于各种社会活动才能应付自如。

4. 公共场所

对于某些客户来说，工作地点和居住地点都不便会见推销员，并且不愿意在社交场合里抛头露面。在这种情况下，推销员可以考虑把一般的公共场所作为约见拜访的地点。

一般来说，公共场所不是理想的推销谈判场所，不过既然客户执意要在公共场所见面，推销员也应该做好充分准备，最大限度地为客户着想，做客户的贴心人。

5. 其他场所

对于那些在其工作地点、居住地点、社交场所和一般公共场所都难以拜见的客户来说，推销员就应该设法选择其他地点，如公园等作为约见会面的地点。

【阅读资料】

××先生的举止和对待秘书的态度充分体现了对人的尊重，实在值得所有推销员效仿。××先生总是不声不响地走进接待室，毫不匆忙。进来时嘴角上从不叼着点燃的香烟、雪茄或烟斗。他从来不给女接待员增加负担，在她忙于其他事情时，从不开口说话，只是静静地等着。当女接待员注意到他之后，他首先说："您好。"然后主动向她做自我介绍，并说明自己打算拜访她的上司："麻烦您问一下他，看他是不是方便，能否抽几分钟见我。"那些由于急切的来访者连续不断地催促而显得疲惫、焦灼、为难或心烦意乱的女接待员听到此话，心中会顿感温暖，她们会面带微笑地回答："当然可以！"她认为，来者是个绅士，他多少让自己感到了自身的重要性。因此，这些女接待员很少会反问他："您约好了吗？"或"您找他干什么？"她们往往会直接报告给上司。

（五）约见方法（How）

以什么方式约见客户往往直接决定约见效果。约见客户的实质是方便客户，实现有效推销。但约见又很自然地要占用客户的时间甚至影响客户的工作与生活。因此，推销员在约见客户时要牢记：尊敬与感激。只有尊敬对方，才能赢得好感与信赖，才能获得客户的支持与合作，从而顺利实现约见目的；只有心怀感激，才能真正以客户为核心，以方便客户、服务客户为宗旨，才能充分考虑客户的利益，从而赢得客户的"回报"。约见作为沟通信息的社交活动之一，已成为现代推销活动的重要方式。要达到约见目的，不仅要考虑约见对象、时间和地点，还必须讲究约见方法或技巧。在现代商务活动中常见的约见方法主要有以下几种：

1. 电讯约见

电讯约见是指推销员利用各种电讯手段约见客户。如果是初次电话约见，在有介绍人介绍的情况下，需要简短地告知对方介绍者的姓名、自己所属的公司与姓名、打电话的事由，然后请求与对方面谈。务必在短时间内给对方以良好的印象，因此，不妨说类似"这东西对府上是极有用的"；"采用我们这种机器定能使贵公司的利润提高到一倍以上"；"贵公司陈小姐使用之后认为很满意，希望我们能够推荐给公司的同事们"等的话，接着再说："想拜访一次，当面来说明，可不可以打扰您10分钟的时间？只要10分钟就够了。"要强调不会占用对方太多时间。然后把这些约见时间写在预定表上，继续再打电话给别家，将明天的预定约会填满之后，便可开始访问活动了。

电讯约见是现代推销活动中常用的方法，它的优势在于能在短时间内接触更多的潜在客户，是一种效率极高的约见方式。但电讯约见也有明显的缺点：由于推销员与客户没有直接见面，客户占主动地位，推销员处于被动地位，容易遭到客户的推脱和拒绝。就目前而言，用途最广泛的电讯推销工具是电话，其次是传真、电视等。

甲推销员问："陈厂长，我什么时间去拜访您为好呢？"

乙推销员问："陈厂长，我是星期三下午来拜访您，还是星期四上午来呢？"

分析：上述第一位推销员完全处于被动地位，用语模棱两可，对方可以随时推辞或加以回避。第二位推销员的问话则相反，他对双方约见的时间主动确定，提出具体方案，仿佛早已料到对方一定会有时间安排会见。若对方一时反应不及，便只好听从推销员的约见方案安排，让陈厂长在他提出的两个时间上，作出"两选一"的择优决定，而无推诿回避的机会。乙推销员在电话中那句"星期三下午来拜访您还是星期四上午"的问话，很明显要比甲推销员那句"什么时间去"的说法效果好得多。

2. 信函约见

信函约见是指销售人员利用书信约见客户的一种联系方法。信函通常包括个人书信、会议通知、社交柬帖、广告函件等，其中采用个人通信的形式约见客户的效果为最好。当然，书写个人信函一般要在与对方较熟识的情况下采用，否则，莽撞地给对方寄去个人书信，则有可能产生消极的结果，如碰到并不熟悉的客户，寄去柬帖、会议通知、参观券或广告函则是比较理想的方式。

（1）信函约见的特点。信函约见的优点在于可以畅通无阻地进入客户的办公室或住所，避免了推销员用其他方式约见客户时遇到的层层人为阻碍，也不需电话约见时的机智对答，而且费用少，是所有约见方式中成本最低的。信函约见的缺点也很明显，它花费时间长，反馈率低。

信函是比电话更为有效的媒体。虽然由于时代的进步，出现了许多新的传递媒体，但多数人始终认为信函比电话显得尊重他人一些。因此，使用信件来约会访问，所受的拒绝比电话要少。另外，运用信件约见还可将广告、产品目录、广告小册子等一起寄上，以增加客户的关心度，也有些行业甚至仅使用广告信件来做生意。这种方法有效与否，在于使用方法上是否得当。当今，信件广告泛滥，如果不精心研究，很可能被客户随手丢掉，这样一来就十分失策。

通常情况下信件的内容包括问候、寄信的宗旨、拟拜访的时间，同时应附上广告小册子。一般在约见信函后注上"……届时倘有不便，请在信封所附明信片上指定适当的时间"，并且在明信片上，先写上"×月×日，上/下午时"。只要请被访问对象在明信片上填上指定日期、时间并寄回即可，这样做在实践中可获得更大的效果。

使用信函约见必须事先仔细研究与选择。如果对方的职业或居所不适宜收信，那么使用信函约见的方法自然失败。如果不加详细分辨，对收信人是否会注意该产品；收信人的职位是总经理还是业务员；寄达的地方是办公室还是私人住宅等问题均未加思考，而胡乱将信件寄出的话，难免会被人当成垃圾处理掉。

【阅读资料】

乔·吉拉德的信函约见

乔·吉拉德对邮寄信件情有独钟，不过他寄给客户的信与众不同。

乔·吉拉德寄出的信，不是那种一眼就能认出是推销广告的邮件。他每年要寄出 12 封信给他的每位目标客户，12 封信中每一封信的信封颜色和形状各不相同、收到他的信的人都会觉得非常有趣。此外，他不把公司名称印在信封外面，这样收信人就会觉得好奇，想知道里面究竟装的是什么，是谁寄来的。打开信时，客户也不会有上当受骗的感觉，因为里面装的是一封透着亲切的信。

每当 1 月来临，吉拉德就寄上："新年快乐！我喜欢你，乔·吉拉德，雪佛莱若里公司寄。"里面还有一张精美的艺术作品卡。

2 月到了，他写上："情人节快乐！"并附上同样的签名。

3 月到了，他写到："圣派特瑞克节快乐！"

还有一个月，客户会收到写有"生日快乐！"的贺卡。

这样，每一年他的名字都要在客户家中出现 12 次，当这些客户要买车时，会首先想到他的名字；不仅如此，当这些目标客户听到周围有人要买车时，也会首先想起他的名字，吉拉德的机会比别的推销员多了许多。

（2）信函约见应注意的问题。为了提高信函约见的成功率，销售人员在写约见信函时应注意以下几个问题：

①措辞委婉恳切。写信约见客户，对方能否接受，既要看客户的需要与购买力，也要看推销员是否诚恳待人。一封措辞委婉恳切的信函，往往能博得客户的信任与好感，也能使对方同意会面。

②内容简单明了。书信应尽可能言简意赅，只要把约见时间、地点、事由写清即可，切不可长篇大论，不着边际。

③传递的信息要投其所好。约见书信应该以说服客户为中心，投其所好，供其所需，以客户的利益为主线劝说或建议其接受约见要求，为此要做到真实性与适度修辞相结合。

例如，用"物美价廉"来说明推销的水果，虽然简练，但较抽象，不如改成"汁多味甜，个大色艳，每公斤 1.80 元"，这样具体翔实，将水果的色泽、口味、价格描述得一清二楚，给人一种感性印象，对方很快会给予答复。

④信函形式要亲切。约见信函要尽可能自己动手书写，而不使用冷冰冰的印刷品，信封上最好不要盖"邮资已付"标志，要动手贴邮票。

⑤电话追踪。在信函发出一段时间后要打电话联系，询问客户的想法与意见，把电话约见与信函约见结合起来使用，可大大提高约见效果。

3. 当面约见

当面约见是指推销员与客户面对面约定见面的时间、地点、方式等事宜，这种约见简便易行，也极为常见。

当面约见的机会，往往是推销员在某些公共场合与客户不期而遇，借机与之面约。但是这种机会并不常有，这就要求推销员时时留心，了解重要客户的生活习惯、兴趣爱好，创造机会与客户见面，进而约定正式见面的时间。

当面约见的机会很多，主要包括：在展销会或订货会上遇见；在社交场所不期而遇；在推销旅途中偶然相遇；其他见面的场合等。

（1）当面约见的优点：①能及时得到客户的反应，可以缩短推销员与客户之间的距离，便于建立亲密无间的关系，有助于推销员进一步做好拜访准备；②可以防止走漏风声，切实保守商业机密；③当面约见一般比较可靠，有时约见内容比较复杂，非面约说不清楚；④节约信息传递费用，简便易行。

（2）当面约见的局限性：①有一定的地理局限性，效率不高，如果一旦被客户拒绝，就使推销员当面难堪，造成被动不利的局面；②受时机的限制，有时很难碰巧遇到所要面约的客户；③效率限制，面约花费的时间与精力较多，面约较少的客户还行，多了就很难在短时期内办到。

4. 委托约见

委托约见是指推销员委托第三者约见客户的一种方法，简称托约。托约包括留约、传约、转约、再转约等。和销售人员自己约见客户相比，委托他人约见有一些显而易见的优点，这种方式节约了销售人员与客户周旋的时间，而且一般成功率较高，提高了销售的效率。由于有第三者介绍，在销售人员与客户洽谈时，客户就会考虑介绍人的因素，而且能够比较宽容，从而有利于排除销售中出现的障碍。此外，由于客户与介绍人之间关系密切，往往能够直言不讳地提出异议，有利于信息的反馈，使销售人员可以有重点地进行劝说，促成交易。

但委托他人约见也有一定的局限性。若受托人不负责任，常常会引起误约。而且，不是销售人员亲自约见，有时客户会误以为不是正式约见，不会给予足够的重视。

5. 广告约见

广告约见是指推销员利用各种广告媒介会见客户的方式。这里所谓的广告媒介，主要指各种报纸、杂志、广播、电视、张贴或散发的印刷广告等。几乎所有的广告媒介都可以用来约见客户。在约见对象不明或太多的情况下，利用各种大众传播工具进行广泛约见或无特定对象约见，收效较好。它可以把约见的目的、对象、内容、要求、时间、地点等准确地告诉广告受众。

广告约见比较适用于约见客户较多或约见对象不太具体、明确，或者约见对象姓名、地址不详，在短期内无法找到等情况。

广告约见具有很多优点：一是约见对象较多，覆盖面大；二是能够吸引客户主动上门约见；三是节省推销时间，提高约见效率；四是可以扩大推销员的影响，树立企业形象等。但广告约见也有一定的局限性：一是针对性较差；二是费用高；三是在广告烟海中，很难引起目标客户的注意等。

【案例 5 – 5】

美国布得歇尔保险公司的保险推销活动

布得歇尔保险公司的推销员首先会给客户邮寄各种保险说明书和简单的调查表并附上一张优待券，写明："请您把调查表填好，撕下优待券后寄返我们，我们便会赠送 2 枚罗马、希腊、中国等世界各国古代硬币（仿制）。这是答谢您的协助，并不是要您加入我们的保险。"推销员总共寄出 3 万多封信，收到 2.3 万多封回信。推销员便带着仿古钱币按回信地址上门拜访，亲手把硬币送给客户。由于客户现在面对的是前来送硬币的推销员，自然不会有戒心，在道谢后，就高兴地从各种古色古香的硬币中挑选自己喜欢的留下。推销员这时就会不失时机地渗入推销话题。据说该公司因这次活动获得 6 000 名客户加入保险，在当时曾引起轰动。

6. 网上约见

计算机网络的发展为现代推销提供了快捷的沟通工具，尤其是互联网（Internet）的迅速发展，不仅为网上推销提供了便利，而且为网上购物、交谈、联络情感提供了可能，尤其是电子信箱（E – mail）的普遍使用，加快了网上约见与洽谈的进程。

网上约见的优点是快捷、便利、费用低、范围广，不仅可以非常容易地约见国内客户，而且还为约见国外客户提供了非常有效的途径。不过网上约见也有较大的局限性，如企业要有网站，推销员还必须掌握上网技术，而且必须有客户的网址等。

以上介绍了约见的六种基本方法。推销员在运用约见的方法时，应注意根据具体情况确定具体的约见方式，并且各种约见方式可以同时并用、互相补充。只要推销员认真进行约见准备，灵活运用各种约见方法，取信于人，就一定可以成功地拜见推销对象，使推销最终取得成效。

第三节　接近客户的方法

对推销员来说，获得消费者好感是推销成功的重要环节，适当巧妙地把自己介绍给客户，便是让消费者认识推销员，对推销员产生好感的第一步。在不同的推销活动中，推销员在正式接近客户时，要运用不同的技巧，使客户认为有必要继续商谈，绝不能千篇一律。大量的实践表明，在双方最初的接触过程中，推销员能否争取主动，对随后的洽谈有着十分重要的影响。怎样才能掌握正式接触时谈话的主动权，使接触顺利、自然地转入推销介绍呢？下面介绍几种主要的接近客户的方法。

一、介绍接近法

介绍接近法是指推销员自行介绍或经由第三者介绍而去接近推销对象的一种方法，主要包括口头介绍和书面介绍。在推销中，接近的对象不同，介绍的方式也有所区别。介绍接近法的具体方式有以下两种。

（一）自我介绍法

自我介绍法是最常见的一种接近客户的方法，大多数推销员都采用这种接近技巧。自我介绍法是指在走入可能买主的家庭、单位或办公室后主动亮明自己的身份的方法。推销员在自我介绍时，还要用名片、身份证、工作证等相关证件来辅助达到与客户相识的目的。口头介绍可以详细解说一些书面文字或材料无法了解清楚的问题，利用语言的优势取得客户的好感，给对方递上自己的一张名片也同样可以弥补口头介绍的不足，并且便于日后联系。有时，推销员还可以参加有关协会、学会等有名望、有影响的社会团体；利用工作证、身份证，可以使客户更加相信自己，消除心中的疑虑；名片交换是一种非常有效的方法，如果能够出示其会员证，就能使对方更为放心，对提出的推销请求也更容易接受。

自我介绍法是最常见的一种接近客户的方法，大多数推销员都采用这种接近技巧。但是，这种方法很难在一开始就引起客户的注意和兴趣，通常还要与其他方法配合使用，以便顺利地进入正式面谈。

（二）他人介绍法

有时，推销员还采用他人介绍的方法接近客户。这种他人介绍法是指推销员利用与客户熟悉的第三方，通过打电话、写信函字条，或当面介绍的方式接近客户。在推销员与所拜访客户不熟悉的情况下，他人介绍是一种行之有效的接近方法，因为受托者是跟客户有一定社会交往的人，如亲戚、朋友、战友、同乡、同学、老部下、老同事等，这种方式往往使客户碍于人情面子而不得不接见推销员。通常情况下，介绍人与客户的关系越密切，接近的效果越好，推销成功的可能性也更大。推销员应尽量争取第三方的协助与推荐，但要尊重其意见，不可勉为其难。

如果你真的能够找到一个客户认识的人，他曾告诉你客户的名字，或者告诉你该客户对于你产品的需要，那么你自然可这样说："王先生，你的同事李先生要我前来拜访，跟你谈一个你可能感兴趣的问题。"这时，王先生可能会立即想知道你所提出的一切，这样你当然已引起了他的注意而达到了你的目的，同时，他对你也会感到比较亲切。可是，一定切记不要虚构朋友的介绍。

介绍接近法是最常用的接近方法。在实际推销中，它可以配合其他方法来使用，而不宜单独加以使用。事实上，有些客户根本就不会注意推销员的自我介绍，而只关心推销员的行动，产生兴趣后才重新询问推销员尊姓大名。

二、问题接近法

问题接近法，又称问答接近法，是指推销员通过提问的形式激发客户的注意力和兴趣点，进而顺利过渡到正式洽谈的一种接近方法。问题接近法是推销员公认的一种行之有效的方法，因为它符合现代推销学原理与推销本身发展的一般规律。提问不仅容易引起客户的注意，还可引发双方的讨论。在讨论的过程中，客户的真实需求、意见、观点等比较容易表露出来。推销员在提问与讨论的过程中，就可能发现客户的需求，并在一定程度上引导客户去分析和思考，然后根据客户对问题的反应，循循善诱地解答问题，从而把客户的需求与所推销的产品有机地联系起来。

在推销中，问题接近法不仅可以单独使用，还可以和其他各种接近方法配合使用，如与利益接近法、好奇接近法、震惊接近法等配合使用来实现目标。

问题接近法虽然是比较有效的方法，但其要求也较高。推销员在提问与讨论中应注意以下三点：

1. 提出的问题应表述明确，避免使用含糊不清或模棱两可的问句，以免客户听来费解或误解。例如："您愿意节省一点成本吗？"这个问题就不够明确，只是说明"节省成本"，究竟节省什么成本？节省多少？多长时间？都没有加以说明，很难引起客户的注意和兴趣。"您希望今年之内节省几万元的材料成本吗？"这个问题就比较明白确切，容易达到接近客户的目的。一般说来，问题越明确，接近效果越好。

2. 提出的问题应突出重点、扣人心弦，而不可隔靴搔痒、拾人牙慧。在实际生活中，每个人都有许许多多的问题，其中有主要问题，也有次要问题。推销员只有抓住最重要的问题，才能真正打动人心。推销员提出的问题，重点应放在客户感兴趣的主要利益上。如果客户的主要动机在于节省金钱，提问应着眼于经济性；如果客户的主要动机在于求名，提问则应着眼于品牌价值。因此，推销员必须设计适当的问题，把客户的注意力集中于他所希望解决的问题上来。

3. 接近问题应简明扼要，最好能够形象化、数量化。某些推销员遇事不动脑筋，不管接近什么人，开口就是："生意好吗？"很容易遭受拒绝。一家包装公司教导推销员这样说："如果你回答我一两个问题，我就能知道我的产品能否改善贵公司的包装。"对方通常都会问："你的问题是什么？"从而达到了接近的目的。

总之，问题接近法作为一种比较常用而又有效地接近方法，比较有利于推销员获取信息，接近客户，开展重点推销，直接促成交易。

【阅读资料】

典型的问题接近法

有一位推销书籍的女士，平时碰到客户和读者总是从容不迫、平心静气地向对方提出这样两个问题："如果我们送给您一套关于经济管理的丛书，您打开之后发现十分有趣，您会读一读吗？如果读后觉得很有收获，您会乐意买下吗？"这位女士的开场白简单明了，连珠炮似的两个问题使对方无法回避，也使一般的客户几乎找不出说"不"的理由，从而达到了接近客户的目的。后来，这两个问题被许多出版社的图书推销员所采用，成为典型的问题接近方法。

三、好奇接近法

好奇接近法是指推销员利用客户的好奇心理接近客户的方法。在推销中，推销员可以首先唤起客户的好奇心，引起客户的注意和兴趣，然后介绍推销产品的利益，才能迅速转入推销洽谈。从心理学的角度讲，好奇心是一种消费者消费的原始性动机，人们在日常生活中的各种行为有时多受好奇心的驱使。另外，好奇往往是和注意力联系在一起的，如果能激发客户的好奇心，那么，自然就能达到引起客户注意和兴趣的目的。每个人都有不同程度的好奇心，只要客户对某事物产生好奇，推销员就要设法弄清事物的来龙去脉，以满足这种好奇。因此，好奇接近法如果利用得当，往往会收到神奇的效果。

【阅读资料】

美国推销员的好奇接近法

美国一位保险推销员一接近潜在客户便问："10磅软木，您打算给多少钱？"客户回答说："我不需要软木。"推销员又问："如果您正坐在一艘将要下沉的船上，您愿意花多少钱？"保险推销员成功地引发了客户的好奇心，然后阐明了这样一个观点：必须在实际需要出现之前就购买人寿保险。

在利用好奇接近法时，推销员应该注意三个方面：

1. 无论推销员利用语言、动作还是其他方式引起客户的好奇心理，必须真正做到出奇制胜。

2. 无论利用何种手段去吸引客户的好奇心理，都应与推销有关，做到合情合理，奇妙而不荒诞。推销员应该根据事实，向客户展示新奇事物来唤起客户的好奇心，达到接近客户的目的，而不应该完全凭空捏造违背客观事实的奇谈怪论来诱惑客户。

3. 无论利用何种手段去吸引客户的好奇心理，都应合情合理，奇妙而不荒诞。唤起好奇心的具体办法灵活多样，应尽量做到得心应手，运用自如。当然，这种方法是在掌握人们的心理规律的基础上，采用有效的措施，达到接近的目的。例如，某推销员对某位公司的经理说："我这里有一份备忘录，贵公司上个月所失去的客户在里面都有记载。"这位公司经理自然对推销员产生了极大的兴趣。

总之，好奇接近法是一种行之有效的接近方法。在客户事实上已经认识到推销产品利益而又拒绝接近推销员的情况下，可以首先唤起客户的好奇心理，引起客户的注意和兴趣，进而转入正式面谈。只要推销员平时注意观察生活、思考问题、搜集资料，总可以找到一些对客户具有吸引力的新奇事物，作为接近客户的有用媒介。

【阅读资料】

我有路子让他发财

一位英国皮鞋厂的推销员曾几次拜访伦敦一家皮鞋店，并提出要拜会鞋店老板，但都遭到了对方的拒绝。这次他又来到这家鞋店，口袋里揣着一份报纸，报纸上刊登了一则关于变更鞋业税收管理办法的消息，他认为店家可以利用这一决定节省许多费用。于是，他大声对鞋店的一位售货员说："请转告您的老板，就说我有路子让他发财，不但可以大大减少订货费用，而且还可以本利双收赚大钱。"推销员向老板提赚钱发财的建议，当家老板怎么会不动心呢？他立刻答应接见这位远道而来的推销员。

四、馈赠接近法

馈赠接近法又称附赠接近法或有奖接近法，是指推销员利用一些小巧精致的礼品，赠送给客户，进而和客户认识并接近，借此达到接近客户目的的一种方法。推销中，推销员可以向客户馈赠一些价值极小的物品，作为接近客户的见面礼。这种方法比较容易博得客户的好感，从而拉近客户与推销员的距离。在推销香水时，推销员往往会送给客户五毫升的试用装，一是博取客户的好感，二是让客户回家后能够继续体会所推销的香水，从而激发客户的购买需求。使用馈赠接近法应注意慎重选择馈赠物品。推销员应设法了解客户的喜好，了解客户对赠送礼品行为的看法以及客户的实际需要。

【阅读资料】

巧妙馈赠

一位推销员到某公司推销产品，被拒之门外。女秘书给他提供一个信息：总经理的宝贝女儿正在集邮。第二天推销员快速翻阅有关集邮的书刊，充实自己的集邮知识，然后带上几枚精美的邮票又去找经理，告诉他是专门为其女儿送邮票来的。一听说有精美的邮票，经理热情相迎，还把女儿的照片拿给推销员看，推销员趁机夸其女儿漂亮可爱，于是两人大谈育儿经和集邮知识，非常投机，一下子熟识起来。

在利用馈赠接近法时，必须注意以下五个方面：

1. 慎重选择馈赠物品，投其所好。在进行准备时，推销员应该设法了解客户的喜好，了解客户对赠送礼品行为的看法，了解客户的需要。

2. 礼品只是接近客户的媒介，而不是愚弄欺骗客户的手段。在实际推销工作中，有些推销员利用馈赠手段来强行推销高价劣质产品。这实质上是一种既违反职业道德也违反法律的行为。

3. 赠送礼品必须符合国家有关规定及企业的有关制度，不可借馈赠之名进行贿赂或变相贿赂。馈赠应该与广告宣传结合起来，积极扩大产品影响。通常，推销员送给客户的礼品应主要是馈赠广告品，即附在馈赠品上的广告，例如广告挂历、广告扇、广告火柴、广告打火机、广告毛巾等。

4. 馈赠礼品应具有一定的实用性，能够吸引客户，有助于客户形成联想。因为这样一来完全可以在送礼品的同时，顺便地提到你所想进行的交易。比如推销冰箱时可送温度计，推销高级音响可送几张激光唱片，推销洗衣机可送洗衣粉等。

5. 送礼时还要讲究必要的礼节，考虑不同的场合，分清不同的时令。

五、利益接近法

利益接近法又称实惠接近法，是指推销员以客户所追求的利益为中心，简明扼要地向客户介绍产品能为客户带来的利益，满足客户的需要，达到正式接近客户目的的一种方法。利益接近法的接近媒介是产品本身的实惠，而主要方式是直接陈述，告诉客户购买推销品的好处。语言不一定要有惊人之处，但必须引起客户对产品利益的注意和兴趣，才能达到接近客户的目的。从心理角度讲，利益接近法符合客户的求利心理动机。人们总希望从购买活动中获得一定的利益，包括在一定程度上增加收入、减少成本、提高效益、保健身体等。利益接近法侧重渲染推销品能给客户带来的好处，符合客户追求利益和满足需要的心理，因而能引起客户的注意和兴趣，这是利益接近法的最大特点。如果推销员能够用精练的语言，把产品优点与客户最关心的问题和利益联系起来，往往能取得比较理想的效果。它主要适用于推销各种生产消费品或具有较大实惠的日用消费品，尤其适用于推销那些效益较大而又不为人所知的特殊产品。

【阅读资料】

一位文具推销员说："本厂出品的各类账册、簿记比其他厂家生产的同类产品便宜三成，量大还可优惠。"

"去年，高速公路上发生多起汽车事故，有28%的肇事原因是爆胎。"这是一位轮胎商行的推销员与客户谈话的开始，他利用具体事实说明利弊，以引起对方的注意。

某地一家涂料厂的推销员这样告诉客户："本厂生产的涂料每公斤8元钱，一个20平方米的房间，只用5公斤就够了，花费不到40元钱。"

一位保险公司代理在接近客户时，首先递给客户一张特制的600美元的支票副本，然后问道："您希望退休后每月收到这样一张支票吗？"客户承认非常希望如此，并要求告知详情。

一位冰淇淋供应商见面就问某冷饮店经理："您希望使您所出售的冰淇淋每加仑单位成本减少4角钱吗？"那位经理马上表示愿意知道其中的道理。

一位锅炉推销员对准客户说："使用我们的高效节能锅炉，将节约能耗30%，使您厂每年节省资金30万元。"

运用利益接近法时需要注意以下三个问题：

1. 推销员介绍产品优点以及能为客户带来的实质性利益，应本着实事求是的原则，如实宣传，切忌言过其实，蒙骗客户。

2. 推销员还必须有足够的证据证明其介绍情况的真实性，否则，就难以取得客户的信任。因此，推销员平时应注意搜集整理有关证明材料，包括各种技术性能鉴定书、经济效益鉴定书等文件，以备接近和面谈时使用。

3. 利益接近法主要适用于推销各种生产资料或效益重大而又不为人所知的产品。

六、赞美接近法

赞美接近法又称夸奖接近法或恭维接近法，是指推销员利用客户的求荣、求美的心理来引起注意和兴趣，进而转入洽谈的接近方法。这也是推销员接近客户最常用方法之一，因为人们在心情愉快的时候很容易接受他人的建议，推销员应抓住时机，积极引导推销活动。从理论上讲，只要有利于接近客户，推销员就应该多加赞美。在推销中，会遇到各种类型的客户，只要推销员不抱成见，不先入为主，总会找到一些可以赞美的地方，这就是推销学里的辩证法或称推销哲学。不过值得注意的是，赞美一定要找准"赞美点"，不可胡乱赞美他人，把缺点说成优点反而加剧了客户的不满；赞美一定要真诚，发自内心，只有来自心灵深处的赞美才具有感染力；赞美必须讲究艺术，通过幽默、诙谐的手段，言简意赅，赞美效果才能事半功倍。

【阅读资料】

从赞美开始

一个专门推销各种食品罐头的推销员说："陆经理，我多次去过你们商场，作为本市最大的专业食品商店，我非常欣赏你们商场高雅的店堂布局，你们货柜上也陈列了省内外许多著名品牌的食品，窗明几净，服务员和蔼待客，百问不厌，看得出来，陆经理为此花费了不少心血，可敬可佩！"听了推销员这一席恭维话语，陆经理不由得连声说："做得还不够，请多包涵，请多包涵！"嘴里这样说，心里却是美滋滋的。这位推销员用这种赞美对方的方式开始推销洽谈，很容易获得客户对自己的好感，推销成功的希望也大为增加。

推销员到客户家去见面，而对方有一个装修典雅的家，可以说："多么漂亮的家，您肯定花费了不少心思来布置吧？"

使用赞美接近法应注意以下三点。

（一）选择适当的赞美目标

推销员必须选择适当的目标加以赞美。就个人购买者来说，个人的长相、衣着、举止谈吐、风度气质、才华成就、家庭环境、亲戚朋友等，都可以给予赞美；就组织购买者来说，除了上述赞美目标之外，企业名称、规模、产品质量、服务态度、经营业绩等，也可以作为赞美对象。如果推销员信口开河，胡吹乱捧，则必将弄巧成拙。

（二）选择适当的赞美方式

推销员赞美客户，一定要诚心诚意，要把握分寸。事实上，不合实际的赞美和虚情假意的赞美，只会使客户感到难堪，甚至导致客户对推销员产生不好的印象。对于不同类型的客户，赞美的方式也应不同。对于严肃型的客户赞语应自然朴实，点到为止；对于虚荣型客户，则可以尽量发挥赞美的作用。对于年老的客户，应该多用间接、委婉的赞美语言；对于年轻的客户，则可以使用比较直接、热情的赞美语言。

（三）并不是所有的客户都乐于接受推销员的赞美

就是同一个客户，在不同的推销环境里，在不同的心境下，对相同的赞美方式也会有完全不同的反应。事实上，有些客户喜欢表现自己，尤其是在别人面前加以炫耀，这类客户希望得到推销员的赞美，推销员冷落这类客户便等于冷遇自己；有些客户不愿意推销员评头论足、说三道四，尤其不喜欢推销员触及自己的个人或家庭私事，认为推销员的所谓赞美只不过是一种愚弄客户的手段而已。因而，对推销员的赞美不以为然，甚至十分反感。

七、求教接近法

求教接近法又称请教接近法、讨教接近法、商量接近法或咨询接近法，是指推销员利用向客户请教问题的机会，以达到接近客户目的的一种方法。求教接近法对那些涉足推销生涯不久的推销员来说，是一个比较好的方法。但在具体运用时，要美言在先，求教在后，并虚心诚恳、多洗耳恭听。

在实际推销工作中，推销员可能要接近某些个性高傲的客户，这类客户自高自大，目空一切，唯我独尊，很难接近。但是，一般来说，客户不会拒绝虚心求教的推销员。这类客户喜好奉承，推销员若能登门求教，自然会受欢迎。

【阅读资料】

如何请教

"张厂长，您是著名的农民企业家，在管理乡镇企业方面很有一套，我是否可以向您请教有关刚创办不久的乡镇企业应如何推销自己的产品的问题？"

"赵工程师，您是电子方面的专家，您看看我厂研制投产的这类电子设备在哪些方面优于同类老产品？"

"马厂长，您是现代企业管理的专家，今天特地前来向您请教几个有关提高经济效益方面的问题，请多加指教。"

"梅小姐，在您真人面前，我不说假话，就化妆知识而言，您是第一流的专家。有关这几种化妆品的使用方法，请您当面指教！"

"肖工程师，您搞了几十年的建筑设计，这种新型建筑材料的特点，您一定很熟悉，请您详细介绍一下。"

求教接近法对那些刚涉足推销生涯不久的年轻人来说，是一个比较好的方法。但在具体运用这种方法接近客户时，应注意以下三个问题。

（一）美言在先，求教在后

推销员事先要对客户的专业水平及其特长有一定的了解，并加以肯定和赞美，然后再提出与所推销的产品有关的问题向客户请教。其实，求教本身就是对客户的一种抬举。若客户果真为人师表，谦虚谨慎，推销接近的目的就容易达到。

（二）求教在前，推销在后

在使用求教接近法时，推销员必须认真计划，使求教的问题与推销工作紧密地联系起来，以便在引起客户的注意和兴趣之后顺利转入面谈。

（三）虚心诚恳，洗耳恭听

在向客户求教时，推销员应该虚心学习，耐心听讲。提出问题之后，推销员应尽量做到只听不讲，客户说的话越多，就越容易接近。在实际推销工作中，有些推销员养成了一些不好的习惯，只顾自己讲话，不让客户发言，这是极端愚蠢的做法。更有些推销员自吹自擂、自以为是、贬低同行，使客户十分反感。因此，在任何情况下，推销员都必须保持谦逊的态度，多赞美他人，多听客户讲话。

求教接近法在产业用品的推销中采用得较多。因为在推销产业用品时，其推销对象大多数都是具有一定的专业知识，了解所需的生产资料的性能、特征、质量等有关方面知识的人员。因此，推销员如果以求教的方式去接近推销对象，不仅能够满足客户被尊重的心理需要，也容易受到欢迎。

八、产品接近法

产品接近法又称实物接近法，是指推销员直接把产品、样本、模型摆在客户面前，以引起客户的注意与兴趣，进而导入面谈的接近方法。产品接近法的接近媒介就是推销品本身。让产品先接近客户，让产品做无声的介绍，让产品默默地推销自己，这是产品推销法的最大优点。产品接近法也是推销员与客户第一次见面时经常采用的方式。从心理角度讲，产品接近法符合客户认识和购买产品的心理过程。人们在决定购买之前总希望彻底了解产品及其各种特征，包括产品的用途、性能、造型、颜色、味道、手感等。有些客户还喜欢亲手触摸和检查产品，甚至动手试试，或者干脆拆开，看个究竟。产品接近法正是利用了一般消费者的上述心理，给客户提供了亲手操作产品的机会，充分调动客户的积极性，直接引起客户的注意和兴趣。因为这种做法更符合客户的认知与购买心理，接近客户的效果也比较好。

当然，在利用产品接近法时，其产品必须符合四个条件：

1. 产品本身必须具有一定的吸引力，有区别于一般产品的特色，能够引起客户的注意和兴趣，才能达到接近客户的目的；

2. 产品本身必须精美轻巧，便于推销员访问时携带，也便于客户操作或摆弄；

3. 推销品必须是有形的实物产品，可以直接作用于客户的感官；

4. 产品本身必须质地优良，经得起客户反复接触，不易损坏或变质。

【阅读资料】

过硬的产品是最好的广告

有一家橡胶轮胎厂的推销员到汽车制造公司去推销产品，他们随车带去了该厂生产的 50 多个品种的汽车轮胎，还有刚刚投放市场的最新式的子午线轮胎。进了对方厂门以后，他们并不做过多的口头宣传，只求汽车公司总经理看看随车带来的满满一汽车轮胎，琳琅满目、应有尽有，最后对方拍板与该厂签订了长年订货合同，汽车公司生产的汽车全部采用这家橡胶厂的轮胎。

【阅读资料】

"煮"出来的大市场

20 世纪 80 年代末，河南洛阳春都火腿肠就是用产品接近法打入东北市场的。

在春都火腿肠上市时，全国市场上充斥着用肥肉和大量淀粉做原料的所谓鱼肠、玫瑰肠，人们把春都火腿肠也误以为是这种一煮就烂的香肠，所以销路很不好。主管销售的副厂长雷志钦别出心裁地带上酒精炉和铝锅来到哈尔滨，找到当地最大的一家副食商场负责进货的领导和有关人员，二话不说，先点火烧水，然后把自己带的火腿肠切成薄片放在锅里煮。大约半个小时后满屋飘香，雷志钦才熄火动筷，夹出完好无损、粉红鲜亮的火腿肠请大家品尝。这时人们才认识到春都火腿肠确实质量过硬。那家副食品商场当场订货，其他经营单位也纷纷要求订货。东北终于成为春都火腿肠"煮"出来的第一个大市场。

九、调查接近法

调查接近法是指推销员利用调查研究某些问题的机会，以征求意见的方式，上门访问用户、接近客户的一种方法。由于这种方法隐蔽了推销产品这一目的，因而很容易为客户接受。在许多情况下，无论推销员事先如何进行准备，总有一些无法弄清的问题。因此，在正式洽谈之前，推销员必须进行接近调查，以确定客户是否可以真正受益于推销品。

在具体的应用过程中，推销员可以直接向客户提出调查研究的要求，说明调查的目的。如调查目的主要是了解所推销的产品是否符合客户的愿望和满足客户的需求，是否能解决客户的问题等。也可以间接地向客户提出调查要求，但不提出推销产品的目的，然后，根据调查的结果，再确定是否向客户推销产品。

采用调查接近法接近客户需要注意以下三个问题。

（一）突出推销重点，明确调查内容，争取客户的支持和协助

从理论上讲，任何对象都可以进行调查。但是，在实际推销工作中，推销员必须分析推销环境，拟定推销重点，开展有针对性的调查。如果推销员事先不明确调查的具体对象和内容，客户便无法提供方便和协助，也更容易找借口加以拒绝。因此，推销员在正式接近客户之前就应确定具体的调查项目，使客户相信这个调查是推销员提供最佳服务的必要前提，争取客户的信任和支持。

（二）做好调查准备，消除客户的防范心理，达成接近客户的目的

一般来说，客户对于任何外来访问人员都存有戒心，对于所谓调查人员更是小心提防。在这种情况下，推销员应该做好准备，找到客户能够接受的调查理由，消除客户害怕信息泄密的心理，确保调查得以进行。为了消除客户的防备心理，有些推销员往往假装外行，使客户感到这位推销员看不出什么门道，或者以某种特定的身份出现，甚至请中立的机构做调查。

（三）运用适当的调查方法，确保顺利接近客户

明确了调查的具体目标，还必须采用合适的调查方法，才能达到接近客户的目的。在实际推销工作中，接近对象不同、调查内容不同，调查方法也应有所区别。

总之，调查接近法作为一种比较可行的接近方法，既是为生产厂家服务，也是为消费者服务；既有利于推销员收集市场情报，又有利于客户获得最佳的推销服务。

十、表演接近法

表演接近法又称戏剧接近法或马戏接近法，是指推销员利用各种戏剧性表演技法引起客户的注意和兴趣，进而转入洽谈的接近方法。在推销中，表演术、经营术、招徕术均是一种容易引起客户注意和兴趣的技能。表演接近法是一种比较传统的推销接近方法，如街头杂耍、卖艺等都采用现场演示的方法招徕客户。作为一种比较古老的推销术，至今仍有一定的作用。

【阅读资料】

一个推销员进入客户的办公室后，彬彬有礼地向主人打过招呼，然后指着一块粘着污垢的玻璃说："让我用新投放市场的玻璃清洁剂擦一下这块玻璃。"果然，涂上这种清洁剂可以毫不费力把玻璃擦洗干净。这一番表演立即引起了客户的兴趣，纷纷上前打听推销员手中的新产品。

【阅读资料】

"我可以使用一下您的打字机吗？"一个陌生人推开门，探着头问。在得到主人同意后，他径直走到打字机前坐了下来，在几张纸中间，他分别夹了八张复写纸，并把它卷进了打字机。"您用普通的复写纸能复写得这么清楚吗？"他站起来，顺手把纸分给办公室的每一位，又把打在纸上的字句大声朗读了一遍。毋庸置疑，来人是上门推销复写纸的推销员，疑惑之余，主人很快被这种复写纸吸引住了。

在利用表演接近法的时候，为了更好地达成交易，推销员应注意以下几点：

1. 要分析客户的兴趣爱好、业务活动，扮演各种角色，想方设法接近客户，或者到客户经常逗留的地方等待，或者在客户需要帮助的时候出现。

2. 表演必须具有一定的戏剧性效果，足以引起客户的注意和兴趣。对待不同的客户，应采用不同的表演手段。推销表演的目的在于接近客户和说服客户。

3. 表演必须自然合理，打动客户。推销员必须选择有利时机出场，剧情安排合理，表演自然，才能吸引客户。如果表演过分做作，可能引起客户的反感，达不到目的。

4. 在利用表演接近法时，推销员要设法让客户参与演出，成为其中的一名演员，甚至是主要角色，这样才能引起客户的注意和兴趣，深深地打动客户，从而顺利转入面谈阶段。

5. 剧中所使用的道具最好是推销品及其他与推销活动有关的物品，以利于推销工作的正常进行，有效地促成交易。从理论上讲，推销技术既包括科学方法，也包括各种艺术手段。对于某些难以接近的客户，可以利用表演接近他们，这样避免正面接触，绕过明显的接近障碍，曲径通幽，兜着圈子去接近客户，这就是表演接近法的最大优点。

十一、搭讪与聊天接近法

搭讪与聊天接近法是指推销员利用各种各样的机会主动与客户打招呼，与之闲聊，并由此转入推销面谈的与客户接触的一种方法。当推销员实在没有其他更好的办法与潜在客户接触时，就可采用搭讪与聊天的办法接近客户，从闲聊的话题开始，待有了一定了解后，再说明自己的推销员身份，然后开展实质性的推销活动。采用搭讪与聊天接近法接近客户时，应注意以下四个问题。

（一）找准客户

采用搭讪与聊天接近法不会很快进入推销程序。有时要用很长时间追踪与寻找机会，要花费较多精力，因此一定要选准客户。

（二）选准时机

只有客户有充裕的可自由掌握的时间，如散步、闲坐、观景等，又无其他人打搅，才是推销员与客户搭讪的最好时机。

（三）积极主动

推销员在看准时机后，就应该主动与客户交谈，搭讪时话题要自然，不可贸然行事，否则就难以达到接近客户的目的。由于接近客户只是创造机会，所以搭讪时给客户的印象也很重要。

（四）尽量紧扣主题

在闲聊时要注意到，闲聊的话题与自己的目的不能相距太远。在与客户搭讪后，要自然地进入闲聊状态，但要注意谈话的内容不能漫无边际，推销员应把握适当的机会，尽快转入推销的主题。

十二、震惊接近法

震惊接近法是指推销员利用某种令人吃惊或震撼人心的事物来引起客户的注意和兴趣，进而转入洽谈的接近方法。

在实际推销工作中，推销员的一句话，一个动作，都可能令人震惊，引起客户的注意和兴趣。如果推销员利用客户震惊后的恐慌心理，适时提出解决的方案，往往会收到良好的效果。

【阅读资料】

令人震惊的事实

某人寿保险推销员弄到一位客户的照片，请摄影师加以修描，使照片里的主人看起来更衰老。推销员走进那位准客户的办公室，递上那张修描过的照片，问道："先生，今天您打算为这位老人做点什么呢？"

还有一位人寿保险推销员利用一项统计资料接近客户："据官方最近公布的人口统计资料，目前有一件值得人们关切的事实：平均有90%以上的夫妇，都是丈夫先妻子而逝，因此，您是否打算就这一事实早做适当安排呢？最安全可靠的办法，当然是尽快买下合理的保险。"

（资料来源：邱训荣. 推销技巧［M］. 南京：东南大学出版社，2004.）

推销员在使用这种方法时应该特别注意以下几个问题：

1. 推销员利用有关客观事实、统计分析资料或其他手段来震撼客户，应该与该项推销目的有关。如果为了震惊而震惊，就会转移客户的注意和兴趣，甚至引起客户的反感，无法达到接近客户的目的。

2. 推销员震惊客户，必须结合客户的特征，仔细研究具体方案。有些客户见多识广，有些客户孤陋寡闻，有些客户思想敏锐，有些客户反应迟钝，有些客户麻木不仁，有些客户固执已见，而且一般客户都对推销员持怀疑或防卫的心理态度，轻易不流露动心之意。因此，推销员要认真分析客户个性特征，设计适当的接近办法，确保所用办法绝对成功，真正做到触目惊心，达到接近客户的目的。

3. 推销员震惊客户，应该掌握震惊分寸，适可而止，令人震惊而不引起恐惧。在现实生活中，存在着许许多多足以令人惊心动魄的事实。推销员应该实事求是，揭示现实问题，启迪人们思考。不可过分恐吓客户，以免引起客户的反感和厌恶情绪；推销员可以引证有关事实，但不可滥用客户所避讳的某些语言和行为；推销员可以引起客户思索，却不能给客户造成痛苦。

4. 必须讲究科学，尊重客观事实。切不可为震惊客户而过分夸大事实真相，更不应信口开河。

总之，震惊接近法作为一种比较有效的接近方法，对于少数顽固不化、漫不经心、满不在乎、自命不凡、不震不惊的客户来说不是十分有效。

十三、连续接近法

连续接近法，又称重复接近法、多次接近法或回访接近法，是推销员利用第一次或上一次接近时所掌握的有关情况实施第二次或下一次接近客户的一种接近方法。在推销中，有些客户一次接近就可以成交，有些客户则需要多次接近才能转入实质性的推销洽谈。

【阅读资料】

神谷卓一的接近客户技巧

TOYOTA（丰田）的神谷卓一曾说："接近客户，不是一味地向客户低头行礼，也不是迫不及待地向客户说明商品，这样做，反而会引起客户逃避。当我刚进入企业做一个新销售人员时，在接近客户时，我只会销售汽车，因此，在初次接近客户时，往往无法迅速打开客户的心。在无数次的体验揣摩下，我终于体会到，与其直接说明商品不如谈些有关客户太太、小孩的话题或谈些乡里乡亲的事情，让客户喜欢自己才是销售业绩的关键，因此，接近客户的重点是让客户对一位以销售为职业的销售人员抱有好感。"

（资料来源：徐健. 有效商务沟通（光盘讲义）［M］. 北京：中国国际广播音像出版社，2008.）

　　总之，接近是推销过程中的一个重要环节，能否成功地接近客户，是决定整个推销工作能否成功的第一步。寻找客户是为接近指明方向，而识别客户、约见客户都是接近的前奏。推销员应灵活运用各种接近的方法，以不同的方式去接近不同类型的客户。接近的方法很多，最重要的是推销员要保持良好的心境与态度，关心客户，取得客户的好感和信任，这样推销工作才能顺利地开展下去。

【本章小结】

　　接近客户前的准备简称接近准备，是指推销员在接近某一特定客户之前所进行的工作，是进一步了解、掌握、分析客户情况而进行的预先准备的过程。它是客户资格审查的继续。准备阶段的中心是资料的收集和整理，包括推销员要不断收集、整理、分析准客户的情况，准备好推销约见、接近、洽谈及成交所需要的资料。

　　约见是购销双方的首次接触，是推销进入面谈阶段的基础，它作为现代推销活动的重要环节，对今后的洽谈成功发挥着非常重要的作用。约见活动概括起来就是"4W1H"。常见的约见方法主要有：电讯约见、信函约见、当面约见、委托约见、广告约见、网上约见。

　　在不同的推销活动中，推销员在正式接近客户时，要运用不同的技巧，使客户认为有必要继续商谈，绝不能千篇一律。接近客户的方法主要有：介绍接近法、问题接近法、好奇接近法、馈赠接近法、利益接近法、赞美接近法、求教接近法、产品接近法、调查接近法、表演接近法、搭讪与聊天接近法、震惊接近法、连续接近法。

【思考与练习】

　　1. 主要概念

　　约见客户　接近客户　介绍接近法　好奇接近法　馈赠接近法　利益接近法赞美接近法　求教接近法　产品接近法

　　2. 复习思考题

　　（1）为什么要约见客户？

　　（2）约见客户应做好哪些准备？

　　（3）约见包括哪些内容？

　　（4）各种约见方法分别有哪些优缺点？

　　（5）通过电话进行约见时，最需要注意哪些问题？

　　（6）接近客户的目的是什么？

　　（7）接近客户前的准备工作的必要性表现在哪些方面？

　　（8）接近客户的技巧有哪些？

　　（9）使用各种接近客户的技巧时应分别注意哪些问题？

　　（10）试以某一件具体产品为例，举出五种以上接近客户的方法。

【技能训练】

　　1. 课堂实训

实训主题："寻找客户、约见客户、接近客户的预先策划"。推销品为：一种新型高灵敏度车用 GPS 装置。该装置具有性能稳定、可靠、灵敏度比市场上现有同类型产品高、价格比同类产品低 5%、抗干扰能力比同类产品提高一倍。也可自己选择一种推销品。

目的：训练学生"寻找客户、约见客户、接近客户"的策划能力技能。

时间：每小组 3～5 分钟。

组织：每 5 人一个推销小组，一个小组介绍自己的策划，其他小组做评委，根据自己对课堂内容的理解现场提问和评论，讲解小组答辩。

环境与设备：可使用投影仪及摄像头等多媒体设备实时监控和回放。

2. 课外实训

任务：自己选择一种推销品，进行实际的"寻找客户、约见客户、接近客户"的推销实践。

目的：培养学生的实际动手能力。

要求：可以小组为单位，也可以个人为单位。对推销过程作详细记录，写出简要书面总结。

考核点：寻找客户的范围、约见客户的时间地点、接近客户的方法和取得的效果。

3. 案例分析

案例一：

高利是现代商业集团的销售人员。该公司提供一系列商业保险计划，尤其擅长满足中小型公司的需求。虽然他们的服务非常出色，但是，高利发现其很难与客户成功进行约见。人们好像根本就不愿意讨论有关保险的问题，他们一听说高利是保险公司的销售代表，就会找理由拒绝与他见面。

高利清楚他的公司能为中小型公司制订出非常优秀的保险计划。但是，问题在于他无法安排一次见面来阐明这些好处。高利从以往的经验中发现在要求约见的电话中流露出来的信息越少，约见被安排成功的可能性就越大。高利逐渐喜欢通过电话来安排约见时间。下面是一个安排约见的请求：

"早上好，先生（或女士）。我是高利，是现代商业集团的销售代表。我给您打电话是希望能讨论一下我们公司所提供的服务，这可以为您的公司省下很多钱。我希望能与您当面讨论一下这件事。星期二上午十点钟怎么样？或者周三下午两点半？"

高利可以通过上面的方式安排一些约见。但是，在某些情况下，就会有这样那样的反对意见。下面就是一些典型的反对意见：

"你为什么不寄一些有关的文字资料给我们呢？"

"你是保险公司的吗？我们已经保过险了。"

"你能向我简单介绍公司的服务吗？我很忙，要看看是否值得当面谈！"

"是有关保险的问题吗？我们已经买不起保险了。"

"你可以写封信来介绍一下你们的服务，我们会给你回信的。"

问题：

（1）你对高利的电话联系方式有何看法？如何进行改进？

（2）如果高利决定以信件方式安排约见，请为他写一封约见信件。

（3）高利可否采用突然拜访的形式？

案例二：

试分析下面有关产品推销的 6 个实例各采用了什么吸引客户注意的方法？

（1）门铃响了，一个衣冠整齐的人站在大门的台阶上。当主人把门打开时，这个人问道："家里有高级的食品搅拌器吗？"男人怔住了，这突然的一问使主人不知怎样回答才好。他转过脸来和夫人商量，夫人有点窘迫但又好奇地回答说："我们家有一个食品搅拌器，不过不是特别高级的。"推销员回答说："我这里有一个高级的。"说着，他从提包里掏出一个高级食品搅拌器。如果客户承认他缺少某种产品，推销是可以借题发挥的。假如这个推销员改变一下说话方式，一开口就说："我来是想问一下你们是否愿意购买一个新型食品搅拌器？"或者"您需要高级食品搅拌器吗？"你想一想，这种说法的推销效果又将会是如何呢？相比之下，两种不同方式的问话，效果是大有区别的。

（2）一个过去从事推销各种家庭日用品的推销员现在改为推销真空吸尘器。自他参加推销工作以来，他总是成功地用一句话就可以引起客户的注意。这一句话是："我能向您介绍一下怎样才能减轻家务劳动吗？"

（3）加德纳正准备把他的汽车开进库房。由于近来天气很冷，斜坡道上结了厚厚的一层冰，给行车驾驶带来了一定困难。这时候，一位懂文明讲礼貌的过路行人顺势走过来提供帮助，他又是打手势又是指方向，在他的帮助下，汽车才顺利地绕过了门柱。他凑过来问加德纳："你有拖绳吗？"加德纳回答说："没有。"然后加德纳又补充道："可能没有。不过，我一直想买一条，但总是没有时间。怎么啦？是否你的汽车坏了？"过路人回答说："不是的，我的车没有坏，但我可以给你提供一条尼龙拖绳。经试验，它的拉力是 5 吨。"这个过路人的问话即刻引起了加德纳的注意，并且使他意识到他确实需要一条拖绳。这个过路人采用这种方法销售了很多拖绳。

（4）一个推销各种进口食品罐头的推销员说："罗兰先生，我一直很欣赏你们的橱窗。你们购置了很多高质量的产品。在城市里，你们一定有一流的超级市场。"听了这些话，罗兰先生洋洋得意地点头表示同意。用这样的方式开始销售谈话，推销员就很有可能使客户对他推销的罐头食品感兴趣并且向他订货。

（5）一个推销员把一块透明塑料布的样品递给一个汽车经销商，然后对他说："请你摸一摸这块塑料布，试试能否把它撕烂？"这个经销商有辆新车存放在露天存车场。推销员是建议他用塑料布把汽车分别盖起来，防风沙、防雨淋以保护汽车。塑料布不容易撕烂当然是盖车的好材料，但让客户亲自检验一下质量，就会引起客户的注意，坚定他购买的决心。

（6）推销员马休正想以老套话"我们又生产出一些新产品"来开始他的销售谈话，但他马上意识到这样做是错误的。于是，他改口说："班尼斯特先生，如果一笔生意能为你节省很多钱，你会有兴趣吗？""我当然感兴趣了，你说吧！""今年秋天，香料和食品罐头的价格最起码要上涨 20%。我已经算好了今年你能出售多少香料和食品罐头，我告诉你……"然后他就把一些数据写了下来。多少年来，他对客户的生意情况非常了解，这一次，他又得到了客户很大一笔订货。

案例三：

推销收银机——不同的接近方式

业务代表 A：你好，我是希望公司的业务代表王小东。在百忙中打扰你，想要向你请教有关贵商店目前使用收银机的事情。

商店老板：你认为我店里的收银机有什么毛病吗？

业务代表 A：并不是有什么毛病，我是想是否已经到了需要更新的时候。

商店老板：对不起，我们暂时不想考虑换新的。

业务代表 A：不会吧！对面周老板已更换了新的收银机。

商店老板：我们目前没有这方面的预算，将来再说吧！

业务代表 B：刘老板在吗？我是希望公司业务代表陈丹，经常经过贵店，看到贵店生意一直都是那么好，实在不简单。

商店老板：你过奖了，生意并不是那么好。

业务代表 B：贵店对客户的态度非常亲切，刘老板对贵店员的教育训练一定非常用心，对街的张老板，对您的经营管理也相当钦佩。

商店老板：张老板是这样说的吗？张老板经营的店也是非常的好，事实上，他一直是我学习的对象。

业务代表 B：不瞒你说，张老板昨天换了一台新功能的收银机，非常高兴，才提及刘老板的事情，因此，今天我才来打扰你！

商店老板：啊？他换了一台新的收银机？

业务代表 B：是的。刘老板是否也考虑更换新的收银机呢？目前你的收银机虽也不错，但是新的收银机有更多的功能，速度也较快，这将有效缩短客户的排队时间，因而会更喜欢光临你的店。请刘老板一定要考虑这台新的收银机。

（资料来源：易凯刚. 现代推销学［M］. 上海：上海财经大学出版社，2004.）

问题：

结合案例和理论知识，分析业务代表 B 接近成功和代表 A 接近失败的原因，并回答此案例对我们的推销接近有什么启示？

第六章
推销洽谈技术

【导入案例】

超级销售员

一个乡下来的小伙子去应聘城里一家百货公司的销售业务员。老板问他："你以前做过销售员吗？"他回答说："我以前是村里挨家挨户推销的小贩。"老板喜欢他的机灵："你明天可以来上班了。等下班的时候，我会来看一下。"

一天的光阴对这个乡下来的穷小子来说太长了，而且还有些难熬。但是年轻人还是熬到了5点，差不多该下班了。老板真的来了，问他说："你今天做了几单买卖？"

"一单。"年轻人回答说。"只有一单？"老板很吃惊："我们这儿的售货员一天基本上可以完成20单到30单生意呢。你卖了多少钱？""30万美元。"年轻人回答道。

"你怎么卖到那么多钱的？"目瞪口呆，半晌才回过神来的老板问道。

"是这样的，"乡下来的年轻人说，"一个先生进来买东西，我先卖给他一个小号的鱼钩，然后是中号的鱼钩，最后是大号的鱼钩。接着，我卖给他小号的鱼线，中号的鱼线，最后是大号的鱼线。我问他上哪儿钓鱼，他说海边。我建议他买条船，所以我带他到卖船的专柜，卖给他长20英尺有两个发动机的纵帆船。然后他说他的大众牌汽车可能拖不动这么大的船。我于是带他去汽车销售区，卖给他一辆丰田新款豪华型'巡洋舰'。"

老板后退两步，难以置信地问道："一个客户仅仅来买个鱼钩，你就能卖给他这么多东西？"

"不是的。"乡下来的年轻售货员回答道："他是来给他妻子买卫生棉的。我就告诉他'你的周末算是毁了，干吗不去钓鱼呢？'"

（刘明光. 超级销售员：一个和钓鱼有关的故事 [EB/OL]. 网易博客，2009 - 06 - 25.）

【教学目标】

通过本章的学习，要求学生明确推销洽谈的基本概念、目标和方法；熟悉推销洽谈的原则和程序；理解推销洽谈的策略及其适用条件和运用时应注意的问题；掌握推销洽谈中的语言、行为、倾听等方法与技巧。

第一节　推销洽谈概述

在与客户接近之后，推销员的下一个步骤就是进行推销洽谈。推销洽谈过程是推销成功与否的重要环节，在推销洽谈过程中，不仅要学会把握客户的心理，同时还要注重洽谈的方式和方法以及各种技巧。在整个推销过程中，推销洽谈是实现成交的艺术和手段。洽谈的效果如何，客户买与不买，最后能否实现交易，往往取决于推销员在洽谈中的表现，即关键在于推销洽谈是否成功。

一、推销洽谈的内涵

推销洽谈也称推销面谈，是买卖双方为实现推销品或服务的交易，就各种交易条件进行的协商活动。在信息高度发达的现代，推销洽谈不一定是指面对面的洽谈。推销洽谈是指推销员运用各种方式、方法向客户传递信息，沟通思想，使客户对商品的兴趣上升到强烈的购买欲望并说服客户购买推销品的过程。它是一种自愿互利的行为。因此，推销洽谈的目的是推销员向客户全面介绍企业及商品情况，使客户能较好地了解商品，认识并喜爱商品，解除客户的疑虑与异议，并产生购买欲望。推销洽谈的手段是说服。推销员必须借助于思维、语言、文字、体态等来传递和交流信息，通过摆事实、讲道理，以理服人的说服活动来实现洽谈的目的。

（一）推销洽谈的内容及特点

推销洽谈的内容就是推销过程中所涉及的各种关键事项（或交易条款），包括推销品和服务的品名、特性、价格以及收发货等事项，围绕这些事项所进行的洽谈就构成了推销洽谈的核心内容。

推销洽谈的特点表现在以下几个方面：第一，推销洽谈是互惠互利而进行的沟通和协商（物质和精神满足）；第二，推销洽谈是有规律可循的经济活动；第三，推销洽谈也是洽谈双方感情联络的过程。

（二）推销洽谈的目标

推销洽谈的核心目标在于，想方设法地激发客户的购买欲望，从而产生拥有这种商品的感情冲动，即在心中燃起购买之火。如果客户仅仅注意到了商品，产生了一定的兴趣而无购买欲望，则很难发生购买行为。为了激起客户的购买欲望，推销洽谈时必须实现以下目标：

1. 介绍情况，传递信息

推销洽谈的首要目标是向客户介绍有关推销品的情况，比如，是什么商品，有什么特点，功能如何，怎样使用，适合于什么样的人使用等，向客户清楚地表达出来，使客户对商品有明确的认识，这样才能激发客户的购买欲望。要让客户准确地接收商品信息，有时很容易，有时难度很大。这既与商品有关，如商品结构的复杂性、使用的难易性、优点的明显性等，也与客户的理解能力、是否有广告配合等因素有关。优秀的推销员能通过生动的说明、简明的介绍、演示技巧以及各种推销辅助器材准确地将信息传递出去，并让客户受到感染，增强洽谈的说服力，从而产生购买的念头。

2. 诱发购买动机，展示客户利益

购买行为受购买动机支配，推销员在洽谈中应努力诱发客户的购买动机，必须了解客户的基本需要，尽量满足客户的需求，同时告诉客户该商品能给客户带来哪些利益，如生理上的、安全上的、经济利益上的等。这些利益展示得越充分，客户

拥有它的欲望就越强，说服效果就越好。

3. 增强注意和兴趣，强化购买欲望

客户的注意和兴趣是产生购买欲望的基础。推销员在洽谈阶段应特别注意自始至终保持客户的情绪和兴趣，让客户有考虑选购的余地，要注意向客户推销洽谈的内容和方式方法，要多动脑筋，使客户作出购买行为。

4. 解答问题，处理异议

推销洽谈是推销员与客户之间反复双向沟通的过程。洽谈中客户会提出各种各样的问题或异议，推销员必须解答和处理，从而消除疑虑或异议，促使客户作出购买的决定。

【案例 6 - 1】

通过算账消除异议

我国某进出口公司（以下简称我方）与外商洽谈出口一批劳动密集型产品，我方报价为每箱 365 美元。外商提出，他们之所以来中国订购商品是因为考虑到中国劳动力比较便宜，价格也一定会比国际市场低，想不到中国公司的报价几乎与国际市场的完全一样，因此怀疑我方是否在趁机谋求暴利。我方解释说，中国劳动力便宜是个事实，但由于工厂设备并不先进，因此产品基本上都靠手工完成。我方每加工一箱产品所花费的工时大约是国外的三倍，也就是每个工人要花 15 天左右的时间加工一箱，而其他国家的劳动力虽然昂贵，但大量采用了机器设备也就大大地减少了工时，节省了劳动力的投入。此外，中国所用的原料是进口原料中精选出来的，原料成本相对高于国外同类产品。紧接着，我方又指出：尽管在价格上我国产品与其他国家的产品相同，但是用手工加工的产品在质量上要大大优于机器加工的产品，因此无疑会给对方的销售带来额外的利润。这番话使作为专营这类产品的外商确信无疑。

（资料来源：黄锡光. 国际商务谈判技巧［M］. 上海：华东理工大学出版社，1994.）

二、推销洽谈的原则

（一）自愿性原则

自愿性即平等自愿、协商一致。平等自愿、协商一致是商品交换的基本准则。在商品交换过程中，交易双方无论其实力的强弱、规模的大小，其交易地位是平等的；交易双方之所以能进行洽谈，是因为双方都需要对方来满足自己的某种需求，是自愿走到一起的。因此，交易双方在进行洽谈时必须遵循平等自愿、协商一致的原则，都致力于交易方案的达成与解决。

（二）有偿性原则

有偿交换、互利互惠是商品交换的又一基本准则。在市场经济条件下，有偿互利是实现交易的前提，推销洽谈必须遵循这个准则。推销活动中要兼顾买卖双方的利益，不能强迫甚至向对方施压逼迫其购买，不能因为眼前的利益而损害了企业的长远利益和整体利益，否则，得不偿失。

（三）针对性原则

针对性原则是指推销洽谈要服从推销目标，使洽谈具有明确的针对性。洽谈应服从于推销的目的，坚持针对性原则，要求推销员做到：第一，针对客户的购买目的和动机开展洽谈。客户的购买目的在于追求推销品的使用价值，其购买动机多种多样，有求名利的，有求实效的，有求美观的，等等。在洽谈中，推销员应就推销品的使用价值及针对客户的具体行动进行推销。第二，针对客户的个性心理开展洽谈。客户的心理千差万别，而客户个性心理对推销洽谈的影响不容忽视。只有因人而异采用不同的洽谈策略，才有可能取得洽谈的实绩。第三，针对推销品的特点展开。推销员应根据特定的商品设计洽谈方案，突出产品特色，增强洽谈的说服力，要推销与众不同的观念和产品，扬长避短，达到将产品推销出去的目的。

（四）鼓动性原则

推销洽谈是说服的艺术，也是鼓励的艺术，洽谈成功与否，关键在于推销员能否有效地说服和鼓励客户。鼓动性原则是指推销员要在洽谈中用自己的信心、热情和知识去感染、激励客户，促使客户采取购买行动。客户的购买行为是由需求、对商品的感受程度、购买习惯、个人意志等因素促成的，这些因素相互影响、相互作用。因此，推销员在洽谈中应做到：第一，让客户明白，你所推销的产品正是客户急需的。第二，让客户明白，他购买你所推销的产品后可以从中得到各种利益与满足。第三，以自己的信心、热情、知识去鼓舞和感染客户。推销员要自信，热爱本职工作，熟悉业务，热情高涨，因为客户的情绪往往受推销员的影响和感染，推销员以极大的热情、鼓动性的推销语言去感染客户，以激发其购买热情。

【案例6-2】

土著谈判专家

著名国际谈判专家荷伯·科恩在他所著的《谈判与人生》一书中，记录了他的一次亲身经历。一次他与妻子到墨西哥旅游，妻子想到商业区观光，荷伯·科恩却说："那是一个坑骗旅游者的地方，我们来游玩的目的是领略一种不同的文化风俗，参观一些未见过的东西，接触一些尚未被污染的人性，亲身体会一下真实，遛遛这些人如潮涌的街道。如果你想进商业区的话，你自己去吧，我在旅馆等你。"

荷伯·科恩说着，就独自向旅馆走去。当他穿越人潮起伏的马路时，看到在相距很远的地方站着一个当地的土著居民。荷伯·科恩走近他，看见这人在大热的天气里身披几件当地的披肩毛毯独自叫卖："1 200比索！"

"他在和谁说话呢？"荷伯·科恩问自己，"绝对不是对我说！首先，他怎么知道我是一个旅游者呢？其次，他不知道我在暗中注意他。"

于是，荷伯·科恩加快了脚步，装出一副没有看见的样子，甚至对小贩说："朋友，我确实佩服你的主动、勤奋以及坚持不懈的精神，但是，我不想买披肩毛毯，请你到别处卖吧。你听懂了我说的话吗？"

"是的。"小贩答道，这说明他听懂了。

荷伯·科恩继续往前走，却听到身后仍然有脚步声。原来，小贩一直跟着他，就像两人系上了链条一样，他一次又一次地叫道："800比索！"

荷伯·科恩有点生气了，开始小跑，但是小贩紧跟着一步不落，这时，他已经降到600比索了。到了十字路口，因车辆横断了马路，荷伯·科恩不得不停住了脚步，小贩却仍然在唱他的独角戏："600比索，500比索，好吧，400比索！"

这时候，荷伯·科恩又热又累，身上直冒汗。小贩紧跟着他使他很生气，荷伯·科恩气呼呼地说："我告诉你我不买！别跟着我了！"

小贩从荷伯·科恩的神态和声调中听懂了他的话。"好吧，你胜利了。"他回答说："只对你。200比索！"

"你说什么？"荷伯·科恩叫道。此时，他对自己说的话也吃了一惊，因为他压根儿没有打算买披肩毛毯。

"200比索！"小贩又重复了一遍。

"给我一件，让我看看。"

又是一番讨价还价，小贩的最终要价是170比索。荷伯·科恩从小贩口中得知，在墨西哥的历史上以最低价格买到一件披肩毛毯的是一个来自加拿大温尼培格的人，他花了175比索，但他的父母出生在墨西哥的瓜达拉贾拉。而荷伯·科恩买的这件只花了170比索，使他在墨西哥历史上创造了买披肩毛毯的新纪录。

那天的天气很热，荷伯·科恩一直在冒汗。尽管如此，他还是把披肩毛毯披在了肩上，感觉十分不错。在回到旅馆的途中，他一直欣赏着自己在商店橱窗中的身影。

当荷伯·科恩回到旅馆的时候，妻子正躺在床上翻阅杂志。

"嗨！看我买的什么？"荷伯·科恩得意地对妻子说。

"一条漂亮的披肩毛毯！"

"你花了多少钱？"妻子漫不经心地问道。

"是这么一回事，"荷伯·科恩充满信心地解释说："一个土著谈判家要价1 200比索，而一个国际谈判家，就是周末有时间同你住在一屋的这个人，花170比索就买到了。"

妻子听了讪笑道："真有趣，我也买了同样一件，在壁橱里，花了150比索。"

（资料来源：荷伯·科恩. 谈判与人生［M］. 北京：旅游教育出版社，1989.）

（五）参与性原则

参与性原则是指推销员设法鼓励和引导客户积极参与推销洽谈，促进信息的双向沟通。心理学表明，采用双向沟通比单向沟通方式获得的印象要提高一倍。所以在洽谈中应注意引导客户多提问、多发言，让客户亲自操作、触摸或品尝推销品，以调动客户的积极性和主动性。因此，推销员应做到：一是与客户同化，消除客户的戒备心理，使客户产生认同感，提高洽谈效率。二是主动引导客户参与洽谈沟通，提高洽谈的质量和效率。三是让客户发表意见，认真聆听客户讲话。因为认真聆听，能使客户产生一种心理上的满意感、尊重感，有利于客户积极参与洽谈并作出购买决策。

（六）诚实性原则

以诚待客，是指不欺骗客户而言的。如果推销员用欺骗的行为去推销产品，会有两种后果：一是为了维护自身利益，客户会运用法律的手段进行举报或起诉，使欺骗者名誉扫地。二是客户会将上当受骗的事广为传播。俗话说：好事不出门，坏事传千里，在舆论上使骗人者名誉扫地，从而失去客户的信任，那时会"门前冷落车马稀"！因此，坚持诚实性原则包括以下三方面内容：一是讲真话。真实地传递商品的信息（包括优点、缺点），以争取客户的信任，并利于客户在正确分析判断的基础上作出购买决策。二是卖真货。推销信誉靠卖真货才能树立，而信誉是推销的法宝，以假充真、以劣充优，只会害人害己。为此，推销员应和公司一起严把进货关。三是出实证。推销员必须适时地向客户出示真实可靠的推销证明，包括身份证明、推销品证明，以增强推销洽谈的说服力。

（七）合法性原则

经济法律法规是经商的准则、推销洽谈的基础。有法不依，就无法开展推销洽谈，而行贿受贿是破坏正常交易的腐蚀剂。所以洽谈者务必加强法制观念，依法经商，自觉抵制行贿受贿行为，反对各种腐败现象，不要因为自己的蝇头小利而损害国家、集体和他人的利益。

【案例6－3】

为什么推销员失败了

书店里，一对年轻夫妇想给孩子买一些百科读物，推销员过来与他们交谈。以下是当时的谈话摘录：

客户：这套百科全书有些什么特点？

推销员：您看这套书的装帧是一流的，整套都是这种真皮套封烫金字的装帧，摆在您的书架上，非常好看。

客户：里面有些什么内容？

推销员：本书内容编排按字母顺序，这样便于资料查找。每幅图片都很漂亮逼真，比如这幅，多美。

客户：我看得出，不过我想知道的是……

推销员：我知道您想说什么！本书内容包罗万象，有了这套书您就如同有了一套地图集，而且还附有详尽地形图的地图集。这对你们一定会有用处。

客户：我是为孩子买的，让他从现在开始学习一些东西。

推销员：哦，原来是这样。这个书很适合小孩的。它有带锁的玻璃门书箱，这样您的孩子就不会将它弄脏，小书箱是随书送的。我可以给你开单了吗？

（推销员作势要将书打包，给客户开单出货。）

客户：哦，我考虑考虑。你能不能展示一下书中的某部分比如文学部分，我们可以了解一下其中的内容？

推销员：本周内有一次特别的优惠抽奖活动，现在买说不定能中奖。

客户：我恐怕不需要了。

（资料来源：陈新武，龚士林．推销实训教程［M］．武汉：华中科技大学出版社，2006．）

三、推销洽谈的程序

推销洽谈是一项艺术性、技巧性较强的工作，没有固定不变的模式。随着推销对象、推销环境的变化，每一次推销洽谈都会有不同的特点和要求，推销员应根据具体情况作出具体分析，善于应变，灵活机动地去搞好洽谈。推销洽谈有一个循序渐进的过程，其基本程序一般包括三个阶段：洽谈准备、洽谈导入和正式洽谈。

（一）洽谈准备

"凡事预则立，不预则废。"因此，洽谈前应准备好资料，洽谈中适时地运用资料，可以有效地引起客户潜在的需求，刺激其购买欲望，改善洽谈条件，活跃气氛，促进洽谈深入，提高洽谈的说服力。洽谈资料包括：实物资料、文字书面资料、客户情况的资料以及产品竞争情况的资料等。

（二）洽谈导入

洽谈导入是在洽谈接近成功之后进入正式洽谈之前的过渡阶段，在此阶段，关键是创造一种适宜而和谐的洽谈气氛。只有在和谐的气氛中，才可能开诚布公地交谈。为此推销员应该做到：第一，注重仪表；第二，讲究礼节；第三，讲好开场白。

（三）正式洽谈

洽谈引入以后就转入正式洽谈。在洽谈中由于受到多种可控和不可控因素的影响，其进程总是变幻莫测的，经常会出现"山重水复疑无路，柳暗花明又一村"的情形，洽谈的结果也很难预测。因此，在这一阶段应注意以下问题：第一，进一步掌握客户的基本情况。只有进一步摸清对方的实际情况，才能具体问题具体分析，制定相应的对策。第二，不断调整原计划的洽谈内容。洽谈应围绕刺激客户的购买欲望这一目的进行，还要根据洽谈进展的实际情况灵活机动地调整洽谈内容和策略，使洽谈在有利于双方互利合作的基础上进行。第三，保持和谐的主宾关系。客户购买商品，不只是购买其使用价值，更希望通过交易获得精神上的愉悦，与卖主成为朋友。因此，洽谈过程中，要双方都满意，始终保持和谐的关系，双方相互信赖，客户才能产生购买的欲望。第四，运用语言技巧，强调推销要点。洽谈中的语言应做到清晰、委婉而雄健，因为清晰可以明志，委婉可以陈词，雄健可以服人。要用好礼貌语言、含蓄语言、自嘲语言、体态语言、辅助语言、寒暄语言、幽默语言，要言而有据，示以互利，熟悉商情，有的放矢，不卑不亢，用语适当。推销员要以简洁明快的语言强调商品的特性、优点、用途及使用方法，指出与客户需求的联系性和一致性，让客户对推销品有一个全面而又重点的了解。第五，洽谈时间要适可而止。时间就是金钱，时间就是效益。洽谈注重时效性，既要注意节约自己的时间，提高工作效率；也要节约客户的时间，尊重对方的日程安排，提高洽谈效率。

上述推销洽谈程序可称之为"三步论"，也有学者将洽谈划分为六步，即"六步论"。其步骤主要包括：导入阶段——概说阶段——明示阶段——交锋阶段——妥协阶段——协议阶段。

此外，推销洽谈程序若从狭义的洽谈来看，按照洽谈所经历的具体环节划分，从准备洽谈开始到洽谈结束，签订合同要经过如下环节：询盘——发盘——还盘——接受——签约。

这里，询盘是指交易的一方向另一方询问交易的可能性（了解意图），法律上称为"要约"。发盘是指交易的一方向另一方提出达成交易的条件或建议条款（提出建议），习惯上也称之为报价，法律上称为"反要约"。还盘是交易的一方在接到对方报价后所提出的修改建议（进行磋商），法律上称为"再要约"、"再反约"。接受是指交易双方经过多次磋商后接受对方所提出的交易条件（达成一致），法律上称为"承诺"。签约是指交易双方就相互协商的条款以契约的形式记录下来，作为交易及履行协议的依据（签订协议）。

四、推销洽谈的方法

推销洽谈是一项专业性和艺术性都很高的工作。在做好洽谈的各项专业准备工作的前提下，推销洽谈人员还必须学会针对不同的谈判对象和情境，恰当地运用推销洽谈的各种方法。推销洽谈的方法可以分为提示法和演示法两种。

（一）提示法

提示法是指推销员在推销洽谈中通过言语和行动启发、诱导客户购买推销品的方法。提示法大多用于推销员向客户介绍完商品，当客户还在犹豫时，推销员采用提示法则可以进一步引起客户注意，激发客户的购买欲望。提示法可分为直接提示法、间接提示法、明星提示法、动意提示法、积极提示法和逻辑提示法。

1. 直接提示法

直接提示法是指推销员向客户呈现推销品的利益，直接劝说客户购买推销品的洽谈方法。采用直接提示法，就是推销员接近客户后，立即向客户介绍产品，陈述产品的优点与特征，然后建议客户购买。因而这种方法能节省时间，加快洽谈速度，符合现代人的生活节奏，所以很具优越性。

推销员运用直接提示法时，应注意以下几点：

第一，提示要抓住重点。

第二，提示的内容要易于被客户了解，产品的特性、优点应是显而易见的。

第三，提示的内容应符合客户的个性心理。

【阅读资料】

一位推销员在推销一种试用剂时，对客户提示："听说你们在寻找一种反应速度更快的试用剂。我们公司新近开发了一种新的试剂产品，它能将反应的速度提高5~6倍，这是这种试剂的实验报告。您看看，一定会达到你们的要求。如果你们满意，可尽快订货。不然的话，因为订货太多，就难以保证交货的日期了。"

分析：案例中推销员的成功就在于找准了客户的真正需求点，然后直接提示推销产品可以很好地解决客户面临的问题，接下来又提示这种产品非常畅销，如果不尽早作出购买决定，可能就要等很长时间才能采购到了。

（资料来源：李海琼．现代推销技术［M］．杭州：浙江大学出版社，2004.）

2. 间接提示法

间接提示法是指推销员不直接推销产品，而是通过其他信息传递渠道，间接地劝说客户购买推销品的洽谈方法。这种方法有助于营造良好的洽谈气氛，有利于消除推销异议，有利于洽谈的顺利进行。

运用间接提示法的一般步骤为：

第一，虚构或泛指一个购买者，不要直接针对面前的客户进行提示，从而减轻客户的心理压力，开展间接推销。

第二，使用委婉温和的语气与语言间接地讲述购买动机与购买需求，尤其是对于一些比较成熟、自认为聪明、自视清高的客户。

第三，在洽谈后期采取直接提示法，以便更好地把握机会。

【阅读资料】

洗发用品的推销员对某客户说："您看，现在的年轻人都喜欢追潮流、赶时髦，前几年流行离子烫，这两年又流行卷发，叫什么空气灵感烫。"

客户："是啊。"

推销员："漂亮是漂亮，就是伤发质，头发受损就变得干枯、易断，没有弹性和光泽了。"

客户："就是，还枯黄。"

推销员："我们公司生产的洗发用品是专门针对受损发质研究生产的，效果很好，您买一瓶试试？"

案例分析：在运用间接提示法时，推销员应根据不同类型的客户，不同的购买动机，有针对性、区别性的使用。

3. 明星提示法

明星提示法也叫名人提示法或威望提示法，是推销员借助一些有名望的人来说服、动员客户购买产品的方法。明星提示法迎合了人们求名的情感购买动机，另外由于明星提示法充分利用了一些名人、名家、名厂等的声望，可以消除客户的疑虑，使推销员和推销产品在客户的心目中产生明星效应，有力地影响了客户的态度，因此，推销效果比较理想，如广告"伊利牛奶，中国航天员专用牛奶"、"奥运场馆'鸟巢'里安装的就是我们厂生产的马桶"等。

使用明星提示法时，一般需要注意以下几个问题：

第一，提示所指的明星（名人、名家等）都必须有较高的知名度，为客户所了解。对于生产资料市场的推销，所提示的名厂也应该是该行业真正的市场领导者。

第二，所提示的明星必须是客户公认的，而且是客户所崇拜尊敬的。因为，不同的名人有不同的崇拜者，不同的目标市场消费者群也有不同的崇拜明星，推销员在使用明星提示法时，应注意向不同的客户提示不同的明星，不被客户接受的明星反而使推销效果大打折扣，甚至事与愿违。

第三，所提示的明星与其所使用及消费的产品都应该是真实的。为此，应事先做好向明星的推销工作。

第四，所提示的明星与所推销的产品应有必然的内在联系，从而给推销洽谈气氛增加感染力与说服力。

4. 动意提示法

动意提示法又称鼓动提示法，是指推销员建议客户立即采取购买行为的洽谈方法。动意提示法可以直接传递推销信息，刺激客户的购买欲望，并适时地鼓动客户立即采取购买行动。例如，当一个客户觉得某个产品不错时，推销员觉察到之后会及时提示客户："这种款式很好卖，这是剩下的最后一件了。"再如，"今天是有折扣的最后一天，明天来就恢复原价了"等。只要提示得合理、及时，往往可以收到良好的效果。

【阅读资料】

一对恋人相约在百货公司门口见面。女孩子因为有些事耽搁，打电话告诉男孩子会晚到半个小时。男孩子对化妆品不是很在行，对口红却有一点点的认识。于是他走到商场卖口红的柜台前，向销售小姐问道："我想看一下口红。请问这支口红多少钱？"

销售小姐说："120元，请问您要买什么颜色的口红？"

"不知道，等我的女朋友来了问她好了！"

销售小姐说："先生，不对吧！口红的颜色应该由您来决定呀！您不是要买口红给女朋友吗？"

"当然！"男孩子说。

"您是不是希望你的女朋友涂给您看？"

"对呀！"

"那么口红的颜色应该选您喜欢的呀，不是吗？"

销售小姐的话说中了男孩子的心。于是，这个男孩子立刻掏钱买下了口红。

分析：在使用动意法提示时应当注意以下几点：

第一，要在分析不同客户的主要购买动机与主要需求的基础上，有针对性地鼓动客户，诱发客户的购买欲望。

第二，语言要简练明确，能打动客户的心。

第三，坚定客户的购买意念，使客户产生紧迫感时，应考虑不同客户的个性，不宜随便采用。

5. 积极提示法

积极提示法是推销员用积极的语言或其他积极的方式劝说客户购买所推销产品的方法。积极的语言与积极的方式可以理解为肯定的正面的提示、热情的语言、赞美的语言等会产生正向效应的语言，如"风度尽显金利来"、"出手不凡钻石表"、"不走寻常路——美特斯·邦威"等。

在运用积极提示法时，应注意以下几点：

第一，可以用提示的方式引起客户注意，先与客户一起讨论，再给予正面的、肯定的答复，从而克服正面语言过于平坦的缺陷。

第二，坚持正面提示，禁用反面的、消极的语言，只用肯定的判断语句。

第三，所用的语言与词句都应是实事求是的，是可以证实的。

6. 逻辑提示法

逻辑提示法是指推销员利用逻辑推理，劝说客户购买的方法。它通过逻辑的力量，促使客户进行理智的思考，从而明确购买的利益与好处，并最终作出理智的购买抉择，逻辑提示法符合购买者的理智购买动机，特别适合标的物为生产资料的推销与洽谈。

下面阅读资料中的逻辑提示就很有说服力：

【阅读资料】

"现在市场竞争激烈，所有企业都希望降低生产成本，我们这种材料能帮助贵厂降低生产成本，提高贵厂产品的市场竞争力。所以，贵厂应该采用这种新型材料。"

"目前市场不景气，各企业都在努力开拓市场，找一家有实力、有水平的广告公司协助策划宣传是应该的、有利的。"

在运用逻辑提示法时应注意以下几点：

第一，逻辑提示法的适用客户必须具有较强的理智购买动机。市场营销学研究证明，客户的购买动机因各种原因，大致分为三大类：理智型、情感型、惠顾型。只有那些文化层次较高、收入一般或财力较薄弱、倾向于条理化思维、意志力强的客户才可能具有理智性动机，因此可以对他们运用逻辑推理提示法。而倾向情感型购买动机与惠顾型购买动机的客户，则不适合运用此种方法。

第二，要针对客户的生活与购买原则进行推理演示。在同属于理智型购买动机的客户群内，不同身份、不同职业的人有不同的动机内容和不同的逻辑思维方式以及不同的购买推理逻辑与准则。因此，推销员应尽最大可能分析了解客户的个性倾向、人生哲学；了解客户思考问题的方法、模式与标准；了解客户具体的购买动机与购买逻辑，从而说服客户购买。

第三，做到以理服人。不符合科学伦理的强词夺理是不能服人的。逻辑推理之所以有力量，也就是因为它是科学的，符合与强调科学伦理的。

第四，掌握适当的推销说理方式，发挥逻辑的巨大作用。

第五，洽谈过程中应做到情理并重。人总是有情有义有欲望的，因此，推销员应该把科学的却显得有点干巴巴的逻辑推理与说服艺术结合起来，对客户既晓之以理，又动之以情，促使客户的购买行为合理化，使客户较快地采取购买行为。

（二）演示法

日本丰田汽车公司一个不可动摇的原则是："一个优秀的推销员不只靠产品说话，而且要善于利用各种推销工具。"通常，客户是听凭推销员对产品的介绍来购买产品的，如果推销员备有促进推销的小工具，则更能吸引客户，激发他们的兴趣和好奇心，引发他们的购买欲。并且，人们有"耳听为虚、眼见为实"的心理，演示法正是很好地抓住了人们的这种心理。

演示法就是推销员通过操作示范或者演示的途径介绍产品的一种方法，根据演示对象即推销工具的类别主要可分为产品演示法、行动演示法、文字与图片演示法、音响与影视演示法等。

1. 产品演示法

产品演示法是指推销员通过直接演示推销品来达到劝说客户购买推销品的洽谈方法。在现代推销环境里，推销品越来越多，推销信息越来越复杂，推销员无法完全利用口头语言来传递全部推销信息，与其费尽千方百计，倒不如拿出推销品让客户亲自看一看、摸一摸、闻一闻、尝一尝。以推销品本身作为比较有效的刺激物进行演示，既可演示商品的外观、结构，又可演示其性能、效果、使用方法、维修保养等。这样可以使客户对产品有直观的了解，从而产生强烈的印象。例如，人们在车站、码头、街口等处常见到一些推销员站在显眼处，从口袋里掏出一瓶脏油水倒在手帕上，顿时一块干净的手帕变得很脏，但他还不罢休，又把手帕扔在地上，用鞋底来回搓、踩，然后再拾起脏手帕，又掏出一瓶什么清洁剂倒一点在手帕上搓了几下，放在一碗清水（先喝了一口，证明无其他物质）里洗了洗，取出来又是一块洁白的手帕。

在上述案例中，推销员用事实证明了推销品的功能，真实可信，这是语言提示所无法表述的信息。

推销员在使用产品演示法时，应该注意以下几个问题：

（1）根据推销品的特点选择演示方式和演示地点。由于推销品的性质和特点各不同，演示方法和演示地点应有所不同。例如，有形产品可以进行实际操作表演，无形产品就更应该进行演示，加强客户对推销品的直观了解，可以借助辅助物品，利用各种形象化手段将无形产品实体化。有些体积小、携带方便的产品可以进行室内演示，而有些携带困难的产品就需要与客户当面约定，另行安排具体时间和地点进行现场演示。

（2）操作演示一定要熟练。如果推销员在演示过程中因操作不熟练，总是出现差错或笨手笨脚，就会引起客户对推销品质量的怀疑，而不相信推销员及推销品。

（3）操作演示要有针对性。每一位客户对推销品所关注的点可能会不同。如果客户最关心产品质量，则推销员的演示速度不宜过快，要让客户看得清、听得懂，对推销品有一个认识、接受的过程。推销员不能因为自己对推销品很了解，就忽略了客户的感受，也许客户是第一次接触推销品。如果客户更关心价格或服务，则推销员在演示的同时要注意说明产品的功能价格比，说明售后服务的内容等。推销员在演示时一定要具有针对性。

（4）演示速度适当，边演示边讲解，制造良好的推销氛围。推销员向客户演示商品，特别是新产品时，操作演示的速度要放慢；对于陈旧商品或技术含量不高、操作简单的产品，操作速度可以适当加快。同时，要针对推销要点和难点，边演示边讲解，要讲、演结合，开展立体化的洽谈，努力引起客户的注意和兴趣，充分调动客户的积极性，制造有利的洽谈气氛。

（5）鼓励客户参与演示，把客户置于推销情景中。推销洽谈作为一个双向沟通过程，推销员和客户都是推销活动的主体。因此，在使用产品演示法时，应鼓励客户参与表演操作。例如，汽车推销员可以请客户试车，食品推销员可以请客户品尝，服装推销员可以请客户试穿，等等。但是，有些商品是不能交给客户试用的，也有些客户不会操作推销品，这时推销员应该亲手为客户演示，充当主角，并鼓励客户参与演示，邀请客户做助手。这样做有利于形成双向沟通，发挥客户的推销联想，使客户产生推销认同，增强洽谈的说服力和感染力，提高洽谈效率，激发客户的购买信心和决策认可程度。

2. 行动演示法

行动演示法是指推销员运用非语言化的形式向客户展示推销品的优点，以提示客户采取购买行为的一种方法。这一方法的运用，不仅能吸引客户的注意和兴趣，而且通过现场展示与使用推销品，给客户一种真实可信的感觉，很直观地暗示与激励客户采取购买行为。

行动演示法只适合那些简单的、便于携带、便于表演的产品。例如，在火车上推销员拿出一双丝袜，针对丝袜易被刮破的缺点，称其产品特别的抗磨、耐用，且不易被硬物划坏。现场请一名旅客协助其拽住丝袜的一端，而自己拽住丝袜的另一端将其抻长，接着又拿出一根铁钉在被抻长的丝袜上面划来划去后，请现场的旅客检查丝袜，结果完好无损。后来车厢里不少旅客当场购买了许多丝袜。

3. 文字与图片演示法

文字与图片演示法是推销员以展示介绍产品的图片或文字等来劝说客户进行购买的方式。在不能或不便直接展示产品的情况下，推销员可通过向客户展示推销品的文字、图片、图表、音像等资料，能更加生动、形象、真实可靠地向客户介绍产品。在借助音像影视设备来展示产品时，会做到动静结合，图文并茂，收到良好的推销效果。例如，一位推销家具制品的推销员，提包里总是带有产品的说明书、价目表、产品获奖证书、质量检验证书、公司生产的所有产品的相册。在向客户推销产品时他就会拿出来给客户看，"您看看，这间卧室有多气派！室内陈列的就是本公司制造的全套家具。我这有公司产品的说明书、价目表、获奖证书、质检证书，请您过目！"（边说边掏出来给客户看）每次推销，他都要充分地向客户演示说明，取得了不菲的业绩。

【阅读资料】

小李是一家家庭装饰公司的销售员，在接待客户时，小李总是首先询问客户对房间装饰的总体想法，了解各房间尺寸，然后通过电脑软件将装饰后的效果显示在电脑屏幕上让客户看，并以文字详细阐述各项设计方案的优点。由于客户能够在房屋未完成装饰前就看到装饰后的效果，因此客户很容易接受小李的建议，往往在与小李的洽谈中就签订了装饰协议。

（资料来源：邱训荣. 推销技巧［M］. 南京：东南大学出版社，2004.）

在使用文字、图片进行演示时，应注意：

（1）根据推销洽谈的实际需要，收集整理有关的文字、图片资料。在推销过程中，所演示的文字、图片资料作为一种推销工具，应该与推销目的保持一致。要根据洽谈的实际需要，广泛收集相关的文字、图片资料，展示给客户。

（2）文字、图片相结合演示，做到图文并茂。文字、图片都是视觉信息媒介，两者关系十分密切。在演示过程中，二者相配合，既有实物图片又有实物说明，既有情景图片又有情景介绍，图文并茂，易于被客户所接受。

4. 音响与影视演示法

音响与影视演示法是指推销员利用录音、录像、光盘等现代工具进行演示，劝说客户购买推销品的洽谈方法。越来越多地运用现代推销工具，是现代推销的发展趋势之一。

【阅读资料】

在许多百货商场里，客户经常会听见"各位客户，您好！欢迎您惠顾本商场！本店一楼家电部正在出售平板电视机，欢迎您前往选购，谢谢！"

许多制药厂、保健品厂为自己的产品推销拍摄健康系列讲座，以及电视直销、消费向导等，都是在为自己的产品做推销，效果都是不错的。

资生堂、佰草集等化妆品生产公司都是通过在推销过程中使用音响、影视等推销演示方法来吸引客户的兴趣。

音响、影视演示融推销信息、推销情景、推销气氛于一体，易使客户产生陶醉感、迷恋感，留下深刻的印象，并具有很强的说服力和感染力。同时，这种方法还有利于消除客户异议，提高推销的成功率。

第二节　推销洽谈策略

推销洽谈策略是指推销员为取得推销洽谈的预期成果而采取的一些行之有效的计策与谋略、安排和措施。根据推销洽谈的内容和性质划分，推销洽谈策略可分为互利型洽谈策略、本方处于优势时的洽谈策略、本方处于劣势时的洽谈策略三大类。

一、互利型洽谈策略

（一）休会策略

1. 休会策略的含义

休会策略是指在谈判进行到一定阶段或遇到某种障碍时，谈判双方或一方提出休会，使谈判双方人员有机会恢复体力和调整对策，推动谈判顺利进行。

2. 休会策略的适用范围

休会策略一般在下列情况下采用：

（1）当洽谈出现僵局时，这时使用能起到缓和气氛、调整对策的作用；

（2）当洽谈出现低潮时，这时使用能起到养精蓄锐、以利再战的作用；

（3）当洽谈出现疑问时，这时使用能起到研究、协调相应对策的作用；

（4）当洽谈一方不满时，这时使用能起到改变气氛、加快进程的作用；

（5）当洽谈进行到尾声时，这时使用能起到分析、讨论成果，展望下一阶段谈判发展的作用。

（二）开放策略

1. 开放策略的含义

推销员在洽谈过程中，向对方坦露自己的真实思想，促使对方通力合作，使洽谈双方在诚恳坦率的气氛中有效地完成各自的使命。随着"双赢"思想的进一步普及，这种开放策略是近年来许多推销员愿意接受和采取的策略。

2. 开放策略的适用范围

尽管开放策略是目前许多推销员愿意接受和采取的策略，但作为一种策略同样有其适用的条件或范围。一般来说，应在如下条件下使用：

（1）交易双方经过多次合作，关系融洽，当再次洽谈时，为了进一步取得相互信任，促成双方通力合作，可以采用开放策略；

（2）在敏感问题遇到障碍时，采取这种策略，显得我方坦诚，以便促使对方也开放自己，坦诚合作。

（三）留有余地策略

1. 留有余地策略的含义

在推销洽谈中，如遇疑问，不必马上和盘托出己方的答复，而是先答应其大部分，留有余地，以备讨价还价之用。

2. 留有余地策略的适用范围

（1）如发现对方比较自私，可在"开放策略"失效之际采用此策略；

（2）有让步的余地时可采用此策略。

（四）私下接触策略

1. 私下接触策略的含义

私下接触策略是指洽谈双方代表通过私下交往，建立感情，促进推销洽谈的策略。

2. 私下接触策略的运用

这种策略一般适用于洽谈双方的首席代表。进行私下接触应选择好时机和地点。一般来说，时机选择应利用休息时间，且对方有自主的时间时更好，以不打扰和影响其休息为前提。地点的选择往往相对自由一些，凡是能供双方消遣的地方均可，但重要的是要摸清对方的兴趣爱好，选择对方乐意而自己也能应付的场所和方式。

（五）最后期限策略

1. 最后期限策略的含义

最后期限策略是指规定洽谈结束时间，造成一种紧张气氛，引起人的心理反应，加快洽谈进程，使洽谈顺利进行的策略。

2. 最后期限策略的适用范围

（1）当双方洽谈时间较长时，为了使双方振作精神，加快进程，可以采用此策略；

（2）当一方遇到时间限制时，也可采用此策略。

（六）假设条件策略

1. 假设条件策略的含义

假设条件策略是指在洽谈的探测阶段，提出假设条件，使谈判灵活机动，有利于互惠交易。

2. 运用时应注意的问题

（1）把握火候，不失时机才能奏效；

（2）注意分清阶段，往往与假定成交方法结合起来运用。

（七）润滑策略

1. 润滑策略的含义

润滑策略是指洽谈人员相互交往过程中，通过馈赠一些小礼物以期表示友好和联络感情，以促进洽谈顺利进行的策略。

2. 润滑策略的适用要求

（1）尊重对方的习俗，礼品应能让对方接受、喜欢，切不可送对方忌讳之物；

（2）礼品价值不宜过重，过重易被视作贿赂或引起对方反感；

（3）讲究送礼的场合；

（4）讲究送礼的时机。

（八）折中策略

1. 折中策略的含义

这是一种由双方缩小差距，相互向对方靠拢，从而解决谈判分歧的做法。折中有一次折中和两次折中，也可通过内容不同但意义相当的条件参与折中。例如，当买卖双方价格相差 10 万元时，为结束洽谈，双方同意折中解决，即各让 5 万元。有时，还可通过价格与货物相抵来折中。例如，一方同意降价 2 万元，另一方同意减少 2 万元的货物，以解决 4 万元的差距。在合同条文的谈判中，双方将分歧点计数，称为"记分"。例如，共计 10 分，则双方各让 5 分以解决分歧，结束洽谈。

2. 运用此策略应注意的问题

（1）选择好时机，必须是双方均已做了明显的让步之后，在最后的条件决定之时；

（2）不宜率先提出折中，以免离成交点太远；

（3）在提出折中或响应折中时，不宜宣称这是最后的折中，以保留再折中的权利；

（4）折中时应注意手上留有让步的余地。

【案例 6－4】

折中让步留住客户

意大利与中国某公司谈判出售某项技术。由于谈判已进行了一周，但仍进展缓慢，于是意方代表罗尼先生在前一天做了一次发问后告诉中方代表李先生："我还有两天时间可谈判，希望中方配合在次日拿出新的方案来。"次日上午李先生在分析的基础上拿出了一个方案，比中方原要求（意方降价 40%）改善 5%（要求意方降价 35%）。罗尼先生讲："李先生，我已降了两次价，计 15%，还要再降 35%，实在困难。"双方相互评论，解释一阵后，建议休会，下午 2：00 再谈。

　　下午复会后，意方先要中方提出新的报价，李先生将其定价的基础和理由向意方做了解释并再次要求意方考虑其要求。罗尼先生又讲了一遍其努力，表示中方要求太高。谈判到下午4：00时，罗尼先生说："我为表示诚意向中方拿出最后的价格，请中方考虑，最迟明天12：00以前告诉我是否接受。若不接受我就乘下午2：30的飞机回国。"说着把机票从包里抽出在李先生面前晃了一下。中方把意方的条件（意方再降5%）理清后，表示仍有困难，但可以研究。谈判即结束。

　　中方研究意方价格后认为还差15%，但能不能再压价呢？明天怎么答？李先生一方面与领导汇报，与助手、项目单位商量对策，一方面派人调查明天下午是否有2：30的航班。结果次日下午2：30没有去欧洲的飞机，李先生认为意方的最后还价、机票是演戏。判定意方可能还有条件。于是在次日10：00给意方打了电话，表示："意方的努力，中方很赞赏，但双方距离仍存在，需要进一步努力。作为响应，中方可以在意方改善的基础上，再降5%，即从30%，降到25%。"

　　意方听到中方有改进的意见后，没有走。只是认为中方要求仍太高……

　　（资料来源：樊建廷. 商务谈判［M］. 大连：东北财经大学出版社，2004.）

二、本方处于优势时的洽谈策略

（一）声东击西策略

1. 声东击西策略的含义

　　声东击西策略指一方为达到某种目的和需要，故作声势地将洽谈的议题引导到某些并非重要的问题上去，给对方造成错觉。

　　使用此策略的一个目的，往往是为了掩盖真实的企图。比如"围魏"的真正目的是为了"救赵"，"指桑"的真正用意是为了"骂槐"，而"项庄舞剑"其实"意在沛公"。

【阅读资料】

　　一位四十岁左右的乞丐对一小超市的老板请求，"老板，我老婆跑啦！你卖我一个纸箱吧，我给你一块钱。"善良的老板娘听后立即表示，"这些箱子，都拿走吧，钱你留着，想办法赶紧把老婆找回来。"

　　多么厉害的乞丐啊！他以一块钱购买的名义，行乞讨纸箱之实，这便是声东击西的实际运用。在保健品界这种策略也被发挥得淋漓尽致，"脑白金"不说自己是改善睡眠的保健食品，而大力宣传它是一种健康礼品；"好记星"其实就是一款普通的中英文电子词典，却被说成提高英语成绩的核武器。

2. 声东击西策略使用的目的

（1）集中谈论己方次要的问题，一旦己方让步，对方心理上能得到满足；

（2）避开主要问题，转移对方的视线，分散对方对关键问题的注意力；

（3）先讨论解决次要问题，为主要问题的洽谈铺平道路；

（4）探讨信息，从侧面了解对方关心的东西；

（5）延缓对方所要采取的行动，争取时间来研究对策。

在使用此策略时，应注意：要有"声东"的条件和理由，才能不引起对方的怀疑；"声东"要逼真，"击西"也要自然，要找好过渡的台词；要了解对手的心理；要掌握好"击西"的时机。

（二）利用最后期限策略

1. 利用最后期限策略的含义

利用最后期限策略是指利用最后期限向对方展开心理攻势，使洽谈向己方转移的策略。它与最后期限策略是不同的，最后期限策略是规定最后期限以加快谈判进程，而利用最后期限策略则是通过提示、强化最后期限向对方展开心理攻势，以达到获得对己方有利的条款的目的。

2. 利用最后期限策略应注意的问题

首先，利用最后期限策略时，要对双方洽谈的实力和条件有较充分的了解，事先必须商议好一个最后期限；其次，在运用该策略时，对某些较棘手的问题不必操之过急，可以有意识地将其搁置起来，以便利用最后期限来加以解决。当然，推销员必须对对方的情况要十分清楚，尤其是当对方被要求必须要（或尽可能要）与自己达成协议时，通过最后期限来给对方造成心理压力，效果将更为明显。此外，必要时，己方还可以以适当的让步作为配合，给对方造成机不可失的感觉，以此来说服对方。

（三）先苦后甜策略

1. 先苦后甜策略的含义

先苦后甜策略是一种先用苛刻的虚假条件使对方产生疑虑、压抑、无望等心态，以大幅度降低其期望值；然后在实际谈判中待时机成熟的时候给予对方意想不到的优惠或让步，使对方满意地签订合同，己方从中获取较大利益的策略。

2. 先苦后甜策略的要求

先苦后甜策略的运用要事先作好设计，用来作为"蜂蜜"（先苦后甜）的交易条款应该是自己准备作出的让步条款，早就存在于让步计划之中。同时，运用时还应注意如下几点：

（1）"先苦"的要求不能太苛刻，要注意"苦"的分寸，否则超过极限会让对方失望而放弃洽谈；

（2）"后甜"要实施有方，既要让对方感到"甜头"，又不能让对方觉得"得来全不费功夫"；

（3）配合使用"鹰鸽"（红白脸）战术，即洽谈人员一个扮演鹰派（强硬派），另一个扮演鸽派（随和派），这样，鹰派施苦，鸽派施甜，相得益彰；

（4）在洽谈中运用此策略时还要注意，提出比较苛刻的要求，应尽量是对方掌握较少的信息与资料的某些方面，尽量是双方难以用客观标准检验、证明的某些方面。否则，对方很容易识破己方策略，从而采取应对的措施。

（四）不开先例策略

不开先例就是按照原来一些约定俗成的一贯做法去完成交易。不开先例策略通常是指在谈判过程中处于优势的一方，为了坚持和实现提出的交易条件，而采取的对己有用的先例来约束对方，从而使对方就范，接受己方交易条件的一种技巧。它是一种保护推销员的卖方利益，强化自己谈判地位和立场的最简单而有效的方法。

当然，客户如果居于优势，对于有求于己的推销商也可参照应用。

【阅读资料】

下面是电冰箱进货商（甲方）与电冰箱供货商（乙方）在关于一批电冰箱价格上所进行的洽谈实况。

甲："你们提出的每台1 700元，确实让我们感到难以接受，如果你们有诚意成交，能否每台降低300元？"

乙："你们提出的要求实在令人为难，一年来我们对进货的600多位客户都是这个价格，要是这次单独破例给你们调价，以后与其他客户的生意就难做了。很抱歉，我们每台1 700元的价格不贵，不能再减价了。"

在这个关于电冰箱价格的洽谈实例中，电冰箱供应者面对采购者希望降价的要求，为了维持己方提出的交易条件而不让步，便采取了不开先例的做法。对供应者来讲，过去与买方的价格都是每台1 700元，现在如果答应了采购者要求降价就是在价格问题上开了一个先例，进而造成供应者在今后与其他客户发生交易行为时也不得不提供同样的优惠条件。所以，精明的供应商始终以不能开先例为由，委婉地回绝了对方提出的降价要求。供应者在价格洽谈中，成功地运用了不开先例的技巧，其原理是利用先例的力量来约束对方使其就范奏效。先例的力量主要来源于先例本身的类比性、习惯心理和对先例的无知。

先例的类比性是指谈判者所采用的先例与本次谈判在交易条件、市场行情、竞争对手等方面的相似程度，谈判者就可以根据先例与本次谈判的类比性用处理先例的方式来处理本次商务活动。要是谈判者所采用的先例和本次谈判没有类比性，那对方就会指出先例与这次谈判的不同点，这样，先例就起不到约束对方的作用。可见，先例要有力量，它和本次谈判的类比性是分不开的。

先例的力量不仅来源于先例的类比性，还来自于对方的习惯心理。因为人们处理问题时往往都是以过去的做法为标准，面对同样的事情过去是怎样做，现在就该怎样做。过去的习惯（长时间以来形成的）成了唯一正确的不可更改的处理行为规范。有了这样的习惯心理，先例便自然而然地具有力量了。

除此之外，先例的力量还来自对方对先例的无知。"先例"之所以能够在洽谈中让对方就范奏效，关键在于对方常常难以获得必要的情报和信息，来确切证明本方宣传的"先例"是否属实。当对方难以了解事情的真相，对本方宣传的"先例"没有真正破译时，对方只能凭主观判断，要么相信，要么不相信，再加之一些辅助手段的作用，对方不得不相信"先例"，从而成为"先例"的"俘虏"。

不开先例策略的核心是运用先例来约束对方。这里的先例是指同类事物在过去的处理方式。商务洽谈中采用的先例主要有三种情况：与对方过去洽谈的先例、与他人过去洽谈的先例、外界通行的洽谈先例。作为一个成功的商务洽谈者，在运用不开先例技巧中，必须充分运用好各种先例，为自己的洽谈成功服务。特别是在面对下列各种情形时，应运用不开先例技巧，如洽谈内容属保密性交易活动时；交易商品属于垄断交易时；市场有利于本方而对方急于达成交易时；对方提出的交易条件难以接受时。

（五）价格陷阱策略（价格诱引策略）

1. 价格陷阱策略的概念

价格陷阱策略是指推销员在洽谈过程中，利用市场价格预期上涨的趋势，诱使对方看重价格"优势"（即将会上涨，现在仍按原价）而放弃其他重要条款的洽谈，顺利与推销员签订交易合同的策略。价格诱惑的实质，就是利用客户担心市场价格上涨的心理，把对手的注意力吸引到价格问题上来，使其忽略对其他重要合同条款的讨价还价，进而在这些方面争得让步与优惠。

价格陷阱策略之所以行之有效，是充分利用了人们的心理因素。它利用了人们买涨不买落的求购心理——市场上商品价格下跌时，人们一般不愿购买，期盼价格进一步下降；反之，市场上商品价格上涨时，人们唯恐价格继续上涨，积极进行买进，这种心理正好被价格陷阱策略所利用；价格陷阱策略利用了人们"价格中心"的心理定式，洽谈双方一般都将交易价格作为商务洽谈中最重要的条款，因为它是涉及双方利益的关键问题。价格在交易中的这种重要性往往使人产生一种"价格中心"的心理定式，认为只要在价格上取得了优惠就等于整个洽谈大功告成。

2. 价格陷阱策略对我方有利的原因

（1）买方在签订合同时，往往受"现在不签合同马上会吃亏"的心理影响，而没有仔细考虑包括价格在内的各项重要条款；

（2）由于仓促，许多其他重要问题会被忽视。

（六）先发制人策略

1. 先发制人策略的含义

先发制人策略，即估计到客户有可能提出的反对意见，抢在他前面有针对性地提出问题并作出阐述，有效地解答客户疑虑，排除成交的潜在障碍。

【阅读资料】

先发制人，为客户着想

一个推销新型号复印机的推销员，知道他的推销对象——某公司的采购科科长急于采购一批复印机，但他思想比较保守，喜欢选购老型号的复印机，对新型号有怀疑。于是他找到这位科长说："我知道您对采购很有经验，不愿在型号的选择上冒风险，但我想像您这样的老行家绝对不会一概排斥新型号的产品，因为现代科技的发展太快了，复印机的更新换代也是很快的，一旦一种新型号产品的质量与功能被大家证实后，价格就会提高，而旧型号也将被淘汰。这样来看，求稳本身不也是一种风险吗？现在我接触的许多客户都已改变了过去那种片面求稳的思想，不知您是否同意这种观点？我曾为您设想过，这批新型复印机会很适合您的……"经过这番先发制人的陈述，不仅让对方改变了看法、转变了态度，而且很快签订了采购合同。

（资料来源：肖华. 商务谈判实训［M］. 北京：中国劳动社会保障出版社，

2006.）

2. 运用先发制人策略应注意的问题

先发制人并不是任何情况下都适用并都能获得成功的，有效运用该策略的关键在于：一是对对方的言行要有准确充分的判断和估计；二是自己要掌握充分的理由；三是要善于选择和灵活运用发动攻势的最佳方式；四是要及时把握机会，抢得"先言"的优势。

三、本方处于劣势时的洽谈策略

（一）疲劳策略

1. 疲劳策略的含义

疲劳战术又叫疲惫策略，也称"蘑菇"策略，是指在通过拉锯战，使对方疲劳、生厌，以扭转己方在洽谈中的不利地位，到了对手精疲力竭时，己方反守为攻，促使对方接受己方条件的一种策略。

在推销洽谈过程中，如果遇到趾高气扬、十分自得的对手，当他们以各种方式来表现其居高临下、先声夺人的挑战姿态时，"疲劳"战术是一个十分有效的策略。疲劳策略能使过于自信的对手感觉疲劳生厌，并能逐渐磨去他的锐气，从而扭转不利和被动的洽谈局面。

【阅读资料】

我们不懂

有三位日本代表赴美订购商品。美方公司作了精心安排，先用挂图、计算机资料、视听器材介绍产品，然后，又用幻灯片播放产品简报，历时几个小时。而日方代表却始终呆若木鸡地坐着，一声不吭。最后，美方代表满怀希望地问道："你们觉得怎样？"一位日方代表彬彬有礼地说："我们不懂。"美方代表显得有些失望，问："哪儿不懂？"另一位日方代表说："全都不懂。"美方代表又露出了沮丧的神情，又问："从什么时候开始不懂？"第三个日方代表说："从关灯放映幻灯片开始，我们就不懂了。"美方代表没底气了，问："那么，你们希望怎么办？"日方代表说："我们希望再来一遍。"……如此反复多次，日方代表始终"弄不懂"，美方代表锐气大减。在接下来的磋商中，日方代表反守为攻，取得了满意的结果。

2. 疲劳策略的运用

心理学研究表明，一般来说，性格急躁、外露，对外界事实富有挑战特点的人，往往缺乏耐心和忍耐力，一旦其气势被压住，自信心就会丧失殆尽，很快败下阵来。而遏制其气势的最好办法就是采取这种"马拉松"的战术，攻其弱点，避其锋芒，在回避与周旋中消磨其锐气，做到以柔克刚。因此，使用之前必须认真判断对手的特点。当对手说话嗓门很高，喜欢手舞足蹈地发表言论，以一种居高临下、自负或傲慢的眼神扫视别人，毫不掩饰地要求别人围着他的指挥棒转，等等，由此可以判断该洽谈对方就属于这种趾高气扬、锋芒毕露的人，可以实施疲劳战术。使用时应注意节奏的控制，先回避、迂回周旋，或提出对方难以接受的条件与之对抗（忌硬碰硬）；接下来通过拉锯战消磨对方锐气，让其感到疲惫不安；等对方精疲力竭、头昏脑涨之时，反守为攻。

3. 疲劳策略适用以下情况

（1）连续紧张地举行长时间的无效谈判，拖延谈判和达成协议的时间。

（2）在谈判中使问题复杂化，并不断提出新问题进行纠缠。

（3）在谈判中制造矛盾，采取强硬立场，或将已谈好的问题推翻重来，反复讨论。

（4）在谈判间隙，举行投对方所好的活动，使对方保持浓厚的兴趣，直至疲劳。

（5）热情、主动地利用一切机会与对方攀谈，甚至在休息时间拜访对方，使对方缺少必要的休息。

在运用中还要注意，要求我方事先有足够的思想准备和人力准备，还要忌讳硬碰硬，应防止激起对方的对立情绪，导致洽谈夭折。

（二）有限权力策略

有限权力策略是指洽谈某一方使用权力的有限性。此策略的采用主要是因为受到限制的权力的洽谈者比大权在握的洽谈者处于更有利的地位。当洽谈双方就某些问题进行协商，一方提出某种要求，企图逼对方让步时；另一方反击的策略就是使用有限权力，可向对方表示："在这个问题上，我无权答应这样的让步"，或"我和您无法争论既定事实"。这样做有以下好处：

第一，是在以限制作为借口，拒绝对方某些要求、提议，但不伤其面子。

第二，利用限制、借与高层决策人联系请示之机，更好地商讨处理问题的办法。

第三，利用有限权力，迫使对方向己方让步，在有效权力的条件下进行洽谈。

当然，有限权力也不能滥用，过多使用这一策略或选择时机欠妥会使对方怀疑你的身份、能力。如果对方认为你没有洽谈中主要问题的决策权，就会失去与你洽谈的兴趣与诚意，这样只会浪费时间，无法达成有效协议。

（三）吹毛求疵策略

吹毛求疵策略是指通过再三挑剔，提出一大堆问题和要求来实现己方目标的一种策略，尽管有的是真实的，有的是虚张声势，但都可以成为洽谈的理由，达到以攻为守的目的。同时，从心理角度分析，客户常常运用这种技巧讨价还价，可体现客户的精明强干，促成推销员重视客户，从而提高客户洽谈的效果。

吹毛求疵策略能使洽谈的一方（大多时候是客户方）充分地争取到讨价还价的余地，如果能善于运用，无疑会使其大受裨益；而买方恰到好处提出挑剔性问题，是运用吹毛求疵策略的关键所在。只有掌握了商品的有关技术知识，才有助于对商品进行正确的估价，才能将毛病挑到点子上，使对方泄气。如果你在吹毛求疵时，面面俱到，抓不住重点，击不中要害，不但不足以说明问题，还会引起对方的怀疑，以为你在故意刁难他，这样，洽谈就很难进行下去了。

吹毛求疵策略在商场中已被证明是行得通的，但从相互立场来说，在推销洽谈实战中，面对客户采用吹毛求疵的技巧时，推销员必须要有耐心，遇到了实际问题，要能直攻腹地、开门见山地和客户洽谈。对于某些问题和要求，要能避重就轻或视若无睹地一笔带过。如果发现客户在浪费时间、节外生枝，或做无谓的挑剔或无理的要求时，推销员必须及时提出抗议，并且向客户建议一个具体且彻底的解决方法，而不去讨论那些没有关联的问题。

不过，千万不要轻易让步，以免客户不劳而获。同时，推销员也可以提出某些虚张声势的问题来加强自己的议价力量。

（四）联合策略

联合策略是指当本方处于洽谈的劣势时向客户方提供与交易本身有联系的交易以外的行为活动，来满足对方交易以外的经济利益。

当本方处在劣势条件时，联合策略是洽谈成功的有效方法。尤其面对多个客户之间可联合起来，往往比单独求购的效果好。当然，推销员之间也可运用联合的力量，或达成某种协议同时涨价；或同时停售货物，造成人为市场短缺，再加价抛售；或同时不理某一买方，以示制裁；或联合展销，体现同行的力量。

（五）先斩后奏策略

先斩后奏策略也称"人质策略"，是指在洽谈中处在劣势的一方通过一些巧妙的办法"先成交，后谈判"，而迫使对方让步的策略或技巧。其实质是让对方先付出代价，并以这些代价作为"人质"，扭转自己在谈判中的被动局面，让对方衡量所付出的代价和中止成交所受损失的程度，被动接受既成交易的事实。

【阅读资料】

一位司机在回家途中，汽车突然发生了故障，必须送去修理，汽车修理工移开了汽车的传动系统，同时还估计了一下修理费用，约需150元。第二天，司机一到修理厂便知整个传动系统必须重新装配了，因为整个传动系统有一半已被拆散了，地上全是被拆散的零件。修理工给司机一个选择的机会：要么付转盘的150元加上将传动系统拼凑起来的费用90元，共计240元；要么换一个600元的传动系统。和大多数人一样，司机思考再三，最终选择了后者。在汽车的传动系统被拆散后，这个修理工在商谈中已占了上风，因为他握有车身作为"人质"，而司机不得不委曲求全。

在洽谈中，当推销员遇上客户采取"先斩后奏"手法，如果不积极主动地加以反击，就会使自己陷入"生米煮成熟饭"、无可奈何的境地；相反，如果及时地推出对付这种手段的举措就会扭转被动局面。推销员可以采取以下四个措施：

第一，不给对方"先斩后奏"的机会；

第二，采取法律行动；

第三，以牙还牙，针锋相对。当对方故意制造既成事实，威逼我们就范时，我们也可以采取同样的手段来对付对方，"以其人之道，还治其人之身"，尽可能相应地掌握对方的"人质"；

第四，做好资信调查，签署多种情况下的退款保证。

销售行家常向推销新手提出忠告："推销时绝对不可以争论。"在洽谈的时候难免会产生异议，推销员一定不能激发起客户的对立情绪，也不能被对方所激怒。否则，会导致推销洽谈瘫痪，甚至推销失败。

（六）以退为进策略

以退为进是军事上的用语，即暂时退让，伺机而进，争取成功。军事上的战略退却，是为了保存实力、待机破敌而采取的一个有计划的战略步骤。

【阅读资料】

我国古代齐鲁长勺之战，是运用"先让一步，后发制人"战略的有名战役。当时齐国是春秋五霸之首，疆域辽阔、经济发达、国力雄厚，并拥有一支近三万人的军队；而鲁国则地域狭小，兵少力弱，不是齐国的对手。公元前684年春，齐桓公出动大批军队进攻鲁国，当齐军进入了有利于鲁军转入反攻的长勺之地时，鲁国并没有马上发起冲锋，而是坚守阵地、按兵不动。这时，齐军自恃力量强大，首先擂起进攻的战鼓，动用全部兵力猛烈冲击鲁军阵地，企图一举成功。但是，齐军连续三次发起攻击，都未获胜，军队疲劳沮丧、锐气大减、士气不振，与此同时，一直按兵不动的鲁国见时机已到，于是勇猛地向齐军发起总攻击，战鼓喧天、杀声阵阵，疲惫不堪的齐军遇到鲁国这突如其来的打击，一时阵势大乱，纷纷溃败而逃。

（资料来源：章瑞华．推销的艺术［M］．上海：复旦大学出版社，1999．）

推销也如同打仗一样，谈判桌上虽然不像战场上那样兵刃相见、血腥厮杀，但亦是互相交锋、争斗激烈。商战如同兵战，谈判桌上战术技巧的灵活选择和娴熟运用，全凭推销员的经验与智慧。"退一步，进两步"，以退为进是谈判桌上常用的一个制胜策略。

以退为进策略既是洽谈的策略，又是洽谈的技巧，其具体做法主要有以下四种：

第一，替己方留下讨价还价的余地。作为推销员，一般情况报价要高些，但注意无论何种情况，报价务必在合理的范围内。

第二，不要急于坦露己方的要求，应诱导对方先发表其观点和要求，伺机而动。

第三，让步有策略，可以先在较小的问题上让步，让对方在重要的问题上让步，但让步不要太快，因为对方等得越久，就会越珍惜。

第四，在洽谈中遇到棘手问题时，应表示出愿意考虑对方的要求，使对方在感情上有被接受的感觉。

（七）曲线求利策略

1. 曲线求利策略的含义

《孙子兵法》中十分崇尚"迂直之计"，即"以迂为直"，"争夺先机"，通过"迂其途"，"趋其所不意"。这一战术运用在推销洽谈中就是曲线求利策略。在洽谈中，有时为了就某个问题用自己的观点劝说别人，正面说了不少道理却不能奏效，就选择对方不易察觉的突破口，避开正面障碍，从似乎与原话题不相干的角度向洽谈目标迂回前进，让对方在交谈中不知不觉顺着己方的思路走，接受己方的观点或意见。

2. 运用曲线求利策略应注意的问题

从表面上看，曲线求利策略走的是弯路，但由于它体现了避实就虚、乘虚而入、由虚而实的战略战术，所以在正面引导不强攻奏效的情况下，它不失为一种灵活有效的说服方法。实施此法应注意洽谈的目标一定要明确，对迂回的路线要心中有数、步步为营，要尽量选择有隐蔽性的话题，力求适应对方"心理相容"的需求，然后再实施由虚而实的渐进策略，达到最终说服对方的目的。

（八）扬长避短策略

1. 扬长避短策略的含义

扬长就是在介绍产品时多讲产品的优点，要通过洽谈使对方看清楚产品的优点及其所能带给客户的好处。而避短则是在洽谈中对某些并不关键的不足之处巧妙地加以回避，特别是对某些过分挑剔、并借此压价的客户，此招可以起到有效稳定产品价格的作用。

2. 避短的运用

许多推销员都对如何扬长颇有心得，而对如何避短则体会不深。下面重点介绍避短的常用对策：

（1）和对手谈判前，首先要对自己的产品和其他竞争产品的优缺点了如指掌，并对买方可能挑剔的问题详细制订应对策略；

（2）让企业内部人员全面检查和挑剔产品的毛病，找出其产生的根源，然后正确地区分哪些是确实存在的，哪些并非关键性的缺陷，在推销时可不主动提及这些非关键性缺陷；

（3）如果产品的明显缺陷已被暴露，卖方应顺其自然地同意客户的意见，同时强调产品在其他方面的优点，如价格低廉和实用价值等，客户也许会放弃对缺陷的挑剔，因企业的真诚负责而同意成交。

【案例 6 - 5】

丁浪卖童车

有一天，一对夫妇逛商场时，逛到了丁浪的摊位前。丁浪一看这个女士已经身怀六甲。知道他们是很有可能购买童车的。

"这位太太，恭喜您就要喜得贵子了。你不妨事先给宝宝购置一个童车来迎接宝宝的到来啊！"丁浪笑容满面。

"嗯，我们是打算看看。"

于是，丁浪热情地向这对夫妇介绍起他们的产品："瞧，我们的童车是便携式的，可以放平了让宝宝躺下当床，宝宝大一点后又可以变成小椅子让孩子坐在里面，也很实惠的，而且车体很轻，易于搬动，弹簧也特别好，震动很小。"丁浪从各个角度介绍着童车的性能。

丈夫听了有点动心，小声地询问妻子："你觉得呢？"

不过妻子有些犹豫，念叨着："这个童车好是好，只是买得太仓促会不会买贵啊，我们还有时间，反正又不急用，我们可以到处看看的。"

丁浪把这对夫妇的表情看在了眼里。看来，童车的功能他们是满意的，他们在犹豫价钱的问题。

于是，丁浪诚恳地对妻子说："你去别的地方买童车，肯定不止这个价位。实话告诉你吧，我们这批童车的主要材料是原材料涨价前购入的，成本低，所以价钱要比其他地方都低。现在就只有这不多的几辆了，买得多划算啊。"妻子一听，认为赚到了便宜，便神秘地和丈夫交换了一下眼神，就不再犹豫，爽快地买下了一辆。丁浪用这种方法取得了推销的成功。

（资料来源：陈新武，龚士林．推销实训教程［M］．武汉：华中科技大学出版社，2006．）

第三节　推销洽谈技巧

推销洽谈技巧，是指推销员在洽谈过程中灵活运用自己的语言、行为，艺术化地解决洽谈中出现的问题的方法和方式。推销洽谈是一门艺术，一定要讲究方法和技巧。由于情况瞬息万变，方法要因业务的内容、性质的不同而不断改变。下面着重介绍推销洽谈的语言技巧和行为技巧。

一、推销洽谈中的语言技巧

（一）语言生动，介绍有方

介绍法是推销员与客户面对面通过语言、样品、资料等来介绍商品，达到推销目的的方法。

具体方法有以下四种：

1. 直接介绍法

这是推销员直接介绍商品的性能、特点，劝说客户购买的方法。这种方法省时间、效率高。使用这种方法应注意：

（1）针对客户的不同购买心理，抓住推销重点直接向客户介绍；

（2）尊重客户个性，避免冒犯客户；

（3）抓住易被客户接受的明显特征向客户介绍。

2. 间接介绍法

这种方法往往不能直接说明产品的质量、能带来的利益等，而是通过介绍与它密切相关的其他事物来间接介绍产品本身。使用这种方法时应注意：

（1）使用的资料要有助于间接介绍产品的作用，要恰到好处；

（2）使用的语言要温和含蓄、委婉曲折，能够介绍出推销重点。

3. 逻辑介绍法

这是推销员利用逻辑推理来劝说客户购买商品的洽谈方法。在使用逻辑介绍法时，推销员应注意下述问题：

（1）有针对性地使用。一般来说，在向专家、技术人员、文化水平较高的客户推销商品时，应尽量多用这种方法介绍，因为他们懂技术、有专长，具有科学的思维能力，注重理性判断，决策能力强。尤其是推销复杂产品、贵重产品和新产品，有针对性地进行逻辑推理介绍，会激起客户的理性思维。

（2）避免逻辑错误。在使用逻辑介绍法时，要避免概念不明、判断不当、自相矛盾、偷换论题等逻辑错误。

（3）应注意表达上的艺术性。逻辑性不排除艺术性，干巴巴的推理论证只能使人乏味，产生厌烦情绪，要用生动形象的语言，提示事物间的内在联系，论证自己的观点，使客户容易听懂，易于接受。

4. 故事介绍法

故事介绍法是用讲故事的方法来推销、介绍、说明产品的用途、性质、优点等。例如，为什么当推销员？产品的销量、反应为什么这么好？这些都可以以故事的形式吸引客户，适时推销。使用故事介绍法要注意：

（1）产品故事的内容要突出产品的性能、特点及客户的利益；

（2）产品故事要有趣味性，但不能过分夸大、渲染、偏激。

【阅读资料】

相亲相爱的故事

有一天，一位北方人来到上海绣品商店，他是为好友来购买绣花被面的。面对五彩缤纷的绣花被面，他被其中一条绣有一对白头翁的被面吸引住了。但又显得有点犹豫，目光盯住那一对白头翁，自言自语地说："这鸟的姿态很好，就是嘴巴太长了点，以后夫妻吵嘴。"营业员听到后，笑眯眯地向他介绍道："您看见了吗？这鸟的头上发白，象征夫妻白头偕老。它们的嘴巴伸得长，是在说悄悄话，是相亲相爱的表示。"这位北方客户听了，连说："有道理，有道理！"高兴地为朋友买下了这款绣花被面。

（二）进二退一，留有余地

一般来说，成功的洽谈都需要互谅互让。在推销洽谈中，如果你是卖主，那么洽谈开始时提出的要价一般要偏高，然后在洽谈中的适当时机再作出某些让步，这样有利于达成协议。但这绝不意味着开价越高越好，而应使对方听起来要价虽高而不苛刻，有讨价还价的余地，若提出不切实际的过高要求，使对方听起来荒诞离奇，不仅不能收到良好的效果，反而不利于洽谈的顺利进行。

不过，即使留了充裕的余地，让步的幅度和次数也还是务必要注意的，切不可让步太快。在洽谈过程中，不要过快地作出让步，至少在感到对方有可能作出让步之前不要作出让步。作出让步的时机必须选择得当，并且要做得体面、大方。绝不能使对方得到自己急于达成协议的印象。重大让步应在洽谈接近结束时才作出，并与达成最后的协议挂钩。过多过快地让步，对方既不欣赏也不感激。洽谈后应该给自己留点余地，要让对方尝到甜头，比他原来期望的要多一点，切不可用无原则的让步来换取成交，否则可能得不偿失。

（三）妙用提问，避开争执

没有争辩的洽谈是很少见的。洽谈并不忌讳争论，碰上存在争议的问题，常常使洽谈者感到棘手，甚至阻碍洽谈的进程，闹得不欢而散，影响双方的关系。但如果洽谈中妙用提问，可能有助于顺利表达观点，圆满地解决矛盾，避开争执。因为，提问能产生回答，提问可以使对方介绍他们的观点，使你知道对方追求什么，你就能以此指导以后的洽谈。提问可以使对方面对问题，解除疑虑。

在设计这种提问时要注意：提的问题要有内在逻辑性，环环相扣，使对方接受你的意见，最终从根本上赞同你的观点。提的问题不仅要有内在的逻辑性，而且要具有选择性，使对方感到是他自己在拿主意，而不是被别人牵着鼻子走。但实际上，对方的结论通常是在肯定你的提问，说出了你想说而不说的话。所以，提问的目的在于确定对方的需要，使对方的需要同你的满足联系起来。洽谈过程中，一般可以采用以下两种提问方式：

1. 封闭式提问

封闭式提问是指由特定的领域带出特定答复的问句，一般用"是"或"否"作为回答。例如，"上次到公司没看见您，您是否出差了？"这类问句可以使发问者得到特定的资料或信息，而答复这类问题也不必花时间思考。但这类问句含有相当程度的威胁性，往往引起人们不舒服的感觉。这类问句分为以下四种情况：

（1）选择式问句。即给对方提出几种情况让他从中选择的问句，例如，"您需要的颜色是银白色还是浅灰色？"等。一般提出两个以上的条件供对方任意选择，对方只是在指定范围内选择回答。

（2）澄清式问句。即针对对方答复重新让其证实或补充的一种问句，例如，"您说这类设备要订购 100 台，不知决定了没有？"这种问句的目的是让对方对自己说的话进一步确认。

（3）暗示式问句。这种问句本身已强烈地暗示出预期答案，例如，"这种款式现在市场供不应求，价格还会上涨，您说是吗？"这类问句中已经包含了答案，无非是敦促对方表态而已。

（4）参照式问句。即把第三者意见作为参照提出的问句。例如，"经理说，今年把采购量提高 10%，你们认为怎么样？"这类问句中，如果第三者是对方熟悉的人，对谈判对手会产生重大的影响。

2. 开放式提问

开放式提问是指在广泛的领域内提出具有广泛答复的问句，通常无法用"是"或"否"等简单的措辞作出答复。例如，"您看我们的洽谈应当怎样开展才好？""您对明年的市场变化有什么考虑？"等。这类问句因为不限定答复的范围，所以能使对方畅所欲言，获得更多的信息。开放式问句还有以下一些句式：

（1）商量式问句。这是和对方商量问题的句式，例如，"下月与上海某厂有一项业务洽谈，您愿意去吗？""这次给你方的折扣定为 3%，你认为如何？"等。这类问句一般和对方的切身利益有关，属于征询对方意见的发问形式。

（2）探索式问句。这是针对对方答复内容继续进行引申的一种问句，例如，"您提到谈判中存在困难，能不能告诉我主要存在哪些困难？"这类问句不但可以获取比较充分的信息，而且可以显示出发问者对对方所谈问题的兴趣和重视。

（3）启发式问句。这是启发对方发表看法和意见的问句，例如，"明年的物价还要上涨，你有什么看法?"这类问句主要启发对方谈出自己的看法，以便吸收新的意见和建议。

在洽谈过程中，发问者要多听少说，多运用开放式问句，谨慎采用封闭式问句。发问者应事先了解对方情况，打好腹稿，注意发问的时机，取得对方同意后再进一步提问，由广泛的问题逐步缩小到特定的问题，避免含糊不清的措辞，避免使用威胁性、教训性、讽刺性的问句，避免盘问式或审问式的问句。

（四）巧妙答复，慎重承诺

推销洽谈中答复问题是一件很不容易的事情，因为推销员对回答的每一句话都负有责任，都将被对方理所当然地认为是一种承诺。这便给推销员带来一定的精神负担和压力。因此，一个推销员推销水平的高低，很大程度上取决于其答复问题的水平。

一般情况下，在推销洽谈中应当针对对方的提问实事求是地正面回答。但是，由于推销洽谈中的提问往往千奇百怪、形式各异，都是对方处心积虑、精心设计之后所提的，因此有一定的目的性。如果对所有的问题都正面提供答案，并非明智之举。所以，答复问题也必须运用一定的技巧。

1. 不要彻底答复对方的提问

答复者应将提问的范围缩小，或者不做正面答复，而对答复的前提加以修饰和说明。例如，对方询问产品质量如何，推销员不必详细介绍产品所有的质量指标，只需回答其中主要的某几个指标，从而形成质量很好的印象即可。总之，对对方提出的某些问题，如果觉得和盘托出于己方不利，可以只做局部的答复，适当留有余地，以免让对方了解己方的底牌，使己方陷于被动。

2. 针对提问者的真实心理进行答复

有时提问者有特殊的目的，有意识地含糊其辞，使所提问题模棱两可。此时，如果答复者没有认清提问者的真实心理，就可能在答复中出现漏洞，使对方有机可乘。因此，答复者在遇到这种情况时，一定要认真分析，揣摩对方真实心理，然后针对对方的心理作答，切不可自作聪明，按自己的心理假设进行答复。

3. 拖延回答

在谈判中遇到一时难以答复或有待请示查询的问题时，不必勉强作答，完全可以用"资料不全"、"需要考虑"、"有待请示后再答复"等作为理由延缓解答，这并不是无礼的表现。

4. 含糊应答

当遇到一些比较棘手，难以做确切回答，但必须予以答复的情况时，可以运用这种含糊的应答法，即借助一些宽泛模糊的语言，使自己既做了答复，又留有余地，具有某种弹性，即使在意外的情况下也无懈可击。例如，当对方询问是否可将价格再压低一些时，可以答复："价格确实是大家非常关心的问题，不过我们的产品质量和售后服务都是第一流的……"

5. 反诘诱问

即对方提出某一问题后，己方虽掌握足够的资料却不直接答复，而是按照一定的思路步步为营、环环相扣地向对方进行反问，尽量使对方每问必答，而且不得不对己方的反问表示同意，从而身不由己地进入己方预定的目标范围，然后再综合对方对反问的回答，概括出对方的结论作为己方的答复。这种答复方法由于充分利用了对方的答案，所以对方感到难以反驳，容易表示折服。

6. 不予理会

对一些明显不便回答的问题完全可以不予理会。当然，不要只是简单地沉默不语，最好是转移话题或以资料数据不齐全为托词，拖延或拒绝回答。

（五）诚实委婉，说服对方

在洽谈中最重要而难度最大的事情就是说服对方接受你的观点，这是因为谈判双方各自的主张存在着利益冲突，因此要让一方轻易放弃自己的主张而赞同对方的主张是不可能的。根据经验，如果双方发生了分歧，而谁也说服不了对方让步的话，就会形成僵局，给以后的谈判带来阴影，导致双方谈判失败。要在谈判中发挥说服的作用，可掌握如下方法：

1. 洽谈中讨论问题的顺序应当按先易后难的原则去安排。这样做容易取得成效，使双方从一开始就显示了合作的诚意和彼此的信任，从而为谈判的发展创造良好的气氛，减少彼此的戒备心理，增强双方对交易成功的信心与愿望。双方意向差别较大的问题可以放在较后的位置并安排较多的时间去讨论，这时由于前面的谈判成果已增强了双方的合作意向，谈判的困难会相对减少。

2. 在说服对方时免不了要陈述利害关系，我们一般应先讲利的一面，然后再以委婉的口气陈述弊的一面。这样做是因为谈判者以追求利益为目标，十分注意利益的得失，我们首先迎合对方利益的需要，有利于激发对方的兴趣和热情。

3. 在洽谈中双方既有合作，又有冲突。因此，推销员在说服对方时应该尽可能强调利益的一致性与互利互惠的可能性，这样有利于激发对方在认同自身利益的基础上接受建议。

4. 谈判者的目标是要满足自己的需要，因此推销员要在说服过程中尽量去发现对方的迫切需要或第一位需要。如果发现对方的需要正好与自己的提议相互一致，双方往往一拍即合。

5. 为了协议的快速、顺利达成，在说服他人时不应单纯强调未解决的争议问题，应重点强调已解决的问题，这有助于增强双方合作的信心和热情。

6. 要特别重视首尾两部分内容的安排及语言技巧的运用，因为开头与结尾给人留的印象比较深刻，所以可把最重要的问题放在首尾部分。

7. 拿出充分的证据或有说服力的资料来证实自己的解释或要求，使对方在事实面前心悦诚服。

8. 该对问题作结论时不要推辞，应简单明了、准确无误地陈述结论。

（六）自嘲诙谐，意不在酒

自嘲，顾名思义，就是运用嘲讽语言和口气自己戏弄、贬低或嘲笑自己。然而，从自嘲本意来看，又并非止于自我嘲弄，多有"醉翁之意不在酒"的意味，具有"表里相悖"、"言此意彼"的特点，因而"自嘲"语言在谈判中具有特殊的表达功能和使用价值。在谈判中运用"自嘲"语言，需要注意以下两点：

1. 审时度势

自嘲虽然有一定的表达功能。但有明显的局限性，只不过是一种辅助语言，不宜到处乱用。如果不看场合，随意滥用，就会弄巧成拙。比如，洽谈中，回答对方提出的实质性问题时，就不宜使用自嘲，而应开诚布公，坦率地讲述自己的观点，介绍情况。

2. 适可而止

自嘲有时具有贬低自己的作用，运用它应格外小心，别让对方抓住把柄。通常情况下，应是"点到为止"。过分的自嘲，会导致洽谈出现危机。所以，在洽谈中运用自嘲语言应慎之又慎。因时因地，巧妙运用，才能达到自嘲的最佳洽谈效果。

（七）干净利落，当止则止

在推销洽谈中适时地终止、结束洽谈，既可以节省大量的时间，又可以节省费用。但要想顺利地终止洽谈往往不是那么容易，正如常言所说的"编筐编篓，难在收口"。洽谈尽管是一个长期而复杂的过程，但总有终止的时间，优秀的洽谈者，应当熟练地掌握时机，施展终止洽谈的技巧。

当你对洽谈的形势已经了如指掌，没有必要再谈下去时，就应借机提出合适的理由，干净利落地结束洽谈。在运用洽谈终止技巧时应注意如下问题：

第一，切忌在双方热切讨论某一问题而尚未获得一致意见时，草率收兵。应该在双方意见获得协调时，才能让洽谈告一段落。即使一时出现分歧，应该设法改变话题，直到气氛改变后，才设法收场。还可以"异中求同"，如可以说"虽然我们不同意您的意见，但您有您的考虑，我有我的看法。我们可以再谈……"这样结束自然而融洽。

第二，洽谈过程中，拖拖拉拉、没完没了会造成洽谈双方心理上的疲劳和精神上的困倦。因此，不要勉强把洽谈拖长，有话则长，无话则短。当发现交谈内容已濒近枯竭，就应该尽早地使洽谈在最佳点上结束，适可而止。

第三，洽谈时间的掌握要恰到好处，在准备结束前，先预留一段时间，如果突然地终止洽谈，匆匆离开，会给人以粗鲁无理的印象，不利于人际交往的完善和发展。但如有事只能作短暂交谈，应在谈话之初预先声明，使对方有所准备。

第四，要小心留意对方的暗示，如果对方对谈话不感兴趣，就应知趣地结束洽谈。

第五，结束洽谈时，要给对方留下一个愉快的印象，笑容是结束洽谈的最佳句号。因为最后的印象，可以留在对方的脑海中，有利于将来更进一步地交往。另外，结束谈话时，也可以谈些幽默话题，不但可把气氛搞活，而且也可以令对方对你的印象更深刻。

（八）字斟句酌，不留缺口

洽谈的结果，最终要落实到文字（合同条款）上。在起草合同条款时，洽谈人员必须有高度的责任感，要一丝不苟、慎之又慎，对每一个问题、每一个段落、每一个词句甚至每一个标点符号都必须认真地加以斟酌，稍有疏忽便可能铸成无法挽回的损失。

一旦缔约出现漏洞，如何补救呢？有经验的洽谈者，往往采用以下几种作为补救措施：

1. 双方再进一步研究，来补救这个缔约上的漏洞；
2. 由其中一方另写备忘录给对方，指出某些不妥之处，并提出弥补意见；
3. 如果对方在相当长的期间仍未答复，就要单方面采取行动了；
4. 如果收到对方一封备忘录时，必须立即回信。

总之，洽谈人员缔约时要慎而又慎，条约的内容要写清、写细、写实，做到字斟句酌。否则，可能在缔约后出现一些不愉快的事情，甚至导致严重的后果。

二、推销洽谈中的倾听技巧

伟大的政治家温斯顿·丘吉尔说："雄辩是银，沉默是金。"人有两只耳朵，却只有一张嘴。所以听别人说话的时间应该是自己说话时间的两倍。推销员若让客户畅所欲言并适当反应，表示关心和重视，就能赢得客户的好感与善意的回报。

倾听，是推销的好方法之一。日本推销大王原一平说："对推销而言，善听比善辩更重要。"推销员通过听要比通过说能做成更多的交易。美国洽谈和推销专家麦科马克认为，如果你想给对方一个丝毫无损的让步，你只要倾听他说话就成了，倾听就是你能做到的最省钱的让步。

在推销洽谈中，倾听对方讲话并不如我们想象中的那么简单，推销员必须掌握以下几条倾听时的技巧。

（一）推销员要懂得接受客户的观念

在推销洽谈过程中，推销员一定要注意听取对方的发言。这需要做到抛开个人的喜恶，有鉴别、有重点地听客户讲话，做到正确理解客户讲话所传递的信息，准确把握讲话的中心，认真听取、接受客户的反对意见。

（二）用行动证明你在"听"

倾听客户讲话，推销员必须集中注意力、开动脑筋，进行分析思考，善于控制自己的注意力，始终保持自己的思维跟上客户的思路。在这个过程中，推销员应该用行动来证明自己的认真"聆听"。比如，在客户讲话的时候，推销员的眼睛要看着他，身体稍微向前倾，而自己讲话的时候要身体向后倾。在倾听的时候最好做到不时地点头、微笑，或者在客户讲话结束后将所听到的重复或者解释一遍。

（三）多听少说

推销员在洽谈过程中做到认真倾听、善于倾听，还要做到尽量少开口。面对客户，尤其是没有经验、不善演讲的客户，需要用微笑、目光、点头等鼓励、赞赏的形式表示呼应，显示出对谈话的兴趣，或在客户讲话时，可以用"是"、"对"表示对客户讲话的肯定和理解，促使客户继续讲下去。

面对每个问题让客户完整说完自己的看法，对于客户提的观点，即使推销有很好的答案，也不要打断对方。

（四）注意肢体语言

在洽谈过程中，客户会通过声调高低、强弱、预期、音量、表情、动作等一些肢体语言表达一些内心的想法。通过对客户的肢体语言分析其行为心理，就能及时识破对方的谎言，洞悉对方的动机，寻找出对方的弱点，以确定行之有效的对策。

（五）抑制争论的念头

如果推销员打断客户的谈话，与其发生争论，会让客户产生不愉快的感觉，将会筑起沟通的障碍，那么他就永远不会想要购买你介绍的产品。推销员一定要学习控制自己，抑制自己争论的念头。

三、推销洽谈中的行为技巧

（一）心理相容，求同存异

俗话说："酒逢知己千杯少，话不投机半句多。"各种各样的洽谈无不用"话"来谈，那么洽谈双方如何谈得投机呢？心理学表明，人的心理调节着人的一切行动和行为，人们最乐意的莫过于与自己有相同的意见和观点的人洽谈。所以，要谈得投机必须注意人的心理研究，使对方与自己心理上保持一种和谐的相容关系。这是洽谈成功的一种心理基础。有了这个基础，再复杂的事情、再棘手的问题都可能得到顺利解决。

心理学把人的心理现象概括成心理过程和个性心理特征两大方面。心理过程是人的心理形成及其活动的过程。心理过程有认识过程、感性过程和意志过程。个性心理特征有两个方面：一是各自的意识倾向性，包括不同的需要、动机、兴趣、习惯、态度、信念等；二是各自的心理特征，包括不同的能力、兴趣、性格和气质等。人的心理现象的这两个方面是密切联系的，都是社会客观现实在人脑中的主观反映。"心理相容"是洽谈中各成员之间融洽的心理交往状况。因此它使洽谈中各成员之间心境和睦友好，心理气氛融洽，步调协调一致。同时，它也是指人们之间的言谈举止、思想观点、个性品格等互为对方在心理上所接受。洽谈双方心理相容，无疑对洽谈的顺利进行有着重要的促进作用，而对一些无益的烦琐小事进行争论，心理相斥则有百害而无一利。

在洽谈过程中，要与对方说话投机而达到"心理相容"，切忌不分对象、不着边际、口若悬河、夸夸其谈，以免对方产生戒备感或引起对方的心理抵触，而应从与对方有共同语言的话题入手，谈论人们普遍关注或感兴趣的问题，建立亲切感，缩短心理距离，进而扩展和延伸话题，最终达到心理相容。

心理相容是洽谈者之间融洽的心理交往状况，因此它使洽谈双方心境和睦友好，心理气氛融洽。洽谈双方的这种积极友好的心理气氛无疑对洽谈进行有着重要的促进作用。总之，洽谈双方的心理相容，有助于洽谈的顺利进行。

（二）推销演示，示范有方

推销演示是一种直接的非语言洽谈的方法。演示可以更生动形象地直接刺激客户，制造一种真实可信的推销情景，把客户置于较强的推销气氛中，使洽谈深化，达到推销产品的目的。

在推销中，有些信息特别重要或十分微妙，这时，通过表演展示、示范表达，可以使客户通过视觉、听觉、味觉、嗅觉和触觉，直接接收商品信息，既可以节省洽谈时间，又能增强推销的可信性，易收到良好的效果。演示法在第一节的推销洽谈方法中已有所介绍，在此结合洽谈技巧进一步阐释。根据演示内容的不同，演示法有以下六类：

1. 产品演示法

产品演示法是推销员直接用所推销的商品、模型或复制品向客户演示的方法。既可演示商品的外观、结构，又可演示其性能、效果、使用方法、维修保养等。可使客户对商品有直观了解，产生强烈的印象。

2. 文字演示法

文字演示法是推销员通过演示有关商品的文字资料来刺激客户的购买欲望的方法。演示中所选择的文字资料要具有相关性、系统性、准确性和权威性。例如，产品说明书、价目表、文字广告、产品获奖证书、质量检测证书等。还可以准备一些产品效用的剪报、客户称赞信函等资料。这些文字材料可以大大提高客户的信任感。

3. 图片演示法

图片演示法是推销中通过演示有关商品的图片资料来刺激客户购买欲望的方法。这种方法图文并茂，方便易行。图片本身的信息容量大，便于随身携带。照片和图片可以使推销员的推销说明更生动、更清晰，会产生强烈的感染力。例如，如果现在让你推销一套豪华住宅，你不可能向每一位客户展示那所住宅。此时最好的办法就是使用该套住宅的照片与有关插图，向客户作一番行动的说明及演示，让每一位客户对那所住宅都有一个初步的印象，再来决定与哪一位客户签约，挑选出合适的客户。

4. 图表演示法

图表的种类很多，它是有效演示的一种重要的辅助方法，应用范围相当广泛。其中最有效的两种图表分别是动态图表和滑动图表，其中动态图表使用最为普遍。动态图表是指画在个别纸张或卡片上的一系列插图。使用动态图表进行推销时，有利于保持客户的注意力与兴趣，有利于推销员进行生动而有计划的推销说明，从而缩短时间和降低推销的难度。在使用动态图表进行推销说明时，通常还将图表上的一些关键字词或重要项目用笔画出来提醒客户注意。滑动图表的推销效果也很好。它以强调产品的性能、大小、特征等为目的，使客户了解产品，有时还应用于教学或工程上的计算、比较甚至解决各种问题。滑动图表反映的内容比较全面，至少让客户对产品有一个明确的感性认识，被看作赠送给别人的一种很好的礼物。当推销员利用图表进行产品推销时，要选择使用不同的图表，以提高推销的效果。

5. 图形演示法

图形的辅助作用与图表很相似，但图形更侧重于推销成果、价格趋势、广告计价日程表、利润以及其他项目的各种比较，它是一种重要的辅助演示方法。图形的样式各异，有直线图、柱状图、绘画图等，推销员在进行推销时应选择特定的模式进行辅助说明。在使用图形或图表进行推销说明时，要仔细向客户演示，让客户能够明白每一个项目的内容及目的，不能词不达意。在推销时还应妥善计划好图形的运用，要针对不同的客户采用不同的方法，以达到最佳的效果。值得一提的是，推销员自己必须对图形或图表的内容相当熟悉，否则就不能达到运用图表或图形辅助推销的目的。

6. 音响影视演示法

这是利用录音、录像等现代推销工具进行演示，刺激客户购买欲望的方法。现代推销工具，是推销的发展趋势之一。音响影视演示集推销信息、推销情景和推销气氛于一体，使客户产生陶醉、迷恋之感。

根据演示地点不同，演示法还可以分为室内演示和室外演示两种方法。演示地点限制演示内容，所以演示准备时应考虑地点、场合的影响。

（三）察言观色，巧用形体

心理学家分析，人的举止是人的内心活动的充分反映，举止所表达出来的意义随着个性和文化背景的不同而有差异。所以，在进行推销洽谈时，一方面要从对方的举止中领会其所潜藏的内涵意义，要善于察言观色；另一方面还要学会运用形体语言，不要因此而向客户泄露了自己不该传递的信息。

1. 可以传递信息的形体

眼睛、眉毛、嘴巴、四肢、肩部等的一举一动，都有着不同的心理反应；此外，推销员和客户如擦拭眼镜、吸烟的姿态等，都是一种信息的传递。

2. 运用形体语言应注意的问题

（1）形体语言不是对人的行为状态的精确描述，而是可变性很强、含义很广的，所以不能把理论规则照搬到实际中去。作为推销员必须清楚形体语言所表达的并非一定和内在本质一致。在洽谈中一方制造各种假象是司空见惯的，洽谈人员应谨慎、机智地应付各种情况。

（2）要弄清形体语言运用的场合、时间和背景，只有这些条件都有利时，形体语言表达才能取得最佳效果。

（3）要善于观察。由于形体语言直接作用于人的视觉，一切尽在无言之中，这就要求在倾听对方谈话的同时悉心观察对方。在观察之中体会对方所给予的各种暗示信息，并采取相应的方式，与对方交换信息，适时地作出判断，以控制洽谈的局势。

（4）推销员运用形体语言传递信息时，应该注意相关的礼仪规范。

四、推销洽谈中的策略技巧

俗话说，商场如战场。面对形形色色的对手，要想在谈判桌上占据优势，除了掌握一些常规的洽谈方法外，推销洽谈人员还应当讲究一些谈判策略。推销洽谈策略是指推销员在洽谈中应付各种可能出现的问题的基本对策。虽然在推销过程中，不同的客户有不同的兴趣爱好和需求，对推销的反应也有所不同。但我们仍然可以发现，在这些不同中还是具有共性的一面，存在着某些规律性的东西，而且大部分是可以预料的。例如："价格太贵了！""市场上出售的其他同类产品比这便宜。""这不是我们可以决定的。""我们晚些时候再买。""总的来说不错，但对我们不太合适。"等。这些问题在推销洽谈中经常会碰到，因此，对于这些基本问题，推销员可事先做好准备，拟订一些解决问题的基本措施和方法，以增加谈判的成效。最常用的推销洽谈策略有以下七种：

（一）揣度客户心理策略

在洽谈前进行静思默想，对客户的有关情况，诸如客户需要什么，该客户在工作和生活方面有哪些奋斗目标，哪些因素有利于该客户在工作和个人奋斗方面获得成功，哪些因素不利于其获得成功，客户对推销员的态度如何，客户的性格如何等问题进行认真地揣度，使自己在洽谈过程中心中有数。但俗话说"人心难测"，要获得这些问题的准确答案是很难的一件事，但人的心理活动无论多么隐蔽，最终总会或多或少从行为上反映出来。因此推销员不但要在推销洽谈前仔细揣度客户的心理，而且必须在推销洽谈过程中不断观察对方所有细微的谈吐举动，根据对方行为表现中所获得的信息，不断修正自己的"揣度"，才能使自己的"揣度"最大限度地接近客户的真实心理。

（二）兵不厌诈策略

兵不厌诈是指在洽谈过程中，当遇到对方设置的诸如数字、假报价等陷阱时，而采用的防止自己跌进陷阱的策略。

1. 数字陷阱

在一般协议谈判中，不可避免地要谈到各种各样的数据，如价格、成本、利息或设备的各项技术指标等，这些数据对谈判双方都有重大的意义。但是，一般来说，许多人都不善于迅速地处理数字，特别是在紧张的谈判气氛中，更容易犯愚蠢的错误。在推销过程中，当对方像连珠炮一样地抛出各种数据的时候，你相信还是不相信？点头还是摇头？这时候，千万不可鲁莽行事，一定要慢慢来，承认自己对数字处理的能力不够并非是一件丢脸的事，请对方逐项说明，你逐项计算、斟酌一番、检查一遍，并请谈判助手再帮你重新算过。如当场算不过来，拿回去仔细研究后再表态，切不可盲目相信对方所提供的任何数字，不论这些数据出自什么权威机构之手，要知道，有的谈判对手特别喜欢钻你不善于处理数据的空子，而在谈判中占你的便宜。

2. 出价陷阱

【阅读资料】

美国某公司发布广告，说有一部机器设备出售，价格是 10 万美元。互相竞争的几位买主中，一位愿出 9 万美元的高价，并同意当场付 10% 的订金，卖主没想到这部旧设备竟能卖得这么好的价钱，就同意不再考虑其他买主。三天之后买方来了，说当时的价格太高，不同意马上成交，还说，这部机器仅值 5 万美元，于是卖方又被迫与买方讨价还价，最后以买主预计的 6 万美元成交，而当初曾有人愿出 7 万美元，卖主却没有卖给他。

这是买主使用假出价策略的胜利。假出价格即买主利用高价的手段（或卖主利用报低价的手段），排除交易中的其他竞争对手，优先取得交易的权利，可是一到最后成交的关键时刻，买主便大幅度压价（或卖主大幅度提价），洽谈的讨价还价才真正开始。在这种情况下，一般是假出价格的一方占便宜，而另一方便要忍痛割爱。假出价格，虽然是不甚道德的，但却是推销场合屡见不鲜的陷阱。

（三）绵里藏针策略

绵里藏针策略是指在激烈的推销交锋中努力寻找缓冲时间来思考斟酌，避免因仓促而作出不当决定的策略。在洽谈中，很多时候容易因紧张而误事，"欲速则不达"，越是想急于求成往往越容易得到适得其反的结果。因此，在推销洽谈中，推销员应该做到不急不躁，沉着应战，以妥善的方式有节奏地进行洽谈，切忌为赶时间而自乱阵脚、纰漏百出，以避免忙中出乱、急中出错。

【阅读资料】

在 1956 年的美苏两国最高领导人的谈判中，原苏联共产党领导人赫鲁晓夫自恃比美国总统艾森豪威尔聪明，结果却闹出了大笑话。

在谈判过程中，不论赫鲁晓夫提出什么问题，美国总统都表现得似懂非懂、糊糊涂涂，总是先看看他的国务卿杜勒斯，等杜勒斯递过条子来后，艾森豪威尔才开始慢条斯理地回答问题。赫鲁晓夫因此很看不起艾森豪威尔，认为他智力低下，而他自己作为苏联领袖，当然知道任何问题的答案，而无需他人告诉自己要说些什么话。赫鲁晓夫当场讥讽地问道："究竟谁是美国的最高领袖？是杜勒斯还是艾森豪威尔？"

（资料来源：章瑞华．推销的艺术［M］．上海：复旦大学出版社，1999.）

分析：其实，是赫鲁晓夫错了。他不了解艾森豪威尔在谈判桌上所表现的特点，正是一种绵里藏针的隐藏力量。他这样做，至少已经充分做到了两件事情：既争取到了思考问题的时间，又获得了别人的提示和启迪。绵里藏针，正是一种绝妙的推销策略。

在推销洽谈过程中，特别是洽谈到了紧要关头，也常常需要故意放慢节奏的。譬如，在回答问题以前，提议对方把话再说一遍，把问题解说清楚；预先安排一个打岔的机会，如谎称有客上门来访或有电话要接；佯装突然感到口渴，去喝水，或是为在场的人都点燃一支香烟；让对方埋头阅读你当场提供的一大堆资料；以不知道一些问题为托词临时去寻找专门顾问；临时替换推销小组成员以造成谈判间歇；不时地休会或者干脆闭会，向有关领导请示等。

（四）"基辛格法则"策略

在局势动荡多变的 20 世纪 70 年代的美国，基辛格被称为头号外交家。无论在谋划战略、运用策略和行使权力方面，还是在处理同总统、国会、内阁的诸种关系方面，以及他本人的思想、经历与外交风格方面，都有其独特之处。他的外交哲学和谈判策略，被人称为"基辛格法则"。

【阅读资料】

基辛格始终信奉他的导师和启蒙者梅特涅的秘诀。梅特涅的一种独特的外交方式就是：他告诉俄国沙皇一个"机密"，又分别告诉法国国王、大普鲁国王一个"机密"。他深知他们将互相封锁消息，而要在许多年以后才会相互公开他们各自掌握的所谓"机密"，那么在这之前梅特涅就已经达到了自己的预期目的。

基辛格在中东问题的斡旋中，就采取了梅特涅的做法：他对埃及总统萨达特说一套，对叙利亚总统阿萨德说一套，又对沙特阿拉伯国王费萨尔说另一套，而对伊朗国王倒是说了一半真话。基辛格确信他们之间互不相信，绝不会交换他们了解掌握的秘密情况，这样一来，在相当长的时间内，基辛格本人便可左右逢源了。

基辛格担任美国国务卿一直持续了八年，他利用那绝妙的"基辛格法则"周旋于各国之间，在许多场合的谈判桌上为美国获取了利益。

"基辛格法则"运用在推销洽谈中，就是利用谈判对手所掌握的信息的不对称性，故意释放错误的信号，让谈判对手误入己方设好的圈套。

（五）刚柔并济策略

不论是外交场合、推销工作以至日常生活中，都会发生一些令人难以应付的局面或出现一些难堪事，人们如何去对付这种局面和事件，如何巧妙地把来自对方的难堪事处理好，这委实是一种高明的推销、处事技巧。在人们的生活中，在许多推销场合下，事情的成败关键往往决定于此。

【阅读资料】

1955 年，周恩来总理出席万隆会议，在某国唆使下的一股国际反动势力掀起反华浪潮，企图破坏万隆会议和与会国同中华人民共和国的关系，顿时会议陷入一片混乱。周恩来总理作为中国代表团团长，面对这种严峻的场面，马上作出了果断的应变措施，发表了著名的《周恩来在万隆会议上的补充发言》，提出了"求大同，存小异"和"和平共处五项原则"的外交路线，并一再声明中华人民共和国的诚意，欢迎各国外交使节亲自到中国来看看。由于补充发言充满了诚意和热情，不亢不卑地表达了中华人民共和国处理国际事务的立场和原则，使那些与会各国外交使节终于消释了重重疑虑，转敌对情绪为友好态度。当周恩来走下讲台，许多国家的代表拥着周恩来，亲切握手，气氛友好热烈。这件事不仅说明了我国外交政策的威力，而且更说明了周恩来总理的应变能力的高超。

在各种推销洽谈中，面对对手的刁难，我们首先应该镇定自若，不为对手的气势所吓倒，然后理清思路，予以不亢不卑地反击，以避敌锋芒而攻击其薄弱之处。

（六）最后通牒策略

最后通牒策略是指在谈判过程中，通过向对方发出最低条件、最后期限等形式的最后通牒，促使对方就关键性或实质性的问题尽快作出决定的策略。在推销洽谈过程中，富有经验的洽谈人员常常体验到，通常约有90%的时间花费在讨论一些无关紧要的事情上，而关键性的问题和实质性的问题却是在最后剩下的不到10%的时间里谈成的。在适当的时候可以提出："这个价格已经是我们所能答应的最低价格了。""月底 30 日是最后期限，若到时还不能谈妥，签订合同，我们就要另选供应商了"等。一般来说，最后通牒策略要慎用少用，一来容易导致谈判的破裂，二来经常使用也会使对方识破推销员的诡计而产生不信任感，很难达成交易。

（七）步步为营政策

步步为营是指在洽谈中，不是一次就提出总目标，而是先从某一具体目标入手，直至最后完成整个目标的洽谈策略。例如，先就订货数量、产品规格、型号、质量标准等进行洽谈，待达成一致意见后再就产品价格进行洽谈，然后，再就付款方式、交货时间等进行洽谈等，在每个具体问题上都取得了成果，也就完成了总的洽谈任务。

【本章小结】

推销洽谈指推销员运用各种方式、方法和手段，向客户传递推销信息，协调双方利益，说服客户购买推销员所推销产品的过程。

推销员在进行推销洽谈时，应遵循自愿性、有偿性、针对性、鼓动性、参与性、诚实性、合法性等原则。

推销员在推销洽谈前应做好充分的准备工作，准备工作的内容包括：收集情报，充分了解掌握要洽谈的客户的具体情况，熟悉推销品的性能特点和能提供的服务情况；制订一个可操作的洽谈计划；做好洽谈的心理准备和物质准备。

根据推销洽谈的内容和性质划分，本书将推销洽谈策略分为互利型洽谈策略、本方处于优势时的洽谈策略和本方处于不利时的洽谈策略。

推销员在推销洽谈时，针对不同的客户可以采用不同的洽谈技巧，倾听技巧，了解客户的真正需求和对推销品效用期望。

【思考与练习】

1. 主要概念

推销洽谈　推销洽谈策略　直接提示法　间接提示法　明星提示法　动意提示法　积极提示法　逻辑提示法　休会策略　润滑策略　声东击西策略　先发制人策略　最后期限策略

2. 复习思考题

（1）什么叫推销洽谈？应遵照哪些原则？

（2）推销洽谈的特点有哪些？

（3）简述互利型洽谈策略的内容。

（4）简述本方处于优势时的洽谈策略的内容。

（5）简述本方处于不利时的洽谈策略的内容。

（6）推销洽谈提问时，作为一名推销员应该掌握哪些技巧？

（7）推销洽谈倾听时，作为一名推销员应该掌握哪些技巧？

（8）推销洽谈答复时，作为一名推销员应该掌握哪些技巧？

【技能训练】

1. 课堂实训

实训主题：某市新星科技有限公司前身为该市生物工程研究所。公司坐落于美丽的和平公园畔的和平商厦内。公司创业伊始就注重企业文化，拥有一支科技含金量非常高的专业化队伍，拥有国内最大的医学、生物学博士专家组。

新星公司主要产品有纯中药减肥、定型胶囊；中药增肥丸、纯中药内服、外用祛斑、祛痘化妆品。在中国科技成果鉴定会上，来自医疗美容、生物、药植物等众多学科的二十余位专家权威，对新星纯中药减肥美容系列产品进行了鉴定评审，认为该项研究"改变了传统减肥观念，从细胞代谢入手，标志着减肥美容技术的革命"。一位工程院士向科研小组发来贺电称"该成果发现的（CR）和（HP）将会引起人类减肥美容的突飞猛进"。几位打算购买新星专利的行家也断言该产品至少八年内在国际同行业中处于绝对领先水平。

进入21世纪，新星人除了在中医中药领域继续拓展外，在生命科学、基因学领域的研制方面也取得了突破，从而不辜负广大消费者的厚望。

人才是企业的灵魂，科技是企业的源泉，新星人上下一心，坚定不移地走中医中药美容健身之路。目前产品已远销美国、英国、日本、澳大利亚等国。新星科研所所长张博士从事中医药研究十余年，在综合治疗肥胖症的临床实训中，不断创造了减肥的全国纪录。他的减肥成果在消费者中有口皆碑，他组织新星科研所专家们最新研制的祛斑、去黄气的生物化妆品系列更得到广大消费者认可，他的科研成果已引起海内外专家学者的高度重视。

新星公司正在向药品经销商和广大肥胖症患者推广纯中药减肥美容系列产品如下：

金盟纯中药减肥胶囊。本品为纯中药胶囊，选用多种纯天然药用植物为原料，运用现代高新技术精制而成，具体功用为降脂减肥、排毒养颜。主治肥胖、高血脂、高血压、脂肪肝等症，分有普通型、加强型、便秘型、祛斑型等型号。

金盟纯中药定型胶囊。本品为纯中药胶囊，选用多种纯天然药用植物为原料，合理配比，运用现代高新技术精制而成，具体功用为排毒养颜，防止反弹；可以在减肥后使用以保持优美体型。

金盟美容美白套装。以纯天然草本植物和海洋生物等原料，经现代科技制成，含有多种蛋白质衍生物，能将脸部7种不洁之物一次净化，有助去黄气，改变肤质，预防暗疮和粉刺的滋生，还你青春靓丽的本色。

（1）请学生以新星公司销售员吕萌的身份，通过洽谈劝说辽宁成大方圆医药连锁有限公司经理刘凌同意代理新星纯中药减肥美容系列产品。

（2）请学生以新星公司销售员吕萌的身份，向柜台前一位客户袁丹推销新星纯中药减肥美容系列产品。

（资料来源：李文国．推销实训手册［M］．大连：东北财经大学出版社，2008.）

实训目的：通过模拟表演掌握所学习到的洽谈技巧，培养推销员的交流沟通能力、适应变化能力和推销洽谈方式的创新能力。

时间：查找资料15分钟，设计时间30分钟，模拟演出时间每小组10分钟。（或任课老师安排）

组织：4人一组，3人扮演推销过程中的人物模拟推销，剩下1人作为评论员，在表演结束后，进行总结性评价。角色扮演时，性别可以改变。

2. 课外实训

任务：找一件你熟悉的产品，收集资料，设计你的推销洽谈计划。

目的：熟悉推销洽谈的准备工作、推销策略、推销技巧。

要求：以个人为单位写出计划。

考核点：推销洽谈的准备工作、推销策略、推销技巧。

3. 案例分析

某客户在一次体育用品展销会上观看某厂家的网球拍，推销员走了过来。

推销员："这种球拍不错，这可是我们这儿最好的。"

客户："可是价格太贵，要200元！"

推销员："实际上这种价格是很实惠的了，因为这种产品的确是好货。"

客户："球拍是全碳素的吗？还是用碳素做些装饰？"

推销员："不太清楚，得过会儿问我们经理。"

客户："算了吧，我想这只是一种图案装饰。"

推销员："我很乐意为您包装这支球拍。"

客户："我可从没买过这么贵的球拍。"

推销员："可能是吧？为什么不买一次呢？"

客户："你能告诉我为什么这么贵吗？"

推销员："因为网球运动越来越时髦，所以网球拍也越来越贵。"

客户："是这样吗？"

（资料来源：李文国．推销实训手册［M］．大连：东北财经大学出版社，2008.）

问题：

（1）该推销员做好推销前的准备了吗？他在哪些方面需要加强改进？

（2）如果你就是这位推销员，你准备怎样展开这次的销售谈话？请根据自己的想法重写这一销售谈话过程。

第七章
客户异议处理技术

【导入案例】

小周是某零售商店的推销员。一个星期五的早晨，发烧友李小姐走进店里，告诉小周说她正在寻找新式手机，希望购买一部价格在 5 000～8 000 元之间的手机，并且看上展示架上那一部标价 6 750 元的手机。

当小周把这一部手机的优点详细向李小姐说明之后，李小姐问道："这种型号的手机最优惠的价格是多少钱呢？"

小周立刻回答："算您 6 500 元吧！"

李小姐决定要购买了，并立刻在订单上签名并付款。他在感谢李小姐的惠顾之后，随即走进仓库里去取货。

大约过了 1 分钟，小周回到柜台，以下是他们两个人的谈话。

小周："李小姐，非常抱歉，您所要的这种型号已经没货了，本公司设在武昌的零售商店可能还有货，该店距此只不过 15 公里，您愿意到那里去买吗？"

李小姐："我没有时间到那里去，可以请商店的人送过来吗？"

小周："今天恐怕没有人可以送过来，下星期一我们会补足您所要的货品，到时您就可以在这里买到了。"

李小姐："真不巧！我今天一定要买到，因为明天晚上我要举办一个晚会，希望有一部崭新的手机，为何你们偏偏缺少了我所看上的那一部手机呢？"

小周："非常抱歉，我没有注意到我们店里已经没有那种型号的手机了。"

李小姐："这不是您的错，但是却让我感到很遗憾，我可以到其他地方买到功能类似的手机。真扫兴，请您把订单取消，把钱退还给我。"

案例分析：超过 90% 的消费者是在店铺内才作出购买决定的，当然耐用品消费者的比例没有这么高。售货员的技巧，产品的展示，店铺内的气氛和价格都会影响消费者的决定。超过 15% 减价才会对消费者有决定力的影响，但这取决于产品的销售渠道，买电视机的假如隔壁商场便宜 30～50 元，你也要作出让步，否则客人可能为了 30～50 元而改变主意。

电子产品的差异性比电视机等其他家电来得大，因此店员可以引导消费者注重产品的价值，而不是价格，不应该主动减价，何况产品的价格符合李小姐的预算，200 多元的减价对于客人作出购买决定的影响很小。

当店铺缺货的时候，店员可既将类似价格范围的其他产品推介给客人，多数客人会接受价格高低不超过 15% 的替代产品，如实在不行，只有从 15 公里外调货过来，店员的错误之处在于推销之前没有看库存，只有以服务弥补。

【教学目标】

通过本章的学习，要求学生掌握推销异议的含义和表现；掌握推销异议形成的原因；运用不同的异议处理方法有针对性地解决不同的推销异议；重点掌握推销异议的概念、推销异议的原因分析、处理异议的方法与技巧，以便在实际推销过程中，面对各式各样的难以预测的推销障碍，能够准确分析异议类型，寻找异议根源，并把握尺度和采取合理有效的方法技巧，有的放矢地解决各种客户异议，从而最终促成交易。

第一节 客户异议概述

从哲学的角度讲，人们认识一个新事物总有一个适应的过程，在这个适应的过程中，对新事物有这样那样的看法是再正常不过的。即便是面对那些耳熟能详的人或习惯的行为，当处于不同时期下，人们也会有各种新的认识。

推销活动是整个社会活动的一部分。在推销过程中，消费者总是处于某种事实上的"弱势地位"，他们或者对产品本身不了解，或者对价格不满意，或者对服务不认可，或者是故意刁难推销员。推销员只有冷静地化解客户的异议，摒除与客户的每一个障碍。最终才能成功地把产品推销出去。据统计，美国百科全书推销员每达成一笔生意要受到179次拒绝。所有的一切都说明，在推销活动过程中，推销异议是时常要面对的。

一、客户异议的含义

客户异议，即推销异议，就是客户对推销员或其推销的产品、服务或推销活动所作出的一种形式上表现为怀疑、否定等方面意见的反应。我国商界有句古话，"褒贬是买主、无声是闲人"。对推销而言，可怕的不是异议而是没有异议，不提任何意见的客户通常是最令人头疼的客户。有异议表明客户对产品感兴趣，有异议意味着有成交的希望。推销员通过对客户异议的分析可以了解对方的心理，知道他为何不买，从而有的放矢，对症下药，而对客户异议的满意答复，则有助于交易的成功。日本一位推销专家说得好："从事推销活动的人可以说是与拒绝打交道的人，战胜拒绝的人，才是推销成功的人。"因此，进一步弄清客户异议的基本内涵，有助于推销员做好心理准备，促使推销员冷静、坦然地化解客户异议。

（一）客户异议既是成交的障碍，更是成交的信号

客户异议是客户不买你产品或结束你提供的服务的理由，客户异议越多，成交难度越大，但同时我们应该看到，客户异议也是一种明显的成交信号。俗话说"嫌货人才是买货人"，客户对你的产品百般挑剔是他有购买欲望并期望以最优性能价格比成交的心理的外在表现。在推销员介绍和示范之后，马上就购买的客户是很少的。乍一看，客户有异议是推销成交的障碍，而实际上，客户提出异议，就表明他对你的产品或服务感兴趣。也就是说，如果作为推销员的你不主动放弃你的努力的话，这次推销活动实际上已经进入了双向交流沟通阶段，整个推销活动就有了一个

进一步发展的基础。而那些对你的介绍和示范没有异议，甚至一点反应也没有的客户，只能是对这次推销不感兴趣的客户了。他们一点兴趣也没有，当然也就不愿意花时间或精力对你的推销提出异议。

一个真正的推销员不要被客户异议所吓倒。要意识到，客户有异议也是成交的一个信号。其实，有异议并不是表明客户不跟你合作，只是在这个时间、地点他可能对你这次的推销有抵触有异议，并不表明他会一直有异议。再者，异议还可以为我所用。只要我们了解了它的成因，并且采取恰当的策略和方法，往往异议很快就会消除，而转化成推销成功。一个成熟的推销员，最重要的能力就是将推销异议转化为成交。

一位家具推销员向客户推销木制家具时，客户提出："我对木制家具没兴趣，它们很容易变形。"这位推销员马上解释道："您说得完全正确，如果与钢铁制品相比，木制家具的确容易发生扭曲变形现象。但是，我们制作家具的木板经过特殊处理，扭曲变形系数只有用精密仪器才能测得出。"

透过推销员自信真诚的笑容，在见证了推销员热情细致的服务后，该客户很高兴地采购了一套高品质高档次的木制家具。

（二）客户异议是企业的信息源

常见的客户异议有："我不喜欢它的外形和颜色"，"我喜欢它，但对我没有用"，"价格太高了吧，别人的产品怎么那么便宜"，"我以前试过，你们的服务简直糟透了"，等等。有些异议可能仅仅是误解，对此，推销员可以快速、直接地解释。但如果确实是因推销员工作问题或产品存在问题而导致的异议，那么这种异议可以直接向推销员提供有价值的信息，帮助推销员和企业改进工作。正确地将客户异议译解出来，将会使推销员获得三类信息：第一，确认进一步劝导客户的最好时机；第二，了解客户的新需求；第三，发现企业产品及工作中存在的问题。对第一类信息要因势利导，切莫错失良机；对第二类信息，可以反馈到企业，加速新产品开发，满足客户新需求；对第三类信息，也要反馈到企业，改进产品，完善推销工作。

（三）推销员应认真分析并及时总结客户异议

首先，推销员要认真分析客户异议。客户异议多种多样，不同的客户会有不同的异议，即使是同一个异议也会有不同的异议根源。因此，推销员要善于观察客户的言谈举止，把握客户的心态，正确判断异议性质，分析异议根源。

其次，推销员要及时总结客户异议。所谓及时总结，一是指在推销洽谈过程中，推销员在倾听了客户的异议后，应立即进行总结，并在征得客户认同后，及时对异议进行处理（除非采取不理睬的处理策略或拖延处理策略）；二是指在推销洽谈后，应对客户异议以及处理方法进行及时总结，从中得出客户异议的普遍规律及处理方法的心得体会，以便今后再推销。

二、客户异议的表现

由于推销环境、推销时间、推销地点的不同，推销员遇到的推销异议是不尽相同的。在一般情况下，推销异议表现为以下八种：

（一）需求异议

需求异议是客户从自身出发，自称根本不需要推销产品而产生的异议。它往往是在推销员向客户介绍完产品后，由客户提出。例如，当客户提出"这东西对我没用"、"我的存货已经够了"、"我们根本不需要它"、"我们已经有了"时，就彻底否定了产品目前对他的价值所在，也就更谈不上价格、质量了。需求异议有真有假，真实的需求异议是成交的直接障碍，推销员应该立即停止推销。虚假的需求异议则表现为两种情况：一是客户拒绝的借口，二是客户没有认识或不能认识自己的需求。对这类需求异议，推销员应设法让客户感觉到推销产品所提供的利益和服务符合客户的需求，使之动心，再进行推销。

（二）产品异议

产品异议是客户对推销产品的质量、技术、设计、结构、规格等各方面属性提出的异议，它包括质量异议、服务异议和利益异议。例如，客户提出"你的产品质量太差"、"这东西用久了要变形"、"这款式不时兴，没人买"、"这东西太复杂了，用起来不方便"，等等。产品异议往往带有一定的主观色彩，表明客户对这种产品不够了解或存在自身的购买习惯或偏见。这时推销员一定要对产品有充分的认识，然后通过有效的演示或请客户自己动手操作，来增强客户对产品质量和功能的信心，要重点指出产品能给客户带来的利益，以迎合客户心理，也可以用企业的销售业绩，说明这种产品的可靠性和受欢迎程度。对于新产品，推销员应分析即将流行的消费趋势，使客户了解顺应这一消费趋势的新产品的款式与功能，激发客户的消费欲望。必要的情况下，也可将企业有关促销计划和促销预算告诉客户，以增强他们的信心。

（三）价格异议

价格异议是客户以推销产品价格过高，而拒绝购买的异议。例如，客户提出"太贵了，我买不起"、"别人的价格比较便宜"，等等。价格异议是十分普遍的，由于客户对产品价格最敏感，且与客户的利益有直接关系，所以在产生购买欲望之后，首先就会对价格提出异议。它表明客户对推销产品有购买意向，只是对产品价格不满意，还需要进一步讨价还价，才能作出购买决定。对这类异议，推销员应将话题的重心放在介绍产品的性能、耐用性、款式的新颖性等问题上，即先谈价值后谈价格。一旦客户认识到产品的优点多，价格就不再成为突出的问题了。

（四）服务异议

服务异议是产品异议的一种，它是客户对推销员及其所代表的企业提供的服务不满，而提出的异议。服务作为附加产品，包括运输、零配件供应、安装调试、维修、技术培训等一系列内容。美国学者西奥多理维特说："新的竞争不是发生在各个公司的工厂，生产什么样的产品，而是发生在其产品能够提供何种附加利益。"这里的附加利益就是指服务。在企业产品差异日益缩小的今天，客户选择哪个企业的产品，很大程度上取决于该企业所提供的服务是否优良，良好的服务能够消除客户的后顾之忧，增强他们的购买决心。对待客户的服务异议，推销员态度应诚恳，首先要向客户道歉，然后问明原因，尽量解释，稳定客户的情绪，再找出双方都能接受的处理办法。

（五）货源异议

货源异议是客户对推销品的来源、推销员的来历提出的异议。例如，客户常常会提出"我们一直用某某厂的产品，从来没有买过你们厂的产品"、"没听说过你们这个企业"、"很抱歉，这种产品我们和某某厂有固固定的供应关系"，等等。货源异议乍一听似乎是不可克服的，甚至令人感到难堪。而事实上，货源异议本身说明了客户对推销产品是有需要的，只是不愿意从这位推销员及其代表的企业购买，推销并非至此结束。现实中，有些客户是利用货源异议与推销员讨价还价，甚至利用货源异议来拒绝推销员的接近。因此，推销员应认真分析货源异议的真正原因，利用恰当的方法来处理货源异议。

（六）购买时间异议

购买时间异议是客户有意拖延购买时间，由此产生的异议。例如，推销员会经常听到客户说"让我再想一想，过几天答复你"、"你先让我考虑考虑"、"我实在需要一些时间"，等等。这些拒绝，明显意味着客户还没有完全下定决心，拖延时间的真正原因可能是因为价格、产品或其他方面不合适。有些客户还利用购买时间异议，拒绝推销员的接近和洽谈。推销员应具体分析，有的放矢，酌情采取转化技巧和策略。不过，现实中推销员也应该给客户做出购买决定的时间，让客户在自由宽松的环境下理智决策。

（七）推销员异议

推销员异议是客户针对个别推销员，表示对他们的不信任而提出的异议。客户对推销员的异议表现在客户拒绝接待某一特定的推销员或拒绝购买他所推销的产品。这类异议的产生一般有两种情况：一是推销员曾向客户推销过劣质产品或客户并不需要的产品；二是曾向客户作出承诺，但兑现程度较低。这类异议，在一定程度上对推销员具有一定的积极意义，它会促进推销员改进自己的工作。

（八）权力异议

权力异议是客户以缺乏购买决策权为理由，提出的一种反对意见。例如，在业务洽谈中，有时客户会提出"我做不了主，还需要请示上级"、"我们的主管不在"，等等，这便是权力异议。权力异议有真实和虚假之分。真实的权力异议，是推销活动的直接障碍，推销员应对客户的购买决策权进行认真分析，找准目标客户；虚假的权力异议，应看作客户拒绝推销员的一种借口，要采取适当的转化技巧进行化解。客户异议多种多样，除以上各种常见的类型外，还可以根据其他情况归纳出其他异议。客户异议是否是真实的，是否反映客户的真实想法，是否会对推销产生真正阻碍，需要推销员认真研究。有的异议只是客户的拒绝借口，不理会或不处理都不会构成推销障碍，这种异议就是无关异议，也称为无效异议，反之就是有效异议。

【阅读资料】

我有理由不买保险

1. "我不需要保险。"——需求异议

谈话指引："虽然谁也不喜欢保险，但在必要时，却是谁也不能拒绝。何况，保险并不单为自己买，如果只为自己，苦一点也就算了。问题是有了家人，有了下一代，为了替他们着想，是否该慎重考虑呢？以我现有的财产，若是发生变故，对于家人未来的生活有没有足够的保障？要是没有这个把握，那么保险就是最好的保证品，它是一个以小搏大的投资，您说是吗？"

2. "我已经投保了。"——需求异议

谈话指引："您现在的这份保单等于是大人穿小孩子的衣服，虽然可称为拥有，但事实上却不合身。我并不是要您把现有的这张保单丢掉，我只是建议您，好好算出您现在应有的保险额度，恰如其分地加保。可以说没有恰如其分的保险，只不过比没有保险好一点而已。"

3. "死了才有赔，一点意思都没有。"——服务异议

谈话指引："先生，谁能保证自己一生都衣食无缺呢？天灾、人祸、不景气、健康受损、意外灾害，处处潜伏危机，我们不过付出一点点费用，好让年老时多一层退休保障，生病或发生意外时多一重医疗保险，这不是相当有益处的吗？"

4. "公司已替我保了险，我自己不用再买。"——需求异议

谈话指引："据我看来，您还是自己再买一张保单比较好。公司虽然为您买了保险，但这和公司为员工提供宿舍、制服是相同的，除非您一辈子待在这家公司，否则万一哪天您想自己创业或有其他因素离开这家公司，这些福利就没了。保险停止后，要重新办理非常麻烦，需要重新衡量您的年龄和身体状况，恐怕还要负担额外的花费。而且公司给您的保险通常保额不会很高，一般都在二十四个月到四十八个月薪资之间，这个金额您能接受吗？"

5. "我现在还年轻，身体强壮，暂时还不用买保险。"——购买时间异议

谈话指引："不知您有没有注意到，所有的保险公司都不愿意把投保机会提供给年老的、不健康的人？您有没有想过当您青春已逝、健康不在的时候，也逐渐失去了投保的机会呢？"

6. "我只要买意外险就够了"——产品异议

谈话指引："有统计结果表明，意外身亡人数仅占全体国民死亡人数的14%左右。也就是说，您购买的意外险只照顾到了全部风险的14%。而寿险虽虽然稍微贵了一点，却可以照顾到全部！并且意外险的保障范围是非常有限的，只有外来、突发、单独原因导致的意外才能理赔，那么其他状况发生时，怎么办呢？"

（资料来源：http：//wenku. baidu. com//view/11ab991dfc4ffe473368abc7. html。）

三、客户异议的类型

在实际推销过程中，有些客户的购买行为十分理智，其购买异议是有理有据的，而有些客户的购买行为十分随意，其购买异议是虚假的。推销员要设法弄清推销异议的各种类型，区分真假异议，对各类客户提出的购买异议进行辨别，才能运用合适的方法、有效的策略尽力促成交易。

我们将反对意见分为有效异议和无效异议两种。有效异议是指那些真实的、可靠的、正常的、有根据的反对意见。对于这类意见，必须认真分析、妥善处理。无效异议是指那些虚假的、不可靠的、不正当的、无根据的反对意见，一般是客户提

出的各种借口。对于这类意见，要耐心说服、有效引导。

客户的异议一般归为三种类型：真异议、假异议、隐藏的异议。

（一）真异议

客户认为目前没有需求，或对产品不满意，或对产品持有偏见。例如，客户从别人那里听说你的产品容易出故障。对于此类真异议，推销员必须视情形考虑是立刻处理还是延迟处理。

1. 立刻处理的状况

（1）当客户提出的异议是属于他关心的重要事项时；

（2）推销员处理后才能继续进行销售的说明时；

（3）当推销员处理异议后，能立刻要求订单、获得成交时。

2. 延后处理的状况

（1）对推销员权限外或不能确定的事情。比如，我们代理其他厂商的网络产品，网站的修改问题等，推销员要承认无法立刻回答，但保证会迅速找到答案告诉他。

（2）当客户在还没有完全了解产品的特性及利益前，提出价格问题时。

（3）当客户提出的一些异议，在后面能够更清楚证明时。

（二）假异议

假异议通常可以划分为两种：一种是客户用借口以敷衍的方式应付推销员，目的是不想诚意地和推销员会谈，不想真心介入推销活动；另外一种是客户提出很多异议，这些异议并不是他们真正在意的地方。例如："这件衣服是去年流行的款式，已经过时了""这车子的外观不够美观"等，虽然听起来也是异议，但不是客户真正的异议。其实客户反对的理由并不多，大多数只不过是他们的借口罢了。客户假异议的常见借口举例如下。

1. 我从来不会一时冲动而作出购买决定，因此我需要考虑一下，过几天再答复你。

2. 我们今年的财政预算已经用完了，因此暂时不再考虑购买新的产品。

3. 我们公司希望使用品质及售后服务更好、更上档次的产品。

4. 这一项目还没有完全开始，请过一段时间再来吧。

5. 我们跟其他公司已经合作多年了，因此暂时不会考虑换厂家。

6. 你们的价位太高了，产品的品质及服务也太差了。

7. 现在生意不好做，所以我们也暂时不考虑扩大投资了。

8. 这方面的事不归我负责，或者是我得与上级（或妻子、合伙人、律师等）商量之后再回复你。

9. 我们对你们公司的产品不了解（或者是对你们公司的产品根本就没有兴趣），因此不会采用你们的产品。

10. 我们已经购买了。

以上这些理由并非全部是客户的真实想法，但却会增加推销员与客户的谈判难度。因此，如何辨别真伪、去伪存真，对客户的异议进行正确地判断、分析和应对，是每一个推销员必须掌握的技能。

【阅读资料】

在实际推销活动中，虚假异议占客户异议的比例比较多。日本有关推销专家曾对387名推销对象做了如下调查："当你受到推销员访问时，你是如何拒绝的？"结果发现：有明确拒绝理由的只有71名，占18.8%；没有明确理由，随便找个理由拒绝的存64名，占16.9%；因为忙碌而拒绝的有26名，占6.9%；不记得是什么理由，好像是凭直觉而拒绝的有178名，占47.1%；其他类型的有39名，占10.3%。

这一结果说明，有近七成的推销对象并没有什么明确的理由，只是随便地找个理由来反对推销员的打扰，把推销员打发走。

（三）隐藏的异议

隐藏的异议是指客户并不是把真实异议提出，而是提出各种假异议，目的是要借此假象达成隐藏异议解决的有利环境。例如，客户希望降价，但却提出其他如品质、外观、颜色等异议，以贬低产品的价值，从而达到降价的目的。

四、客户异议的成因

客户异议产生的原因是多种多样的，既有必然因素又有偶然因素；既有主观因素又有客观因素；既有来源于客户方面的原因又有来源于推销方面的原因。引起客户异议的各种因素之间互相联系、互相影响，有时也可相互转化。推销员无法完全了解形成推销异议的最终原因或全部原因，但可通过各种方法找出主要原因，从而有效地预测、控制和消除各种异议。形成推销异议的主要原因包括：

（一）客户方面的原因

客户是推销的对象，也是推销的双重主体之一。购买商品的是客户，提出异议的也是客户。因此，客户异议首先表现在客户方面，来源于客户的需要、认识、购买习惯、自我表现、购买权利及支付能力等方面的障碍。

1. 客户的需要

客户的需要是客户产生购买行为和形成客户异议的最基本原因。客户的需要是多方面、多层次的，按照马斯洛的需求理论，由低到高可分为五个层次，客户的需要会从低到高依次发展。客户的需要是不断变化的，它会因不同的产品、不同的时间、不同的购买场所而不断变化。处于不同层次的客户面对同一商品自然会有不同的评价。一样的商品，有的客户认为档次太高，而有的客户则认为档次还不够，这显然会引发客户异议。

【案例7-1】

一位客户来到电器柜台前时，推销员小李马上上前热情地介绍起自己的产品。
"您好，这是××牌的等离子电视。您看，这是最新的款式，色彩真实……"
"哦，我们已经有了液晶电视，凑合着还能用，等离子的目前还不需要。"
"哦，是这样，那您平时喜欢看体育节目吗？"

"我喜欢看 NBA。"

"喜欢看篮球的话，这款等离子电视肯定适合您，因为等离子关键在于无拖尾，而液晶电视从侧面看时画面会失真。您看，我们现在放的《功夫之王》，画质多好。"

"嗯，是不错，液晶的应该差不多吧？"

"不是的，等离子在画质方面的技术比液晶的高！请问您家有老人和孩子吗？"

"有。"

"那就更好了，等离子看起来就比较柔和，很舒服，对老人、小孩的眼睛都好。"……

当客户没有认识到自己需求时，提出不需要推销产品时，推销员应从关心与服务客户的角度出发，通过感性的语言，使客户认识与发现需要，使其接受新的生活方式和消费方式。

2. 客户的认识

由于每个人的知识经验、价值观念、个性特征、情感及购买目的等各不相同，同一种产品在不同的客户心中会形成不同的认识。由认识所导致的异议直接表现为客户的成见和偏见。客户的成见往往带有强烈的感情色彩，通常对事物（推销产品、推销员、推销活动）缺乏公正、客观、全面的评价。客户的成见往往导致各种类型的异议，且难以在短时间内通过说理的方式消除。

【案例7-2】

一位"吃过亏"的客户的回答

一位汽车推销员正在电话里同客户进行交谈。客户虽然很有礼貌，但声音显得很强硬。"不，谢谢你啦！我现在不需要购买新汽车，如果需要的话，我自己会找汽车经销商的。记得一年前，我经不起一个推销员的百般劝说，就向他买了一辆小汽车，可是还没用多长时间，那辆汽车就坏了。老实对你说吧，吃亏上当只有一次，我再也不会听你们那套销售经了。"由于其他推销员使用了对客户不负责任的推销方法，使这位"吃过亏"的、有过经验教训的客户，面对其他的推销员自然心生反感，给其他推销员的推销工作带来不利影响，增加了销售阻力。

3. 客户的购买习惯

从心理学的角度分析，客户在购买产品后会对购买活动留下一定的感受。这些感受中有成功的经验，也有失败的教训。经过多次或长期购买，在经验与教训的积累过程中，沉淀出购买经验，这些经验往往会影响下一次购买行为。购买习惯是客户认识和学习的结果，是一种感情上的执著，要改变客户的购买习惯是很困难的事情。当推销活动与客户的购买习惯不一致时，客户就会对推销品、推销员、推销活动等提出各种反对意见。

4. 客户的自我表现

由于自尊心的驱使，客户会在不同的场合以不同的方式不同程度地自我表现。

对于推销员所做的产品介绍，客户往往会提出自己的看法。特别是与推销员讨价还价时，客户的自我表现尤为突出，当推销员做出一定的让步时，自我表现欲望强的客户往往会乘胜追击，以求得物质上和精神上的双重满足。

【案例 7 - 3】

一位打扮得雍容华贵的女士走进某时装店，在店里转了两圈后，在高档套装区停了下来。一位女店员便走过来招呼她："女士，这套服装既高雅又时尚，穿在您身上会使您的气质更加高贵。"女士点点头，表示同意。店员见她很高兴，对这套衣服也比较满意，便又说："这套服装质量很好，相对来说，价格也比较便宜，其他的服装要贵一些，您觉得怎么样?"谁知听完女店员的话后，那位女士立刻变了脸色，把衣服丢给店员便走了。为什么那位女士会突然拒绝购买呢?因为她把自己归为有钱人的群体当中，而购买价格便宜的产品，会有损于自己的形象，有悖于该群体规范。

5. 客户的购买权利

无论是组织购买还是个人购买，都有一个权威中心点的问题。购买产品的客户或者是接受推销员推销的客户，不一定就是购买的决策者。推销员在对客户的资格认定和接近准备上如果出现失误，所面对的客户就有可能没有权利决定购买某一推销品，或者没有权利决定购买什么样的推销品，或者没有权利决定在什么条件下才能购买某种推销品。

6. 客户的支付能力

客户的支付能力是影响交易行为的一个重要因素，是实现交易的物质要素和物质保证。当客户产生了购买意向后，决定其是否实现购买行为的关键因素就是购买能力。在实际推销中，由于购买力不足所导致的客户异议，往往会被客户利用其他异议进行掩盖，如故意挑毛病，提出一些无关的异议等。推销员要提高推销效率，避免此类客户异议的产生，就要认真对客户资格进行认定，减少失误。

（二）产品方面的原因

从推销产品看产品的质量、特性、功能、价格、服务等方面存在问题，都可能引起客户异议。

1. 产品质量

产品质量不能满足客户需求，导致质量异议。常言道：买到一个没有价值的东西，即使是非常便宜买来的，也是浪费。由此可见，客户购买产品，首先关心的是推销品的适用性问题。如果产品有缺陷，无法正常使用，或质量标准难以达到客户的要求，客户必然会提出质量异议，拒绝购买。因此，推销员在推销过程中，应该把产品的适用性放在首位，产品质量要符合客户需要。当客户提出质量异议时，推销员应认真分析其根源，如果确实是因产品自身的不足，而导致异议，推销员就要及时反馈到企业，努力改进产品。对这类异议如果处理不及时，将会成为客户不满的导火线，直接影响推销声誉。

2. 产品定价

产品定价策略不妥，导致价格异议产品定价，除了要考虑成本因素之外，还要考虑客户心理，科学定价是处理价格异议的基础。如果客户认为产品定价不合理，就会希望通过讨价还价，在取得能够接受的价格后才实现交易。一般情况下，客户会认为价格太贵，而拒绝购买，但也有相反的情况。例如，有些客户自以为购买便宜货是一件有失身份的事，而对低价产品不屑一顾。因此，推销员要认真研究和把握客户的价格心理，有针对性地制订价格策略，以消除客户的价格异议。

3. 产品服务

产品服务质量不高，导致服务异议服务能够为客户带来有形和无形的利益。客户购买某种推销品，其实质已不是购买产品本身，而是购买推销品的效用和利益。如果推销员不能够提供比竞争对手更好的服务，给客户更多的附加利益，或推销员的态度不好，令客户感到缺乏服务诚意和精神，就会提出异议。

（三）推销员方面的原因

推销员是推销活动的主体，如果推销员自身存在某些主观或客观上的问题，必然会引起客户的反感，并因此产生反对情绪或提出反对意见。一般来说，来源于推销员方面的反对意见主要源自以下三种原因。

1. 推销员的素质低

推销员要求具备一定的德商素质、情商素质与智商素质，才能顺利地开展推销活动。德商就是推销员的德行问题、品质问题、思想问题；情商就是推销员对自我情绪和情感的调节能力；智商就是推销员的知识结构、推销技巧和智慧。当推销员不具备上述条件时，必然会引起客户反感，从而导致客户异议的产生。

2. 推销员形象欠佳

推销员要能够给客户留下良好的印象，离不开推销员自身良好的个人形象。这里主要是指相对于内在气质而言的外部形象。优秀的推销员往往会巧妙地设计个人形象，并逐步在客户心目中形成较为固定的形象。如果推销员不拘小节、不修边幅、不讲究礼仪，往往会引起客户的反感，遭到客户的排斥。

3. 推销员方法不当

推销员在实践推销活动中，往往会形成一定的推销经验。如果推销员运用成功的推销案例进行复制，有可能面临失败，这是因为推销方法的运用是有条件的。一种推销策略和技巧运用的成功是由于推销员选择了恰当的时间、恰当的地点、恰当的推销对象。当推销环境发生变化时，推销员就需要根据实际情况灵活地运用推销方法与技巧。

（四）其他方面的原因

除客户、产品、推销员方面的原因外，引起客户异议的原因还包括推销信誉不佳、推销信息失真、推销环境不良等。

1. 推销信誉不佳

在推销活动中，推销信誉不佳是导致客户不签订单的直接原因。由于有些推销员及其所在企业曾经采取过不负责任的态度，吃过亏的客户会将这种坑害牢记在心，从而形成对某个推销员及其企业的成见。因此，客户会本能地对该推销员及其企业怀有戒备并提出各种异议。对于这种情况，推销员除了耐心地解释外，更重要的是以实际行动取得客户的信任，重新建立良好的推销信誉。

2. 推销信息失真

在推销过程中，推销员要向客户传递大量的推销信息。但是，由于客户的接受能力和理解能力不同，也可能由于推销员传递信息的方法不妥，表达不佳，使客户觉得进行购买决策的推销信息还不够充足而提出异议。特别是客户认为信息失实时，更容易引进各种反对意见，甚至造成客户的对抗心理。因此，推销员必须掌握大量推销信息，并以客户可以理解与接受的方式向客户表达。

3. 推销环境不良

有效的、成功的推销以一定的推销环境为条件，推销环境必须符合推销活动的基本要求。一般来说，客户的购买能力、购买习惯、群体的消费水平、消费结构、竞争的规模等因素，会因推销环境的不同而发生改变。如果推销员在一个不合适的环境里进行推销，势必会引起客户的反感。

总之，导致客户异议的原因多种多样，有些原因还相互交织在一起，错综复杂。推销员应认真分析，研究产生异议的真正根源，以便有针对性地处理客户异议，有效地排除客户异议，推动推销活动顺利进行。

第二节　客户异议的处理原则与流程

对客户异议的类型及产生根源进行分析，主要目的是为了有效地处理推销障碍。怎样才能处理好客户异议，是推销员最为关心而又最不容易把握的问题。推销员应在遵循客户异议处理原则的前提下，掌握客户异议的处理的流程。

一、客户异议的处理原则

处理客户异议是现代推销学的主要内容之一，也是实际推销中最基本的工作任务，推销员要学会正确辨别客户异议的类型，分析异议的原因，处理好客户提出的各种异议。推销员在处理客户异议时应当遵循以下原则：

（一）尊重客户异议

客户对推销活动产生疑问、抱怨和否定态度，总是有一定原因的，即使是客户对物美价廉的产品和优惠的交易条件缺乏了解而提出异议，也正说明了推销活动还存在不足之处。同时，能否尊重客户异议，也是推销员是否具有良好素质与修养的一个体现。只有尊重客户异议，才能在此基础上做好转化工作。要知道，客户之所以购买推销品，并非完全是出于理智，在许多情况下是出于感情。尊重客户异议应具体地体现在推销员的言谈举止中。

【案例 7-4】

美国纽约电话公司曾遇到一个蛮不讲理的客户，他拒不付电话费，声称电信公司的记录是错的。对此，他暴跳如雷，破口大骂，甚至威胁要砸碎电话机，同时写信给各大报社，向公共服务委员会抱怨。为此，与电话公司打了好几场官司。公司派出好几个人去处理此事都失败了。后来，公司派了最有耐心的乔治去处理此事。在乔治面前，那位客户仍是没完没了地大发脾气。第一次，乔治静静地听了三个小时，对客户所讲的每一点都表示同情。后来又去了三次，静听客户的抱怨。在第四次时，客户的态度渐渐地变得友好起来。最后，乔治说服了这位客户加入了他的"电话用户保持协会"，与此同时，客户付清了全部电话欠费账单，结束了他的投诉。

（二）强调客户受益

客户对推销活动提出各种形式的异议，其中一个主要的原因是担心交易过程中所要付出的未知的价值风险。因此，推销员对客户异议的处理应从积极的方面入手，真正做到从客户的立场出发，理解客户的困惑，了解客户的问题，为客户提供帮助，满足客户的需求和利益要求，充分说明客户所能获得的利益及其程度。这是推销员是否能说服客户，促进客户异议转化的关键。从客户的立场出发看待客户异议，设身处地为客户着想，通过这种换位思考可以进一步增进与客户的感情，缩小与客户的心理距离，有利于正确对待和处理客户异议，达到成交的目的。

（三）认真分析客户异议，及时作出反应

在客户发表异议的时候，推销员应耐心地听与看，并认真地分析客户异议是真实有效的，还是虚假无效的，以便区别对待。而对客户提出的异议无论是真实的，还是虚假的，推销员都应及时作出反应。因为，客户对推销活动的不同意见与看法，甚至抱怨，都希望得到推销员的反应。如果推销员对其异议反应迟钝，客户难免会产生诸如：推销员无法答复，忘掉了，不重视客户等想法。所以，推销员应该在客户发表异议之后，及时作出反应，如"您刚才讲的意思是不是……"等，即使是打算对客户的虚假的、无效的异议采取不理睬的方法进行处理，也应及时作出反应，如"您的意思我理解"等，然后再选择时机进行处理。

【案例 7 - 5】

一位推销员刚刚走进百货公司经理室，没说两句话，就见李经理一边拍桌子，便大声地说："你们这些推销员，就知道求我们给你们试销啊、代销啊、给回扣啊！为什么不想办法提高产品质量呢？我们不想卖货吗？你们老是拿些不适销对路的产品来这里对付！你们都走！"这位推销员尽管听得莫名其妙、脸红心跳，但没有像别的推销员那样悄悄走开。他一边默默地听李经理发脾气，一边仔细地分析。后来，他知道经理的意见与他没有关系，但是他希望了解这位经理，于是他一直硬着头皮在听。后来，经理在临出门时，握着这位推销员的手说："只有你留下来了，找个时间，我们好好谈谈。"他的态度为自己赢得了信任和青睐。

（四）彻底消除真实的客户异议

坚持彻底消除客户真实的异议是指对那些真实的、有效的客户异议坚持全部消除，不拖泥带水。因为，在实际推销活动中，只要客户还存在一点真实的异议，就会成为影响甚至是阻碍客户实施购买行动的障碍。

【案例 7 - 6】

美国成功的人寿保险推销员乔·库尔曼认为，推销中最具力度的词是"为什么

（why）"这是他做多年推销的经验之谈。谁要与他争辩，他就用一个"why"与之展开讨论。他对"why"力量的认识，源于一次朋友对他们两人的往事回忆。

朋友说："哦，我突然想起来，我是怎么买下人生第一份人寿保险的。你对我说的那些话，别的推销员都说过。你的高明之处在于，你不跟我争辩，只是一个劲地问我'why'你不停地问，我就不停地解释，结果把自己给卖了。我解释越多，就越意识到我的不利，防线最终被你的提问冲垮。不是你在向我卖，而是我自己'主动'在买。"

他接着说："那次聚会结束后，我回到办公室，用那神奇的办法，只通过电话，就卖掉了好多积压的货物。可能你自己都还不知道，你不断问我'why'，就是在使用这个策略，对吧？"

乔·库尔曼说："我真心感谢他，是他使我真正认识到'why'的力量。使我大惑不解的是，许多推销员竟然害怕使用'why'。"

二、客户异议的处理流程

很多推销员在实际交易过程中都认为处理客户异议是最为棘手的事情。其实不然，一位推销大师曾经说道："当客户提出一项异议时，我们首先要做的就是微笑，因为这使我们知道了他正在想什么，保持沉默的客户是最难对付的，如果他什么都不说，那我就不知道该如何完成销售。"作为一名专业的推销员，要想把握好成交的机会——异议，该按照怎样的程序来处理好异议呢？如图7-1所示。

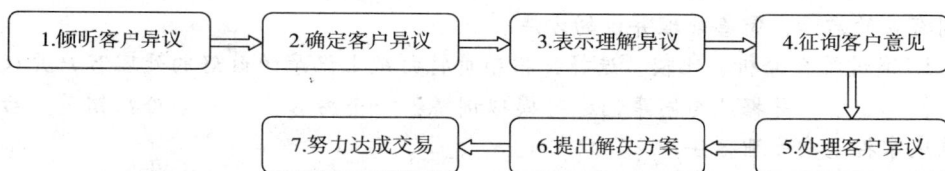

图7-1　处理客户异议流程图

（一）倾听客户异议

认真倾听客户诉说异议，这首先就是在向客户表明自己尊重客户，是从客户的立场出发的，否则，会让客户反感而激化异议，也不要随意打断客户。倾听异议，可以与客户建立情感，有效地帮助你收集信息，并从中理清思路。

（二）确定客户异议

确定客户异议，表明推销员认真听取客户的异议，表示自己对客户异议的善意、诚意，而且也能确认推销员是否正确把握客户异议的真实含义。

（三）表示理解异议

面对异议，推销员表现出理解和同情，这样可以赢得客户情感上的认同，以更好地处理异议。

（四）征询客户意见

征询客户意见，是为了鼓励客户能够如实地说出自己真实的看法，也是为了了解问题的重心，推销员必须态度诚恳地与客户沟通，问清对方的需求，以便进一步地修改。

（五）解答客户异议

解答客户异议时，一定要有专业的业务知识，掌握处理异议的技巧，一定要经过仔细思考后作出回答，要耐心解答，否则会引起客户不满情绪。

（六）提出解决方案

提出解决方案，一定要征询客户同意，如不能当场解决或是其他问题，必须明确告诉客户原因、处理意见、具体时间等事宜，直至客户满意为止。

（七）努力达成交易

在实际推销活动中，客户异议是推销成功的最大障碍，也是成交的机会，所以，客户异议的解决并不是轻而易举的，成交固然是所期待的结果，但是即使推销失败，也要为自己再次推销留有后路。

【阅读资料】

处理客户异议的准备方法

著名推销大师海因茨·戈德曼提出了一种比较好的处理客户异议的准备方法：

1. 在一张空白纸的中间自上而下画一条直线，在直线的左边把客户可能提出的异议一一列出，并加注小标题；在直线的右边，把自己认为最好的处理异议的方法扼要地写下来。

2. 分别征求同事、推销负责人、朋友甚至是关系较为密切的客户的意见，从中得到有益的启示，完善处理异议的方法。

3. 通过综合分析、比较、选择，推销员将白纸上记录的最好的处理客户异议的方法挑选出来，并据此与同事们进行模拟训练：一个扮客户，一个扮推销员，后至熟练地掌握这些处理方法。

4. 在此基础上，推销员要根据日常推销工作的实际情况以及自己积累的经验，经常地、不断地对这张表格进行补充、修改，例如，补充新的客户异议及其处理方法，淘汰推销实践中证明是无效的处理方法。

这样，充分地做好处理客户异议的准备工作，使推销员有备无患地去访问客户，胸有成竹地排除各种客户异议，顺利地开展推销工作。

第三节　客户异议的处理策略

在推销洽谈过程中，客户异议是不能避免的。只有成功地处理各类客户异议，才能有效地促成交易。处理客户异议的基本策略很多，主要有以下四种。

一、处理价格异议的策略

有人曾对世界各地参加推销研究班的推销员进行了调查，调查结果揭示了客户提出价格异议的动机主要有以下几个方面：客户只想买到便宜产品；客户想利用这种策略达到其他目的；客户想比其他客户以更低的价格购买推销品；客户想在讨价还价中击败推销员，以此显示他的谈判能力；客户想向众人露一手，证明他有才能；客户不了解商品的价值；客户想了解商品的真正价格；客户想从另一个供应商那里买到更便宜的产品；客户还有更重要的异议，这些异议与价格没有什么联系，他只是把价格作为一种掩饰。

价格问题是影响推销的重要因素，它直接关系到买卖双方的经济利益。所以推销员应当首先分析和确认客户提出价格异议的动机是什么，然后，有针对性地采取以下策略。

（一）强调相对价格

价格代表产品的货币价值，是商品价值的外在表现。除非和商品价值相比较，否则价格本身没有意义。因此，在推销过程中，推销员不能单纯地与客户讨论价格的高低；而必须把价格与商品的价值联系在一起。从推销学的意义上说，商品的价值就是商品的特性、优点和带给客户的利益。事实上"便宜"和"昂贵"的含义并不确切，而是带有浓厚的主观色彩，在很大程度上，它是人们的一种心理感觉。所以，推销员不要与客户单纯讨论价格问题，而应通过介绍商品的特点、优点和带给客户的利益，使客户最终认识到，你的商品实用价值是高的，相对价格是低的。

（二）先谈价值，后谈价格

如果客户购买了商品，就意味着他同时也要付出一定量的货币。客户在交易过程中，始终在衡量这种交换是否对自己有利。因此，推销员可以从产品的使用寿命、使用成本、性能、维修和收益等方面进行对比分析，说明产品在价格与性能、价格与价值、推销品价格与竞争品价格等方面中某一方面或几方面的优势，让客户充分认识到推销品的价值，认识到购买能带给他的利益和方便。

推销员必须注意：在推销洽谈中，提出价格问题的最好时机是在充分说明了推销品的好处，客户已对此产生了浓厚的兴趣和购买欲望之后。一般情况下，推销员不要主动提及价格，也不要单纯地与客户讨论价格问题，在报价后不附加评议或征询客户对价格的意见，以免客户把注意力过多地集中在价格上，使洽谈陷入僵局。

（三）心理策略

在向客户介绍产品价格时，可先发制人地首先说明报价是出厂价或最优惠的价格，暗示客户这已经是价格底线，不可能再讨价还价，以抑制客户的杀价念头。推销员还可使用尽可能小的计量单位报价，以减少高额价格对客户的心理冲击。例如，在可能的情况下，改吨为千克，改千克为克，改千米为米，改米为厘米，改大的包装单位为小的包装单位。这样在价格相同的情况下，客户会感觉小计量单位产品的价格较低。例如，甲每箱（24 瓶装）啤酒 120 元，乙每瓶 5 元，虽然两者的售价一样，可乙的售价给客户的心理感觉是低于甲的售价。

【案例 7－7】

日本有位灶具推销员，在东京的一个大卖场里进行促销活动，他把位置选在电梯口，用一张桌子摆上公司的新型灶具，就开始表演起来，他表演得很熟练也很精彩，把不少在商场购物的客户都吸引过来了，有好些感兴趣的客户在询问产品的性能、特点、功能等。有位太太问了价格，推销员回答道："15 万日元。"太太惊讶地说道："这么贵啊！傻子才来买呢。"推销员不紧不慢地说："你先别嫌价格高。使用我们公司的产品，一般情况下每做一顿饭可节省 20 日元，一天能节省 40 日元。我们产品的使用寿命是 15 年，算起来您能节约 219 万日元的燃气费用。而普通的灶具售价是 5 万日元。多花 10 万日元就可以节省燃气费用 219 万日元，您说哪个合适，相比之下价格还高吗？"

（资料来源：钟王群. 现代推销技术［M］. 北京：电子工业出版社，2007.）

二、处理货源异议的策略

货源异议是产品品牌、现有供货商或推销员的忠诚有关的一种异议。许多货源异议都是由于客户的购买经验与购买习惯造成的，推销员在处理这类异议时可采用以下三种策略。

（一）锲而不舍，坦诚相见

通常客户在有比较稳定的供货单位和有过接受推销服务不如意甚至受骗上当的经历时，对新接触的推销员怀有较强的戒备心理，由此而产生货源异议。例如，"对不起，我们和某某单位是老关系了，一般我们都向他们购买这类产品，他们产品的质量、供货都有保证"。这种情况下，推销员应不怕遭到冷遇，反复进行访问，多与客户接触，联络感情，增进相互了解。这样就有了对客户进行针对性劝说的机会。在与客户的接洽中，推销员应以诚挚的态度消除客户的心理偏见。

（二）提供例证

在解决货源异议时，推销员为说明推销品是名牌商品、材料优异、制作精良、款式新颖等，可出示企业资质证明、产品技术认证证书、获奖证书以及知名企业的订货合同等资料，以消除客户顾虑，获得其认可。

（三）强调竞争受益

客户常常会提出已有供货单位，并对现状表示满意，从而拒绝推销。此时，推销员应让客户明白，作为一个企业仅把握单一的货源具有很大的风险性。如果供货单位一时失去供货能力，将会导致企业因货源中断而被迫停工停产。而企业拥有较多货源，采取多渠道进货，会增强采购中的主动性，可以对不同货源的产品质量、价格、服务、交货期等进行多方比较、分析、择优选购，并获得竞争利益。

【案例 7-8】

一天，小张为一位客户推销货车。对方问："吨位多少？"小张："3 吨。"

客户："我们要 2 吨的。"

小张："2 吨有什么好的？万一货物太多，3 吨不是很实用吗？"

客户："我们也得算经济账啊！这样吧，以后我们需要的时候再说。"此时，交易明显有些进行不下去了，如果没有应对策略，也许就此告吹。但小张接着说："你们运的货物每次平均重量一般是多少？"

客户："很难说，大约 2 吨，有时候多，有时候少。"

小张："究竟需要什么型号的车，一方面要看货物的多少，另一方面要看在什么地方行驶。你们这个地区山路多吧？而且据我所知，你们那里的路况并不好，那么汽车的发动机、车身、轮胎承受的压力是不是要更大一些呢?"

客户:"是的。"

小张:"你们主要利用冬季营运,那么对汽车承受力的要求就会更高。货物有时会超重,又是在冬天里的山区行驶,汽车负荷已经够大了,你们在决定购买车型号时,连一点余地都不留吗?"

客户:"那你的意思是?"

小张:"您难道不想延长汽车的寿命吗?一辆车满负荷甚至超负荷,另一辆车从不会超载,您觉得哪一辆寿命更长?"

客户:"嗯,那我们决定选用你们的3吨车了。"

三、处理购买时间异议的策略

在推销活动中,往往是在推销员进行详细的介绍之后,客户经常会提出一些购买时间异议。实际上,客户借故推脱的时间异议多于真实的时间异议,具体的处理策略主要有以下三种。

(一)良机激励法

这种方法是利用对客户有利的机会来激励客户,使其不再犹豫不决,抛弃"等一等"、"看一看"的观望念头,当机立断,拍板成交。例如:"目前我们正在搞店庆活动,在此期间购买可以享受15%的优惠价格","我们的存货已经不多了,而如果您再犹豫的话,就可能被别人买去了"。这种方法具有一定的局限性,必须确有其事,千万不可欺骗客户。

(二)意外受损法

这种方法与"良机激励法"正好相反,是利用客户意想不到,但又必将会发生的变动因素(如物价上涨、政策变化、市场竞争等情况),要求客户尽早作出购买决定。

(三)竞争诱导法

这是指推销员向客户指出他的同行竞争对手已经购买了同类产品,如不尽快购买推销品,将会在竞争中处于劣势,以此诱导客户注意竞争态势,从而作出购买决定。

四、异议处理的时机策略

推销员选择适当的时机处理客户异议是十分重要的。一般情况下,答复客户异议的时机大致有四种情况。

(一)提前处理

推销员为了在处理客户异议的过程中能够争取主动,先发制人,避免因纠正或反驳客户的看法、意见而与之发生争执,有经验的推销员事先一般会预测客户会在推销活动中提出什么问题,会有哪种异议,以便在推销活动中主动提出来并妥善予以解决。所以,当推销员察觉到客户可能会马上提出某种异议时,应明智地抢在客户前面将问题先提出来,这是处理异议的最佳时机选择。另外,在做推销介绍时,在向客户对推销品的特点和优势进行介绍的同时,也要适当地向客户说明该产品的不足之处。这样，会使客户感到推销员真诚的推销态度，从而赢得客户的信任，有利于推销活动的进一步进行。

【案例 7 - 9】

一位推销婴幼儿服饰的推销员向一位年轻母亲介绍了婴儿内衣的情况后，接着说："这些内衣全部都是采用 100% 的纯棉做成的，手感非常柔软，不会刺激婴儿幼嫩的皮肤。不信，你试试看。"年轻母亲摸了摸衣服，点头称是，推销员又成交了一笔生意。推销员主动地提出了众多年轻母亲所担心的问题，并予以充分地解答，消除了这位年轻母亲的顾虑，给她吃了一颗"定心丸"，从而对推销员所推销的产品产生信任而接受了推销员的销售建议。

（二）即时处理

在推销过程中，对客户而言，都希望推销员能够尊重和听取自己的意见，不回避问题，并作出满意的答复。对此，推销员应视具体情况，及时了解客户提出的各种问题、意见、抱怨等甚至是虚假的、无效的异议，以及时排除推销障碍，促进交易的顺利达成。

要做到这一点，要求推销员具有丰富的知识、敏捷的思维、灵活应变的能力、善辩的口才和一定的临场经验。

（三）推迟处理

在推销过程中，推销员对于客户的某些异议不作及时回答可能会危及整笔交易，而对有些异议，推销员如果不量力而行，企图立即作出答复，则可能会葬送整笔交易。因此，对于客户提出的某些异议，如果推销员认为不适合马上回答的，可采用延迟回答的办法加以解决。

【阅读资料】

延迟处理客户异议的几种情况

在推销过程中，对于下列几种情况，推销员可以延迟处理客户的异议。

1. 如果推销员不能当即给客户一个满意的答复，应当暂时搁下，推迟处理。

在现代推销活动中，推销品的技术含量不断提高，所涉及的相关领域不断扩大，而作为推销员不可能面面俱到、样样精通。当客户提出了涉及复杂的技术细节而推销员又回答不了的异议时，就需要请有关的技术人员来解答，这样的回答才具有更强的说服力；另外，对于那些马上答复没有足够把握的客户异议，推销员也要延迟处理，以便给自己留出更多的时间来进行思考，筛选出最佳的处理方案。

2. 如果推销员认为马上答复客户的异议会影响你阐明推销要点或影响你的推销方案的实施，最好不要马上回答，应推迟处理。

3. 如果推销员认为没有必要当即反驳客户异议，可以推迟答复。这样做的目的是为了尽量避免同客户发生冲突，也是为了不使客户认为推销员对他的观点总是持否定态度，还可以是推销员出于策略上的考虑，有意等待适当时机再予以答复。

4. 如果客户提出的异议有可能会随着业务洽谈的进行而逐渐减少或消除，推销员可以不马上处理客户异议。这样，既可以减少不必要的争执，又可以节省时间，体现了推销员在安排推销策略上的高明之处。

5. 如果客户的异议与推销员将要谈到某个问题有关，可以不即刻回答。可以说："请稍等一下，下面我将要谈到的问题会说明这一点的。"总之，延迟处理客户异议要求推销员先对客户的异议加以辨析，然后再适时答复，这不失为一种有效处理客户异议的策略和方法。

（四）不予回答

不予回答是指那些无意义或不相干的反对意见，也许客户随便一说，也许就他的一个托词。这要求你细心观察，如果他说的时候心不在焉，那你就不要理睬他。这种无意义的客户异议有时和客户的个性有关，比如争强好胜的客户等，如果回答反而会耽误正事，或者引火烧身，不回答客户异议也是一种推销技巧。但如果对方第二次提出来，那你就要注意了，这个问题对他很重要，你要马上解决，否则他会反感的。

【阅读资料】

冷处理方法

客户说："啊，你原来是公司的推销员，你们公司周围的环境可真差，交通也不方便！"即使事实并非如此，你也不要争辩，你可以说："先生，请您看看产品……"

推销专家认为，在实际推销过程中，80%的反对意见都可以冷处理。

第四节　处理客户异议的方法与技巧

在实际的推销过程中，推销员经常会遇到形形色色、各不相同的客户异议。为了进行有效的推销，推销员既要把握原则，又要针对具体的问题，选择适宜的方法，灵活、妥善地处理客户异议。

一、反驳处理法

反驳处理法是推销员根据较明显的事实与理由，直接否定客户异议的一种处理方法。永不争辩是推销员应遵守的人际关系原则，但它并不排除对客户异议的否定或反驳。比如，客户提出产品异议："大家都说你们的冰箱噪声大、费电，还用不久，我不想买。"推销员："我们的冰箱质量绝对有保证。您看这是国家产品质量鉴定书，噪声指数绝对在国家规定的范围之内。还有我们的冰箱是绿色节能的，试验证明，耗电量只有传统产品的70%。而且如果您按照使用说明操作的话，保证您可以使用10年。"

（一）反驳处理法的优点

通过叙述与客户异议相悖的信息，推销员能够直接给予客户一个明确的、不容置疑的答复，这样就增强了洽谈的说服力和客户的购买信心，同时缩短了洽谈时间并提高了推销效率。

（二）反驳处理法的缺点

如果这种方法使用不当极易引发客户的抵触情绪，增加客户的心理压力，伤害客户的自尊，甚至激怒客户，而导致谈判僵局。

（三）反驳处理法的适用情况

1. 适用于客户因无知而提出与产品实际不相符合异议的情况。

2. 适用于客户因缺乏对产品的了解，害怕购买后吃亏而提出异议的情况。

3. 适用于客户因存在偏见而对产品、企业或推销员提出异议的情况。

（四）注意问题

1. 用于反驳客户的话语必须是有据可查、有理可依、有证可见的。时刻做到以理服人，绝不可靠强词夺理压制客户。

2. 在解释过程中要特别注意给予客户更多的信息，使客户了解产品、了解企业、了解推销员，还要积极主动地帮助客户消除误会、误解和偏见。

3. 态度要诚恳，言辞要坚定，对事不对人，不可高声大嗓、情绪激动地对客户说教，这样很容易伤害客户的自尊心，不利于推销活动继续进行。

4. 在反驳时可以考虑适当地增加一些幽默话语，以缓和严肃、尴尬的谈话局面。例如，当客户提出："请问，您能以什么优惠价格给我呢？"这时，推销员可以说："唉呀，您开玩笑了。实在对不起，本公司一向规定不打任何折扣。因为我们绝不会在产品品质上打折扣，当然也不能在价格上予以优惠。换句话说，我们绝不会蒙瞒客户。"

例如，当客户提出："你的产品不行，你们那个地方的假冒伪劣产品是全国有名的。"这是由于客户的偏见而提出的货源异议。如果推销员不明确否定，就会使客户由本能的抵制发展为理智的抵制，直接拒绝推销员和推销产品。推销员面对这种情况，就应该采用反驳处理法，明确地指出："我公司的产品绝对是真货，这是国家质量鉴定书、产品许可证、营业执照……"

再如，当客户因不了解情况，提出了售后服务的异议："你们公司的售后服务不好，电话叫修，却姗姗来迟。"这时，推销员可以反驳说："我相信您知道的一定是个案，但绝不会发生在我们公司。我们公司的经营理念就是服务第一。公司全省各地的技术服务部门都设有电话服务中心，随时联络在外服务的技术人员，希望以最快的速度为客户服务，以达成电话叫修后两小时一定到现场修复的承诺。"这样，既可以消除误会又避免争执。

【案例 7-10】

客户异议："这种分体式空调机只负责上门安装，又没有说上门维修，坏了不知道怎么办，我既不会拆，又不会装，还是不买了。"推销员回答："你尽可放心，生产这种空调机的厂家，在我市有特约维修服务部，随时可以上门维修、保养。你看产品说明书上都说明了维修服务部的地址和电话。"

二、但是处理法

但是处理法也叫转折处理法、婉转法，是推销员根据相关事实与理由间接否定客户异议的一种处理方法。常用的表达句式为"是的……但是……"人有一种通性，就是无论有错无错、有理没理，都不愿当面接受他人的纠错与指责，更不要说是一位素昧平生的推销员了。

比如，客户提出产品异议："手机功能这么多，用起来太麻烦，不好操作。"

推销员："确实我们的手机功能很强大，但是它很高级。您看触摸屏的设计非常人性化，您只要用手轻点所需程序的图标就可以使用了。"

（一）但是处理法的优点

在实际推销活动中，但是处理法要比反驳处理法使用更加广泛。因为但是处理法不是直接与客户"硬碰硬"，而是以退为进，这样就避免了冒犯客户，可以维持之前展开洽谈的良好气氛，同时也给予了推销员更自由的"回旋"空间，以便有时间分析和判断客户异议背后的真实意图，想出应对之策。此外，解答异议之前先对客户表示理解与赞同，或者仅仅是简单地重复异议，可以有效地维护客户心理，稳定客户情绪。

（二）但是处理法的缺点

如果这种方法使用不当，会使客户感觉推销员非常圆滑、世故，或者根本搞不清楚推销员到底要表达什么意思。

（三）但是处理法的适用情况

1. 适用于客户因了解信息不足而提出异议的情况。

2. 适用于客户能够自圆其说自己异议的情况。

（四）注意问题

1. 语气委婉，观点明确。过多地使用"但是"容易使客户感觉到推销员说"是的"没有多大诚意，所以换用"不过"、"我觉得"、"可是"、"还"等更加委婉的措辞更容易让客户接受转折以后的话语。同时，为了消除客户的疑虑和异议，推销员在否定时不能因为力求委婉而造成解释不到位、不清楚，这样反而会使客户产生新的异议。

2. 依据要充分，语言有逻辑。间接法的关键信息在于转折之后，此过程要求推销员向客户提供大量有说服力的证据，逐步用话语引导客户解开难题，消除由于客户无知、偏见、片面等造成的异议。

【案例 7 - 11】

刘伟是一位资深房地产推销员。他有一套非常好的处理客户反对意见的话术，那就是"毕尔斯"处理反对意见话术。

有一次，他领一位港商去看了一套房子，港商没有确定要还是不要。第二天，他打电话给这位港商，说："我相信，对于这样的一套房子，您一定是相当满意的，但当时没有确定下来，我不知道是什么原因？"

港商说："房间太大，一个人住起来感觉太空、太冷清。"

"是的，确实，现在您说不定不需要这么大的房子，但是如果您的家人有一天也来和您团聚或是和您的亲戚住在一起，您就不仅不嫌它大，反而会嫌它小了。"

"房子的结构我不喜欢。"

"是的，青菜萝卜各有所爱，每个人都有自己喜欢的房子结构。这套房子的结构在您看来不是最好的，但是如果您能换一个角度，您就会觉得它设计得非常合理。因为，一是它考虑了住宿的舒适性；二是充分遵循了居家环境的自然法则，它避免了许多居家忌讳。您居住在这里一定会很顺利，财源滚滚的。"

"我觉得价格也偏高了一点。"港商说。

"是的，这个价格对于某些人来说的确是偏高，但对于您来说绝对不高，因为这栋房子适合您来住。您觉得高，如果考虑到这个房子带给您的便利和名誉，就一点也不觉得高了。"

听刘伟这么说，港商很爽快地定下了这套房子。

"毕尔斯"处理反对意见话术，不急于解除或是反驳客户异议，而是承认客户的异议有道理，先让客户的心情处于轻松舒畅的状态。然后，以真诚的态度、和缓的语气询问客户拒绝的理由是什么，再给予解决。

三、转化处理法

转化处理法又叫利用法、太极法，是推销员将客户异议积极的一面转化为说服客户购买理由的一种处理方法。从辩证角度讲，异议既是成交障碍又是成交信号，推销员可以利用客户异议中正确、积极的一面去引导客户克服错误、消极的一面，进而促成交易。

比如，客户提出异议："我家的孩子光顾着玩，根本没心思学习，用不着你的产品。"

推销员："我们的电子学习产品设置了许多益智性的游戏，让孩子边学边玩、边玩边学、寓教于乐，正好适合您的孩子。"

再如，客户说："我年龄大了，用不着这么高档的护肤品。"

推销员："25 岁之后，皮肤营养就会呈现负增长的趋势，如果不及时补充，岁月问题就会更严重。所以我们这款高档护肤系列正是您所需要的。"

（一）转化处理法的优点

转化处理法的使用范围很广，具有"以子之矛，攻子之盾"的效果。

首先，用客户的观点作为说服购买的理由，更容易被客户接受。

其次，把客户异议转化为购买提示，可以使推销员由防守转为进攻，扭转了被动局面。

最后，肯定客户异议的积极方面，有利于维持良好的洽谈气氛。

（二）转化处理法的缺点

如果这种方法使用不当，会使客户感到推销员是在耍嘴皮子，玩文字游戏或者愚弄自己，从而引发客户的恼怒和抵触情绪，导致交易失败。

（三）转化处理法的适用情况

1. 适用于客户对产品有积极肯定的情况。

2. 适用于客户对异议并不十分坚持的情况。

3. 适用于客户把异议当借口以拒绝推销员的情况。

（四）注意问题

1. 推销员转化的购买理由必须要得到客户的认可与赞同，不然就是徒劳的。

2. 转化过程要自然，不能让客户感觉到推销员是在指责或批评他的思维方式有问题。

3. 转化的信息要正确，绝不能不负责任地向客户传递错误的信息。

四、补偿处理法

补偿处理法又叫抵消处理法、平衡处理法，是推销员利用异议以外的产品特性、优点或利益来补偿、抵消或平衡客户异议的一种处理方法。有时候客户提出的异议是符合实际情况的，产品确实存在某些方面的缺陷或不足，这时候推销员不妨勇于承认，并及时提出产品的其他独特优势去弥补这些缺陷和不足，使客户得到心理平衡，进而消除异议购买产品。

比如，客户提出异议："这个包的料子不好，不是全皮的。"推销员："您真是行家，这款包包的料子确实不是全皮的。不过这个皮包的设计、款式和颜色都是今年最流行的。如果再选用上好的全皮材料，价格恐怕要高出五倍。况且您是追潮流的人，花高价买一个只能背一年的包，有点不值哦。"

（一）补偿处理法的优点

补偿法也是应用比较广泛的一种异议处理方法，优点主要有以下三点：

1. 世界上没有十全十美的事物，产品也是如此，补偿法有效地弥补了产品的弱势。

2. 在补偿过程中，推销员充分肯定了客户提出的异议，这让客户感到自己的专业性和权威性受到了认可和尊重，心理得到了满足。

3. 通过补偿，让客户发现了产品更多的优点，使客户认识到购买的利益，同时也获得了心理上的平衡。

（二）补偿处理法的缺点

1. 过度使用补偿法会导致客户异议增多，甚至使客户形成讨价还价的思维定式，增加成交的阻力。

2. 补偿法容易使推销员处于心理上的弱势和被动局面。

3. 补偿过多会缩小推销员和企业的利润空间。

（三）补偿处理法的适用情况

1. 适用于客户异议确实是无可辩驳的正确观点的情况。

2. 适用于产品确实存在某种缺陷与不足的情况。

3. 适用于推销宣传有疏忽和不妥的情况。

4. 适用于与竞争对手的产品相比确实有明显弱势的情况。

（四）注意问题

1. 对客户提出的真实异议要欣然接受，不可作出强力否认的不理智举动。
2. 要分清异议性质，不可盲目迎合客户。
3. 不可因为客户提出了符合事实的异议而动摇对产品和企业的信心。
4. 对客户的补偿内容要真实，以增强客户的购买信心，绝不可欺骗、蒙混客户。

【案例 7 – 12】

一家机器制造公司在华北区域寻找到一家大客户后，便派出自己的推销员张雷与对方的经理进行洽谈。这一天，张雷第三次敲开了经理办公室的门，经理开门见山地说："张先生，我们不想购买你公司的货，因为你们的价格太高了，要比同类产品高出很多。"

张雷回答说："您说的我不否认，可是您更不希望它的质量和耐用性能不是很好，对吧？""是的。"

在得到了经理的回答后，张雷接着又说："在我们这个行业里大家都知道，智能机器最省力，也最有效率，对不对？"

经理同意张雷的说法："是的，可是你们生产的产品价格却比我公司现在用的还要高。"

张雷继续问道："现在工厂里每天的生产量是多少？"

"差不多每天 10 000 套吧。"

张雷粗略地计算了一下，然后说道："工厂里现在每天生产 10 000 套，如果用我的智能组件生产，每天一共可生产 15 000 套。您用三个多月生产出的产品换来的钱来购买我的智能组件，剩下的时间多生产出的产品不都是您自己的了吗？我想您应该能接受这个建议。"

经理点了点头。最终，经理大笔一挥，和张雷签下了 30 万美元的订货合同。

五、询问处理法

询问处理法是指推销员通过回答客户提出的问题而直接化解客户异议的一种处理方法。

比如，客户提出问题："投资过大，预算不足。"

推销员："您不用担心资金问题，我们有多种付款方式与促销组合供您选择，分别是……"

再如，客户提出问题："我们没有仓库，存货是问题。可是又不想放弃一次性大量购买的优惠政策，怎么办呢？"

推销员："您可以享受批发价全款购买货物，然后再按照您的运转周期由我们为您送货，您只需再负担一小部分的运费就可以了。"

（一）询问处理法的优点

这种方法能够直接解决客户的难题，化解客户的疑虑，扫清客户的购买障碍，极大地节省了推销时间，提高了工作效率。

（二）询问处理法的缺点

如果这种方法使用不当很有可能会带给客户以压抑感，使客户认为推销员在向他强迫推销。而且，如果推销员没有分析清楚客户问题的性质，就乱答一气，极易引发客户的不满情绪，从而失去了客户的信任与合作。

（三）询问处理法的适用情况

1. 适用于性格比较直接，不喜欢拐弯抹角的客户。

2. 适用于客户有购买意向但是还存在某些成交障碍的情况。

（四）注意问题

1. 推销员要认真分析客户提出的问题，弄清异议的实质，确保作出了正确的回答。

2. 推销员针对问题所给出的解决方案要切实可行，并得到客户的认可，这样才能获得客户的信任，促使客户作出购买决策。

3. 推销员向客户阐述解决方法时要态度诚恳、充满自信。

4. 解决方法不可涉及商业秘密，而且推销员在洽谈内容中作出的许诺要及时兑现。

【案例 7 – 13】

"解决问题式"销售法

李强："您好，我是海尔公司销售员李强。"

客户摆摆手说："不买，不买。难道你没看到我们已经有空调了吗？"

李强："贵公司的空调是 2000 年开始使用的，而空调的使用年限一般只有十年，超龄使用，不仅耗电，还达不到制冷、制暖的效果。"

客户："我打算明年换办公楼，要不你等明年的这个时候再来吧！"

李强思索了一会儿，问道："您是担心空调搬运的事情吗？"

客户："对。但是如果我们公司还能原价租这个写字楼的话，就可以考虑更换新空调。"

李强真诚地对客户说："我明白了您的意思，我现在有两个方案可以供您参考：第一，我向公司申请小额费用帮您搬运空调；第二，我跟这栋大楼的物业经理去谈，让他们降租金。"

客户笑道："如果你真能做到的话，我倒可以考虑。不过我们和物业谈过，他们不同意。"

李强："无论如何我都会努力地试一下，等有了结果我再来拜访您。"

回公司以后，李强立马向领导提出了小额运费的申请，同时他又找到物业经理和他商谈租金的问题。

物业经理上下打量着李强说道："租金是不可能再减了。"

李强："我希望您能把租金降低 30%，否则，我们就要搬到一栋比这里便宜很多的写字楼里。今年刚好遇到经济风暴，很多企业都面临倒闭的危险，到时不知道会有多少家公司搬走。您还是考虑一下吧。"物业经理听了李强的话，也开始犹豫起来。

因为公司规定，李强的申请没有批下来。但是，物业经理却主动把电话打了过来，表示同意降低30%的租金。当李强再次出现在客户面前的时候，客户热情地问道："小伙子，合同带来了没有？"李强帮助客户解决了最为重要的租金问题，从而获得了客户的好感和信任。成交就是理所当然了。

（资料来源：http://www.3158.cn/news/20110106/10/84-19954992_1.shtml。）

六、预防处理法

预防处理法又叫提前处理法，是指推销员在客户提出异议之前就对即将可能出现的异议进行解答和处理的一种方法。一般来说，客户不提出异议就作出购买决定是最理想的推销条件，但是实际情况并不如此，客户提出异议是必然的。因此，为了有效地预防和处理各种客户异议，推销员可以未雨绸缪、先发制人，抢在客户之前就处理好异议，防患于未然。

比如，推销员推测客户可能会提出购买权利异议："王主任，大家都称赞您做事雷厉风行，有主见，从不推卸责任，我想这个购买计划您一定能做主。"

再如，推销员预感购买需求可能是客户将会提出的异议："您可能没有听说过这种产品，但它能给我们的家庭清洁工作带来很多便利，您看我给您演示一下……"

（一）预防处理法的优点

采用提前处理法的最大好处就是可以先发制人，取得推销过程的主动权，有效地"遏制"客户隐藏的异议，消除洽谈障碍。

（二）预防处理法的缺点

这种方法在实际推销活动中较难应用，因为一旦推销员的语气和用词不当，极易给客户造成强大的心理压力而致使其无法忍受。此外，推销员抢先处理客户的异议还可能会造成"越解释问题越多"的不利局面，最后导致客户失去购买信心，交易失败。

（三）预防处理法的适用情况

提前处理法适用于经验丰富、能力较强，能够推测和预知客户隐藏的购买障碍的推销员开展推销工作。

（四）注意问题

1. 推销员事前要做好充分的准备工作，确保提出的解决方案和处理方法正是客户心中所想和正在担忧的异议。

2. 推销员要时刻关注客户的心理变化和行为反应，把握运用提前处理法的时机。

3. 将说服工作和信息传递工作有机地结合起来，使客户感觉自然合理，没有强迫购买的压力。

4. 推销员要淡化自己抢先提出的异议，以防止客户借题发挥、小题大做。

以上所列举的方法可供推销员在处理异议时参考使用，但是面对复杂多样的推销环境以及经济的发展与进步，上述方法难以解决推销员遇到的所有异议，因此还需要推销员在实际工作和演练中不断总结、不断补充和不断完善。

【本章小结】

客户异议既是成交的障碍，也是成交的前奏与信号。推销员只有正视客户异议的存在，才能以冷静、豁达的态度对待它。因此，妥善处理客户异议，是现代推销员必须掌握的基本技能。客户异议的表现形式多种多样，最常见的异议类型有：需求异议、产品异议、价格异议、服务异议、货源异议、购买时间异议、推销员异议、权力异议等。异议产生的根源更是错综复杂、难以捉摸，有来自客户心理方面的原因，也有来自推销产品及推销员自身的原因。推销员必须透过表面现象，去深入分析客户异议的根源，对症下药。

面对各种各样的客户异议，推销员要培养百折不挠的精神，要尊重客户异议、强调客户受益、认真分析客户异议、彻底消除真实的客户异议。这是面对客户异议应遵循的基本原则。

客户异议千差万别，处理异议的策略与方法也不胜枚举，主要有反驳处理法、但是处理法、转化处理法、补偿处理法、询问处理法、预防处理法等。每一种方法各有利弊，各有不同的适用条件，推销员应在实践中灵活运用，补充发展。

【思考与练习】

1. 主要概念

客户异议　客户异议表现形式　处理客户异议方法

2. 复习思考题

（1）为什么说客户异议既是成交的障碍，也是成交的前奏与信号？

（2）常见的客户异议有哪些？请举例介绍。

（3）试分析客户异议产生的根源。

（4）简述处理客户异议的原则。

（5）推销员在什么情况下可运用反驳处理法处理客户异议？

（6）试举例介绍处理价格异议的技巧。

（7）产品是否质量越好，越受消费者欢迎？为什么？如何处理质量异议？

（8）分析购买时间异议产生的根源，并举例介绍处理购买时间异议的技巧。

【技能训练】

1. 小赵是某糖果食品公司的推销员。在经过第一次礼节性的拜访后，今天第二次去拜访恒发商场采购部尹经理。对方对价格提出了异议，并要求给予折扣。小赵把报价单递给尹经理，尹经理看过后摇了摇头，说八五折太低；小赵说八折，尹经理仍摇头；小赵又报了一次价，尹经理还是摇头；小赵最后报到六五折，已经是底线了，但尹经理还是不停地摇头，什么也不说。小赵不知道该怎么办了。如果你是小赵，你会怎么办？为什么？

2. 假设你是一位寿险推销员，你的准客户大多是中等收入的三口之家的户主。

准备一个卡片，将对方有可能会提出所有异议一一列举出来，并寻找解决的办法。

3. 实训

实训题目：处理客户异议

实训目标：通过本实训掌握处理客户异议的技巧。

实训要点：在推销过程中，客户提出异议是必然的，它既是成交的障碍，也是成交的前奏与信号。不同的客户各自有其拒绝购买的理由，推销员必须认真分析，灵活采用不同的方法妥善处理。处理客户异议是推销员必备的技能之一。

实训背景：小李是新华办公用品的推销员，主要推销复印机和传真机等办公用品。这天小李来到某大学校部机关进行推销。他选择了招生办作为自己的推销对象，招生办的副主任老王与干事小宋接见了他。

实训内容：小李在向老王与小宋推销复印机时，对方提出了各种异议，都被小李一一化解。最终小李推销出去了一台复印机。

实训要求：本实训分组进行，4 人一组，其中 1 人扮演小李，1 人扮演老王，1 人扮演小宋，1 人进行监督和评价，每个人都要轮演小李。每个同学最好都能按照实训内容，设计演练的脚本（包括情节和台词），并给本小组成员分派角色。在演练过程中，指导教师可以临场发挥，比如增设模拟角色和任务；在同学们演练时，组织其他同学对表演进行评论。本实训可在模拟办公室或教室进行。

4. 案例分析

案例一：

舒斯特是美国保险推销界的推销大王。他初次踏入推销领域时，也曾遭遇到不少挫折和困难。

一天，舒斯特去拜访一位老板。当舒斯特作过自我介绍并且说明来意后，这位老板连连挥手说："保险，我不需要！"舒斯特的自尊心受到严重的伤害。

于是舒斯特打道回府，他感到气馁："唉，我不适合当推销员。"突然这时候，一声"哎哟！"引起了舒斯特的注意，原来有两位小男孩在溜冰，其中有一个男孩不小心跌倒了，却马上爬了起来。舒斯特走上前去问："小孩，你不怕疼吗？"男孩若无其事地回答说："我只想把溜冰学好，跌倒了，不算什么，再爬起来就是了。"听了小朋友的答话，舒斯特深受启发：一点也不错，跌倒了，再爬起来就是了！

第二天，舒斯特又去拜访碰过钉子的老板。首先，舒斯特告诉老板，他是为昨天冒昧的打扰，专程来致歉的。这位老板看到舒斯特如此客气，态度比昨天好多了。因此，舒斯特趁机请教他一个问题："如果贵工厂的职员在外面遇到了困难便退缩的话，你还用不用他？"这位聪明的老板立刻明白了舒斯特的言下之意，因此，立刻请舒斯特坐下，并且告诉舒斯特，他愿闻其详。结果，舒斯特成功地拿到了这位工厂老板的订单。

问题：

（1）本案例告诉我们什么道理？

（2）推销员应如何正确对待客户的拒绝？

案例二：

小杨是一家公司的推销员，他推销的产品是复印机。经过几次的拜访，他把目标锁定在夏华公司。但是去了几次，夏华公司的采购经理总是能找出一些问题拒绝接受推销。这一次已经是他第五次拜访了。

当小杨来到采购经理的办公室后，经理又提出异议说："这台复印机的功能，好像比别的公司的要稍差。"

小杨回答说："这台复印机是我们最新推出的产品，它具有放大缩小的功能，纸张尺寸从B5到A3，有三个按键用来调整浓淡度，每分钟能印20张，复印的字迹非常清晰。"

经理听完小杨的解释，仍然摇了摇头说："我还是觉得你公司的复印机功能一般，与其他复印机相比较。好像差一些。"

面对经理的反对意见，小杨没有急着去辩解。而是提出这样的问题："请问您觉得哪个功能比别人家的复印机要差?"

经理回答说："我们曾经使用的某品牌的复印机具有6个刻度能调整复印的浓淡度，因而觉得你公司的复印机的功能好像较差。"

听完经理的话，小杨知道问题的症结在哪里了，于是他说："贵公司的复印机非由专人操作，任何员工都会去复印。因此调整浓淡的刻度过多，往往会令员工不知如何选择，常常造成误印，本公司复印机的复印浓度调整按键设计为三个，一个适合一般的原稿，一个专印颜色较淡的原稿。另一个复印颜色较深的原稿。"

由于小杨的说明化解了客户的疑虑，最终夏华公司向他购买了复印机。

问题：

（1）请指出客户异议的类型，并分析其原因?

（2）小杨先后采取了哪些方法处理客户异议?

第八章
推销成交技术

【导入案例】

一件毛皮大衣的成功销售

圣诞前夕，一对夫妇在服装商场的拐角处，看到时装模特披着件非常好看的毛皮大衣。两人停下来在欣赏、摸弄着那漂亮的毛皮大衣，妻子还抓住袖口查看价格标签。这时，一位女推销员走过来凝望了一下那位妻子，很快就说："夫人，这是一件非常好的大衣吧？"

妻子："当然啦。"

推销员："夫人一定只看了价格标签吧？我把看什么地方才好的方法教给你。"说罢她撩开大衣的里子："请看这个埃利奥特商标，真正的名牌。这件大衣用料好、做工细且款式很长时间都不会过时，而且又美观又暖和。"接着，她从时装模特身上取下那件大衣说："请试穿一下，看看大小是否合适，其他尺码的我们也有，不过我看这件最适合夫人的身材。"

妻子轻轻披上了那件大衣，丈夫左瞧瞧右瞧瞧地审视着。推销员说："先生觉得怎样？夫人看上去显得华贵大方吧。这件大衣无论怎样说，高贵的夫人看起来都很美观得体。"稍停顿了一下，她接着说："别以为这件毛皮大衣价格很贵。一般呢大衣穿三四年就变得陈旧了，而毛皮大衣穿上十几年其毛色也不变。算起来买毛皮大衣比买呢大衣还合算。"说完，她充满微笑地望着做丈夫的手。

此时，妻子也把目光投向丈夫，丈夫连声说："不错，不错。"

推销员又一边看着做妻子的，一边说："夫人，您真幸运。许多夫人们光顾这里都对这件大衣感兴趣。不幸的是她们的丈夫不像您那位那样与您和谐一致，没有人把这件非常漂亮的大衣给夫人买下来。"

结果可想而知，丈夫决定买下这件毛皮大衣给妻子作为圣诞礼物。

案例分析：推销的目的在于达成交易，因而成交是推销过程中最紧张最刺激的阶段，也是最令人兴奋的阶段，推销员在推销过程中所作出的努力都将在这个阶段得到回报。优秀的推销员总是善于成交的人，而不能成交的推销员就像是经过长年艰苦训练，比赛时一路领先，却在冲刺前摔跤或落后的田径运动员。高尔夫球运动的格言是：如果你打不好最后一击，你就别想获胜！同样，推销的格言是：如果你不能成交，你就卖不出去任何货物！所以人们常说，成交是推销员黎明前的曙光。在成交阶段，你要向客户介绍你准备好的建议书，说服他需要你推销的产品，协助客户作出购买决定。

（资料来源：刘生峰．顾问式推销［M］．深圳：海天出版社，2002：57．）

【教学目标】

通过本章的学习，要求学生了解推销成交的概念，理解推销成交的信号，理解推销成交达成的基本条件和障碍因素分析，掌握推销成交基本策略，最后熟练地运用推销成交常用的方法与技巧，促成交易。

第一节　推销成交概述

在推销异议排除之后，推销员基本上完成了通向成功销售的准备阶段工作。有些客户尽管对所推销的产品发生兴趣并且有意购买，但他仍然可能产生犹豫，以至没有勇气作出购买决定。因为，对客户来说，购买就意味着作出经济牺牲，而且还迫使他放弃其他东西，承担机会成本。所以，对推销员来说，洽谈目的达到了，推销障碍排除了，但推销尚未成功，促使客户成交的工作仍然复杂艰辛。

一、推销成交的概念

推销成交是指客户接受推销员的推销演示及购买建议，采取购买推销产品的行为的过程。推销成交是前一阶段推销面谈的延伸和继续，是整个推销工作的最终目的。在这一阶段，推销员不仅要一如既往地延续推销接近和说服客户的工作，还要能及时有效地采取措施进一步调动客户的心理驱动力，激发客户强烈的购买欲望，坚定客户的购买意志，帮助和说服客户作出最终的选择和决策，从而促成交易的成功，并完成成交手续。

为了更好地认识和把握推销成交，我们可以从以下三个方面来把握其内涵：

1. 成交是推销员提出试探性成交后的积极响应。在推销过程中，一旦推销员给客户进行介绍说明和示范操作之后，客户必然有所反应。如果这种反应是积极的（即有利于成交的），则必将向最终达成交易迈进，拿到订单只是履行例行手续而已；如果客户的反应是消极的，则可能远离订单，需要推销员消除客户对推销品及推销建议的疑虑，并审视自身的推销洽谈设计是否合理，在此基础上重新对推销品进行说明介绍或展示。因此，成交是对良好洽谈的积极反应和回报，是对推销员与推销建议、推销品的认同与肯定。

2. 成交是准客户接受推销员的推销建议的渐进过程。本来成交就是个双向活动过程，除推销员向客户做需求分析、受益说明，帮助客户作出购买决策之外，同时也是客户进行心理斗争，由排斥推销员及推销品到信服并最终作出购买决策，接受推销品的活动过程。这就要求推销员在洽谈中善于洞察准客户的心理，抓住"战机"及时促成交易、没有较长时间的接近准备和艰苦的洽谈"斗争"，也就不会有推销努力的战果——成交。

3. 成交是客户接受推销建议并立即购买推销品的行为，尽管成交是洽谈的后续工作，也是洽谈的努力成果，但洽谈毕竟不是成交，也不一定必然导致成交。如果推销员不善于抓住成交的良机，可能会使已经谈好的最终交易条件发生变故，进而导致客户怀疑，改变主意，甚至最终使成交破裂。因此，推销员对准客户的反应不应熟视无睹，不能等待客户向推销员"示爱"，推销员应积极地发挥主导作用，主动请求签订买卖合同，一举促成交易的达成，避免不必要的争议。

二、推销成交信号的识别

一般情况下，客户的购买兴趣是"逐渐高涨"的，且在购买时机成熟时，客户的心理活动趋于明朗化。在实际推销活动中，客户为了保证自己所提出的交易条件取得心理上的优势，往往不愿主动提出成交，更不愿明确地提示成交。但是，客户的购买意向总会有意无意地通过一些方式表露出来，也就向推销员发出了信号，这就是推销成交信号。推销成交信号是客户通过其语言、行为、情感等表露出来的，稍纵即逝。所以，为了有效地促成交易，推销员必须善于适时准确地捕捉这些成交信号，抓住时机，及时成交。

客户成交信号可以分为语言信号、动作信号、表情信号和事态信号等。

（一）语言信号

语言信号就是客户通过自己的言谈话语而表露出来的内心已准备购买推销品的信息。言为心声，客户的语言里或多或少地流露着他们内心的想法。当客户有心购买时，高明的推销员从其语言中是可以判断出来的。例如，当客户说："有现货吗？"或者说："你们多快能交货？"这就是表现出来的对推销品真正感兴趣的迹象，它表明成交时机已到。当客户询问价格时，说明他兴趣极浓，商讨价格时更说明他已经要购买了。

一般而言，假如出现下面任何一种情况，那就表明客户产生了购买意图，可以当成成交信号：

1. 给予推销品一定程度的肯定或者赞同；
2. 讲述了一些参考意见；
3. 请教推销品的使用方法；
4. 打听有关推销品的详细情况（价格、运输、交货时间、地点等）；
5. 提出购买细节问题（降价、试用等要求……）；
6. 表达一个更直接的异议；
7. 和同伴议论产品；
8. 问"要是……"等类似的问题；
9. 重复问已经问过的问题；
10. 用假设的口吻或语气谈及具体的购买事宜。

【案例 8-1】

一个卖中文电脑记事本的女孩去拜访一位公司经理。她向经理推荐和介绍了她的产品，并拿出产品向这位经理做了演示。这位经理接过她的产品在手上摆弄了半天，很喜欢。过了一会儿，这位经理说："我有几本名片簿，要把这些名片信息输进电脑记事本中，需要多长时间？"请分析一下经理说这句话的含义是什么？

大家想一想，如果一本名片簿能装 50 张名片，一张名片上约有 50 个字，那么要把这些字一个一个地输入电脑记事本需要多长时间呢？他的话是什么意思，如果遇到一个傻乎乎的销售人员，他认为这位客户的异议是不想购买我们的产品，而这个女孩马上就意识到了这是客户成交的信号。于是她就向客户提出要求："如果您同意的话，我把您的名片簿带回去，输完之后，明天给您送过来。"大家想一想，如果这位经理同意她把名片簿带回家去替他输入电脑记事本，不就意味着成交了吗？

为什么说这句话是成交信号呢？因为它牵涉到一个使用问题，如果客户不想购买的话，他怎么会问一个产品的使用问题呢？这就是通过语言表达出来的成交信号。

（二）动作信号

动作信号就是客户通过自己的行为举止表露出来的可能购买推销品的信息。推销员不仅要仔细听懂客户的话外之音，还要细致观察客户的行为举止，并根据其动作变化趋势，采用相应的策略、技巧加以诱导，以识别客户是否存在购买意向，判断成交是否在即。

在与客户接触中，客户如果表现出了以下动作，或表示客户想重新考虑推销品，或表明客户购买决心已定，紧张的"思想斗争"松缓下来。总之，以下动作都有可能说明客户已基本接受推销建议，可以进一步探询其购买意向：

1. 推销员介绍或解释推销品时频频点头；
2. 在交流过程中，耸起的双肩放松下来；
3. 向前倾，很自然地靠近推销员，与推销员交流；
4. 在交流中，用手触摸订货单，多次查看说明书、样品、广告画册等；
5. 眼睛盯着说明书、样品或者推销员；
6. 长时间沉默不语或询问别人的意见；
7. 主动热情地将推销员介绍给负责人、其他主管人员或其朋友；
8. 开始计算数字、核算成本等；
9. 不断抚摸头部；
10. 摸胡须或者捋胡须。

【案例 8 – 2】

一位女士走进了一家皮衣经销店。虽然是大热天，她仍穿着皮衣在试衣镜前，足足折腾了一刻钟。她走来走去的样子好像是在做时装表演。而当她脱下皮衣时，两手忍不住又去摸了摸皮毛，甚至眼里涌动出泪光。

可以看出，这位女士的行为属于强烈的购买信号。

（三）表情信号

表情信号是指推销过程中客户的面部表情和体态所表现出来的意欲购买推销品的信息。客户的面部表情同样可以透露其内心的成交欲望，推销员在关注客户的语言信号和动作信号的同时，也要认真观察客户的表情以准确辨别其购买意向。客户的一举一动，都在表明他们的想法，我们可以从细微的地方发现一些成交信号。比如，当客户的眼神比较集中于你的说明或推销品本身时，当客户的嘴角微翘、眼睛发亮显出十分兴奋的表情时，或者当客户渐渐舒展眉头时等，这些表情上的反应都可能是客户发出的成交信号。推销员需要随时关注这些信号。一旦客户通过自己的表情语言透露出成交信号之后，推销员就要及时捕捉这些信号，作出恰当的回应，以促成交易。

表情信号的具体表现有：

1. 紧锁的双眉开始舒展分开并上扬；

2. 眼睛转动，好像在想什么问题；

3. 眼睛要闭起来一样，不眨眼；

4. 嘴角开始抿紧，好像在品味什么东西；

5. 随着说话话题的改变而改变表情；

6. 神色逐渐变得活跃起来；

7. 态度变得更加友好起来；

8. 原先做作的微笑变得自然起来；

9. 视线随着推销员的动作或所指示的物品而移动。

（四）事态信号

事态信号是指推销员在与客户接触的过程中，客户对与推销活动有关的事态发展变化所表示出来的一种可能购买推销品的信息。这种信号相对较少，但推销员也不可忽视。客户的下列情形可以看成是有购买意向的事态信号：

1. 主动提出更换谈判场所；

2. 向推销员介绍有关购买决策过程的其他角色人员；

3. 提出变更推销程序。

总之，客户的语言、动作、表情以及事态变化等，表明了客户对推销活动的想法，推销员可据此识别客户的成交意向。在推销实践中，推销员要想及时发现、理解和利用客户所表露出来的各种成交信号，不仅需要推销员的细心观察与体验，还需要推销员对客户进行积极的诱导。客户的成交信号一旦发出，推销员就要及时捕捉，准确判断，迅速促使双方达成交易。

三、推销成交达成的基本条件和障碍因素分析

成交时推销的直接目的和结果以及推销全程中的任何一个环节出了问题，都会导致推销的失败。成交阶段是推销的最后阶段，也是最关键的时刻。这一阶段的技术和方式不当便会使推销前功尽弃。

（一）推销成交达成的基本条件

成交是每一个推销员梦寐以求的时刻。吉拉德认为，订约签字的那一刹那，是人生中最有魅力的时刻，但这一时刻需要具备一些相应的条件。

1. 满足客户需要，且在满足程度上优于竞争者是成交的最基本条件

越是能满足客户最近的、最强烈的需要，就越能成交，成交的机会往往与客户需要的强度成正比。客户有了需要，就能产生购买欲望，这种欲望会驱使客户产生购买动机，只有购买动机才能唤起客户的购买行为，所以，推销员必须在面谈中让客户完全了解你所推销的产品的使用价值。了解得清楚全面，才能同他的需要对上号。

【案例 8 - 3】

亨曼先生被派到美国新兵培训中心推广军人保险。听他演讲的新兵 100% 都自愿购买了保险，从来没人能达到这么高的成功率。培训主任想知道他的推销之道。于是悄悄来到课堂，听他对新兵讲些什么。

"小伙子们，我要向你们解释军人保险带来的保障，"亨曼说，"假如发生战争，你不幸阵亡了，而你生前买了军人保险的话，政府将会给你的家属赔偿 20 万美元。但如果你没有买保险，政府只会支付 6 000 美元的抚恤金……"

"这有什么用，多少钱都换不回我的命。"下面有一个新兵沮丧地说。

"你错了，"亨曼和颜悦色地说："想想看，一旦发生战争，政府会先派哪一种士兵上战场？买了保险的还是没有买保险的？"

毫无疑问，亨曼先生是成功的。其成功的最重要原因，是他能够抓住客户的心理，满足了客户的真正需要，这样成交自然就实现了。

2. 客户与推销员的相互依赖是成交的基础

客户必须依赖推销员和他所代表的企业，没有这种保证，不管所推销的产品多么吸引人，客户也会对购买产生犹豫。如果客户已买过推销员的产品，实践证明该生产企业的产品完全信得过，客户就会毫不犹豫地再次购买。如果他多次与推销员打交道，而且完全信任这个推销员，只要他需要就能成交。

3. 识别出谁是购买决策者是成交的关键

实现交易，最后拍板，往往要拥有购买决策权的人来做。所以，在洽谈过程中推销员必须心中有数。到底谁掌握购买决策权？每个参与者对购买决策的影响程度如何？怎样才能向决策者靠拢，让他作出最终的购买决策。

（二）推销成交达成的障碍因素分析

成交是指客户接受推销员的推销建议购买推销品的行动过程。只有客户购买了推销品，才算买卖双方最后达成交易。成交的特点是客户采取购买行动，没有购买行动的积极反应不能算作成交，没有行动的接受推销建议也不是成交。成交是整个推销过程中最重要的一环，即使在客户存在需求而且具有足够的购买力和购买决策权的前提下，有些推销员可能仍然无法说服客户采取购买行动。最终成交还取决于推销员是否了解影响成交的其他因素，能否消除成交的障碍。成交的障碍来自于客户和推销员两方面：

1. 来自客户方面的成交障碍

来自客户方面的成交障碍主要是客户对购买决策的修正、推迟和避免行为。在成交阶段，客户常常受其风险意识的影响，修正、推迟已作出的购买决策，或者避免作出购买决策，从而使推销员的努力付诸东流。在客户的潜意识里，因为无法确定购买行动的后果如何，在客户看来任何购买似乎都存在一定程度的风险，风险的大小根据投入购买成本的多少、商品属性的不确定程度和客户的自信程度而定。购买成本越多，了解商品属性越困难，客户自信程度越低，客户的风险意识越强。为了降低风险或回避风险，客户很自然地要修正、推迟、避免购买决策，从而导致交易难以达成。要降低客户的风险意识，要求推销员有极大的耐心，要谙熟客户的心理和促进成交的方法。

2. 来自于推销员方面的成交障碍

来自于推销员方面的成交障碍主要是推销员对成交的心理与态度不正确，洽谈不充分，技巧不熟练。主要表现在：

（1）推销员的畏难心理

推销员对成交的困难估计过高，总是担心无法成交。这种不自信的态度常常使推销员不能表现出正常的工作能力，导致错误的推销行为，也可能使推销员害怕成交，不敢主动采取促进成交的行动。

（2）急于成交

推销员过早地要求客户采取购买行动也是导致成交失败的原因之一。这种急躁情绪可能使客户感到不被尊重，可能使客户讨厌推销员，还可能使客户对推销产品产生怀疑。

（3）不恰当的态度

有的推销员看到客户准备采取购买行动时，表现出过于兴奋和激动的表情，引起客户无端的怀疑和抵触，使即将到达终点的推销过程不得不重新又回到起点。

（4）成交方法不恰当

促进成交是整个推销过程中最具挑战性的环节，需要推销员掌握特定的策略与技巧。只有根据具体的推销环境，有针对性地运用恰当的成交策略与技巧，才能顺利地达成交易。而不合适的成交方法，往往会断送即将达成的交易。

【阅读资料】

成交环节中最易犯的十种错误

1. 因过程太长而未能实现成交。你的客户是各种各样的，许多客户并不都需要一个完整的推销展示过程，所以当客户已经表示"买"时，仍然按部就班地进行"推销"展示就是多余了。

2. 有不正确的认识倾向。如果你对你自己或所推销的产品心存疑虑，你的客户也会感到的，因而有可能拒绝从你这里购买。

3. 每次拜访没有提出成交请求。成功的推销员认为，应当使每次拜访都表现出为实现成交而做。

4. 老一套要失效。推销员应有意识地促使自己学习和使用一些新颖的成交意向表达方式。应当知道，如何提出成交请求，是一种技术，它可以不断改进提高。

5. 推销展示做得不充分。要想实现成交，应确保客户明白你的产品或服务的优点是什么。

6. 没能不懈努力。如果在听到第一次"不"之后就泄气了，你也就将成功的可能性束缚了起来。

7. 确定成交的时间过长。所有有经验的推销员都听说过有关于成交之后又废止的事。所以一旦成交，应在感谢客户之后立即离开。

8. 缺乏演练。与同事进行演练，是提高请求成交技巧的一个好办法，也可以在与小业务往来客户的交往中锻炼，这样可有效地控制推销损失和获得有价值的销售经验。

9. 没有选择方法。应该在心中留有一个或更多的选择方案，针对不同的客户用不同的方法。

10. 未见兔子先撒网。不应该指望每次推销展示都能进入到提请成交的层次。记住，除非获得订单，否则你什么也没做成。

第二节　推销成交的基本策略和常用方法

一、推销成交的基本策略

推销成交策略是对成交方法的原则性规定，是推销员在促进成交的过程中必须遵守的活动准则。为了更有效地促使客户采取购买行动，推销员必须掌握成交的基本策略和技巧。

（一）保持自信的态度

推销员的自信可以传染给客户，同样，推销员对成交所表示的任何怀疑或担心也会影响客户的购买行为。多数事实证明，绝大多数客户是从对自己、对产品、对自己的企业具有很强自信心的推销员手中购买产品。因此，自信的态度是推销员有效运用各种成交技巧的必要条件。没有自信心，再好的技巧运用起来都不会产生应有的推销效果。

（二）掌握洽谈的主动权

掌握推销洽谈的主动权是创造成交机会、有效运用成交技巧的条件之一。推销员如果掌握了洽谈的主动权，按照事先所制订的计划开展洽谈，就可以较容易地获得成交机会。

掌握洽谈的主动权，首先，要求推销员必须在规划洽谈阶段做好充分的准备，制订一个完善的洽谈计划；其次，运用各种方法与技巧引导洽谈按既定的轨道前进；再次，不要把掌握主动权理解为操纵和控制客户，推销员应当鼓励客户充分地表达自己的观点和意图，然后通过对此作出恰当的反应来掌握主动权。

有经验的推销员经常会使用"先提供信息，后提出问题"的办法来掌握洽谈的主动权。恰当的提问既可以使客户参与洽谈，又不会失去对洽谈的控制。这样，在双方逐渐取得一致意见后，最后会导致成交机会的出现。

（三）考虑客户的心理与需求特点

与推销过程的其他环节一样，促进成交的方法也应因人而异，能够恰当地结合客户的购买心理与需求特点。只有这样，成交的方法与技巧才能发挥最大的功效。

（四）诱导客户主动成交

诱导客户主动成交就是要设法使客户主动采取购买行为，这是成交的一项基本策略。一般而言，如果客户主动提出购买，说明推销员的说服工作十分奏效，也意味着客户对产品及交易条件十分满意，以至于客户认为没有必要再讨价还价，因而成交非常顺利。所以，在推销过程中，推销员应尽可能引导客户主动购买产品，这样可以减少成交的阻力。

通常，人们都喜欢按照自己的意愿行事。由于自我意识的作用，对于别人的意见总会下意识地产生一种"排斥"心理，尽管别人的意见很对，也不乐意接受，即使接受了，心里也会感到不畅快。因此，推销员要采取适当的方法与技巧来诱导客户主动成交，并使客户觉得购买行为完全是个人的主意，而非别人强迫。这样，在成交的时候，客户的心情就会十分轻松和愉快。

（五）充分利用最后的成交机会

大量的推销实践和推销学研究成果表明，许多生意就是在推销员与客户即将告别的那一刻成交的。比如在推销员忙于收拾推销工具，重新包装产品样品时，眼看推销员就要起身告辞了，这时客户自觉或不自觉地减少了些许成交的心理压力，开始轻松愉快起来，开始对"可怜"的推销员产生出那么一点点同情心，甚至会产生购买产品的念头。这时，推销员要善于察言观色，捕捉客户心理活动的瞬间，抓住时机，充分利用这一最后的机会促成双方最终达成交易。美国有位推销员就特别擅长利用这一最后的时机达成交易。每当他要告别客户时，便慢慢地收拾东西，有意无意地露出一些客户未曾见过的产品样品，企图引起客户的注意和兴趣，从而达成交易。在实际推销工作中，许多推销员往往忽视这一最后的成交机会，而使一些本该达成的交易失之交臂。

【阅读资料】

审时度势，善抓成交良机

把握成交的时机对促成交易是极为重要的，国外销售界从长期的实践中总结了客户在不同的购买阶段所表现出来的主要反应，以给推销员准确把握成交时机提供借鉴与参考。

1. 客户处于注意阶段的主要反应：

（1）注视推销员；

（2）注视推销品、产品说明书及相关资料；

（3）较专心地听取推销员的介绍；

（4）倾听其他客户的询问。

2. 客户处于产生兴趣以及兴趣发展阶段的主要反应：

（1）向推销员提出询问；

（2）翻阅产品说明书及推销资料；

（3）询问产品价格；

（4）触摸产品或进行试用；

（5）对推销示范、演示极为关注；

（6）以客户身份提出质疑；

（7）重视产品本身以外的有关问题；

（8）以较积极的态度倾听推销员的介绍或回答。

3. 客户处于权衡利弊及作出购买决策前的主要反应：

（1）比较同类产品的质量与价格；

（2）以不相信的口吻批评产品的某些方面；

（3）反复端详产品；

（4）询问或请教产品的使用方法；

（5）担心购买后的有关问题；

（6）提出有关购买的直接异议；

（7）查阅产品说明书或有关推销资料，并不断地向推销员询问或质疑；

（8）打听有关付款、交货、服务、包装、运输等方面的细节问题。

4. 客户作出购买决策时的一般表现：

（1）催促交货时间及购后其他细节；

（2）主动要订货单；

（3）主动起身向推销方握手并寒暄；

（4）宣布订购，签订合同；

（5）掏钱、付款。

（资料来源：吴金法，李海琼. 现代推销理论与实务［M］. 大连：东北财经大学版社，2002.）

二、推销成交的常用方法与技巧

推销成交方法是指推销员用来促成客户作出购买决定，最终促使客户购买推销品的推销技术与技巧。在实际推销实践中，经过国外推销学家和优秀的推销员对成交过程进行的大量研究，发现成交活动的一些基本规律，并总结出以下十二种成交的方法。

（一）直接请求成交法

直接请求成交法是指推销员直截了当地要求客户购买推销品的一种成交方法。当买卖已经"瓜熟蒂落"时，推销员自然而然地就应该说道："请您看看订单，我马上要把数字填到合同里去"，或者说："既然一切都谈妥了，那就请往合同上签字吧。"这种单刀直入地要求客户作出购买决定的敦促手段，就是直接请求成交法。在推销过程中，当客户或多或少地流露出一些购买信号时，推销员就应该抓住时机，适时提出成交的建议与请求，直接面呈客户。

一般来讲，针对某些理智型的客户，直接请求成交法也许是最有效的方法。请求成交一般适用于以下场合：

1. 向老客户推销时。对于老客户，因为买卖双方建立了较好的人际关系，运用此法，客户一般不会拒绝。例如，"老张，最近我们生产出几种新口味的冰淇淋，您再进些货，很好销的！"

2. 客户已发出成交信号时。客户对推销品产生购买欲望，但还未拿定主意或不愿主动提出成交时，推销员宜采用请求成交法。例如，一位客户对推销员推荐的空调很感兴趣，反复地询问空调的安全性能、质量和价格等问题，但又迟迟不作出购买决定。这时推销员可以用请求成交法，"这种空调是新产品，非常实用，现在厂家正在搞促销活动，享受八折的优惠价格，如果这时买下，您还会享受终身的免费维修，这些一定会让您感到满意的。"

3. 解除了影响客户购买的重大障碍后。当推销员尽力解决了客户的问题和要求后，是客户感到较为满意的时刻，推销员可趁机采用请求成交法促成交易。例如，"您已经知道这种电热水器并没有您提到的问题，而且它的安全性能更好。您不妨就买这一型号的，挑一台，好吗？"

请求成交法的优点在于，若能正确运用该成交方法，能够快速、有效地促成交易。因为，从客户心理来看，他一般不愿主动提出成交要求，为了有效地促成交易，就要求推销员把握时机主动提议，说出客户想说又不愿说的话，从而促进交易。另外，采用请求成交法，可以避免客户在成交的关键时刻，故意拖延时间，贻误成交时机，从而有利于节约推销时间，提高推销活动的效率，还可以体现一个推销员灵活、机动、主动进取的销售精神。但是，请求成交法也存在局限性。若推销员不能把握恰当的成交机会，盲目要求成交很容易给客户造成一种压力，从而产生一种抵制情绪，破坏本来很友好的成交气氛。此外，若推销员急于成交，就会使客户以为推销员有求于自己，从而使推销员丧失成交的主动权，使客户获得心理上的优势，还有可能对推销员先前表达的条件产生怀疑，从而增加成交的困难，降低成交的效率。

（二）假定成交法

假定成交法又称假设成交法，是指推销员在尚未成交之前，就假定客户已接受推销建议，再通过讨论一些细微问题而直接要求对方购买的一种成交方法。

例如，你已将一部汽车开出去给客户看过了，同时感到完成这笔交易的时机已经成熟，这时你可以这样对客户说："杨先生，现在您只要花几分钟工夫就可以将牌照与过户手续办妥，再有半个小时，您就可以把这部新车开走了。如果您现在要去办公事，那么就把这一切交给我们吧，我们一定可以在最短时间内把它办好。"经你这么一说，如果客户根本没有决定要买，他自然会向你说明；但如果他觉得换取牌照与过户等手续相当麻烦而仍有所犹豫的话，那么你的这番话就可使他放心了，说明手续不成什么问题。这种方法有一种推动的力量，尽管客户迟早会下决心的，但如果没有这种推动力，他也许要过一段时间才购买，或许根本不想买了。

再比如，一个化妆品推销员对一个正在比较各种口红颜色的客户说："你手上的这支很适合你的年龄和肤色。来，我替你装好。"

采用假定成交法有利于节省推销时间，并提高推销效率。而且在整个推销过程中，客户随时可能流露出成交意向，若推销员能及时觉察的话，就可正确使用假定成交法，将成交信号转化为成交行动，及时促成交易。但是，假定成交法也存在局限性。推销员若在把握时机上出现偏差，盲目假定客户已有了成交意向而直接暗示成交，很容易给客户造成过高的心理压力，导致可能成功的交易失败。此种方法若使用不当，还会使客户产生种种疑虑，使推销员陷于被动，增加了成交的困难。

在使用这种方法时，推销员要注意：应适时地使用假定成交法，一般只有在发现成交信号，确信客户有购买意向时才能使用，否则会弄巧成拙。应有针对性地使用假定成交法，推销员要善于分析客户，对于那些依赖性强、性格比较随和的客户以及老客户，可以采用这种方法，而对那些自我意识强、过于自信的客户，则不适用。

【案例 8 - 4】

电话推销假设成交法

推销员："刘先生，请问您参加过培训吗？"

刘先生："没有。"

推销员："我们的培训可以帮助和指导您未来 30 年的发展道路，您可以像看股票涨势图那样看到您的收入、健康、人际关系等的变化趋势。假如您可以通过这个课程掌控自己的人生，您有没有兴趣了解一下？"

刘先生："嗯。"

推销员："刘先生，想象一下，假如今天您参加了这个课程，它帮助您建立了更好的人际关系，帮助您更加明确了明年的目标、五年的目标乃至十年的目标，帮助您的家庭生活得更加舒适和健康，您觉得这样好不好？"

刘先生："很好！"

推销员："所以，如果说您还没有尝试，您愿不愿花一点时间尝试一下呢？"

客户："行。"

推销员："如果您发现它确实有用的话，您会不会坚持使用呢？因为坚持会使一天比一天更好，您说是不是？"

刘先生："是。"

推销员："所以，您会来参加这 3 天的课程，是吧？"

刘先生："好，你把申请表格给我传过来，我填一下。"

（资料来源：http：//zhuhongtaolib. blog. sohu. com//114693810. html。）

（三）选择成交法

选择成交法是指推销员向客户提出几种可供选择的购买方案来实现成交的方法。这种方法是以假定成交法为基础但又有所发展。首先，选择成交法是以假定客户购买为基础的，推销员为可能购买的客户提出一些方案供其选择，促使他们发生购买行为，但如果没有假定购买的前提，推销员提再多的购买方案也是没有意义；其次，选择成交法发展了假定成交法，因为推销员提出的购买方案扩大了客户的选择余地，消除了客户的紧迫感，同时有限的选择方案还能够起到督促客户迅速完成购买的效果。比如，"小姐，这套裙装很适合您，我们有两种颜色供您选择，粉色还是紫色？""这款汽车有 6 个缸和 8 个缸的，您偏爱哪个？""请问，您的面要一个鸡蛋还是两个鸡蛋？"等。

通过使用选择成交法，推销员把客户限定在一个范围内再给予他决策权，无论客户作出何种决定，都不会越出推销员限定的范围。所以，看似是推销员把主动权交给了客户，而实际上是推销员把成交的选择机会交给了客户。这样既调动了客户的积极性，又控制了客户决策的范围，提高了推销效率，并在一定程度上弥补了请求成交法和假定成交法的不足。

但是，如果客户还未做好购买准备时推销员就要客户做选择，可能会引起客户的反感。同时，如果推销员提出的选择方案都不能令客户满意的话，也可能会失去成交机会。最后，如果客户对选择方案存在误解，需要推销员解释时，会延长成交的时间，还可能会产生新的异议，从而增加了成交障碍，陷推销员于被动局面。因此，推销员在运用选择成交法时要注意以下几点：

1. 准确分析客户的购买需求，提出符合客户要求的购买方案。

2. 提出的选择方案不宜过多，以两项为宜，最多不要超过三项。太多的选择往往令客户无所适从、难以抉择。

3. 提出的方案要以对客户有利为原则，不可贪图眼前小利而失去长远利益。

4. 当成交条件成熟时再使用此法，不然易招致客户反感，甚至促使客户拒绝成交。

5. 做好被客户拒绝的准备，想好应对的策略。

选择成交法的适用范围为：一是客户已经明确购买意向但还未下定决心的情况；二是产品种类较多，客户难以作出选择，需要推销员提供帮助的情况；三是客户购买意图不明朗，推销员需要一探虚实的情况。

（四）从众成交法

从众成交法也叫作排队成交法，是指推销员利用客户的从众心理引导客户购买产品的成交方法。客户在购买商品时，不仅会考虑自己的需要、动机，还要顾及社会规范，以大多数人的行为作为自己行为的参照系。从众成交法正是利用了人们的这种心理，通过创造人们争相购买的销售气氛来达到促成交易的目的。另一方面，从心理学角度来说，客户之间的影响力要远远大于推销员的说服力。人们更信赖身边的人，而不是那些总想着掏光自己口袋的推销员。"大家都买，你买不买？"就是最简单的应用形式。比如："王小姐，刚才我也给您看过我们的客户名单了，都是知名的企业家和大老板，您可以放心使用。""大爷，这个小区有不下 100 户都办了我们的亲情号业务，你不用有顾虑。""您真会挑，就这个手机卖得好。"等。

利用从众心理，可以有效地减轻客户的购买压力，增强客户的购买信心，从而创造出"一呼百应"的良好成交环境。同时，推销员通过现场的造势，还能使客户产生紧迫感，从而加速成交进程。

但是，从众成交法也有局限性。如果遇到个性较强、喜欢与众不同、标新立异的客户，会起到相反的效果，而对于善于独立思考、理性购买的客户则不起作用。同时，如果推销员所列举的"众"不恰当的话，不仅不能够起到好的说服效果，反而会引起客户的怀疑与猜忌，增加成交的难度。还有，如果从众的客户十分缺乏自己的主见，会导致购买后的反悔行为，不利于推销活动的健康发展。因此，推销员在运用从众成交法时要注意以下几点：

1. 所举例子应真实有效，不能恶意欺骗客户。

2. 所举例子应注重时间性和地域性。一般来说，推销员所举的事例在时间上和空间上要坚持"就近"原则。如果时间久远，市场变化很大；如果距离太远，难以使客户信服。

从众成交法的适用范围为：一是需要推销员帮助客户下定决心购买产品的情况，二是目标客户具有从众心理的情况。

【案例8-5】

"尿布大王"的发家之道

日本著名的企业家多川博，因成功地经营婴儿尿布，使公司的年销售额高达近百亿日元，并以20%的递增速度一跃成为世界闻名的"尿布大王"。

在多川博创业之初，他创办的是一个生产销售雨衣、游泳帽、防雨斗篷等日用橡胶制品的综合性企业。但是由于公司泛泛经营，没有特色，销量很不稳定，曾一度面临倒闭的危险。在一个偶然的机会，多川博从一份人口普查表中发现，日本每年约出生250万婴儿，如果每个婴儿用两条尿布，一年就需要500万条。于是，他决定进行尿布专业化生产。

多川博公司生产的尿布采用新科技、新材料，质量优良。公司花了大量的精力去宣传产品，希望引起市场轰动。但是在试卖之初，基本上无人问津，生意十分冷清，几乎到了无法继续经营的地步。

面对困境，多川博万分焦急，经过苦思冥想，他终于想出了一个好办法。他让自己的员工假扮成客户，排成长队来购买自己的尿布。一时间，公司店面门庭若市，几排长长的队伍引起了行人的好奇："这里在卖什么？""什么商品这么畅销，吸引了这么多人？"这样，就营造了一种尿布旺销的热闹氛围，于是吸引了很多"从众型"的买主前来购买尿布。随着产品不断销售，人们逐步认识了这种尿布的优越性，名声逐渐传开，买尿布的人也越来越多。再后来，多川博公司生产的尿布出口国外，在世界各地都畅销起来。

（资料来源：http://vip.book.sina.com.cn/book/chapter/182394/134226.html。）

（五）小点成交法

小点成交法又称次要问题成交法或局部成交法，是指推销员先与客户在一些次要问题或局部的小问题上达成共识，再促成整体交易的方法。从心理学角度看，客户作出重大决策时往往心理压力很大，因此作出决策的时间较长，但客户对一些非重要小问题的决策却速度很快。也就是说，推销员向客户提出的问题越大，被拒绝的可能性也就越大。但如果推销员能把问题划分为几个小的问题，一个一个向客户提出，一个一个让客户接受，那么最后向客户提出成交时，就比较容易接受了。小点成交法正是利用了客户的这种心理活动规律，逐渐由小到大、由小攻大、由小求大，先小点成交，再大点成交，最后促成交易的。比如，"魏经理，关于交货时间问题，我们可以在合同上给您标明。""您不用担心包装问题，我们是独立密封包装。""根据您的要求，我们可以额外给了您2%的优惠。"等。

正确使用小点成交法有利于创造良好的成交氛围，减轻客户的成交压力。即使推销员遭到拒绝，仍可以继续向客户提出其他的小点问题，这样就避免了使谈判陷入僵局。同时，通过小点成交法还可以起到试探客户有无成交诚意的作用。

但是，如果推销员滥用小点成交法，会使"小点"集中在客户较为敏感或者不满意的地方，从而造成更多的异议，增加了成交的难度。而且，如果推销员急于达成小点成交的话，还容易引起客户的误解与猜忌，使洽谈陷入僵局。此外，这种方法一般需要多个"小点"才能与客户达成交易，因而比较浪费时间，成交效率较低。在实际应用小点成交法时，推销员要注意以下几点：

1. 精心设计既能满足客户需求，又能顺利引导客户成交的小点问题。

2. 不可设计偏离主题和有争议的小点问题，以免浪费推销时间，导致洽谈僵局。

3. 一旦时机成熟，要及时将谈判从小点问题转到成交请求上来。

小点成交法的适用范围为：一是客户难以直接做出购买决策，只愿讨论成交细节问题的情况；二是推销员已发现成交信号，但还没完全解决客户异议的情况；三是推销员需要试探客户是否有购买意向的情况；四是成交气氛紧张，客户的成交心理压力较大的情况；五是客户只凭产品的某一特性而做出购买决策的情况。

（六）保证成交法

保证成交法是指销售人员直接向客户提出成交保证，使客户立即成交的一种方法。所谓成交保证就是指销售人员对客户所允诺担负交易后的某种行为，例如，"您放心，这个机器我们3月4日给您送到，全程的安装由我亲自来监督。等没有问题以后，我再向总经理报告。""您放心，您这个服务完全是由我负责，我在公司已经有5年的时间了。我们有很多客户，他们都是接受我的服务。"让客户感觉你是直接参与的，这是保证成交法。

1. 使用保证成交法的时机

产品的单价过高，缴纳的金额比较大，风险比较大，客户对此种产品并不是十分了解，对其特性质量也没有把握，产生心理障碍成交犹豫不决时，销售人员应该向客户提出保证，以增强信心。

2. 保证成交法的优点

可以消除客户成交的心理障碍，增强成交信心，同时可以增强说服力以及感染力，有利于销售人员可以妥善处理有关的成交的异议。

3. 使用保证成交法的注意事项

应该看准客户的成交心理障碍，针对客户所担心的几个主要问题直接提示有效的成交保证的条件，以解除客户的后顾之忧，增强成交的信心，促使进一步成交。

根据事实、需要和可能，向客户提供可以实现的成交保证，切实地体恤对方，你要维护企业的信誉，同时还要不断地去观察客户有没有心理障碍。

（七）优惠成交法

优惠成交法是指推销员通过向客户提供优惠条件，从而促使客户购买的一种成交方法。求利心理动机是客户的一种基本购买动机，是促成交易的动力，优惠成交法正是利用了客户的求利购买动机，直接向客户提示成交优惠条件，诱使客户立即购买产品。优惠成交的条件主要是价格的折扣，也有向购买决策人提供回扣和佣金的，但在这个问题上，要弄清合法与非法的界限。例如，某一客户对一件风衣爱不释手，却迟迟下不了购买的决心，这时候推销员可以说："我看您真的很喜欢这件风衣，您买下吧，我给您打九折。通常我们不打折或只打九五折。"再如，"这种图书如果您订购超过 20 本，我可以给您按七折结账。"优惠成交法能创造良好的成交气氛，可以促成大量交易。但应注意的是，优惠成交提示具有二重性，既可以产生积极的成交心理效应，又可能产生消极的心理效应。如果推销员滥用优惠成交法，会使客户对所推销的产品产生怀疑，从而拒绝购买。在实际推销工作中，推销员要杜绝下列几种情况的发生：提示虚假的优惠成交条件，诱骗客户成交；抬高原价，制造减价成交的假象；利用成交优惠条件，推销劣质货等。这些行为，破坏了推销信誉，甚至违反了法律法规。因此，在推销工作中，推销员应诚实守信、遵守法律、合理使用优惠成交法。

（八）最后成交法

最后成交法又称最后机会促成法、最后通牒法，是指推销员通过告知客户现在是购买最为有利的时机，来促成交易的一种成交方法。当推销品供不应求时，此种方法尤为有效。它利用了客户害怕失去某种利益机会的心理大做文章，变购买时的压力为成交动力。

例如，"今天是我们五周年店庆优惠活动的最后一天，同样的商品如果明天购买，你就要多花费 20%，请勿错过机会。"再如，"再来晚点就没了，只剩下这些了。"等。

【案例 8－6】

某汽车推销员在进行推销时，客户本来急于拥有一辆新车，但不知为什么又犹豫不决。于是，推销员说："我们的库里只剩下一辆这种颜色和款式的车了，要是您想要的话，我可以替您准备好，今天下午就可以提车。如果您选择等一等的话，我担心这辆车会很快被别人买走，今天上午就已经有人表示有购买的意愿。当然，我还有另外一个办法，那就是我给别的推销员打电话，让他们替您选一辆，不过那样可能需要等上几天，而且，我也不敢保证您就能得到自己真正喜欢的车。"

在面对犹豫不决的客户时，推销员要适时地告诉客户这是最后的、唯一的，如果不及时购买的话，你就得不到了。往往客户在听到这些话的时候，就会拿定主意购买你的车。

最后成交的关键在于把握有利的时机，若使用得当，往往具有很强的说服力，产生立竿见影的效果，并能节省推销时间，提高推销效率。因为，在最后机会面前，人们往往由犹豫变得很果断，所以提示最后成交机会，可以促使客户立即作出购买决定。采用最后成交法，要求推销员必须讲究推销道德，实事求是。推销最忌讳的是欺骗客户。有些卖水果的小贩往往采取欺骗的伎俩，对客户说："只剩这点儿了，五块钱包了"。等客户买完离开后，又拿出一些来欺骗下一个客户。这种做法一旦被发现，会令其丧失信誉，失去客户的信任。

（九）激将成交法

激将成交法是指推销员用激将的语言刺激客户，来促成交易的一种成交方法。这种方法利用了客户自尊心强、要面子的心理，使客户在逆反心理的作用下完成交易行为。此法一般在客户购买产品犹豫不决时使用。一般人都爱面子。

例如，一位母亲在挑选玩具时，如果对某个玩具较满意，但却犹豫不决，售货员可适时说一句："要不征求一下孩子爸爸的意见再决定？"这位母亲一般会回答"这事不用和他商量"，从而作出购买决定。再如，"尊敬的先生，我们公司只对特殊的客户服务，对客户和服务项目都要经过严格的核查和选择。这一情况，相信大家都略有所闻。在选择推销对象上，首先，我们要求客户必须符合一定的条件。话又说回来，能符合这种条件的客户不是很多。但是，总会有例外情况。我想，像您这样有知识的人一定能够理解我话中的含义，是吧？"推销员口气很冷淡，装出一种满不在乎的神态，刺激客户，待到时机成熟，再改变推销策略，热诚地为客户服务。

【案例 8 -7】

伟大的寿险推销员原一平，有一次去拜访一位个性孤傲的客户，连续去了三次，可那位客户就是对他不理不睬的，原一平实在沉不住气，就对他说："您真是个傻瓜！"那位客户一听，急了："什么！你敢骂我？"原一平笑着说："别生气，我只不过跟您开个玩笑罢了，千万不能当真。只是我觉得很奇怪，按理说您比某先生更有钱，可是他的身价却比您高，因为他购买了 1 000 万日元的人寿保险。"最终，这位客户被原一平的激将法给激醒了，购买了 2 000 万日元的人寿保险。

保险业务员在遇到此类客户时，也可这样说："您的亲戚朋友都买了保险，以您的能力，相信肯定没问题。"或"陈先生，李先生的身价是 100 万元，您呢？您各方面都比他强，应该比他的身价更高才对，是 200 万元还是 300 万元？"以此方法激将其看法，对促成高额保单特别有效。

激将成交法主要是针对恃才自傲的客户。如果运用得当，有可能使不太想买的客户最终购买了推销品，并有利于节约推销时间，提高推销效率。但是，这种方法的最大缺陷就是如果把握不好，有可能激发的不是自尊心，而是怒气，不但破坏了成交气氛，而且还可能使客户拂袖而去，失去成交机会。因此，推销员要慎用，要注意给客户留面子，不要伤和气。

（十）让步成交法

让步成交法是指推销员在推销的关键时刻退一步，来促成交易的一种成交方法。当买卖双方僵持不下时，推销员退让一小步，有可能将推销进展推进一大步，从而达成交易。

其具体做法主要是在价格折扣、佣金率、付款方式、运输费用，以及人员培训、维修安装等售后服务方面作出某些让步。例如，在最后时刻推销员提出："这样吧，既然您是我的老客户，我就让一步，优先给您发货，总可以了吧！"

在实际推销过程中，推销员可以采取先紧后松的方法，即先叫较高的条件，再逐步松口。这种方法一般不会给推销带来实际的损失，反而可以求得一个双方都很满意的结果。但推销员要注意的是，切不可一次性让步过大，这样不仅失去了洽谈的优势，而且有可能使客户存在一种可能继续让步的希望，从而继续纠缠下去，迟迟不肯达成交易。

让步成交法的优点在于，有利于吸引客户，能以较快的速度与客户达成交易，能在较短的时间内，推销出一些不易推销的产品。但是，让步成交法也有局限性。如果让步过大，会减少销售收入，影响企业经济效益，甚至可能影响到企业及产品的整体形象。因此，使用该法时须酌情定夺，要以一定的目标为前提，不能乱开空头支票，每让一步都应该换取对方的相应回报。并且要注意策略，攻心为上、强夺为下。

（十一）饥饿成交法

饥饿成交法是指通过让产品处于一种供不应求的状态，来促成交易的一种成交方法。事实上，未必产品供不应求，只是在供求之间始终保持时间差，如几天的时间，用于促使客户作出购买决定。

【案例8-8】

一天，我去逛书店。一本精美的书法册子吸引了我，顶级铜版纸印刷，不但精选了明清两代书法大师的真迹，还收集了一些现代大家的作品，我本来就喜爱书法，因此一下就被吸引住了。

可一本不算太厚的册子居然要580元一本，太贵了吧。犹豫再三后，我对售货员说出自己的想法。售货员立刻给我耐心解释，说这种精装书可是限量销售的，我们这一地区只有区区80本，绝对可算是珍品，而且现在库存只有10本，卖得很好。

80本？我心动了，如果不早点下手，没准儿等两天就没货了，况且，既然限量销售，说不定很有收藏价值。主意一定，我立刻决定买下一本。

"限量销售"，即饥饿成交法，是目前商家常用的一种推销方法。

这种方法一般只适用于名优产品，只有这类产品才会使客户耐心等待，一般产品没有这种吸引力。因此，在采用此方法时，应先考虑产品条件如何。另外，要把握好让客户保持"饥饿"状态的时间，避免时间过长，使客户"饥不择食"而去选择其他产品，这就违背了采用此法的初衷。

（十二）欲擒故纵法

欲擒故纵法是指推销员先假装消极销售的样子来引诱客户积极购买，进而促成交易的一种成交方法。在市场上常有这样的现象：有时推销员越积极地推销，就越没人理睬，而推销员采取消极态度后，反而有客户问津了。这是因为客户可能认为，推销员之所以这样卖力地推销，是因为产品销路不好或有什么毛病。但是，当推销员装出若无其事的样子时，实际上是向客户传递这样一个信息——"我的产品不愁卖不出去"，因此客户反而会变得积极主动。俗话说"欲速则不达"，欲擒故纵成交法使用的是假纵真擒、假消极、真引诱，促使客户积极购买。

例如，一个卖水果的小贩，看到周围的客户只是围着看、问问价，就是不买。这时他看到这种水果只有他一家卖，于是他假装看看表后对同伴说："不卖了，该回去吃饭了。"假意收拾东西准备离去。这时便听到有客户说："先别走，给我称几斤。"紧接着，周围的人你3斤、他5斤纷纷购买，不一会儿，一车水果都卖光了。

这位聪明的小贩使用的就是欲擒故纵成交法。

【案例 8 – 9】

某推销员正在推销甲乙两座房子，他想卖出甲房子，因此他在与客户交谈时说："您看这两座房子怎么样? 现在甲房子已经在前两天被人看中了，要我替他留着，因此您还是看看乙房子吧，其实它也不错。"

客户当然两座房子都要看，而推销员的话也在客户心中留下了深刻的印象，产生了一种"甲房子被人看中，肯定比乙房子好"的遗憾。到这时，可以说推销员已经很圆满地设下了一个圈套，就等着客户来钻。

过了几天，推销员兴高采烈地找到客户，说："您现在可以买甲房子，您真是幸运，之前订甲房子的客户由于钱紧，只好先不买了，于是我就把这套房子留给了您。"听到这儿，客户自然很高兴地买下了甲房子。

在这个例子中，推销员欲擒故纵，通过设圈套把客户的注意力吸引到甲房子上，又给他一个遗憾，甲房子已被订购，激起了客户对甲房子强烈的购买欲，最后很轻松地就让客户高高兴兴地买下了甲房子。

使用欲擒故纵策略最关键的就是，务必使假信息或假相，做得足以让对方相信。人们通常有一种心理：越是偷偷得来的信息，其真实性越不容置疑。所以，最好是通过非官方、非正式渠道传播或第三方之口发布。

在欲擒故纵策略的做法上，务必使自己的态度保持半冷半热、不紧不慢的状态。采用这一策略时要注意：第一，立点在"擒"，故"纵"时应积极地"纵"，即在"纵"中激起对手的成交欲望。激的手法为，一方面表现己方的不在乎，另一方面要尽可能揭示对方的利益，处处为其着想，让其不愿被纵；第二，在冷漠之中有意给对方机会，只不过应在其等待、努力之后再给机会与条件，让其感到珍贵；第三，注意言谈与分寸，即讲话要掌握火候，"纵"时的用语应有尊重对方的成分，切不可羞辱对方。

三、使用成交技巧时的注意事项

一位推销大师说过："我不会在成交要求遭到客户拒绝后就与客户'拜拜'。我认为，客户拒绝成交，是出于对自身利益的保护，客户在没有完全明白从购买行为中得到多少好处之前，他会用最简单的方法——拒绝购买来保护自己。"有时，在提出四五次成交要求后，客户才最终签约。只有主动、自信、坚持，才是成交的关键，以下是使用成交技巧时的注意事项：

（一）推销员要主动请求客户成交

许多推销员失败的原因仅仅是因为他没有开口请求客户订货。据调查，有71%的推销员未能适时地提出成交要求。美国施乐公司董事长彼得·麦克芬说，推销员失败的原因是不要订单。不向客户提出成交要求，就像瞄准了目标却没有扣动扳机一样。

（二）要充满自信地向客户提出成交要求

美国十大推销高手之一谢飞洛说："自信具有传染性。推销员有信心，会使客户自己也觉得有信心。客户有了信心，自然能迅速作出购买的决策。如果推销员没有信心，会使客户产生许多疑虑，客户会犹豫：我现在买合适吗？"

（三）要坚持多次地向客户提出成交要求

一些推销员在向客户提出成交要求遭到拒绝后，就认为成交失败，便放弃了努力。这种期望向客户提出一次成交失败并不意味着整个成交工作的失败。推销员可以通过反复的成交努力来促成最后的交易。一位优秀推销员指出，一次成交努力成功率仅为10%左右，他总是期待着两次、三次、四次等多次的成交努力来达成交易。推销员要认识到，客户"不"字是阻止推销员前进的红灯。

【本章小结】

成交是整个推销过程的最重要的步骤之一，直接关系到推销效果的好坏，它要求推销员认识到影响成交的一些障碍、把握成交的时机、识别成交信号、掌握成交策略，从而顺利促进成交。

要获得推销的成功，推销员还应根据推销品和推销对象的情况选择合适的成交方法。成交方法主要有：直接请求成交法、假定成交法、选择成交法、从众成交法、小点成交法、保证成交法、优惠成交法、最后成交法、激将成交法、让步成交法、饥饿成交法、欲擒故纵法等。

【思考与练习】

1. 主要概念

推销成交　推销成交策略　推销成交方法

2. 复习思考题

（1）推销成交的含义及成交能够实现的基本条件？

（2）推销活动中要注意哪些成交策略？

（3）成交的主要方法有哪些？各种方法有何特点？

（4）成交后和客户保持良好的关系有什么作用？

（5）怎样识别成交信号，成交信号有哪些具体的表现形式？

（6）推销成交的方法有哪些？

【技能训练】

1. 试选择1~3种成交方法，各列举事例说明。

2. 请随同一位经验丰富的推销员，做三次或四次的推销访问，仔细观察潜在客户和推销员之间的谈话，包括谈话的内容、语音语调、谈话时的面部表情及身体动作等，然后回答下列的问题：

（1）潜在客户会表现出什么具体的购买信号？

（2）推销员有没有注意到潜在客户所表现出来的购买信号？

（3）如果推销员已注意到潜在客户所表现出来的购买信号的话，他应用什么方法来促成交易？

（4）推销员是否成功地促成了交易？成功或失败的原因是什么？

3. 实训

（1）实训目标：通过本实训掌握成交的基本方法。

（2）实训要点：在最后的成交阶段，客户往往会表现出犹豫不决。左思右想，拿不定主意。因此，需要推销员及时捕捉成交信号，恰当地运用各种成交方法和技巧，积极主动地促成交易。这是每一位推销员必备的技能。

（3）实训内容：大学生小王由于学习需要，想买一台笔记本电脑。他来到商场的笔记本电脑柜台前，营业员小李热情地接待了他。看过几种不同品牌、不同型号的电脑后，小王对其中一台联想笔记本电脑比较满意，有意购买，但由于价格较高，仍迟迟拿不定主意。最后，在小李的劝说、诱导下，还是高高兴兴地买下了这台笔记本电脑。

（4）实训要求：本实训分组进行，3人一组，其中1人扮演小李，1人扮演小王，1人进行监督和评价，每个人都要轮流扮演小李。每个同学最好都能按照实训内容，设计演练的脚本（包括情节和台词），并给本小组成员分派角色。在演练过程中，指导教师要组织其他同学对表演进行评论。本实训可在模拟商场或教室进行。

4. 案例分析

案例一：

有一名推销机床的推销员来到一家工厂，他所推销的机器要比这家工厂正在使用的机器速度快，而且用途多，坚韧度高，只是价格高出现有机器的10倍以上。虽然该厂需要这台机器，且也能买得起，但厂长是那种只买旧机器的人，所以不管机器多么好，多么有利可图，只是因为价格太高，厂长决定不准备购买。

推销员说："告诉你，除非这台机器正好适合你的车间，否则我不会卖给你。假如你能挤出个地方，让我把机器装上，你可在这里试用一段时间，不花你一分钱，你看如何？"

"我可使用多久？"厂长问，他已想到可把这台机器用于一些特殊的零部件加工生产中。如果机器真像推销员说的那样能干许多活的话，他就能节省大笔劳工费用。

推销员说："要真正了解这种机器能干些什么，至少需要3个月的时间，让你使用1个月，你看如何？"

机器一到，厂长就将其开动起来，只用了4天时间，就把他准备好的活加工完了。此时，这台机器被闲置在一边，他注视着它，认为没有它也能对付过去，毕竟这台机器太贵了。正在此时，推销员打来了电话，问道："机器运行得好吗？"

"很好。"

"你还有什么问题吗？是否需要进一步说明如何使用？"

"没什么问题。"厂长回答道。他本来想该怎样才能应付推销员，但对方却没提起成交之事，只是询问机器运行情况，他很高兴，就挂了电话。

第二天，厂长走进车间，注意到新机器正在加工部件，车间主任正在干他没能想到机器能够干的活。在第二个星期里，他注意到新机器一直在运转。正像推销员所说的那样，机床速度快、用途多、坚韧性高。当他跟车间的工人谈到新机器不久就要运回去的时候，他的车间主任列出了许多理由，以说明他们必须拥有这台机器，别的工人也纷纷过来帮腔。

"好吧，我会考虑的。"他回答说。

一个月后，当推销员再次来到工厂时，厂长已经填好了一份购买这台机器的订货单。

问题：

（1）推销员运用的是哪种成交方法？请分析此方法的利弊。

（2）结合实际谈一谈，什么样的产品适合采用此种推销方法？实际操作中应注意哪些事项？

案例二：

推销员："师傅，这种产品是刚刚上市的新产品，质量好、款式新且这里是独家经营的，您看是否让我帮您挑选，保您满意。"

客户："我也知道，产品是不错的，就是价格贵了一些。"

推销员："对了嘛，您看我这里的产品是相当不错的，别的地方还买不到，像您这样身份的人，我看这种价格一定是承受得了的。我帮您挑选一下，您先看看，看看又不要紧的。"

客户："这……"

客户一边在犹豫，一边不由自主地跟着推销员去挑选产品了。

问题：

（1）推销员运用的是哪种成交方法？此方法是根据客户的哪种心理来推销的，有成功的把握吗？

（2）若站在客户的角度，请分析一下你能否接受推销员的这种做法？

第九章
客户维系技术

【导入案例】

客户关系管理，距离产生美

案例1：张先生是一家软件公司的销售工程师，深知客户关系管理之道，平时邀请客户共餐、节假日送祝福等，并把客户档案维护作为重要内容去做，想尽一切办法与客户保持良好的关系。

有一天，当打听到一位重要客户的夫人过生日时，张先生试图给客户一个惊喜，在没有任何暗示的情况下突然而至。万万没有想到的是，这位客户不仅没有表现出预想的惊喜，反而面带不悦，后来更是逐步疏远张先生和他的同事。

案例2：A企业是生产和销售治疗性病和保健用品的公司，为了推销其最新研制和生产的性医疗药品，在选择大药房等渠道销售的同时，还通过性病医院的途径获取患者的个人档案，并邮寄该药物的相关宣传资料。结果一患者以侵犯公民隐私权的名义将A企业和性病医院推上了被告席。

这两个案例同时反映了这样的问题，即企业该如何把握客户关系管理的尺度，既能够培养客户忠诚度以增进企业效益，又不会做过火，灵活掌握一个"度"，能够与客户保持适当距离。因此，分析问题寻找对策已经成为客户关系管理的一个重要课题。

【教学目标】

通过本章的学习，要求学生了解客户维系理论的产生背景及其意义，掌握客户维系的程序，并在此基础上掌握客户维系的四种基本方法，提高处理实际客户维系的方法和手段，学会建立与维护客户档案来维系客户。

第一节　客户维系概述

一、客户维系理论产生的背景

客户维系（Customer Retention）是指企业通过采取一系列手段和方法留住现有客户，不断地根据客户的特点有针对性地调整和推出适合客户变化需求的产品与服务的营销活动。

近年来，随着市场竞争的加剧，人们越来越深刻地认识到，客户关系管理是现代企业成功的关键因素，是企业竞争优势的重要源泉。首先，要在现代市场竞争中取胜，仅依靠企业重建是不够的，更主要的是争取客户的认可。其次，企业固然要努力争取新客户，但保留老客户比争取新客户更加重要。研究表明：企业争取一个新客户的成本是保留老客户成本的 5 倍；一个公司如果将其客户流失率降低 5%，其利润就能增加 25% ~ 85%；一个满意的客户会带来 8 笔潜在的生意，一个不满意的客户则可能影响 25 个人的购买意愿；如果忽略对老客户的关注，大多数企业会在 5 年内流失一半的客户。因此，保留老客户比争取新客户更重要。最后，不同的客户对企业的贡献是不一样的。20% 的客户为企业创造了 80% 的利润。因此，对不同价值客户的投入和管理就成为企业营销管理的一个重要课题。

正是基于上述认识，自从客户关系管理理论于 1997 年由美国的高德纳咨询公司（Gartner Group）首次提出后，就受到实业家和理论界广泛的重视。客户维系是客户关系管理的核心思想，也是客户关系管理的本质所在。客户关系管理旨在通过管理企业与客户之间的关系，减少销售环节，降低销售成本，挖掘新市场和新渠道，提高客户价值、客户满意度、客户贡献度、客户忠诚度等措施，实现企业与客户的双赢。客户关系管理的理念根源是关系营销，关系营销的发展为客户关系管理奠定了理论基础。1982 年，贝里（Berry）首次提出了关系营销的概念，正式揭开了理论界研究客户关系问题的序幕。最初，贝里将关系营销定义为培养、维护和强化客户关系。1995 年，他重新将关系营销定义为通过满足客户的想法和需求来实现客户的偏爱和忠诚。

里吉斯·麦肯纳（Regis McKenna）把关系营销的宗旨归纳为将客户、供应商和其他合作伙伴整合在营销活动中，即发展与供应商、客户或价值链上的其他成员之间紧密的互动关系。

美国学者雷奇汉（Frederick F. Reichheld）通过对美国信用卡业务的研究发现，挽留的客户每增加 5%，可带来公司利润 60% 的增长。

克莱姆在对银行业客户关系进行研究后指出：通过建立客户间的稳定关系而成功挽留客户能为企业创造更多的利润，因为他们将不断购买该企业的服务，并可充当推荐角色，为企业争取更多的新客户。同时，客户关系所持续的时间越长，银行越容易为客户提供定制化的服务，从而更能增强客户从服务中获得的满意度。

阿德里安·佩恩（Adrian Payne）指出，20 世纪 80 年代的交易型营销把重点放在每笔交易业务上，而 20 世纪 90 年代的关系营销却着眼于单个客户，寻求建立客户与企业之间的长期关系。他认为，关系营销是通过创建、培养和延续客户关系来长期拥有客户，通过增加销售量和实现"交叉销售"，从而使企业从客户手中获得的价值最大化。

马丁·克里斯托弗（Matin Christopher）将关系营销视为传统营销在范围上的延展，突破了营销是营销部门责任的观念，主张关系营销是整个公司的职能。

杰拉德（Gerald）认为，关系营销的目的是为了获得客户的信任感和忠诚度，而客户的信任感和忠诚度取决于两个变数：信息分析（企业必须知道客户的想法、需求和价值）和互动需求（个人接触以及客户需求的沟通方式）。

随着服务业的迅速兴起，理论界开始将关系营销理论运用到服务业。其中有两个学派，以贝里等为代表的北美学派和以迦玛森（Gummesson）和克里斯丁·格朗鲁斯（Christian Gronroos）等为代表的北欧学派，对服务领域关系营销的研究主要倾向于从企业与客户两方面对单个服务接触的研究和对买卖双方持续关系的研究。

从上述西方学者关于关系营销的理论研究可以看出，关系营销高度重视买卖双方之间的接触，主张通过维持营销、质量和服务之间的联系来赢得和挽留客户，其基本思想是企业应该培养长期的客户关系，实现对客户的有效挽留。

二、客户维系的意义

如今的公司都是竭尽全力地维系住它们的客户，进攻性营销明显要比防守性营销花费得更多，因此它需要花更多的努力和成本将满意的客户从现有的竞争对手那里引导其转变到本公司。但是，古典营销理论和实践的重心都放在了吸引新客户的策略上，而不是维系现有客户。它主要强调建立交易而不是建立关系。大量的论述也都集中在售前和售中活动，而不是售后活动。然而，如今越来越多的公司已经意识到维系住现有客户的重要性。通过维系客户能够给企业带来很多好处。

（一）从现有客户中获取更多客户份额

忠诚的客户愿意更多地购买企业的产品和服务，其支出是随意消费支出的 2 ~ 4 倍。而且，随着忠诚的客户年龄的增长、经济收入的提高或客户单位本身业务的增长，其需求量也将进一步增长。

（二）减少销售成本

企业吸引新客户需要大量的费用，如各种广告投入、促销费用以及了解客户的时间成本等，但维持与现有客户长期关系的成本却是逐年递减的。虽然在建立关系的早期，客户可能会对企业提供的产品或服务有较多问题，需要企业进行一定的投入。但随着双方关系的进展，客户对企业的产品或服务越来越熟悉，企业也十分清楚客户的特殊需求，所需的关系维系费用就变得十分有限了。

（三）形成口碑宣传

对于企业提供的某些较为复杂的产品或服务，新客户在做决策时会感觉有较大的风险，这时他们往往会咨询企业的现有客户。而具有较高满意度和忠诚度的老客户的建议往往具有决定作用，他们的有力推荐往往比各种形式的广告更为奏效。这样，企业既节省了吸引新客户的销售成本，又增加了销售收入，也增加了利润。

（四）有利于员工忠诚度的提高

这是客户关系营销的间接效果。如果一个企业拥有相当数量的稳定客户群，也会使企业与员工形成长期和谐的关系。在为那些满意和忠诚的客户提供服务的过程中，员工体会到自身价值的实现，而员工满意度的提高必然会导致企业服务质量的提高，使客户满意度进一步提升，形成一个良性循环。

【阅读资料】

小张的信念

小张是一家汽车制造企业的客服人员，主要负责处理日常的客户咨询及投诉等工作。一天，小张接到客户李先生的投诉，反映汽车发动机的响声异常，经过仔细地询问，小张了解到这个问题属于比较复杂的技术问题，可是技术工程师王师傅恰巧又不在公司。

正在挠头之际，电话铃又响起，小张急忙接听，一位赵女士又反映了与李先生同样的问题。看来这个问题确实比较严重，同时还具有一定的普遍性。恰好，此时王师傅回到公司，通过详细地解释，客户终于得到了满意的答复。然而，在之后的一个星期中，小张常常会接到类似的电话，却又因为王师傅外出而耽误了下来。

没过几天，客服经理将小张叫到办公室，告诉他最近总是有客户投诉，反映得不到及时的反馈服务。小张急忙解释，但客服经理却说这只是推脱责任的借口。委屈的小张垂头丧气，王师傅了解到这件事就给小张提供了一个标准解答办法，这招还真灵，小张很快就能对客户的咨询对答如流了。然而这还是不能满足众多客户的需求，小张常常要同时接2~3个电话。

忙碌不堪的小张认为这样下去还是会使客户感觉服务品质下降，通过思考，他改变了原来被动的做法，而是主动出击，将所有购买此款汽车的客户资料全部调出来，然后将王师傅提供的解决办法做成模板，以致歉信的形式用电子邮件统一发送给这些客户。这些工作仅仅占用了小张半天的时间。此后基本上就没有客户再询问相关的问题了。

临近新年，客服经理要求小张给所有的客户寄送贺卡，小张将贺词做成模板，统一打印、寄出。大大缩短了工作时间，提高了工作效率，不仅获得了客服经理的表扬，年底还被评选为公司的十佳员工。

第二节　客户维系的程序

一、了解客户流失的原因

客户流失已成为很多企业所面临的尴尬，他们大多也都知道失去一个老客户会带来巨大损失，需要企业至少再开发十个新客户才能予以弥补。但当问及企业客户为什么流失时，很多企业老总一脸迷茫，谈到如何防范，他们更是诚惶诚恐。

客户的流失，通常主要出现在以下几种情况中：

1. 员工跳槽，带走了客户。很多企业由于在客户关系管理方面不够细腻、规范，客户与企业之间推销员的桥梁作用就被发挥得淋漓尽致，而企业自身对客户影响相对乏力，一旦业务员跳槽，老客户就随之而去。

2. 竞争对手夺走客户。为能够迅速在市场上获得有利地位，竞争对手往往会不惜代价以优厚条件来吸引那些资源丰厚的客户。

3. 言而无信让客户丧失信心。有些推销员喜欢向客户随意承诺条件，结果又不能兑现，客户最担心和没有诚信的企业合作。

4. 企业内部服务意识淡薄。客户提出的问题不能得到及时解决，咨询无人理睬，投诉没人处理，服务人员工作效率低下，也是直接导致客户流失的重要因素。

5. 企业产品质量不稳定，客户利益受损。

6. 产品带给客户的利益空间往往越来越小，客户另寻他路，毕竟利益才是维系厂商关系的最佳杠杆。

7. 自然流失。

综合来看，客户流失的问题不是企业某个部门、某一岗位能够解决的，需要由企业多个部门参与才能解决。

二、建立客户维系的策略

企业和客户之间的关系发展，一般可以分为提升、成熟、叛逃三个状态。

（一）提升状态的维系策略

提升状态的维系策略目标，就是通过客户价值的提升策略引导客户关系向前发展，形成客户与企业之间互动、稳定的价值交集。提升状态的策略主要有提供基础产品和服务、品牌形象的树立、业务创新与引导等。

由于客户提升状态是新增客户的不稳定阶段，因此在这一阶段要特别重视对客户的服务。首先，要保证客户基础产品的质量不影响客户的满意度；其次，通过针对性的营销来让客户感觉到企业对客户的关怀；最后，通过针对性的服务增加客户的"心理份额"，加大企业与客户之间的"黏性"，也就是提高客户忠诚度。

（二）成熟状态的维系策略

处于成熟状态的客户，培育目的就是要维持好客户的忠诚度，因为这个时期是客户对企业价值贡献最大、价值贡献最平稳的时期。具有较高的忠诚度既是这一阶段客户的特征，也是企业的工作重点。因此，保持客户并延长其成熟状态的时间的主要途径就是，在达到客户行为忠诚的基础上，提高客户的满意度，建立客户的忠诚度。成熟状态的维系策略主要有：

1. 增大客户忠诚度代价策略——"积分"策略

通过按照交易额、交易频次、交易年限对客户进行积分让利，增大客户的消费剩余，从而牢牢地锁住客户。

2. 提高客户叛逃壁垒——"长期合作协议"策略

"长期合作协议"策略是企业维系客户经常采用的方法。其基本思路是企业与客户签订长期合作协议，根据客户承诺的消费额给予一定的优惠。

（三）叛逃状态的维系策略

客户叛逃大多数是受到相应的诱导因素驱动。即使该客户对企业提供的服务100%满意，他仍然存在叛逃的可能，问题的根源在于目前绝大多数行业面临的市场是个充满竞争的市场。找到诱导客户叛逃的因素，并"对症下药"，可降低客户叛逃率，或者使与叛逃客户的关系得以重新维系。总体来说，诱导客户叛逃的因素主要有品牌观转移、竞争对手促销、差异化业务、业务需求消失等。

在某种情况下，即使客户想叛逃，但在有些因素作用下他仍不能叛逃，这些因素我们称为客户叛逃壁垒因素，常见的有联系变化损失、交易成本差异、忠诚度代价、交易行为惰性、区域垄断等。因此，针对叛逃阶段的客户，维系策略就是针对诱导因素来合理设置壁垒因素，同时采取竞争的应对措施，如开发针对性的产品、设计针对性的服务等，从而消除诱导因素对客户的影响。

三、选择合适的方法

客户维系的专家提出了客户维系的三个层次的策略，无论在哪一层次上实施客户维系策略都可以建立不同程度上的企业与客户间的联系，同时也意味着为客户提供不同的个性化服务。

第一层次，维系客户的手段主要是利用价格刺激来增加客户关系的财务利益。在这一层次，客户乐于和企业建立关系的原因是希望得到优惠或特殊照顾。例如，酒店可对常客提供高级别住宿；航空公司可以倡导给予经常性旅客以奖励；超市可对老客户实行折扣退款等。尽管这些奖励计划能改变客户的偏好，但却很容易被竞争对手模仿，因此不能长久保持与客户的关系优势。建立客户关系不应该是企业单方面的事情，企业应该采取有效措施使客户主动与企业建立关系。

第二层次，既增加财务利益又增加社会利益，而社会利益要优先于财务利益。企业员工可以通过了解单个客户的需求，使服务个性化和人性化，增加企业和客户的社会性联系。例如，在保险业中，与客户保持频繁联系以了解其需求的变化，逢年过节送一些卡片之类的小礼物以及共享一些私人信息，都会增加该客户留在本公司的可能性。

第三层次，在增加财务利益和社会利益的基础上，附加更深层次的结构性联系。结构性联系即提供以技术为基础的客户化服务，从而为客户提高效率和产出。这类服务通常被设计成一个传递系统。而竞争者要开发类似的系统需要花上几年时间，因此不易被模仿。

当然，这里并不是要否定赢得新客户的作用，而是侧重于维系客户的策略在一定的条件和环境下，对企业的生存和发展起着至关重要的作用，但是企业管理策略的重心必须随着市场环境的变化而变化。由于竞争日益激烈的市场环境，使得企业不得不改变策略，侧重于老客户的维系，发展与客户的长期合作关系。当然，与此同时，企业也需要获取新客户，但这已经不是目前市场环境下企业营销活动的重心了。

第三节　客户维系的基本方法

本质上，提供售后服务就是为了做好维系客户的工作。这种维系是售后服务的主体，售后服务工作是否做得到位、圆满，主要看是否充分做到了与优质客户之间的维系工作。

一、联络感情

售后服务在很大程度上是做与客户联络感情的工作。由交易产生的人际关系往往比较自然、融洽，客户常常因购买产品而与卖方交上朋友，推销员也会因为与客户交易而成为朋友，于是，客户不但成为商品的受用者，而且也变成厂商的拥护者和推销员的好朋友。与客户联络感情的方法通常有：

（一）拜访

经常去拜访客户非常重要，拜访并不一定是为了推销，主要目的是让客户感觉到推销员和厂商对他的关心，同时也是向客户表明厂商对销售的产品负责。推销员拜访客户时不一定有明确的目的，也许只是为了问好，也许是顺道拜访，主要把握一个原则：尽可能使拜访行为更为自然。不要使客户觉得你只是有意讨好，更不要因拜访而干扰客户的正常工作和生活。

（二）书信、电话联络

书信、电话都是联络感情的工具，在日常生活、工作中被广泛使用。当有些新资料需要送给客户时，可以附上便笺用邮寄的方式寄给客户；当客户婚丧嫁娶时，可以致函示意，如邮寄各种贺卡。通常，客户对收到的函件会感到意外和喜悦。用打电话的方式与客户联络也是一种很好的方式，偶尔几句简短的问候会使客户感到高兴，但对于这些友谊性的电话，要注意语言得体、适当，不能显得太陌生，也不能表现得太过火。

（三）赠送纪念品

赠送纪念品是一种常见的手段。成功的厂商和销售人员会为其客户提供包括赠送纪念品在内的各种服务。这种方式至少可以起到两种作用：一是满足人们的某种心理；二是可以借此作为再次访问及探知情报的手段和机会，这是进行销售的一种技巧。

二、收集情报

这是开展售后服务工作的另一个潜在目的，精明的推销员会利用提供"售后服务"与客户接触的机会收集情报。应该把握各种提供售后服务的机会，尽量利用这些机会去发掘一些有价值的客户，或收集一些有益于销售的信息（情报）。利用售后服务收集信息时要把握以下要点：

（一）了解客户背景

与客户联络感情时，不管是在何种场合，推销员都应该有意识地、有技巧地询问或测知客户背景，包括其家庭背景、职业背景及社会关系。对于这些客户背景资料，推销员应及时加以记录、整理。通过接触很多对象，有可能会找到有益于推销的线索。因此，对客户的背景了解越多，就越能把握客户，从而增加销售机会和成功的概率。

（二）连锁推销

老客户可以成为厂商及推销员的义务"传播者"。客户被推销员的真诚和热情打动后，往往愿意做一些热情的连锁介绍，这些由客户口中道出的"情报"往往具有很大的价值。因此，在开展售后服务时，除了要用热忱让客户感觉有所便利外，还应该与其探讨一些有利于连锁推销的信息。值得注意的是，通过这种方式获取情报应适可而止，以免引起对方的戒心和反感，并尽可能不要给客户增加太多麻烦。

【案例 9 - 1】

沃尔玛的客户维系策略

一、沃尔玛客户维系的整体思路

沃尔玛客户维系的整体思路是：充分认识客户维系对企业竞争力的战略意义，弄清客户维系的各个因素及其内在联系，对现有客户进行细分，将客户数据纳入信息化管理，动态跟踪，有的放矢，以增加客户价值为基础，加大客户转移成本，努力提高客户的满意度，谋求客户信任，最终赢得客户忠诚，进而扩大与客户的交易量，实现沃尔玛与客户的双赢。

二、沃尔玛客户维系的具体措施

（一）从细节着手积累客户满意

客户维系的基础是客户满意。如果企业不能首先让客户满意，建立客户忠诚就成了"空中楼阁"。建立客户忠诚是通过提供超出客户期望的价值来实现的。如果客户对企业的产品不满意，客户的基本期望值都得不到满足，建立客户忠诚就没有基础。此外，对一些卖场的细节也应该尽量让客户满意，如连锁商店的店址选择。店址是形成连锁商店形象的重要因素之一，因为店址本身决定了连锁商店的经营战略和特色。以闹市区为主的大型、中型百货连锁，以居民区为主的食品连锁，以高速公路口为主的大型超市连锁或仓储连锁等，店址本身就要求其有不同的经营特色和企业形象。形象本身决定了店址，同时店址也决定了企业形象。连锁商店的设置地点对于其销售额、知名度等有着巨大的影响。有一句经商的谚语为："一步差三市"，讲的就是地理位置的重要性。

建立客户忠诚的前提是要让客户满意。让客户满意还必须提供最基本的服务，这包括服务人员的态度、企业对客户投诉的反应、企业对客户的尊重等。

（二）灵活利用价格策略

客户价值是客户维系其他因素的基础，而和客户价值关系最密切的莫过于价格。灵活利用价格策略，并不是盲目降价，也不是跟风而上，和其他的竞争对手大打价格战。沃尔玛必须根据其客户在生命周期不同阶段对价格的敏感程度，同时结合市场竞争的要求，有针对性地制定灵活多样的价格政策，并及时有效地加以实施，将使新客户得到满意，从老客户处收获信任，一步步建立起客户的忠诚。例如，采取打折活动、降价活动和返券送礼品活动等。

（三）有意加大客户转移成本

加大客户转移成本是防止客户流失的重要手段。加大客户转移成本首先要努力提高客户价值，特别是使得沃尔玛的客户通过和企业竞争对手的横向比较，感知到自己在目前的服务商得到的价值高于其他服务商，这是转移成本的基础，如沃尔玛可以进行购物积分有奖活动等。

有钱不赚会被认为是"傻瓜"，但从企业长远利益出发，从建立客户忠诚出发，不赚眼前的小钱，而求客户的长期稳定，不但不是"傻瓜"，而且是一种高明之举，一种真诚为客户着想的好。在任何情况下，"一对一"为客户服务，或者经常性地通过电话联系，或者客户生日时赠送鲜花，总能够使客户感到一种特别的亲近感。在建立客户忠诚时如能经常性地回访客户，了解客户购买产品和接受服务的情况，介绍促销活动，听取他们的意见，让客户感到亲人般的关心，客户即使有某些意见也不会轻易离去，因为他们认为这样做对不起朋友、对不起"亲人"。

客户维系是一个长期的不间断的工作，必须及时采集客户的有关信息，利用计算机手段，实施动态管理。CRM 即客户关系管理，它是一套计算机系统，也是一种管理理念。为了有效实施客户维系，可以对 CRM 进行有效的整合，使之能够及时收集客户信息，并利用这些信息，采用科学的量化手段，转化成我们所要利用的客户维系的各种因素，然后再将这些因素放入各自客户生命周期相应阶段，分析整理，得出关于相应客户在客户维系上的动态特征和需求，利用管理手段，及时将这些结论作为客户维系工作决策的依据，有的放矢，制订策略，采取手段，积极主动地开展客户维系工作。

（四）既要细分市场，又要点面结合

越来越多的企业感到，提高客户满意度、建立客户忠诚往往要付出昂贵的代价。盲目地为建立客户忠诚而开展的工作，可能导致企业最终不能承受其负担而放弃对客户提供的某种服务。建立客户忠诚，必须考虑公司的承受力。要通过细分市场，有选择地建立客户忠诚。这是企业保证这项工作坚持不懈地开展下去的重要因子。沃尔玛应该更多地学会客户管理。区别营销就是一种很好的客户管理办法。它根据客户所带来的利润将全部客户分成高利润、中利润、低利润及无利润四组。高利润组应是企业关注的焦点。区别营销实际上就是差异化营销，也就是对不同的客户群采取不同的营销策略。沃尔玛和很多企业一样，20% 的客户为企业带来 80% 的收入。这 20% 的客户是企业的优质客户，是企业应该下工夫建立客户忠诚的重点。

（资料来源：MBA 智库百科。）

三、建立长期的商业友谊

当今的职业销售人员都在努力创造与客户的长期的业务关系。这种关系隐含着与客户建立起个人关系。事实上，销售员往往能与客户建立起正式的关系，并常常发展成商业友谊。

（一）什么是商业友谊

商业友谊是指以业务问题为核心的销售员与客户之间的关系。良好的商业友谊就像个人间的友谊一样。

（二）如何建立商业友谊

销售员与商业客户建立起友谊了吗？或者销售员希望建立起友谊吗？

很多时候，销售员往往是匆匆忙忙地做完交易，然后就赶往下一个客户。即使在拜访某人很多次后，销售员仍然没有了解这位客户。答案是：销售员应该像建立私人朋友关系一样，建立起业务伙伴关系。销售员与商业伙伴或者私人朋友间的关系往往是以下三层关系之一。

第一层：相识。相识者即销售员知道名字的那些人，偶尔会见到他们，虽然已经认识了很久，但对他们知之甚少。一切友谊都始发于相识，有些人会在我们的生活道路上成为朋友。在商业世界以及私人生活里，相识者间被认为有着低层次的智慧和信赖关系。

第二层：朋友。朋友指我们会花更多时间相处、有着共同兴趣爱好的人。我们不仅知道他们是谁，还知道与他们相关的事情。这些人是生活道路上长期陪伴的好人选。在业务中，商业朋友会得到信赖。销售人员通过长期地向客户展示关心，可得到客户的忠诚。

第三层：密友。密友通常还被称为"好朋友"，是我们深深了解的那些人。我们认识他们的家人，知道他们内心深处的想法和感受。他们会向我们倾诉，征求我们的意见。他们可能会与我们同甘共苦，与我们有着相互利益。这些人就是我们生命旅程上的朋友。在买卖双方的关系中，相互的个人利益和家庭总是处于最优先的位置。

任何友谊的建立都要花费时日，在商业世界里更是如此，通常要花三年或三年以上的时间才能建立起真正的第二层次的友谊。

【阅读资料】

一般地，在成为朋友前，会经历以下过程。

1. 自我透露：分享关于自己的一些事情，也要让客户分享关于他的一些事情。如果你的客户没有立即回应，别担心，要记住建立友谊需要时间。

2. 认同：花时间倾听客户。每个人都渴望被倾听、被认同、被理解。要记住认同对方的以下三个步骤。

步骤一：重复回复——在客户说话时，你可以简要地重复他说的话。

步骤二：不要批评——不要让你的客户觉得他们错了。

步骤三：不要试图改变——不要试图改变客户对某事的想法。简单地听他们倾诉，针对他们所感觉的问题给出解决办法。

3. 留意：注意你的客户。你的眼睛、耳朵、身体和思维都应该集中于他们以及他们的话上。应和客户进行目光接触，以表示你真的在仔细听他或她说话。

4. 交谈：任何关系的基础都是良好的沟通。这意味着要和客户建立良好的商业友谊，你得是个好倾听者，要学会信息共享。

上述步骤为与客户建立友谊提供了一个好的开端。然而，一旦开始建立起关系，就要加以维护。维系良好的友谊关系要求进行结构界定，不要试图控制或者强迫客户，也不要强迫你的朋友进行购买。

1. 生存结构

良好的关系需要某种生存结构。一开始就要界定清楚你和业务伙伴的职责、期望以及在关系中的角色，并且加以遵循。销售员该承担和不应当承担什么责任？客户对销售员有什么合理的期望，销售员对他又有什么合理的期望？销售员在他或她的生活中扮演什么样的角色？在关系建立之初就必须清楚地回答这些问题，并进行不断地确认以免产生混乱。

2. 避免控制欲和独断专行的作风

人们通常有试图控制双方关系的倾向。这种倾向具有破坏性，所以应该加以避免。不要试图控制客户，也不要让自己被控制。让客户表达自己的观点，并进行仔细倾听。

双方关系中的另一种倾向就是抛弃朋友的独断专行。这就会导致紧张，让客户感觉受到威胁。它们都会损害健康高效的业务，要通过倾听客户和针对问题提出解决方法的回应避免这些错误。

3. 不要强迫真正的朋友购买

销售员会强迫真正的朋友来购买吗？如果是的，那么谁的利益是最重要的呢？是销售员的私利还是业务伙伴的需要？销售员会不会受利益诱惑来强迫朋友向你购买？我们中的大多数人都不会的。为了保持健康和持久的业务关系，应该将销售员的服务对象的利益摆放在销售员自己利益的前面。无论做起来有多难，也不要放弃把他人利益置于自己利益之前的努力。这和你的私人关系是不是有些类似？

（三）建立长期商业友谊

建立长期关系的最重要成分就是对他人的真诚关心，将他人的利益置于自己的利益之前。友谊是建立在客户的需要而非销售员需要的基础上的，否则关系就会没有意义。为什么呢？

如果友谊是以销售员的需要为基础的，那么销售员会时不时地占所谓朋友的便宜。然而真正的友谊是以对别人的帮助为基础的，只有这样才有可能建立起真正的关系！"我是否因需要客户的某些东西才成为他的朋友？"如果是的，销售员的感情有时就会受到伤害，如当他向竞争对手进行购买时。因此，销售员应该成为他的无求回报的朋友。

（四）要多少朋友

一条充满智慧的谚语讲，有太多朋友的人会走向灭亡。如果销售员有很多朋友，友谊就会变得宽泛而不深。此时，若事态变得艰难，他们就会背弃你。他们会在任何情况下都忠于你吗？销售员会在任何情况下忠于他们吗？

有朋友是美妙的！真正的朋友是一生中最有价值的财富之一。不过，交往三个亲密的生意朋友就是销售员的时间和精力所能企及的了。这里所指的不是那些临时相识的生意人，而是指真正的亲密朋友。

四、优质客户服务和客户满意

在当今竞争激烈的市场上，仅向客户提供良好的服务是不够的——所提供的服务必须优质上乘。优质服务往往需要技术和自动化。自动化技术使销售员在车内就能独立地工作，而且减少了执行行政事务的时间。同时，因为管理层信息畅通，所以能根据与客户服务相关的资料来快速作出决定。

（一）服务怎样促进销售

服务是怎样促进销售的呢？作为销售员，你是通过获得新客户以及卖给现有客户更多的产品来扩大销售的，那么获得新客户的最佳办法是什么？对很多销售情况而言，客户推荐是最佳途径！当客户对销售人员感到满意时，他们就会推荐给别人。

所以，关心客户对你的成功和生计来讲是何等重要！尽管第十步是推销过程的最后一步，但它对销售员的成功是至关重要的。

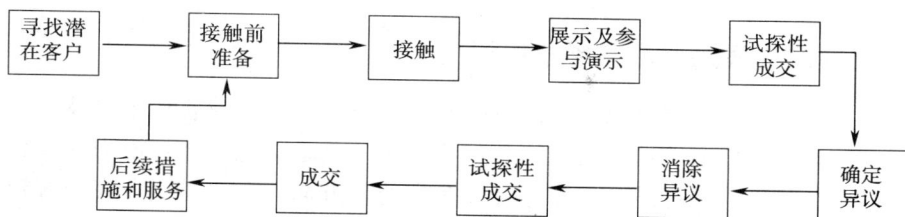

```
┌──────┐   ┌──────┐   ┌──────┐   ┌──────┐   ┌──────┐
│寻找潜│   │接触前│   │      │   │展示及参│  │试探性│
│在客户│ → │准备  │ → │ 接触 │ → │与演示 │ → │成交  │
└──────┘   └──────┘   └──────┘   └──────┘   └──────┘
              ↑                                    │
              │                                    ↓
┌──────┐   ┌──────┐   ┌──────┐   ┌──────┐   ┌──────┐
│后续措│   │      │   │试探性│   │消除  │   │确定  │
│施和服务│ ← │ 成交 │ ← │成交  │ ← │异议  │ ← │异议  │
└──────┘   └──────┘   └──────┘   └──────┘   └──────┘
```

图 9 - 1　推销工作的全过程

当销售员完成图 9 - 1 的第九步就离开客户，那么会发生什么情况呢？销售员要么做成了一桩生意，要么就是没有做成。现在，销售员会怎么做呢？销售员会寻求销售成败的经验得失。为什么呢？因为这有利于销售员接下来进行的销售访问。销售员都会不断地计划、实施和评估他们接洽客户的目标、方案和成功之道，这对销售员在销售中和课堂上的成功都很重要！

如图 9 - 1 所示，在销售过程的第十步结束后，销售员又回到了第二步，即接触前准备阶段，来计划对下一位客户或者潜在客户进行拜访。同时，销售员也得寻找自己的产品是否有人还需要。这样，销售员既要寻找新的客户，又要保留住老客户。

（二）后续措施和服务变成销售机会

如图 9 - 1 所示，出色的销售员往往能把后续措施和服务转化成销售机会。

【阅读资料】

在周生生黄金珠宝公司的销售员罗琦描述了自己的工作习惯。

在达成每笔交易之后我会立即给客户发去致谢卡，两周后进行回访，对他们表示再次感谢，并看看他们对所买的商品是否满意。如果买的是礼物，我就拜访那位客户或其配偶。这成了我建立关系、培植和寻找潜在客户的成功秘诀。我常常能得到一些线索。

这就是它怎样发挥作用的：两周之内他们给某些人看了，而且这些人也做了评价。我一开始就问："一切都好吗？"然后说："我知道你朋友接受了你的礼物后一定很骄傲，我肯定她已展示给父母、家人和朋友等人看了。我想知道是否有人对什么东西感兴趣，而且我能帮上忙？我想和他们谈谈，或者让你给他们打电话看看他们是否愿意让我拜访他们。"如果我工作做得很好，那么这个客户会乐意让我拜访那个人，而且也愿意帮助我。我成功的很大部分来源于后续措施，进行建议购买或服务工作。当你认识到自己能够把常规的情况转化成交易机会时，那么推销工作就变得富有刺激性和挑战性了。

第四节　客户档案的建立与维护

一、客户档案的建立与维护概述

客户档案顾名思义就是有关客户情况的档案资料，是反映客户本身及与客户关系有关的商业流程的所有信息的总和，包括客户的基本情况、市场潜力、经营发展方向、财务信用能力、产品竞争力等有关客户的方方面面。它是企业在与客户交往过程中所形成的客户信息资料、企业自行制作的客户信用分析报告，以及对订购的客户资信报告进行分析和加工后，全面反映企业客户资信状况的综合性档案材料。建立合格的客户档案是企业信用管理的起点，属于企业信用管理和档案部门的基础性工作。

（一）客户档案的内容

1. 客户档案原始资料

客户档案原始资料是客户档案的基础内容，常见的客户档案原始资料主要有：交易过程中的合同、谈判记录、可行性研究报告和报审及批准文件；客户的法人营业执照、营业执照、事业法人营业执照的副本复印件；客户履约能力证明资料复印件；客户的法定代表人或合同承办人的职务资格证明、个人身份证明、介绍信、授权委托书的原件或复印件；客户担保人的担保能力和主体资格证明资料的复印件；双方签订或履行合同的往来电报、电传、传真、电子数据交换、电子邮件、信函、电话记录等书面材料和视听材料；签证、公证等文书材料；合同正本、副本及变更、解除合同的书面协议；标的的验收记录；交接、收付标的、款项的原始凭证复印件。在对客户档案资料进行保管分析的过程中，各类原始资料的保管和整理是最基本的工作。因为在交易过程中逐渐形成的客户档案原始资料是非常多的，为了避免今后的经济纠纷，这些书面的原始档案资料应该被完好地保存起来，切实防范企业与客户经济往来中发生的合同风险、法律风险和信用风险。

2. 客户资信调查报告

客户资信调查报告是客户档案的核心内容，它是对客户档案原始资料进行整理和分析基础上形成的综合反映客户资信情况的档案材料。从资信调查报告的形成过程和主要用途来看，它是由企业资信调查人员撰写的一种反映客户信用动因和信用能力的综合报告，是详细记录客户资信信息的载体。资信调查报告的主要内容有：被调查公司的概况、股东及管理层情况、财务状况、银行信用、付款记录、经营情况、实地调查结果、关联企业及关联方交易情况、公共记录、媒体披露及评语、对客户公司的总体评价、给予客户的授信建议等。此外，资信调查报告还可以包括经过分析得到的分类类别、交易的趋势、客户的购买模式和偏好特征等内容。企业资信调查报告的格式没有严格的规定，在实践中可以根据企业的具体情况选择不同的格式，通常在撰写过程中可以参考专业资信调查机构的标准报告来进行。

（二）客户档案管理的对象的分类

1. 从时间序列来划分，包括老客户、新客户和未来客户。该分类方法以老客户和新客户为重点管理对象。

2. 从交易过程来划分，包括曾经有过交易业务的客户、正在进行交易的客户和即将进行交易的客户。对于第一类客户，不能因为交易中断而放弃对其档案管理；对于第二类客户，需逐步充实和完善其档案管理内容；对于第三类客户，档案管理的重点是全面收集和整理客户资料，为即将展开的交易业务准备资料。

3. 从客户性质来划分，包括政府机构（以国家采购为主）、特殊公司（如与本公司有特殊业务等）、普通公司、客户（个人）和交易伙伴等。这些客户因其性质、需求特点、需求方式、需求量等不同，对其实施的档案管理的特点也不尽相同。

4. 从交易数量和市场地位来划分，包括主力客户（交易时间长、交易量大等）、一般客户和零散客户。不言而喻，客户档案管理的重点应放在主力客户上。总之，每个企业都或多或少拥有自己的客户群，不同的客户具有不同的特点，对其档案管理也具有不同的做法，从而形成了各具特色的客户档案管理系统。

二、客户档案的建立与维护的内容

建立客户档案，是有效而直接地提供个性化服务、争取回头客的重要途径之一。这一点，行业人士已达到共识。那么，应该如何建立客户档案，以便充分利用这一珍贵的工具呢？

（一）客户档案资料收集要多途径

尽可能多地积累客户信息是档案建立的基础，包括订房间、记单、账单、投诉处理记录、客户拜访记录、客户意见书以及平时通过观察收集的一些其他资料。它主要包括以下四个方面：

1. 有关客户最基本的原始资料，包括客户的名称、地址、电话以及他们的个人性格、兴趣、爱好、家庭、学历、年龄、能力、经历背景等，这些资料是客户管理的起点和基础，需要通过销售员对客户的访问来收集、整理归档形成的。

2. 关于客户特征方面的资料，主要包括所处地区的文化、习俗、发展潜力等。其中对外向型客户，还要特别关注和收集客户市场区域的政府政策动态及信息。

3. 关于客户周边竞争对手的资料，如对其他竞争者的关注程度等。对竞争者的关系都要有各方面的比较，以至于客户产品的市场流向，要准确到每一个订单。

4. 关于交易现状的资料，主要包括客户的销售活动现状、存在的问题、未来的发展潜力、财务状况、信用状况等。

需要特别指出的是，客户档案的建立不仅要依靠服务部员工或由某个具体部门来完成，而且还有赖于各部门全体工作人员的共同努力、互相支持和配合。

（二）档案资料的整理必须及时

这就要求有一个客户档案管理的归口组织或部门来牵头，及时将各部门收集到的信息分门别类、整理归档，具体可考虑根据如下情况进行编排：

1. 客户基础资料，如客户背景资料，包括销售人员对客户的走访、调查的情况报告。

2. 客户购买产品的信誉、财务记录及付款方式等情况。

3. 与客户的交易状况，如客户产品进出货的情况登记表，实际进货、出货情况报告，每次购买产品的登记表，具体产品的型号、颜色、款式等。

4. 客户退赔、折价情况。例如，客户历次退赔折价情况登记表，退赔折价原因、责任鉴定表等。

以上每一大类都必须填写完整的目录并编号，以备查询和资料定位；客户档案每年分年度清理，按类装订成固定卷保存。

最后，档案内容的更新必须强调动态管理。客户的个人情况、喜恶厌好是在动态变化的，这也增加了档案管理的难度，除了要求加快沟通速度外，档案管理本身需借助多种有效的信息载体，如传统的表单、卡片，具有快速查询更改功能的电脑系统，以不断更新信息，确保档案资料的准确和真实。

总之，客户档案的建立是一项复杂而系统的工程，必须采用正确科学的方式方法。只有高质量的信息，才能对管理决策产生参考价值。

三、客户档案的建立与维护应该注意的问题

（一）档案信息必须全面详细

客户档案所反映的客户信息，是我们对该客户确定一对一的具体销售政策的重要依据。因此，档案的建立，除了客户的名称、地址、联系人、电话这些最基本的信息之外，还应包括它的经营特色、行业地位和影响力、分销能力、资金实力、商业信誉、与本公司的合作意向等这些更为深层次的因素。

（二）档案内容必须真实

这就要求业务人员的调查工作必须深入实际，那些为了应付检查而闭门造车胡编乱造客户档案的做法是最要不得的。

（三）对已建立的档案要进行动态管理

动态客户档案管理是围绕客户档案建设，不断地对其中客户信息进行更新、修改，以及基于它进行的销售目标制定、客户维护、业务员行为管理、业绩考核、销售指导等工作的一种管理过程。

【案例 9－2】

"康利"，建客户档案打造诚信品牌

作为浙江省眼视光专业的龙头企业，金华康利光学眼镜有限公司（以下简称康利公司）自 2002 年获得了"浙江省百城万店无假货"示范店称号后，以诚信取信消费者，维护消费者权益，几年来没有发现客户向有关部门投诉的事件，也未发生任何质量纠纷。

为广大消费者提供最优质的服务是"康利"人孜孜以求的目标。早在 2000 年，康利公司就在市区率先引进了眼视光配镜管理系统，通过会员制为客户建立视力保健档案。凡是会员验光配镜均有据可查，且可上溯至 5 年以上。根据客户档案的记载情况，康利公司对客户采取不定期的跟踪访问，一发现有问题，就立即通知客户重新进行视光检查，或调整眼镜的相关技术指标，保证矫正手段能始终与客户的实际情况相吻合。

这些年来，眼镜行业经营者法治意识、质量意识仍然比较淡薄，在高额利润的驱动下，眼镜的总体质量尚难尽如人意。康利公司从自身做起，加强采购源头管理，每引进一个新品牌，都要仔细核对产品的"三证"，杜绝"三无"商品流入。同时，康利公司选拔经验丰富的质检人员，赋予他们质量否决权，使采购、验光、配镜、检验等各个环节的人员都时刻绷紧质量这根弦。几年来康利公司没有流入一批质量不合格的产品，交到客户手中的每一副眼镜都是合格的。

完善客户投诉体系，康利公司成立之初便设立了投诉岗，后来又成立了消费者监督联络站，配备专人受理消费者的意见、反馈和投诉。康利公司根据具体情况妥善处理，承担应该承担的责任。对非质量或服务原因的投诉，工作人员也能耐心细致地解释。由于处理及时，康利公司做到投诉不出门，让消费者满意或基本满意。

（资料来源：《金华日报》，2009 - 03 - 25，作者：徐朝晖。）

【本章小结】

客户维系是指企业通过采取一系列手段和方法留住现有客户，不断地根据客户的特点有针对性地调整和推出适合客户变化需求的产品与服务的营销活动。客户维系是留住现有客户的手段和方法。维系客户能从现有客户中获取更多客户份额，减少销售成本，形成口碑宣传，有利于员工忠诚度的提高。

要维系客户，就要先了解客户流失的原因，然后采取相应的策略，在客户关系提升、成熟、叛逃三个状态下实施不同的策略。

维系客户是有其方法的，一般包括：联络感情——通过拜访、书信电话联络和赠送纪念品等方法来实现；收集情报——通过了解客户背景、连锁推销等方法来实现。

为了更好地维系客户，还应该建立和维护客户档案，档案信息必须全面详细，档案内容必须真实，对已建立的档案要进行动态管理。

【思考与练习】

1. 主要概念

客户维系　关系营销　商业友谊　客户档案

2. 复习思考题

（1）维系客户对企业发展的意义有哪些？

（2）客户的流失一般有哪些原因？

（3）客户维系的基本方法包括哪些？

【技能训练】

情景模拟训练

1. 实训要求

（1）精心进行客户关系管理和维系的相关资料准备；

（2）情景模拟神态自然、角色扮演逼真、口齿清楚、语言流利；

（3）角色扮演定位得当、分析有一定深度和广度、所学知识运用自如、言之有理、逻辑性强。

2. 注意事项

（1）精心组织、妥善安排，特别是角色扮演学生要提前预演、避免怯场；

（2）注意课堂纪律掌控，确保情景模拟逼真，时间以 30~45 分钟为宜；

（3）由学生组织评审团，评定分析情景模拟过程，让学生得到另一种身份角色锻炼，也扩大了参与学生队伍；

（4）角色扮演采取轮流扮演制，力争让每个学生都有机会得到各种角色锻炼，充分调动学生的积极性。

情景模拟一：

2009 年某日，在某购物广场，客户服务中心接到一起客户投诉，客户说从商场购买的××酸奶中喝出了苍蝇。投诉的内容大致是：客户李小姐带孩子在商场购买了××酸奶后，马上去一家餐馆吃饭，吃完饭李小姐随手拿出酸奶让自己的孩子喝，自己则在一边跟朋友聊天，突然听见孩子大叫："妈妈，这里有苍蝇。"李小姐寻声望去，看见小孩喝的酸奶盒里（当时酸奶盒已被孩子用手撕开）有只苍蝇。李小姐当时火冒三丈，带着小孩来商场投诉。正在这时，有位值班经理看见便走过来说："你既然说有问题，那就带小孩去医院，有问题我们负责！"李小姐听到后，更是犹如火上浇油，大声喊："你负责？好，现在我让你去吃 10 只苍蝇，我带你去医院检查，我来负责好不好？"边说边在商场里大喊大叫，并口口声声说要去"消协"投诉，引起了许多客户围观。假如你是这家购物广场的客户服务部经理，你将如何处理这一事件。

客户服务部经理模拟开始……

情景模拟二：

汕头移动通信公司客户服务部经理桌上搁着一封由《经济日报》汕头记者站转来的用户投诉信。全文如下：

我是汕头移动通信公司的用户，我的通话量不是很多但话费很高，故到移动通信业务窗口索取电话用户清单，经核对发现通话记录和我的记忆相差较多，因电话记录涉及个人隐私，大部分通话无从核实，只有我爱人的电话可以比对。通过对去年 10 月用户清单比对，发现下列问题：

（1）我与爱人的电话清单记录不符。我的双向通话累计次数为 51 次，时间累计 1452 秒。我爱人电话清单记录是双向通话次数累计为 36 次，时间累计为 816 秒。故我的电话记录多了 15 次，时间多了 636 秒。

（2）短信信息同样存在多计的问题。典型的是去年 10 月 16 日从 10：58 到 15：30 四个半小时发了 36 个信息，且在同一时段两种收费。

我发现上述问题后，即向汕头移动通信公司客户经理反映，回答是她生病了。时至今日已两个月无音信。我想平时移动通信公司面上服务蛮好的，为什么向他们公司提出实质性问题就未能给用户满意合理的答复呢？也许是计较收费事太小了吧。

为了维护消费者的合法权益，明白消费，特向贵报反映上述情况，恳请贵报给予核实调查，让通信用户放心消费。

（资料来源：《经济日报》，2004 - 02 - 18。）

面对这种局面，假如你就是这家移动通信公司客户服务部经理，你将如何处理这一用户投诉事件。

客户服务部经理模拟开始……

情景模拟三：

国庆节期间，几位商界老板谈完生意后，相约到"××餐厅"共进午餐，同时为其中的 A 老板的爱女庆祝生日。"××餐厅"是我们这座城市有名的粤菜馆，在全国都有连锁店，也算是大名鼎鼎，因此大家对品尝粤式风味美食提议一致赞同。

一道色香味俱佳的"油焖芥蓝"上来后，大家举箸分享。忽然，B 老板将菜吐到了小碟里。原来，B 老板感到下咽时喉咙有异样感，吐出来一看，一根长长的头发与菜搅和在一起。菜里有头发！满桌人顿时感到不舒服，纵然是人间第一等美味，也不由让人反胃。雅间的服务小姐在确认头发是菜里带着的以后，去向上司禀报。如果你是该餐厅的相关负责人，你该如何应对？

餐厅负责人模拟开始……

管 理 篇

第十章

推销管理

【导入案例】

威斯汀豪斯电气公司的推销员

威斯汀豪斯电气公司的销售部经理下辖一位销售服务经理、四位地区销售经理，后者每人各有一班人马配合工作，另外还有一位经理助理，主要负责交通和发货。销售地区按地理区域划分。由于这一行业专业性强，公司特别注意推销员的业务水平和解决具体技术问题的能力；又由于网点分散，为了保证每个销售点出现问题能就地解决，每个推销员都得具备专业工程师的学历。他们首先被送到总公司所在地匹兹堡接受三个星期的基本指导，然后转入"公司研究计划"，重点学习将来推销产品的专业技术和销售技巧。学习实践依据个人情况而定，短的三个月，长的一年不等。实际参加销售工作后，每个推销员每年还要回到总部一次，更新印象，熟悉所推销产品的制造情况，同时还不定期地参加地区培训会议，这样做的目的是为了能进一步规范推销员的行为，提高工作效率。

（资料来源：李红梅. 现代推销实务［M］. 北京：电子工业出版社，2006.）

【教学目标】

通过本章的学习，要求学生掌握推销绩效考核的内容，了解推销员管理的内容、推销组织管理的方法，熟悉推销员的培训、激励的方法，能够正确处理客户关系。

第一节　推销绩效考核

对于一个企业来说，如何最大限度地发挥每一个推销员的力量，建立科学合理的推销计划、严格执行的考核体系和能充分调动推销员积极性的激励机制，是事关企业能否生存和发展的大事，而完成这件大事的重要途径，就是加强对推销活动的管理。

推销管理就是关于推销的计划、组织、领导、控制和协调。事实证明，成功的推销固然要靠推销员的实践以及在实践中不断总结经验和吸取教训，但接受公司管理部门正确的指导与安排也是成功的推销所不可缺少的。推销管理的范围相当广泛，包括编制与实施推销计划，控制推销活动，推销员的招聘、甄选、培训、指导与激励，推销绩效的评估等。

推销管理工作要求规划、指导和控制推销活动。推销管理部门的基本任务就是要提出推销目标、制订推销计划并监督、控制推销计划的实施。

本章从推销绩效考核、推销员管理和推销组织管理和客户关系管理四个方面讲述推销管理。

一、推销绩效考核的意义

推销绩效考核是现代推销管理的一项重要内容，运用科学的方法和手段对推销员的工作业绩进行考核评价不仅为人事管理决策提供科学的依据，也是对企业政策和计划的科学性的检验。通过绩效考核找出推销工作成功或失败的原因，帮助推销员提高推销技能，完善企业推销计划，进而不断提高推销水平和推销效率。推销绩效考核的具体意义主要有以下四点。

（一）绩效考核是推销控制的有效手段

通过推销绩效考核，可以随时发现推销过程中的问题，及时调整推销计划，保证推销目标的顺利实现。

（二）绩效考核结果是按劳分配原则的主要依据

通过推销绩效考评，可以比较准确地评定推销员的推销业绩，为管理部门制订收入分配计划提供可靠依据。

（三）绩效考核是有效管理推销员的重要手段

通过推销绩效考核，可以比较准确地区别各推销员之间的推销业绩的优劣，为推销员的提拔、晋升、奖惩等提供事实依据，同时绩效考核过程对推销员会产生一种激励作用，因此绩效考核是公平、有效的管理推销员的重要手段。

（四）绩效考核是优化推销员结构、推销员培训的重要过程

通过推销绩效考核，可以比较准确地发现推销员的推销能力和水平，找出哪些推销员需要进行哪方面知识的培训。同时也能发现推销队伍中能力结构的问题，便于及时进行推销员结构调整，保证推销员结构始终处于合理状态。

二、推销绩效考核的依据

推销绩效考核的依据主要包括：推销员的销售报告、企业销售记录、客户评价、工作态度和表现、企业内部职员的意见，因此要全面、完整、详细地收集这些资料，以保证推销绩效考核的正确性、可靠性、公平性、合理性。

（一）推销员的销售报告

销售报告可分为销售活动计划报告和销售活动业绩报告两类，销售活动计划报告包括地区年度市场营销计划和日常工作计划等。许多公司现在已开始要求推销员制订销售区域的年度市场营销计划，在计划中提出发展新客户和增加与现有客户交易的方案。各公司的要求也不尽相同，有些公司要求对销售区域的发展提出一般性意见；另一些公司则要求列出详细的预计销售量和利润估计，销售经理将对计划进行研究、提出建议、并以此作为制订销售定额的依据。

日常工作计划由销售人员提前一周或一个月提交，说明计划进行的访问和巡回路线。管理部门接到销售员的行动计划后，有时会与他们接触，提出改进意见。行动计划可指导推销员合理安排活动日程，为管理部门评估其制订和执行计划的能力提供依据。

销售活动业绩报告主要提供已完成的工作业绩，如销售情况报告、费用开支报告、新业务的报告、失去业务的报告、当地市场状况的报告等。

（二）企业销售记录

企业内的有关销售记录，如客户记录、区域的销售记录、销售费用的支出等，都是考核的宝贵资料，利用这些资料可计算出某一推销员所接订单的毛利，或某一规模订单的毛利，对于绩效考核有很大的帮助。

（三）客户评价

考核推销员应该听取客户的意见。有些推销员业绩很好，但在客户服务方面做得并不理想，特别是在商品紧俏的时候更是如此。某公司一位推销员负责某地区的销售事务，经常以商品紧张为由对其客户提出一些非分要求，如要求用车等，对公司形象造成很不好的影响。收集客户意见的途径有两方面：一是客户的信件和投诉，二是定期进行客户调查。

（四）工作态度和表现

推销员在平时的工作态度和表现也应当列入考核范围。一个推销员的工作业绩再好，可是工作态度和表现不好，也不是一个优秀的推销员。

（五）企业内部职员的意见

这一资料主要来自营销经理、销售经理或其他有关人员的意见，销售员之间的意见也可作为参考，这些资料可以提供一些有关推销员的合作态度和领导才干方面的信息。

三、推销绩效考核的标准

要考核推销员的业绩，一定要有良好而合理的标准。绩效考核标准不能千篇一律，管理者应充分了解整个市场的潜力和每一位推销员在工作环境和销售能力方面的差异，并在此基础上制定推销绩效考核标准。绩效考核标准应与销售额、利润额和企业目标相一致。

制定绩效考核标准的方法有两种：一是为每种工作因素制定特别的标准，如访问的次数；二是将每位销售员的绩效与销售员的平均绩效作比较。

1. 推销员绩效考核指标

制定公平而有效的绩效标准是不容易的，需要管理人员根据过去的经验，结合推销员的个人行动来制定，并在实践中不断加以调整和完善。常用的推销员绩效考核指标主要有：

（1）销售量。销售量用于衡量销售增长状况，是最常用的指标。

（2）毛利。毛利用于衡量利润。

（3）访问率（每天的访问次数）。访问率用于衡量推销员的努力程度，但不能代表推销结果。

（4）访问成功率。访问成功率是衡量推销员工作效率的指标。

（5）平均订单数目。它与每日平均订单数目一起用来衡量及说明订单的规模与推销的效率。

（6）销售费用。销售费用用于衡量每次访问的成本。

（7）销售费用率。销售费用率用于衡量销售费用占销售额的比例。

（8）新客户数目。新客户数目是开辟新客户的衡量标准，这可能是推销员的特别贡献。

2. 注意事项

为了实现最佳考核，企业在审定考核标准时应注意以下三个问题：

（1）销售区域的潜量以及区域、地理分布状况、交通条件等对推销效果的影响。

（2）一些非数量化的标准很难求得平均值，如合作性、工作热情、责任感、判断力等。

（3）在对推销员的推销业绩进行考核时，可根据情况着重选择关键业绩指标进行考核，做到既可量化、可操作，又科学有效。

四、推销绩效考核的方法

在企业中，绩效考核的方法很多，有些新的考核办法也在不断地发展中。就推销员绩效考核来讲，具有代表性的方法主要有横向比较法、纵向分析法和尺度考评法。

（一）横向比较法

横向比较法是把各个推销员的销售成绩进行排队比较。这种比较法只有在各地区市场潜量、工作量、竞争激烈程度、企业推销努力等没有差别或差别不大的情况下才有意义。

（二）纵向分析法

纵向分析法将同一终端推销员现在和过去的工作业绩进行比较，包括对终端的销售额、销售费用、新增的终端客户数、失去的终端数、终端的死账率以及每个终端平均销售额等数量指标的分析。这种方法有利于衡量销售员工作的改善状况。

（三）尺度考评法

尺度考评法就是将考核的各个项目都配以考核尺度，制作出一份考核比例表加以考核的方法。在考核表中，可以将每项考核因素划分出不同的等级考核标准，然后根据每个推销员的表现按照依据评分，并可对不同的考核因素按其重要程度给予不同的分数，最后核算出总得分。

【阅读资料】

如何进行推销员定级管理

推销是一项富有挑战性的工作，推销员也是一支较为独特的社会群体。如何有效地管理推销工作以发挥推销员群体的积极性，这是每个企业都颇为关心的现实问题。推销员的定级管理，便是一些企业在实践中摸索出的一条行之有效的经验，在实施过程中发挥了积极的作用。

一、对推销员实行定级管理的原因

理想的推销队伍应该是一支能征善战、组织性强、荣誉感强，并与公司保持高度一致的行动组织。然而在一些企业的推销员中始终弥漫着自由、散漫的作风，有人把这种作风称作"疲沓文化"。因此，纠正推销员的不良风气，实施有效的定级管理是迫切的、必要的。

（一）实施定级管理，有利于充分调动推销员的积极性

实施定级管理后，不同级别的推销员可以根据公司制定的原则享受不同的待遇。而较高的级别本身就是一种荣誉，可以较大程度地激发推销员的工作热情，从而使推销员自觉约束自己的行为，并以认真的工作态度向更高层次迈进。

（二）提高推销管理效率

公司所拥有的推销员，不可能个个业绩俱佳，能力相同。为了提高管理效率，销售管理部门应该抓住重点推销员，这是实现公司销售目标的保证。显然，对重点推销员评聘较高的级别，有利于销售任务的完成。

（三）培养竞争意识，促进人才成长

推销工作极富挑战性，这不仅表现在面向市场争夺客户，还表现在销售成功所带来的满足感和自豪感，而满足感和自豪感的获得，一是靠销售的业绩，二是靠社会的承认和评价。对推销员的级别确定，正是社会承认和评价的一种方式，有利于培养推销员的竞争意识，促使他们更快成长。

（四）稳定销售队伍

业绩佳、能力强的推销员，是公司的一笔宝贵财富，应设法稳定他们、留住他们，以便他们为企业作出更多贡献。实施推销员定级管理，可以使业绩较佳的推销员享有较高的待遇，从而有利于稳定军心，避免高级推销员的流失。

二、推销员定级的基本条件

目前，在一些公司，推销员的级别实行三级制，即依据一定的标准将推销员区分为一级、二级、三级三个层次。由于推销员的定级管理是一项重大的管理措施，因此一些公司还专门成立了"推销员级别评定委员会"，由公司经理、销售主管、销售专家以及人事主管组成。在具体的评聘工作中主要依据以下条件：

（一）推销业绩

推销业绩主要指推销员的年销售额和回款额，不同类型的企业可以确立不同的标准。如一个高科技工业企业规定，年销售额在 500 万元以上、回款额在 90% 以上的推销员，才有资格参与评聘一级推销员；年销售额在 300 万元以上，回款额在 70% 以上的推销员，才有资格参与评聘三级推销员。对于特殊地区由于客观原因而导致业绩波动者，可以根据实际情况酌情处理。

（二）专业技术

推销员的级别评聘工作必须参考推销员的专业技术水平，这对一些高科技工业企业尤其重要。在实际推销工作中，对专业技术掌握程度的高低，是影响推销活动能否成功的前提之一。因此，一些企业专门设立了产品知识培训中心，凡是考试或考核不合格者，无资格参加评聘。

（三）推销技能

优秀的推销员应该掌握娴熟的推销技能，包括推销的准备工作、过程技巧、异议处理及公关水平等，这是推销活动取得成功的重要因素。这要求推销员应具备良

好的敬业精神，能博得客户好评。只有达到这些条件，才有资格参加评聘。

（四）工作态度

推销工作具有一定的特殊性，优秀的推销员必须树立良好的工作态度，严于律己，不被困难吓倒。公司对于在艰苦条件下从事市场开拓的推销员，在评聘工作中应有所偏重。

（五）品行表现

这主要是指推销员的道德品质和思想素质。优秀的推销员应该与公司保持一致，处处维护公司利益，对客户热情周到，诚实无欺。只有这样，才有资格参加评聘活动。

三、不同级别推销员的待遇差异

不同级别的推销员，应在工作责任和福利安排方面享受不同的待遇。这是对推销员实施定级管理的根本所在，也是这项管理制度的魅力所在。不同级别的推销员，一般可以在以下诸方面存在差异：

（一）市场辖区

推销员的级别划分，为市场划分提供了依据。一般而言，推销级别越高，所负责的市场辖区就越大，客户也越多。如一些企业规定，见习期推销员（指不满一年尚无定级的推销员）可以负责20个客户，三级推销员负责40个客户，二级推销员负责60个客户，一级推销员可以负责80～90个客户。市场辖区的大小可以根据具体情况进行调整。显然，这种市场划分方法依据推销员的业绩和能力，比较科学，也便于对市场进行预测。

（二）促销优惠

为了调动优秀推销员的积极性，公司在资金支持、货款回收、价格决定以及提成（或奖金）比例上进行倾斜，使他们能够享受较高的礼遇，以促使其努力工作。

（三）工资待遇

公司可以比照行政的级别确定不同级别推销员的基本工资，有时候也可以略高一些。如一些公司规定，一级推销员的基本工资和公司的高层主管一致；二级推销员的基本工资和公司的中层主管一致；三级推销员的基本工资和一般管理人员一致。除了基本工资外，推销员还可以享受一定的推销提成或奖励。

（四）出差补助

不同级别的推销员在出差补助上也应存在较大差异。目前一些公司在推销员的差旅补助上也是套用公司的行政级别待遇，比较简便易行。

（五）其他福利

为使优秀推销员无后顾之忧，公司在基本福利上，如住房、医疗保险、休假等方面进行妥善安排。一些企业还给不同等级的推销员订有关的报纸和杂志，内容涉及产品知识、市场动态以及推销技术等，一方面有利于提高推销员的业务素质，另一方面也体现了公司领导对推销员的关心。

（资料来源：http：//wenku.baidu.com/view/ee4a81976bec0975f465e20e.html。）

第二节　推销员管理

推销管理的重点在于对推销员的管理，因为推销员是完成推销工作、实现推销目标的行为主体，是战斗在市场一线的排头兵。

优秀的推销员是企业的重要人才。推销员在外直接面对激烈的市场竞争，肩负着销售企业产品、实现企业产品价值的重任，在其各自负责的销售区域内，是公司的首席代表，也是与客户联系的友好使者，这些因素使得他们在公司内外受到普遍的关注，也使他们的工作更具有重要性和特殊性。而推销工作的性质决定了推销员通常是独自一个人在公司外工作，部门经理乃至公司高层领导不便对其做具体指导。公司在放手让推销员外出开拓市场，为他们的工作提供种种便利条件的同时，也必须加强与规范对推销员的管理。推销员管理的工作包括甄选、培训、日常管理与激励。

一、推销员的甄选

推销员的招募和甄选是引进推销人才的开始，推销员的来源主要包括两个方面：一方面是从企业内部选拔业务能力强、素质高的人充实到销售部门；另一方面是从企业外部招募。从企业外部招募主要有以下七种途径：

（一）大中专院校及职业技工学校

这是招收应届毕业人才的主要途径。各类大中专院校能提供中高级专门人才，职业技工学校提供初级技工人才。单位可以有选择地去物色人才，派人到各有关学校召开招聘洽谈会。为了让学生增进对企业的了解，鼓励学生毕业后到本企业工作，招募主持人应当向学生详细介绍企业情况及工作性质与要求，最好印发公司宣传册，制成影像资料。

（二）人才交流会

全国各地每年都要组织几次大型的人才交流洽谈会。用人单位可花一定的费用在交流会上摆摊设点，应征者前来咨询应聘，这种途径的特点是时间短、见效快。各地几乎每年都有春季、秋季人才交流洽谈会，还举办特殊人才交流会，如外资企业人才招聘会等。

（三）职业介绍所

许多企业利用职业介绍所来获得所需的销售人员。但有人认为，这类介绍所的待业者多为能力较差而不易找到工作的人。不过如果有详细的工作说明，让介绍所的专业顾问帮助遴选，能使招募工作简单化，也可以找到不错的人选。

（四）各种广告

最普遍的招聘广告为报纸刊登的分类广告，可吸引众多的应征者，但合格者所占比例一般较低。如果详细限定申请人的资格，则申请人数会大大减少，合格者的比例会提高，因而可节省招募费用；另一种广告是刊登在各类专门杂志上，一般能取得较好效果，能招聘到较高级的销售人员；网络招聘广告，主要是通过人才招聘网站，例如58同城、智联招聘、中华英才网等；还有电视招聘广告，如天津卫视的

"非你莫属"栏目，大中型公司或前景特别诱人的公司可利用这一途径招聘到优秀人才。

（五）通过内部职员介绍

许多规模较大、员工众多的公司都可以定期让内部职员动员自己的亲属、朋友、同学、熟人介绍别人加入公司的外勤销售行列，利用这种途径有许多优点，如由于被介绍者已对工作及公司的性质有相当的了解，工作时可以减少因生疏而带来的不安和恐惧，从而降低退职率；有时因新加入者与大家比较熟悉，彼此有责任把工作做好，相互之间容易沟通，有利于提高团队作战的效率。

（六）行业组织

行业组织经常访问制造商、经销商、销售经理和推销员，对行业内情况比较了解，如中国市场协会、高校市场营销研究会，可请它们代为联系或介绍；又如，香港管理专业协会的市场推销研究社，企业可通过它介绍或推荐而获得希望转职的销售人员。

（七）业务接触

公司在开展业务过程中，会接触到客户、供应商、非竞争同行及其他各类人员，这些人员都是销售人员的可能来源。

【阅读资料】

"毛遂自荐"和"伯乐相马"

毛遂是战国时代赵国平原君的门客。秦兵攻打赵国，平原君奉命到楚国求救，毛遂自动请求跟着去。到了楚国，平原君跟楚王谈了一上午没有结果。毛遂挺身而出、陈述利害，楚王才答应派春申君带兵去救赵国。后来用"毛遂自荐"比喻自己推荐自己。

汉·韩婴《韩诗外传》卷七："使骥不得伯乐，安得千里之足。"唐·韩愈《马说》："世有伯乐，然后有千里马。千里马常有，而伯乐不常有。"

这两个故事前者是一种自我推荐的选拔人才的方式，而后者是一种他人推荐的选拔人才的方式。通过自荐选出来的推销员，因为没有经过前期的考核，其可信度较低，但这类人的自我意识较强。综合评价，比较适合从事个体市场的推销工作；而通过他人推荐而来的推销员，公关能力相对较强。综合评价比较适合从事团体市场的推销工作。

（资料来源：西汉·司马迁《史记·平原君虞卿列传》、汉·韩婴《韩诗外传》和唐·韩愈《马说》。）

二、推销员的培训

推销员的培训是培育推销人才的过程。许多企业在招募到新的销售人员之后，立即派他们去做实际工作，企业仅向他们提供样品、订单簿和销售区域情况介绍等。这些企业担心培训要支付大量费用、薪金，会失去一些销售机会。但事实证明，训练有素的销售员所增加的销售业绩要比培训成本更大，而且，那些未经培训的销售员其工作并不理想，他们的推销工作很多是无效的。

在客户自由选择度日益增强和产品复杂程度越来越高的今天，推销员不经过系统的专业训练，是不能很好地与客户沟通的。有远见的企业在招聘之后，都要进行几周乃至数月的专业推销培训。国外企业的平均培训时间，产业用品公司为28周，服务公司为12周，消费品公司为4周，培训时间随销售工作的复杂程度与所招入销售机构的人员类型的不同而有所不同。如IBM公司的新销售代表前两年是不能独立工作的，公司希望其销售代表每年用15%的时间参加额外的培训学习。

（一）培训计划的制订

培训计划需要明确以下问题：培训目标、培训时间、培训地点、培训方式、培训师资、培训内容等。培训计划的设计应考虑到新人培训、继续培训、主管人员培训等不同类型培训的差异。

1. 培训目标

推销员的培训目标可以概括为：

（1）推销员需要了解本企业并弄清它的所有情况。

（2）推销员需要了解企业的产品情况，了解产品的生产工艺和各种用途。

（3）推销员需要了解客户与竞争者的特点，了解各种类型的客户及其需要、购买动机和购买习惯，还要了解企业竞争者的策略和政策。

（4）推销员需要懂得如何做有效地推销介绍。

（5）推销员需要明白外勤工作的步骤和责任。

培训目标还有许多，每次培训至少要确定一个主要目标。总之最终目标是要提高推销员的综合素质，以增加销售业绩，提高利润水平。

2. 培训时间

对推销员进行培训，时间可长可短，以多长时间为宜并无一定法则可循。每一家企业、每一类行业的做法各不相同。根据美国的一些资料统计，约有三分之一企业的做法是，推销员在该企业培训与工作实践未满一年的，绝不分派从事实际推销工作。在从事生产与销售工业或生活消费用品的企业中，培训时间在3~6个月之间者，大约占50%。一般来说，零售业推销员的培训时间较短，技术性工业产品推销员的培训时间较长一些。

在确定培训时间上，也可以考虑以下几点：（1）产品性质；（2）市场情况；（3）人员素质；（4）要求的销售技巧；（5）管理要求。

3. 培训地点

对推销员进行培训，在哪里进行培训也是一个问题，因为对推销员的培训既有理论知识的教学，也有实际操作的训练。

通常，普遍用于推销员培训的地点如下：

（1）在企业自己的教室或办公室举办培训班，主要是针对企业内部新进的人员进行培训。

（2）本行业的培训中心，介绍新产品或新的训练课程。

（3）公司或专业部门的培训班。

（4）推销员从实践中学习的在职训练。

（5）企业所在区域的高等院校或专门学校。

（6）公开招生的培训班。

4. 培训方式

销售经理要根据本企业的实际情况确定推销员培训的具体方法。常用的培训方法有：现场培训、上岗培训、会议培训及模拟培训等。各企业可以根据时间情况选择适宜的方式。

（1）现场培训。让员工在工作现场边工作、边学习。内容主要有：企业概况、企业行为规范、企业规章制度、项目概况、项目知识、从事推销工作所应具备的技能、思想道德等。

（2）上岗培训。在工作岗位中对推销员进行培训。新招聘推销员在接受一定课堂培训后，可安排其在工作岗位上让有经验的推销员带几周，然后再独立工作。此方式能使受训者很快熟悉业务，效果理想。但此方式一定要有实际经验的人员直接参与和指导，否则容易流于形式。

（3）会议培训。下班总结完一天的工作后，针对具体问题进行具体分析解决，在工作中得到学习，不停地完善自己。

（4）模拟培训。使受训者亲自参与并使之有一定实战感受的培训方式。具体有角色扮演法、业务模拟法。

5. 培训师资

培训师资既可以是企业内部的高级销售管理人员、富有推销经验的人员，也可以是外聘的学有所长的专家、教授。任教者一般具备以下条件：对于所讲授课程要彻底了解；对于任教工作具有高度兴趣，认真负责；对于讲授方法有充分研究，有一定的讲授技巧；对所用教材随时进行补充和修正；具有乐于研究及勤于督导的精神。

6. 培训内容

推销员的培训内容，常因工作的需要及受训人员已具备的才能而定。一般来说，培训内容包括：

（1）企业知识。通过对本企业的充分了解，一方面满足客户这方面的要求，另一方面为了使销售员具有对企业的忠诚度，使销售员融合在本企业的文化之中，从而有效地开展对客户的服务工作，最终达到企业的整体目标。具体包括：企业的历史、规模和所取得的成就；企业政策，例如企业的报酬制度、哪些是企业许可的行为和企业禁止的行为；企业规定的广告、产品付款条件、违约条件等内容。

（2）市场知识。市场是企业和推销员活动的基本舞台。了解市场运行的基本原理和市场营销活动的方法是企业和销售获得成功的重要条件，推销员掌握的市场知识应当是非常广泛的，因为销售活动要设计各种各样的主体和个体，有着十分复杂的方式和内容，同时要了解不同类型客户的采购政策、购买模式、习惯偏好和服务要求等。

（3）项目知识。项目知识是推销员培训中最重要的内容之一。产品是企业和客户的纽带，推销员必须对产品知识十分熟悉，尤其是对自己所销售的产品。培训产品知识是培训项目中必不可少的内容。

（4）推销技能和推销技巧的培训。推销技能和推销技巧的培训一般包括推销能力（推销中的聆听技能、表达技能、时间管理等）、谈判技巧，如重点客户识别、潜在客户识别、访问前的准备事项、接近客户的方法、展示和介绍产品的方法、客户服务、如何应对反对意见、如何达成交易和开展后续工作、如何进行市场销售和预测等。

（5）竞争知识。通过与同业竞争者比较，发现企业自身的优势和劣势，提高企业的竞争力。具体包括：了解竞争对手的产品结构、价格、销售及客户政策和服务等情况，比较本企业与竞争对手在竞争中的优势和劣势等。

（6）仪容、仪表及言行举止。在人际交往中，约有80%以上的信息是借助于举止这种无声的"第二语言"来传达的。行为举止是一种不说话的"语言"，包括人的站姿、坐姿、表情以及身体展示的各种动作。一个眼神、一个表情、一个微小的手势和体态都可以传播出重要的信息。一个人的行为举止反映出他的修养水平、受教育程度和信任程度。在人际关系中，它是塑造良好个人形象的起点，更重要的是他在体现个人形象的同时，也向外界展示了作为公司整体的文化精神。

语言的礼仪不是天生就会说，优美的举止也不是天生就有的，这些都是通过长期正规培训才磨炼出来的。只要每天自己抽5分钟来练习，就能自然而然地养成良好的仪容仪表及举止姿态习惯，并能自然地使用礼貌用语，进行自然的情感表达。这样训练出来的推销员才具有亲和力。

推销员的服装要整洁、合体、统一，服装颜色和现场要协调。上班必须要化淡妆，语言专业，举止得体。

【阅读资料】

施乐公司的培训

施乐公司何以在竞争激烈的市场环境中，创造了竞争上的优势？答案很简单，只有两个字：训练。

在施乐公司，任何人（上到公司总裁，下到推销员）都深信训练是必不可少的。因此，他们从不吝惜投入资金和时间去训练业务代表，并投入庞大的资金设立自己的训练机构及开发各阶段的业务训练教材。每位业务代表从踏入公司开始，就要不断地接受训练。

施乐公司的一位训练主管曾说："我们最喜欢训练那些刚步入社会的新人，他们像一张白纸，可塑性最强。"在推销训练课程中，每位参加训练的业务代表，虽然各自的领悟速度快慢有别，但经过多次反复的训练后，每位业务代表都能达到我们期望的标准。你能感受到他们进步神速，有如刚学走路的幼儿，看着他们跌跌撞撞，但不久他们每一个人都快步如飞。

（资料来源：钟立群. 现代推销技术［M］. 北京：电子工业出版社，2005.）

（二）培训方法

培训推销员的方法多种多样，各种方法都有其长处与不足。企业可以根据产品特点、经营规模与市场发展情况，选择适合自己的培训方法。常见的培训方法有以下六种：

1. 课堂培训法

课堂培训法也称讲授法，这是一种正规的课堂教学培训方法，也是一种被广泛采用的培训方法。一般由销售专家或有丰富推销经验的销售人员采取讲授的形式将知识传授给受训人员。这种方法的最大特点就是经济，费用不高，能增加受训人的实用知识；其缺点是此法是典型的单向沟通，受训人员获得的讨论机会甚少，不易对讲授内容进行反馈，而讲授人也无法顾及到受训人员的个体差异。

2. 会议培训法

会议培训法是一种讲授者与受训人员之间双向沟通的方法，一般是组织销售人员就某一专门议题进行讨论，会议由主讲老师或销售专家组织。此法可使受训人员有表达意见及交换思想、学识、经验的机会，讲授教师也易鉴别受训人对于所讲授内容的了解程度。

3. 小组讨论法

小组讨论法是将受训人员分成几个小组，每个小组有一名讲授人，具体负责该小组的讨论，讨论资料或实例由讲授人员提供。每一小组以 4~6 人为宜，也可允许一部分人员旁听。

4. 现场培训法

现场培训法也被称为"师傅带徒弟"法。这是一种传统的培训方法，即新上任的推销员在接受了一定的课堂培训后，即可被安排到某一工作岗位上，由有经验的推销员带几周。这种方法使受训人员在实际工作环境中，在师傅的指导下，边干边学，有针对性地进行训练。等受训者熟悉业务后，逐渐放手，使其独立工作。这种方法使受训者身临其境，能亲身参与和感受推销工作的全过程，促使其较快地熟悉业务，效果较好。

5. 模拟培训法

模拟培训法是一种由受训人员亲自参与并具有一定实战感的培训方法，正在被越来越多的企业所采用。其具体形式有很多，常用的有实例研究法、角色扮演法、业务模拟法等。实例研究法是一种由受训人员分析所给的推销实例材料，并说明如何处理实例中遇到问题的模拟培训法；角色扮演法是一种由受训人员扮演成推销员，由有经验的推销员扮演客户，受训人员向客户进行推销并处理推销过程中所发生问题的方法，当演习结束后，各参加者、观察者及培训工作主持人对推销员的行为优缺点加以点评；业务模拟法是一种模仿多种业务情况，让受训人员在一定时间内做出一系列决定，观察受训人员如何适应新情况的模拟培训法。

6. 自我进修法

自我进修法是一种不受时间、空间约束的培训方法。由受训者自己学习提高，适用于高级的专门培训。一些具有一定实际工作经验，勤奋好学，积极向上的推销员可以利用业余时间到附近的大专院校旁听有关课程，也可以购买或借阅一些书籍或报纸杂志自学、参加一些讲习班、对自己的推销工作进行总结、请教一些有经验的推销员，这样有助于提高自身素质和业务能力。企业也应制订一些措施，鼓励推销员进行业余进修，以提高推销员的整体素质。

三、推销员的日常管理

为了避免推销员工作范围的重叠或疏漏，必须对推销工作进行科学而周密的分工。如企业产品差别不大且技术性能不强，推销员的分工可采用地区分工法，即按产品推销的区域市场，把推销员分为若干小组，每个小组负责向一个地区市场推销企业不同种类的产品；如企业产品有显著差异而且专业技术性强，推销员的分工则可以采取产品分工法，即根据企业产品的不同类别，将推销员相应地分成若干小组，各自完成一类产品的推销任务。此外，还可按客户的不同类型或综合上述几种因素对推销员进行分工。

对推销员的管理可采取的具体措施有以下四种：

（一）制定推销手册

具体解释或示范推销产品的方法以指导推销工作。

（二）组织推销会议

定期召开公司、地区、大区及全国性的会议，以加强对推销员的指导和管理，同时增进推销员之间的联系和友谊。

（三）编制简报

用定期编制业务简报、内部刊物或不定期发出信函等方式，向推销员通报情况，并加强与他们的联系。

（四）按规定编写推销报告、推销记录

企业规定推销员填写推销报告和推销记录，可按日、周、月汇报推销工作情况及市场行情，还可要求推销员填写客户登记卡，以便掌握客户基本情况和推销员走访结果。

【阅读资料】

鹅卵石的故事

时间管理课上，教授在桌上放了一个用来盛水的空罐子，然后拿出一些鹅卵石放进罐子。放完后，教授问他的学生："你们说这罐子是不是满了？""是！"所有学生异口同声地回答。"真的吗？"教授笑问，又拿出一袋碎石子倒入罐子里，摇一摇，问道："现在是不是满了？"这回学生们不敢答得太快，最后，有位学生小声答道："也许……没满。"

"很好！"教授说完后又拿出一袋沙子慢慢地倒进罐子里，再问学生："现在你们告诉我，这个罐子是满呢？还是不满？"

"没有满！"全班学生很有信心地答道。"好极了！"教授赞赏地看着学生们，然后又拿出一大瓶水慢慢灌入了看似已被鹅卵石、小碎石、沙子塞得满满的罐子里。做完这些事后，教授正色问班上的同学："我们从上面这些事情得到什么重要的启示？"

班上一阵沉默，一位学生率先答道："无论我们的工作多忙、行程多满，如果再逼一下，还是可以多做些事的。"教授听后微笑着点点头："答案不错，但并不是我要告诉你们的重要信息。"说到这里，教授故意顿住，用眼睛向全班同学扫了一遍说："我想告诉各位最重要的信息是，如果你不先将大的鹅卵石放进罐子里去，你也许永远没机会再把它们放进去了。"

对于工作中林林总总的事件可以按重要性和紧急性的不同组合确定处理的先后顺序。工作有主有次，抓住并优先处理最重要的工作，而不要让自己深陷在每日的琐碎杂务之中，要做到鹅卵石、碎石子、沙子、水都能放到罐子里去。

（资料来源：http://www.docin.com/p-283303377.html。）

四、推销员的激励

激励在管理学中被解释为一种精神力量的状态，起加强、激发和推动作用，并指导和引导行为指向目标，一般来说，组织中的成员都需要激励，推销员更是如此。

企业销售目标的实现有赖于推销员积极努力的工作，如果推销员的主动性、创造性得到充分的调动，就能创造良好的推销业绩。对于大多数推销员来说，经常给予表彰和激励是非常必要的。从主观上来说，绝大多数人的本性是追求舒适轻松的工作和生活，而回避需要付出艰苦努力的劳动。只有给予物质的或精神的激励，人们才能克服与生俱来的惰性和种种困难，满腔热情地投入工作。从客观上来说，推销工作的性质使得推销员常年奔波在外，脱离企业、同事和家人，极易产生孤独感；推销工作的时间没有规律，会对推销员的身心健康产生不利影响；推销工作竞争性很强，推销员常常和竞争对手直接接触，时时感受到竞争的压力；推销员在工作中被客户拒绝是常有的事，即使付出艰苦的努力也不一定能得到订单，经常受到挫败会使他们的自信心受到伤害。管理部门应当充分认识推销工作的特殊性，经常不断地给予推销员激励，才能使推销员保持旺盛的工作热情。另外，推销员经常出差，不能很好地照顾家庭．可能引起家庭矛盾或导致婚姻危机，推销员个人也会被身体健康状况或债务等多方面问题所困扰，推销管理部门也应注意到这方面问题，采取妥善的方法激励推销员克服困难。

企业可以通过环境激励、目标激励、物质激励和精神激励方式来提高推销员的工作积极性。

（一）环境激励

环境激励是指企业创造一种良好的工作氛围，使推销员能心情愉快地开展工作。企业对推销员的重视程度很重要，有些企业认为销售代表不太重要，有些企业则认为他们是实现企业价值的人，给他们提供许多的机会。事实证明，如果对销售代表不重视，其离职率就高，工作绩效就差；反之，其离职率就低，工作绩效就高。企业可以召开定期的销售会议或非正式集会，为销售代表提供一个社交场所，给予销售代表与公司领导交谈的机会，给予他们在更大群体范围内结交朋友、交流感情的机会。

（二）目标激励

目标激励是指为销售代表确定一些拟达到的目标，以目标来激励销售员上进，企业应建立的主要目标有销售定额、毛利额、访问户数、新客户数、访问费用和货款回收等，其中，制定销售定额是企业的普遍做法。

　　许多公司为其销售代表确定销售定额，规定他们一年内应推销的数量，并按产品分类确定。销售定额是在制订年度市场营销计划的过程中确定的。公司先确定一个可能达到的合理的预计销售目标，然后为各地区确定销售定额，各地区的销售经理再将定额分配给本地区的销售代表。

　　确定销售定额有三个学派观点供参考：高定额学派认为，定额应高于大多数销售代表所能达到的水平，这样可刺激销售代表更加努力地工作；中等定额学派认为，定额应是大多数销售代表所能达到的，这样销售员会感到定额是公平的、易于接受并增加信心；可变定额学派认为，定额应依销售代表的个体差异分别设定，某些人适合高定额，某些人则适合中等定额。

　　销售定额的实践经验表明，销售代表的反应是不完全一致的，其实在实行任何一种标准时均会出现此种情况。一些人受到激励，因而发挥出最大潜能；一些人感到气馁，有些销售经理在确定定额时对人的因素极为重视。一般来讲，从长远的观点看，优秀的销售人员对精心制定的销售定额将会作出良好的反应，特别是当报酬制度按工作业绩作适当调整时更是如此。

　　对销售员个人确定销售定额时应考虑销售员以往的销售业绩、对所辖地区潜力的估计、对销售员工作抱负的判断及对压力与奖励的反应等多种因素。

　　（三）物质激励

　　物质激励是指对作出优异成绩的销售员给予晋升、奖金、奖品和额外报酬等实际利益，以此来调动销售员的积极性，物质激励往往与目标激励联系起来运用。研究人员在评估各种可行激励的价值大小时发现，物质激励对销售员的激励作用最为强烈。

　　（四）精神激励

　　精神激励是指对作出优异成绩的销售员给予表扬，颁发奖状、奖旗，授予荣誉称号等，以此来激励销售员上进。对于多数销售员来讲，精神激励也是不可少的。精神激励是一种较高层次的激励，通常对那些受正规教育较多的年轻销售员更为有效。所以企业负责人应深入了解销售员的实际需要，他们不仅有物质生活上的需要，而且还有诸如理想、成就、荣誉、尊敬、安全等方面的精神需要，尤其当物质方面的需要基本满足后，对精神方面的需要就会更强烈一些，如有的公司每年都要评出"冠军推销员"、"推销状元"、"推销女状元"等，效果很明显。

【阅读资料】

激励明星业务员的方法

　　顶尖业务高手难以驾驭是销售主管所普遍遇到的问题，但只要用心去做，还是有方法可循的。

　　明星业务员一般都有特长，或善于处理与客户的关系，或精通推销技巧，总之能取得优秀的销售业绩。这些明星业务员虽然绝技各异，但他们也有共同的倾向和特性。现总结各行各业业务主管管理明星业务员的经验，具体如下：

　　1. 树立其形象。明星业务员通常追求地位，希望给予表扬与肯定，很注重自己的形象并希望得到他人的认可，热衷于影响他人。

2. 给予尊重。因为他们需要别人的尊敬，特别是主管的重视，希望别人把他们当作每件事做得好又做得对的专家，乐于指导别人。

3. 赋予成熟感。起初销售员要求的是物质上的满足及舒适，一旦钱赚到一定程度，他们更需要精神上的满足。此时，内在的激励就能起到更重要的作用。

4. 提出新挑战。明星业务员一般有更充沛的体力，他们会不断地迎接新的挑战，创造不可能的销售纪录。不断提出新的目标，会激发他们的行动。

5. 健全制度。明星业务员大都希望有章可循，不喜欢被别人干扰或中途放弃。制度要能保证他们充分发挥自己的潜力。

6. 完善产品。所谓"巧妇难为无米之炊"，再能干的业务员也要以优质的产品作后盾。明星业务员一般对自己的产品具有高度的信心，如果公司的产品品质失去信誉或他们对产品有所怀疑，他们就可能跳槽。因此，应不断地完善和发展自己的产品，当然这需要产品研制和生产部门积极配合。

激励问题成员的方法

一个销售队伍中总会出现一些问题成员，常见的问题成员的特征主要有恐惧退缩、缺乏干劲、虎头蛇尾、浪费时间、强迫推销、惹是生非、怨愤不平、狂妄自大等。销售主管应研究这些现象产生的原因及解决方法。下面针对不同类型的问题成员提出一些引导方法供主管参考。

1. 如何引导恐惧退缩型成员。其方法主要有：帮助他建立信心，消除恐惧；肯定他的长处，也指出其问题所在，并提供解决办法；陪同其销售、训练，使其从容行事，由易到难再渐入佳境；训练其产品知识与销售技巧。

2. 如何引导缺乏干劲型成员。其方法主要有：指出缺乏干劲的弊端；外在激励和内在激励双管齐下；陪同销售并予以辅导；更换业务销售区域；提高业务配额；以增加薪水，提供奖品做特别挑战；给予短暂休假，调养精神。

3. 如何引导虎头蛇尾型成员。其方法主要有：带动或陪同销售；要求参加销售演练或资料收集整理；分段式考核；多做心理调整；规定各时段各作业区域的销售目标。

4. 如何引导浪费时间型成员。其方法主要有：晓之以理，告之时间就是金钱，效率就是生命；动之以情，帮助他们制定拜访客户的时间表及路线，分析拜访客户的次数及对客户解说的最低时间；要求制定严格的工作时间表及时间分配计划书。

5. 如何引导强迫推销型成员。其方法主要有：指出强迫推销的弊端及渐进式方法的好处；加强服务观念的教育，教授更多的推销技巧；改变只计佣金的计酬方式，开展多项目多层次的竞赛。

6. 如何引导惹是生非的成员。其方法主要有：指出谣言对个人及团体的危害；追查谣言的起源及用意，孤立造谣者，并予以教育；尽量避免无心的玩笑。

7. 如何引导怨愤不平的成员。其方法主要有：给予劝导及安抚，将心比心；引导他们多参加团体活动并充分发表意见；用事实说话，销售绩效上比高低，使其心悦诚服；检查公司制度有无不合理之处，有则改之，若完全是队员无理取闹，则必须予以制止，尽量化冲突为理解，维系双方的关系，如果各种方法都无法奏效，到无法容忍时即可予以解聘。

8. 如何引导狂妄自大型成员。其方法主要有：告之山外有山，天外有天，强中更有强中手，不可学井底之蛙，夜郎自大；以事例说明骄兵必败；提高销售配额，健全管理制度；肯定其成绩，多劳就多得；不搞特殊化。

（资料来源：企业管理学习网。）

第三节　推销员组织管理

现代推销组织是指在企业中为履行推销职能、实现企业的推销计划任务，贯彻推销方针政策而建立起来的集体。要使企业的推销活动具有高效率和高效益，必须要以科学、合理的推销组织机构作保证，正如古人所说的"工欲善其事，必先利其器"。因此，研究如何建立科学、合理的推销组织是十分必要的，也是推销管理的重要环节。

一、推销组织的概念和作用

（一）推销组织的概念

推销组织的定义没有统一的说法，但基本内容类似。我们认为推销组织是一个团队，这个团队有明确的目标和任务，是负责计划、组织、安排、控制和指导推销员遵照企业的总体发展目标开展推销活动的企业管理系统的一级管理机构。

（二）推销组织的作用

推销组织的作用不仅仅是推销企业的产品，对企业的各方面也都发挥着重要的作用，归纳起来主要有以下五点。

1. 推销组织是联系企业和消费者的纽带。推销组织通过自己的推销队伍直接和消费者接触，并将消费者的意见反馈给企业。企业通过推销组织能及时了解消费者的消费需求以及需求变化情况，及时调整企业的营销战略和计划。

2. 推销组织能有效地管理推销员。推销员对外面对激烈的市场竞争，在各自负责的推销区域既是企业的形象代表，又是企业与客户联系的友好使者；推销员对内肩负着企业产品打入市场、扩大市场占有率的销售重任。推销组织只有很好地管理推销员，才能为推销员实现这些使命和责任提供有效的保证。

3. 推销组织有利于提高推销员的推销能力和水平，提高整个企业的推销业绩。推销组织直接掌握推销员的推销能力和水平，能及时根据各个推销员的不足对症下药进行技能和知识培训，能有效地开展推销员的培训，最大限度地提高推销员的推销能力和水平。

4. 推销组织有利于推销员之间的交流与合作。推销组织是推销员的集中场所，并定期组织推销员进行各种信息、技能和经验的交流。为推销员互相沟通、加强友谊和联系提供了非常有利的条件和场所。

5. 完善合理的推销组织是提高推销效率的基本保证。尽管推销活动是由推销员完成的，但要使企业不同业务水平、不同性格特征、不同行为表现的推销员能严格按照推销规律去从事推销活动，圆满地完成各项推销任务，没有一个科学、合理的推销组织是根本不行的。这就好比是一个乐队，如果没有了指挥，再优秀的演奏家也无法发挥其优势，整个乐队也会乱作一团。完善合理的推销组织能调动每个推销员的积极性，使每个推销员发挥最佳的推销水平，从而提高推销的效率。

除此之外，推销组织对于加速企业资金周转，树立企业良好信誉等方面都有不容忽视的作用。今后，随着社会主义市场经济不断发展，社会主义市场竞争全面展开，推销组织在企业中的作用将会更加令人瞩目。

二、建立推销组织

完成企业的销售目标、充分发挥推销过程给企业带来的附加效应，不能仅靠个人的推销行为，必须有一个强有力的管理机构——推销组织。建立好的推销组织不仅能搞好企业的市场营销工作，使企业的产品能更快更好地推向市场、占领市场、扩大市场占有率，而且对实现企业整体发展战略目标奠定扎实的物质基础。

（一）影响建立推销组织的因素

建立推销组织受许多因素的影响，影响比较大的因素有以下几项。

1. 企业内部因素

（1）企业规模。一般情况下企业的规模和推销组织的规模成正比，企业规模越大，推销组织也越复杂。企业规模越大、分工越细、人数越多，其推销组织机构的规模也就越大、部门划分较细、管理层次也较多；反之，企业规模较小，则其推销组织的规模一般也较小。就大中型企业来说，由于它们的业务范围广、工作量大，则其所拥有的人员数量必然要多，专业化分工也必然较细，仅靠一位经理领导几位推销员的单纯销售部门是不足以完成企业的推销业务的。大中型企业不仅需要一个销售部门，还需要诸如市场调研、新产品开发、广告与营业推广、客户服务等多个专职部门。由于一个管理干部所能直接领导和指挥的人数有限，所以大中型企业推销组织的管理层次一般相应划分为二到三个层次。而小型企业的情况就不同，这类企业的业务范围较窄、业务量相对也较小，因此，市场调研、广告与营业推广、客户服务等某些市场推销活动由于业务量不大可以进行适当归并。由于小型企业的推销员数量不多，所以管理层次一般一个即可。

（2）企业类型。企业类型在很大程度上决定企业推销组织的形式。例如，农产品和木材加工等原材料加工方面的工业企业的推销组织，其储存和运输部门的规模比较大，分工也比较细，其广告宣传和市场调研部门则很小；而金融机构推销组织的重要部门却是广告宣传和市场调研，不仅如此，企业类型对推销组织的规模也有影响；在一个企业中，从事主要业务的组织机构相对来说规模就大些，机构划分也相对细一些，地位和作用也显得更重要。工业企业的生产、销售，商业企业的销售、购进，运输企业的运输工具管理调配等都是他们各自的主要业务。在这些不同类型的企业中，商业企业、工业企业的推销组织的规模就要大一些。但必须指出的是，其他类型的企业，如运输企业、金融企业、服务性企业也都面临着如何顺利地将他们的产品或服务推销出去的关键性问题。作为企业经营者，必须引起充分的重视。

（3）产品和服务特点。首先，从产品的种类看，如果企业生产的产品种类繁多，结构复杂，则要在广告宣传、营业推广和销售管理上投入较多的人力和资金，因此，推销组织的规模就越庞大，需要的人员越多，同时技术要求也更高；反之则少。其次，从产品质量和生产成本上来看，如果企业提供的产品质量高而成本却低，则推销难度不大，推销组织就应注意加强新产品开发和客户服务等部门的力量；而对质量差、成本高的产品，不仅要用到强大的推销力量，推销组织还需要采取相应的策略。

影响企业推销组织的企业自身因素除了上述几方面之外，还有企业技术装备现代化的程度、企业的人员素质等其他因素，这些因素对推销组织也产生不同程度的影响。

2. 企业外部因素

（1）市场供求状况。市场供求状况对企业推销组织的组织方式、工作重点和推销费用等方面均产生重要影响。在供求平衡的情况下，企业推销组织的工作主要集中在市场调研、新产品开发、客户服务以及利用广告和公共关系树立企业形象等方面；当供过于求，推销组织的任务就是要设法调动一切积极力量，采用各种推销手段开拓市场，同时要根据市场需求情况为企业提供及时准确的信息；当供不应求时，推销组织的工作重点应是及时发现市场供求状况的转变，积极引导消费者转向替代商品，利用有利时机扩大企业影响力。

（2）企业的客户。企业的推销组织要根据本企业客户数量的多少、客户的类型、客户的地区分布、客户对企业提供产品或服务种类和数量的需求以及客户自身的发展变化来调整相应机构，确定推销员的业务区域，制订推销方案，采取适当的推销方法和手段。

除了上述两方面的市场因素外，影响企业推销组织的外部因素还有企业所处的市场模式、社会生产力的发展、科学技术的进步、社会政治条件的变化等因素，这些都是影响企业推销组织的外在因素，它们从不同侧面对推销组织产生影响。

（二）推销组织的规模

推销组织的规模主要指推销队伍的规模。正常情况下，推销员增加会使推销力量增加，企业的推销额也会相应增加，但推销员的增加与推销额的增加不是成正比例的，当推销员超过一定数量时，销售额的增长率则会呈递减趋势，主要原因是推销费用增加，推销成本上升。因此，需要科学地确定企业推销队伍的规模。推销组织的规模可以采用工作负荷法或定员法来确定。

1. 工作负荷法

一旦公司确定了它要接触的消费者人数，就可以用工作负荷法来确定推销队伍的规模。这个方法包括以下五个步骤：

（1）将客户按年销售额分成大、小类型。

（2）确定每类客户所需访问的次数（每年对每位客户的推销访问次数）。

（3）每天一类客户数和这类客户所需的访问次数相乘所得到的乘积相加得到的值，就是整个地区的工作量，亦即每年的客户访问的次数。

（4）确定一个推销员每年平均推销访问的次数。

（5）用每年所访问总次数除以每个推销员的年平均访问次数，便确定了所需推销员的人数。

例如，公司估计全国有 2 000 个 A 类客户，4 000 个 B 类客户，每个客户每年需要的访问次数：A 类客户 24 次，B 类客户是 8 次。这意味着公司需要每年进行 2 000×24 + 4 000×8 = 80 000 次的推销访问。假设每个推销员一年进行 1 000 次的访问，则该公司需要 80 位专职推销员。

2. 定员法

定员法是按照企业各类产品或各种市场的销售量来确定应配备的推销员的数量。按产品销售量配备推销员时，要考虑各种不同类型市场的区域特点。有的市场区域面积很大，但销售量并不多，有的却相反。如沿海地区一个市就要配备一名推销员，而西部地区可能一个省或几个省才配备一名推销员，因而要灵活掌握。

（三）推销组织机构组建的方法

企业在组建推销组织机构时，一般采用以下四种方式。

1. 区域组织法

在最简单的推销组织中，各个销售代表被派往不同的地区，在该地区全权代表公司负责销售业务。这种推销组织结构有以下优点：首先，此方法对推销员的职责有明确的划分。因推销员的效益不同，作为地区唯一的推销员，他可能独享荣誉，也可能因该地区销售不佳而受到指责；其次，地区负责制提高了销售代表的积极性，激励他去开发当地业务和培养人际关系，这对于推销员提高推销业绩有很大的帮助；最后，因为各推销员仅在一个较小的区域内出差，差旅费相对较少。

一般被公司派往一个地区负责销售工作的人员被称为"区域经理"，他们主要的工作职责因公司的不同业务会有所不同，以下是某公司区域经理的职责条款：

（1）寻找和推荐有能力、有信誉的代理商。

（2）依照公司政策建立区域内的销售网络，加强售后服务及资信管理。

（3）定期进行市场调研，制订并执行该地区月、季、年销售计划和费用预算、贷款结算等计划及总结。

（4）协调、管理并督促区域内各代理商的销售进程。

（5）向公司提出区域组织管理发展的建议及区域市场信息状况。

（6）积极参与完成公司组织的相关活动和工作。

该公司对区域经理的待遇，实行"基本工资 + 绩效工资 + 提成 + 奖金"的运作方式，即只要经公司认可的区域经理，公司将按月发给基本工资，区域经理完成公司交给的基本任务将得到绩效工资，超额完成任务开始兑现提成，对于出色完成任务的区域经理，除提成外公司还将给予适当的奖励。

2. 产品组织法

推销员对产品重要性的了解，加上产品生产和产品管理的需要，使许多公司都用产品线来建立销售队伍结构，特别是当产品技术复杂，产品之间联系少或数量众多时，按产品专门化组建销售队伍就比较合适。例如，柯达公司就为它的胶卷产品和产业用品配备了不同的推销队伍，胶卷产品推销队伍负责密集分销简单产品，产业用品推销队伍则负责那些需要了解一定技术的产业用品，两个推销队伍的收入不同，胶卷推销队伍只领取薪金，而产业推销队伍的报酬则是"底薪 + 提成"。

仅仅是公司产品的不同还不足以成为按产品建立推销组织的充分理由，如果公司各种产品都由同一个客户购买，这种组织结构可能不是最好的。例如，某医药批发商有好几个产品分部，各个分部都有自己的推销队伍，在同一天很可能好几个推销员都到同一家医院去推销，如果只派一个推销员到该医院推销公司的所有产品，就可以省下许多费用。

3. 市场组织法

公司经常按市场或消费者类别来设计自己的推销组织，推销队伍可以按行业的不同甚至是消费者的不同建立。按市场组建推销队伍的最明显的优点是每个推销员都能了解消费者的特定需要。

美国通用电气公司曾一度按产品（风扇马达、开关等）来组建其推销组织，但后来又改成按行业组织（如空调行业、汽车行业），原因在于消费者是按行业来购买风扇马达、开关等产品的。

4. 复合型组织法

如果公司在一个广阔的地域范围内向各种类型的消费者推销种类繁多的产品，通常将以上三种组建队伍的方法混合使用。推销员可以按区域—产品、产品—市场、区域—市场等方法加以组织，一个推销员可能同时对一个或多个产品线经理或部门经理负责。

企业在进行销售组织的管理过程中就应合理选择建立推销组织的方法，使队伍内所有销售因素能够达到资源整合，发挥最大的销售效用，取得最大的推销效果。

第四节　客户关系管理

在现代营销理念的指导下，推销管理除了对推销员进行管理，对客户的管理也是至关重要的。

一、客户关系管理的观念

客户关系管理是推销员的重要职责之一，通过参与对客户科学而有效地分析与管理，推销员可以从中了解客户整体的销售状况及其发展动态，以对市场需求作出正确的判断。客户关系管理是指通过培养企业的最终客户、分销商和合作伙伴对企业及其产品更积极的偏爱和偏好，留住他们并以此提升企业业绩的一种营销策略。它的操作过程是：采用先进的数据库和其他信息技术来获取客户数据，分析客户行为和偏好特性，积累和共享客户知识，有针对性地为客户提供产品或服务，发展和管理客户关系，培养客户长期的忠诚度，以实现客户价值最大化和企业收益最大化之间的平衡。

客户关系管理的目的已经从以一定的成本取得新客户转向想方设法留住现有客户，从取得市场份额转向取得客户份额，从发展一种短期的交易转向开发客户的终生价值。总之，客户关系管理的目的是从客户利益和企业利润两方面实现客户关系价值的最大化。有关资料显示，获取一个新客户的成本是保留一个老客户成本的几倍，一个公司如果将其客户流失率降低5%，其利润就能增加25%～85%，企业利润率就会提高。

【阅读资料】

21 世纪市场经营的"通行证"——客户关系管理

如何在瞬息万变的市场中留住老客户、争取新客户，如何在经济全球化和服务一体化的大潮中竞争制胜，人们越来越强烈地感觉到客户资源将是 21 世纪市场竞争经营至关重要的资源，这是由于市场激烈竞争的结果使得许多商品的品质区别越来越小，产品的同质化倾向越来越强，某些产品，如电视机，从外观到质量，已很难找出差异，更难分出高低。这种商品的同质化结果使得品质不再是客户消费选择的主要标准，越来越多的客户更加看重的是商家能为其提供何种服务以及服务的质量和及时程度。为此，客户关系管理系统（Customer Relationship Management，CRM）为了满足这种市场竞争的新需求便应运而生，并将成为 21 世纪企业竞争获利的"通行证"。

客户关系管理系统 CRM 是一种解决方案，同时也是一套人机交互系统，它能帮助企业更好地吸引客户和留住客户，特别是在与客户交流频繁、客户支持要求高的行业，如银行、保险、房地产、电信、家电、民航、运输、证券、医疗保健等行业，采用了 CRM 后，都会获得显著的回报。一个企业级的 CRM 通常包括市场管理、销售管理、客户服务和技术支持四部分。

第一，市场管理具有市场分析、市场预测和市场活动管理功能。市场分析可通过各种统计分析，如人口统计、地理区域、收入水平、以往的购买行为等信息来识别和确定潜在的客户与市场群落，更科学地制订出产品和市场策略。预测功能既可为新产品的研制、投放市场等决策提供有力依据，又可为制订销售目标和计划提供参考，并能把相关的信息自动传递到各有关部门，实现协调运转，加强监控。市场活动管理则能为市场人员提供制订预算、计划、执行的工具，并在执行过程中实施监控和反馈，不断完善其市场计划；同时，还可对企业投放的广告、举行的会议、展览、促销等活动进行事后跟踪、分析和总结。

第二，销售管理能帮助销售部门跟踪众多复杂的销售路线，用自动化的处理过程代替手工操作，既缩短了销售周期，又减少了错误和重复性工作。通过一个"配置引擎"和一个可共享的"市场推销百科全书"，销售员可及时获取产品和市场竞争的信息并保存重要业务数据，企业也不会由于某位销售员的离去而丢失重要信息。销售管理还提供了各种销售工具，如电话销售、移动销售、远程销售、电子商务等，通过它们，销售员无论何时何地都可及时地获得有关产品、定价、配置和交货的信息。

第三，客户范围服务。首先，由计算机电话集成技术支持的呼叫中心是一个由通信网和计算机网多种集成功能构建的综合服务系统，能为客户提供每周 7×24 小时不间断服务、多种方式（语音、IP 电话、Email、传真、文字、视频信息等）交流，并将客户的各种信息存入业务数据仓库以便共享；其次，现场服务的安排与派遣可根据现场工程师的可用性和技术情况来安排服务的内容和时间；最后，远程服务解决方案可为远程客户提供完整的服务和支持，无论是契约中的承诺还是客户其他新的需求。

第四，技术支持。首先，客户配置化部分可为特定的客户进行个性化服务，为其所需的产品进行配制化和客户化；其次，技术人员会对客户的使用情况进行跟踪，并为其提供预警服务和其他有益的建议，以使客户能安全、可靠地使用产品；再次，信息检查用来检查客户是否具有支付服务费用的能力；最后，协议服务，它和所有的契约承诺，如服务合同、服务水平协议和担保相关联，并在记录呼叫时会自动执行授权检查，如果系统发现某一项目遗漏时，会自动执行调整。

（资料来源：http：//ar. newsmth. net/thread－1a2b598527232f. html。）

二、客户管理的内容与原则

（一）客户管理的内容

客户管理的内容是丰富多彩的，但归纳起来，主要有以下五项：

1. 客户分析

客户分析主要分析谁是企业的客户，客户的基本类型，个人购买者、中间商、制造商客户的不同需求特征和购买行为，并在此基础上分析客户差异对企业利润的影响等问题，具体包括以下内容：

客户概况分析：分析客户的层次、风险、爱好和习惯等。

客户产品分析：产品的设计、关联性和供应链的分析等。

客户性能分析：客户所消费的产品按种类、渠道、销售地点等指标划分的销售额。

客户忠诚度分析：分析客户对某一产品或商业机构的忠实程度、持久性和变动情况。

客户未来分析：包括客户的数量、类别等情况的未来发展趋势、争取客户的手段等。

客户利润分析：分析不同的客户所消费的产品的边际利润、总利润额和净利润。

客户促销分析：产品促销时吸引客户的数量等。

2. 企业对客户的承诺

承诺的目的在于明确企业为客户提供什么样的产品和服务，承诺的宗旨是使客户满意。客户在购买任何产品和服务时，总会面临着各种各样的风险，包括经济利益、产品功能和质量以及社会和心理方面的风险等，因此要求企业作出某种承诺，以尽可能降低客户的购物风险，获得最好的购买效果。

3. 客户信息交流

客户信息交流是一种双向的信息系统，其主要功能是实现双方的互相联系、互相影响。如通过电话热线，网站留言等方式获取客户对企业或企业产品的评价信息；企业也可以通过媒介等工具向客户传达企业的发展方向，产品性能的改进等方面的信息，从而实现客户关系的交互功能。

4. 以良好的关系留住客户

首先需要建立良好关系的基础，即取得客户的信任；同时要区别不同类型的客户关系及其特征，保持经常进行客户关系情况分析，评价关系的质量，采取有效措施；还可以通过建立客户组织等途径，保持企业与客户的长期稳定关系。

5. 客户反馈管理

反馈管理的目的在于衡量企业承诺目标实现的程度，及时发现在为客户服务过程中的问题。它包括：向客户提供全面意义上的供应链整体解决方案；对第三方物流企业的管理和技术等物流资源进行整合优化，对物流作业流程进行再造，甚至对其组织结构进行重组；对客户物流决策提供咨询服务等。

（二）客户管理的原则

1. 动态管理。由于客户情况是不断变化的，所以，客户的资料也要不断地加以调整，剔除过时的或已经变化的资料，及时补充新的资料，对客户的变化进行跟踪，使客户管理保持动态性。

2. 突出重点。有关不同类型的客户资料很多，推销员要通过这些资料找出重点客户。重点客户不仅要包括现有客户，而且还应该包括未来或潜在客户。这样可以为企业选择新客户，开拓新市场提供资料，为企业进一步发展创造良机。

3. 灵活运用。这包括客户资料的灵活运用和客户管理方法的灵活运用。建立客户资料卡或客户管理号后不能束之高阁，应以灵活的方式及时全面地提供给推销员及其他有关人员，使他们能进行更详细的分析，使资料变成活材料，提高对客户管理的效率。

4. 专人负责。许多客户资料对企业来说是一种商业秘密，因此，企业应该确定相应的规定和办法，应有专人负责管理，严格管理客户情报资料的利用和借阅。

三、客户类型分析

客户关系管理中有一条重要的原则，就是帕累托的 80/20 效率法则，即企业的 80% 的销售和利润来自于 20% 的客户；企业的 80% 的麻烦来自于 20% 的客户；企业付出的 80% 的努力只带来 20% 的优质服务。企业需要对客户进行分析，分析客户及其给企业带来的影响，以便找出不同类型的客户。当确知某些客户比其他客户给企业带来的影响更大时，企业就应该作出正确的决定：如何使用有限的资源对其进行更加有效的服务。

（一）客户分析方法

进行客户关系的管理，不仅要对客户资料进行采集，而且要对客户资料进行多方面的分析，包括客户构成分析、客户与本企业的交易业绩分析、不同产品销售构成分析、不同产品毛利率分析、产品周转率分析、交叉比率分析、贡献比率分析等。

1. 客户构成分析

（1）将自己负责的客户按不同的方式进行划分，如可以分为批发店、零售店、代理店、特约店、连锁店、专营店等。

（2）小计各分类客户的销售额。

（3）合计各分类客户的总销售额。

（4）计算各客户销售额在分类销售额中所占的比重及其在总销售额中的比重。

（5）运用 ABC 分析法将客户分为三类：A 类客户占企业总销售额的 80%，B 类客户占企业总销售额的 15% 左右，C 类客户占 5% 左右。A 类是重点客户，C 类可视为未来潜在的客户。

2. 客户与本企业的交易业绩分析

（1）掌握各客户的月交易额或年交易额，具体方法有：直接询问客户、通过查询得知、由本企业销售额推算、取得对方的决算书、询问其他机构。

（2）统计各客户与本企业的月交易额或年交易额。

（3）计算各客户占本企业总销售额的比重。

（4）检查该比重是否达到了本企业所期望的水平。

3. 不同产品销售构成分析

（1）将自己对客户销售的各种产品按销售额由高到低排列。

（2）合计所有产品的累计销售额。

（3）计算各种产品销售额占累计销售额的比重。

（4）检查是否完成了企业所期望的产品销售任务。

（5）分析不同客户产品销售的倾向及存在的问题，检查销售重点是否正确，将畅销产品努力销售给大有潜力的客户，并确定以后产品销售的重点。

4. 不同产品毛利率分析

（1）将自己所负责的对客户销售的产品按毛利额大小排序。

（2）计算各种产品的销售毛利率。

5. 产品周转率分析

（1）核定客户经销产品的库存量。通过对客户的调查，将月初客户拥有的本企业产品库存量和月末客户拥有的本企业产品库存量的总和进行平均，求出平均库存量。

（2）将销售额除以平均库存量，即得出产品周转率。

6. 交叉比率分析

$$交叉比率 = 毛利率 \times 商品周转率$$

毛利率和商品周转率越高的商品，就越有必要进行积极的促销。

7. 贡献比率分析

（1）求出不同商品的贡献比率。

$$贡献比率 = 交叉比率 \times 销售额构成$$

（2）对不同客户商品销售情况进行比较分析，看是否完成了公司期望的商品销售任务？某客户商品畅销或滞销的原因何在？应重点推销的商品（贡献比率高的商品）是什么？

（二）确定客户组合

按照帕累托的 80/20 效率法则，企业要按照不同的方式划分出不同的客户类型，对不同的客户采取不同的管理方式。在划分客户的基础上，企业所选择的客户类型也就构成了企业的客户组合。在确定客户组合时，有三种策略可供企业选择。

1. 集中策略

集中策略是指企业对市场上所有的客户不加区别地对待，把构成市场的客户群当作一个整体。这一策略的假设基础是：所有的客户都为企业创造相等的价值。企业之所以假设所有的客户给企业创造了相等的价值，是因为鉴别不同客户的价值会花费很大的成本，或者按不同客户的价值选择企业的行动方案会耗费很高的成本。集中策略的客户组合比较适合同质性物品的营销。

2. 区分策略

区分策略是指企业把精力集中于能给企业带来更大收益的特殊的销售区域或者某种类型的客户身上。企业要这样做，需要充分的客户信息资料，以对客户进行有价值的划分。即使这样，也不可避免一部分利益的损失。此外，企业将自己的命运放在了一部分客户的身上，也会使企业营销的风险增大。

企业也可以选择对一个市场内的几个团体提供服务，但是，要成功做到这一点，依赖于企业提供这样一种产品的能力，该产品能吸引其他团体，同时不减少或破坏对企业最后客户的吸引力。

3. 个性化策略

个性化策略是指当企业所面对的客户在价值、偏好或者需求上存在很大差异时，企业可以以单个客户为对象，管理其关系组合。个性化策略比其他客户组合策略需要更深入的客户信息，而且需要更成熟的联系技术。

随着信息技术的改进，以及客户模型的完善，企业完全有可能在个体层面上对大量的客户进行管理，实现一对一的营销。

四、客户管理流程

(一) 建立客户档案

在实施客户关系管理之前，首先要做好客户信息的收集，即建立客户档案。为了控制资金回收，必须考核客户的信誉，对每个客户建立信用记录，规定销售限额。对新老客户、长期或临时客户的优惠条件也应有所不同。客户档案一般应包括以下三方面的内容。

1. 客户原始记录：即有关客户的基础性资料。它往往也是企业获得的第一手资料，具体包括客户代码、名称、地址、邮政编码、联系人、电话号码、银行账号、使用货币、报价记录、优惠条件、付款条款、税则、付款信用记录、销售限额、交货地等。

2. 统计分析资料：主要是通过客户调查分析得到或向信息咨询业购买的第二手资料，包括客户对企业的态度和评价，履行合同情况与存在问题、摩擦、信用情况、与其他竞争者交易情况、需求特征和潜力等。

3. 企业投入记录：企业与客户进行联系的时间、地点、方式（如访问、打电话）和费用开支，给予哪些优惠（价格、购物券等），提供产品和服务的记录，合作与支持行动（如共同开发研制为客户产品配套的零配件、联合广告等），为争取和保持每个客户所做的其他努力和费用。

以上是客户档案的一般性内容。要注意，无论企业自己收集资料，还是向咨询业购买资料，都需要一定的费用，各企业收集信息的能力也是不同的，所以，客户档案应设置哪些内容，不仅取决于客户管理的对象和目的，而且也受到企业的费用开支和收集信息能力的限制。各企业应根据自身管理决策的需要、客户的特征和收集信息的能力，选择确定不同的客户档案内容，以保证档案的经济性、实用性。

（二）监测客户信息

企业必须了解客户的需求。企业通过建立一种实时的客户信息监测系统，将客户信息和服务融入到企业的运行中去，从而有效地在企业内部传递客户信息，尤其是在销售部门和生产部门之间。

企业经常会发现不同的客户存在不同的服务要求：大公司允许较长的供货期，而小企业则要求在一两天内供货。根据客户需求，企业可以建立大型分销中心和产品快速供应中心，将销售、订单处理和管理集成在一起，将客户服务和销售结合在一起，建立起一种既提高服务又降低成本的方法。

（三）采取适当行动

获知客户的喜好和需要并采取适当行动，建立并保持客户的忠诚度。这是做起来事半功倍但也是最容易被忽视的一项工作。如果企业与客户保持广泛、密切的联系，价格将不再是最主要的竞争手段，竞争者也很难破坏企业与客户间的关系。例如，在您为母亲的生日订购蛋糕后，店员会于次年您母亲生日来临之前提醒您；当您打电话给一家饭店的客房服务部时，他们可能以您的名字来向您问候。通过提供超过客户期望的服务，可将企业极力争取的客户发展为忠实客户，因为争取新客户的成本要远远超过保留老客户。而且，随着客户和企业间的来往，客户的个别需求和偏好也会变得更加详细明了。

【本章小结】

推销绩效考核的依据：推销员的销售报告、企业销售记录、客户评价、工作态度和表现、企业内部职员的意见。

推销绩效标准不能一概而论，应根据整个市场的潜力和每一位销售人员在工作环境和销售能力上的差异制定绩效考核标准。绩效标准应与销售额、利润额和企业目标相一致。

推销绩效考核的方法主要有横向比较法、纵向分析法和尺度考评法。

推销员的培训、激励和日常管理有：制订培训计划；通过环境激励、目标激励、物质激励和精神激励等方式来提高推销员的工作积极性；制定推销手册、组织推销会议、编制简报、按规定写推销报告和推销记录等。

影响建立推销组织的因素有：企业内部因素（企业规模、企业类型、产品和服务特点）和企业外部因素（市场供求状况、企业的客户）。

推销组织机构组建的主要方法有：区域组织法、产品组织法、市场组织法和复合型组织法。

客户关系管理是近年来企业关注的一个问题。客户管理的内容主要包括客户分析、企业对客户的承诺、以良好的关系留住客户、客户信息交流和客户信息反馈，同时还要遵循动态管理、重点突出、灵活运用的原则。

【思考与练习】

1. 主要概念

推销绩效考核标准　推销组织　推销员管理　推销报告　推销效率　推销员日报表　激励客户关系管理

2. 复习思考题

（1）如何确定推销绩效考核标准？

（2）推销绩效考核的依据是什么？

（3）建立推销组织常用哪些方法？

（4）简要说明影响建立推销组织的因素。

（5）如何确定推销员的培训计划？

（6）培训推销员的方法有哪些？

（7）客户管理的原则是什么？

（8）如何确定推销员的数量？

【技能训练】

1. 课堂实训

实训主题："某大城市有一家生产饮料的企业，主要产品有乌龙冰红茶、怡神橙汁、大力神运动饮料三种产品。公司计划在该市东部、西部和中部作为重点推销区域。"请学生为该公司设计销售组织框架。

实训目的：训练学生"推销组织结构"的设计能力、推销员的选派能力。

时间：设计时间1小时，解说时间每小组3~5分钟。（或任课老师安排）

组织：每5人组成一个推销小组，一个小组介绍自己设计的推销组织结构，其他小组做评委。

环境与设备：可使用投影仪及摄像头等多媒体设备实时监控和回放。

2. 课外实训

任务：调查了解企业的推销绩效考核标准（推销员的销售报告、企业销售记录、客户评价、工作态度和表现、企业内部职员的意见），以及企业实际的推销控制过程。

目的：熟悉推销绩效考核。

要求：可以以小组为单位，也可以以个人为单位，写出调查报告。

考核点：企业推销绩效考核标准。

3. 案例分析

案例一：

年轻的推销员

想起上午的事情，吴刚还是感到有些哭笑不得，因为春节临近，北京的火车票日益紧张，上午的销售会议上竟然不止一个推销员向他提出由公司代买火车票的问题，"其实这种事对他们来说是难题，对企业同样也是，但这些年轻人却不这么想。"

吴刚掌管的"数位红"公司从事游戏开发，目前有推销员十来人，平均年龄20多岁，刚年满30岁的他在这里已经属于"年长者"，做这些20世纪80年代出生的年轻推销员的头儿，他遇到的麻烦还远远不止买火车票，推销员在外租房子和房东发生不愉快会找他；平日里消费没有筹划好，月末生活费紧张也会找他。在吴刚看来，这些本来都是员工可以自己解决的私事，但"现在的企业在很大程度上却不得不充当着幼儿园的角色"。

尽管吴刚对年轻员工的做法并不是十分赞成，但为了能让他们心情愉快地工作，类似的事情通常他还是会替他们解决。他坦言，这些年轻人无论是生活自理能力、生活方式、工作观念还是工作态度都与年长一些的员工有着很大的不同，如何当好这些年轻推销员的老板，成了像他这样年轻人聚集的企业所面临的问题。

（资料来源：http：//baike.1688.com/doc/view-d5430643.html。）

问题：

（1）请你分别评价老板吴刚和推销员们的行为。

（2）分析导致吴刚成为年轻推销员的"幼儿园阿姨"的原因。

（3）想一想怎样来解决这个问题？

案例二：

一位 TR 公司的计算机推销经理的推销管理

TR 公司是某名牌计算机在我国北方地区的最大代理商，它主要通过门市部和二级代理商两种渠道进行销售。首先，公司在北京有两个非常不错的门市部，通过门市部直接将产品销售给个人和家庭。其次，公司发展了覆盖整个华北地区的众多二级代理商，通过他们进行销售。

在 2000 年初，公司聘请了一位陈先生担任家用计算机销售部经理。这位陈先生以前从事的是个人寿险方面的营销工作，表现非常不错。上任后，他就把保险营销那套管理模式带过来了，采取了以下管理措施。

（1）强调早、晚例会。即早上八点半要开早会，晚上五点半要开夕会。不管什么原因，早、晚的例会一定要开。早会宣布一天的工作，解决各方面的问题，然后具体布置一天的工作，之后销售队伍分头行动，该打电话的就打电话，该去门市部就去门市部，该盯竞争对手的就去盯竞争对手……

（2）严格地计件提成。也就是推销员这个月完成多少销售量就给推销员多少薪酬，销售出去多少就拿多少提成，如果超指标则有超指标奖励。

（3）实行末位淘汰。用陈经理的话叫作"第一个月红灯，第二个月走人"。也就是说，第一个月没完成任务，就要亮红灯，提出口头警告；第二个月如果还是没有完成任务，那就叫他走人。

（4）超额有重奖。针对超额完成销售任务的情况，陈经理定了一些奖励标准。例如，超额 120% 以上，奖励将大大超出正常计件提成的范围。

在 2000 年末，在陈先生来后不到一年的时间里，公司的家用计算机销售部的业绩非常出色，在所有该品牌计算机的北方地区代理商中，销售部出货量是最大的，同时还为公司赢得了很多相关的资源。

在 2001 年，公司所代理品牌的厂商对市场策略进行了调整，决定将战略发展方向放在发展商用计算机上。该厂商瞄准了四大行业：教育、金融、电信、政府采购。

针对厂商市场策略的调整，公司也进行了相应调整。他们撤换了原来负责商用计算机销售工作的经理，由原来负责家用计算机销售的陈经理出任商用计算机销售部经理。很自然，陈经理又把他原来的那套管理模式移植到了新部门。上任后，他采取了一些同以前类似的改革措施。

（1）采取强势激励措施，降低商用计算机销售部原来的底薪，提高提成比例。

（2）严格执行早会和夕会制度。

（3）对整个过程进行严格的控制与管理。要求每一位下属都认真填写各种管理控制表单、日志、周计划。

显然，这时候公司的销售对象已经发生了很大变化，销售模式也与以往不同，以前家用计算机的销售是通过门市部销售给个人，或者是销售给二级代理商，进行二级销售；而现在则要带着计算机直接面对终端客户，且面对的不是某一个人，而是一个组织、一个机构，结果这次改革措施的推行效果与他想象的有很大差距。

从 2001 年春天起以上措施开始实行，到半年后为止，出现了以下几种不良结果：

（1）有的业务代表开始蒙骗客户，过分夸大公司的承诺；

（2）员工之间开始互相拆台；

（3）业务尖子开始离职；

（4）整个队伍的业绩水平没有像预期的那样增长，甚至还略有下降。

2001 年 9 月陈经理离开了这个岗位，离开了这家公司。

（资料来源：http：//wenku. baidu. com/view/9d4d5928647d27284b7351cd. html。）

问题：

（1）陈先生在不同的销售部门采用的管理模式为什么会产生不同的推销效果？

（2）陈先生担任商用计算机销售部经理后在推销管理上做了哪些改进？

（3）如果你是商用计算机销售部经理将如何改进推销管理？

第十一章
推 销 战 略

艾丽特商务礼品公司如何推销产品

艾丽特是一家享有盛誉的提供各种商务礼品的批发商。从可以印上名称、标志的手表到各种各样的干花，可谓是品种繁多。艾丽特的客户基本上可以分为两大类：一类是各种商业机构及专业组织；另一类是各类礼品店，其中后一类客户的销售额占其总销售量的75％。在推销员爱娜·凯恩的推销作业区里，大部分客户都属于这类零售商。

阿特金礼品店是爱娜的潜在客户之一，但目前这家店几乎没有几种艾丽特商务礼品公司的产品，或者说该店客观上需要艾丽特商务礼品公司的那些极为个性化的商品，但其老板不愿购进这些东西。

在起初的几次拜访中，老板阿特金夫人曾告诉过爱娜，她能经营的项目已经全都有了。爱娜觉得艾丽特公司的产品对阿特金小店的生意肯定会有好处。这家小店位于一条步行街的林荫道旁，常有周围地区的人们前来光顾。事实上，小店也的确很小，不过艾丽特公司的产品目录和样品仍可以在不妨碍其他品牌产品陈列的情况下展列出来。此外，爱娜认为单靠几样品种有限的小礼品小店将不会赚很多钱，但她面临着两道难题：一是小店目前的经营状况良好，足以令阿特金夫人感到满意；二是阿特金夫人不断变换其抵制的托词。

爱娜已经对阿特金夫人密切观察了许久，偶尔也听说过她与其客户间的对话。许多老客户都对阿特金夫人为客人选择礼物的眼光大加赞赏，爱娜也注意到当受到表扬或征求意见时她洋溢在脸上的得意之态。这种种表现说明阿特金夫人对她的经营工作知足了，而她也的确很热爱那些客户，并善于与他们打交道。

爱娜如何能够把自己的产品成功地推销给阿特金夫人，对推销对象进行仔细的观察和分析固然重要，但不能仅限于此。爱娜要想把艾丽特的产品成功地推销给它的潜在零售商需要在推销战略的指导下，在整个推销活动中灵活应用不同的推销策略。

【教学目标】

通过本章的学习，要求学生了解推销战略的含义、推销战略与企业战略的关系以及推销战略的意义；明确推销战略的基本特征；掌握如何进行推销战略的制定。

第一节　推销战略概述

一、战略与推销战略

"战略"一词原为军事术语，源于军事科学对于战争问题的研究，是与"战术"相对而言的。从军事上说，战略是指对战争全局的筹划和指导战争全局的策略；而战术则是指为实现军事战略目标所采取的方法与手段，用于解决战争的局部或具体问题，后来，"战略"这一概念被广泛应用于政治、经济、科技、教育、管理等各个领域，其含义便逐步地普遍化了。作为广义的范畴，战略一般泛指有关总体目标与发展方向的全局性、根本性和长远性的重大的谋划与策略。

根据战略的一般特征和推销工作的具体实际，我们把推销战略定义为：企业与推销员为顺利进行销售活动，依据推销内容、推销能力和推销环境而制定的总体目标、长远规划、重大决策及基本策略。推销战略的决定制约着推销活动的各个环节和整个过程，对于企业与推销员增强推销能力，提高推销效率，优化推销策略，最大限度地推销产品，最终实现企业经营总目标有着重要的意义。

二、推销战略与营销战略的关系

营销战略是企业在充分考虑外部市场机会和内部资源状况等因素的基础上，确定目标市场，选择相应的市场营销组合，并进行有效实施和控制的过程。推销战略是营销战略有机的、重要的组成部分之一，是为营销战略服务的。营销战略任务的完成，离不开企业在目标市场进行积极有效的推销活动，而积极有效的推销活动取决于科学而合理的推销战略。因此，推销战略的建立以及推销战略计划的实施，将有力地促进企业营销战略目标的顺利实现。另外，推销战略又受制于营销战略，若偏离企业营销战略来制定推销战略，就会缺乏目的性和长远性；然而，营销战略如果没有推销战略作为子战略，则会缺乏完整性和有效性，企业效益总目标的实现过程就容易受到推销活动中的短期行为、功利主义、促销无术等消极因素的干扰甚至严重阻碍。随着我国改革开放的深入和企业进一步走向市场，推销战略在营销战略和企业发展中的地位与作用日益突出和重要。推销战略已经成为企业经营管理走向现代化的一个重要标志。

三、推销战略的意义

（一）有利于优化推销策略

我们所说的推销策略，是指在推销"战术"层次上的各种策略，是推销战略之基本策略的具体运用，亦即解决推销过程中实际问题的艺术、方式与办法。在推销战略基础上制定、调整和运用推销策略，便于对推销策略进行优化，而优化的推销策略更利于提高推销成效。

根据推销战略制定诸如激发购买欲望策略、产品示范策略、报价策略、讨价还价策略、接待客户策略、洽谈策略及成效策略等推销策略，要求在内容和形式上都要符合整体性、长远性、协调性和相容性，都必须服从和服务于实现推销战略的总目标。每一种推销策略需从推销计划与推销活动的整体出发来加以规定，应以推销者的长远利益为原则来进行设计，才能在推销过程中产生最佳的功能。各种推销策略也要形成一个有机的整体，互相关联、互相协调、互相促进。互相矛盾则会出现功能抵消。系统学原理告诉我们，整体的功能大于其各组成部分的功能之和，而且各组成部分只有在成为整体中的有机组成部分时，其功能才易于得到优化。

推销策略的实际运用中也存在着优化的问题。在推销员运用推销策略诱导和说服客户采取购买行为的过程中，以推销战略为指导才能达到最佳的运用。推销策略发挥现实作用，需要具备一定条件，包括选择一定的途径和手段，遵循一定的程序和要求，还要考虑对象和环境的特殊性等。当我们将这些条件的创造和利用纳入推销战略的宏观多维框架，着眼于较高的层次来考虑实际操作的每一个方面，并使各个环节环环相扣时，就能使推销策略的功能按照优化的模式得到理想的发挥。推销策略常常具体化为一些推销技巧，推销技巧运用的基本前提仍然是使之符合推销战略。若没有或偏离推销战略，推销技巧便难以生效甚至弄巧成拙，或巧于一时而毁掉长远。在实际推销过程中，基于推销战略而综合或交替运用多种推销策略，往往能够强化推销行为的被接受性，收到较好的推销效果。推销活动是在动态的市场环境中进行的，因而当环境发生变化致使原来的推销策略不力或无效时，就应及时进行调整。调整的原则是：既要考虑推销环境，又要服从推销战略，而那些只看眼前、只顾局部地随意改变推销策略的做法，绝非上策。只有站在推销战略的高度来修正和完善推销策略，才能不断克服推销过程中的困难，使推销活动顺利进行。

（二）有利于提高企业市场竞争力

在当今发达国家的市场营销活动中，人员推销方法得到普遍运用，尤其是在生产资料商品的促销活动中占有极为重要的地位。据统计，美国早在1977年从事推销工作的人员已经达540万人之多，企业用于人员推销的总费用高达1 000亿美元。

人员推销虽然得到重视和广泛运用，但并非所有的推销员都推销得法，并非所有企业都能在现代商战中获得推销的成功。事实上，许多企业及其推销员在推销活动中被对手击败。有些企业为达到推销目的甚至不遗余力地耗费资金、投入人员，在推销手段上用尽心机，却仍然在市场竞争中败北。究其原因，除了受到某些主客观条件制约外，不能不说与缺少推销战略有关。传统推销多为经验型的，凭经验、想当然、就事论事、注重眼前利益，在今天千变万化的市场环境中，这种推销模式往往顾此失彼，推销成效具有很大的或然性和不稳定性。现代推销的一个重要特点，就是强调科学性与艺术性的统一，注重战略思考，从推销战略的高度出发来制定推销方案与措施，从而增强企业的市场竞争能力。随着"卖方市场"向"买方市场"的转变，市场竞争日趋激烈，商业战争成为争夺客户的战争，"客户至上"便从贴在墙上的行为规范和某些人手中的权宜之计逐步变成具有战略意义的推销宗旨，成为在实际上必须贯穿于一切推销行为的战略出发点。随着市场机制的不断强化，面对同行业中的威胁和新兴产品的挑战，推销活动及其成败越来越影响甚至决定企业的生存和发展，从而使"以销定产，以产促销"日益变成企业经营的战略方针。随着国际经济合作与贸易往来的扩大，世界经济发展出现"国际化、自由化、标准化"的潮流，特别是我国加入世界贸易组织以后，国内企业要在国际市场上取得并保持产品的竞争优势，就更需要建立大时空范围的推销战略，提升推销战略的层次，制定全面而长远的推销规划。谁以推销战略为指导，谁就能在市场竞争中掌握主动权和制胜权，谁就易于征服用户，赢得客户，占领市场，如愿以偿地达到推销目的。

（三）有利于提高推销员素质和地位

作为产品价值实现的一种重要途径，作为企业经营活动中一种行之有效的促销手段，人员推销是最古老而在今天仍然生命力很强的促销方法。有市场经济，必有推销，有市场存在，必以推销先行，因此有必要大力提高推销员的素质和地位。在改革开放的大潮中，我国的市场经济以特有的方式得到了迅速发展，但推销员的培养没有相应跟上，致使推销员数量严重不足，现有推销员素质较低，优秀推销员更为缺乏，而且许多企业推销员的地位不高。造成这种现象的原因在很大程度上是由于推销员过于注重推销策略与技巧而忽视了推销战略。这种状况远远不能适应我国市场经济发展的需要，并削弱了企业的推销实力和竞争能力。因此，从推销战略角度加快培养推销员尤其是优秀推销人才，提高推销员的决策管理水平，提升推销员在企业中的地位，是我国企业界的推销工作亟待解决的问题。在西方发达国家，很多推销员被提升到管理层，相当一部分推销员进入了领导层。美国至少50%的公司经理有过推销员的经历，有些颇有名气的企业获得的巨大成功，都与从销售部门脱颖而出的优秀人物有关。究其原因，除了拥有娴熟的推销技巧外，这些成功的推销人士无一不具有良好的推销战略眼光。

第二节　推销战略的基本特征

一、全局性

推销战略是具有全局性的推销谋划与策略，因此，全局性是推销战略最重要的质的规定性。推销战略以整体为着眼点和出发点，研究影响和制约推销活动全局的各种基本因素及其相互关系。推销战略的全局性特征主要体现在以下五个方面。

（一）推销的战略方向

推销的战略方向即整个推销活动的基本取向与发展前景，包括空间方向和时间方向。空间方向是指推销区域，作为战略，空间方向应当选择与推销内容相关的最适宜的推销地区，并且最大限度地确定可以或可能达到的推销范围，包括国内市场和国际市场。时间方向是指推销远景，推销战略通常要展示出根据现有和将来创造的条件可以或可能变成现实的发展前景，作为企业与推销员的努力方向。

（二）推销的战略目标

选定推销的战略方向是确立推销战略目标的前提。推销的战略目标是指企业的推销实力与推销员的推销活动在一定日期内所要达到的总体水平和效果。推销的战略目标是推销战略思想的集中体现，在整个推销战略中处于核心地位。推销的战略目标明确，包括要有明确的内容、指标和实现时间等。指标是推销战略目标的量化，是使目标具有明确性的重要表现，推销战略目标通常是一个包含了若干目标的目标体系，子目标的确立便于总目标的实现落到实处。推销战略目标又可分为阶段目标和长远目标，没有长远目标，阶段性目标就不能上升到战略的高度，而不去确立和实现各个发展阶段的战略目标，就无法向推销战略的长远目标逼近。推销的战略目标应具有科学性和开拓性，既易于在推销实践中实现，又要使推销工作不断达到新的水平，不断迈上新的台阶。

（三）推销的总体规划

推销的总体规划是指为实现推销战略目标而设计的总的蓝图，是推销战略目标的具体化和程序化，推销的总体规划是在考察了推销活动的主客观条件以后所作出一种全局性的谋划，从整体上宏观地框定了推销业务的发展模式、发展过程和战略步骤、战略措施等。推销的总体规划是制订具体推销计划的依据，具体的推销计划必须符合和服务于总体规划。推销的总体规划要具有合理性、现实性和可行性，否则就会变成纸上谈兵，或在实施过程中遭受挫折和失败。

（四）推销的基本策略

推销策略包括战略层次上的策略和战术层次上的策略。这里讲的基本策略是指前者，即战略性策略。推销的基本策略是推销战略的重要组成部分，关系到推销的全局，是为实现推销战略目标服务的，对具体的推销策略和推销技巧具有指导意义，推销的基本策略具有观念性、指导性、多样性和艺术性，在推销活动中应正确而灵活地运用，并随着推销内容、形式和环境的变化而加以调整和完善。

（五）推销者与推销对象利益的统一性

推销者的利益和推销对象的利益是密切联系、互为条件的，在推销活动的基础上构成统一的整体，从整体出发，站在推销战略的高度处理好推销者与推销对象的利益关系，使之有机统一，这是实现成功推销的重要前提。推销者的利益既是推销活动的出发点，又是推销活动的归宿点。推销活动的最终目的是使商品或劳务的经济价值得到实现，推销者获得利润，所以，推销战略应把推销者的利益放到重要的地位上，推销战略的制定要有利于推销者利益目标的实现，并能体现在维护推销者利益的措施上，使之避免受到侵害。推销目标得以实现不仅取决于推销者的推销行为，还取决于推销对象即客户和消费者的接受行为。而推销对象的接受行为又决定于推销者对推销对象的愿望和要求的满足程度。因此，满足推销对象物质和精神的需要，以高度的责任感维护客户与消费者的利益，在观念上和行为上都具有重要的战略意义，从而构成推销战略的重要内容之一。在推销活动中，凡唯利是图，对客户不负责任，甚至损害消费者利益的行为，最终会使推销者自身的利益蒙受损失，是没有战略眼光的做法。

全局性是推销战略最基本、最重要的特征。它要求企业与推销员在推销工作中必须着眼于整体，认识、研究和重视推销活动全局发展变化的规律，而不能"一叶障目，不见泰山"，或"只见树木，不见森林"。

二、长远性

推销战略是为推销活动的未来发展而设计的，是为实现推销者的长远利益而进行的谋划。因而从时间来看，推销战略着眼于未来，通常在未来的一个较长的时期内指导和影响推销活动。作为正确的战略，效果最终是显著的，但有时却不能在短期内看清楚。推销员不能因推销战略近期净利润不明显而忽略或放弃推销战略，而是把眼前利益仅视为实现长远利益的一个步骤或环节，将眼前利益放到长远利益的天平上来加以衡量。如当前利益与长远利益是一致的，自然应当去积极获得并维护这样的当前利益；对当前无利而对长远有利的，则应站在推销战略的高度付出必要的代价以保障长远利益；对当前有利而对长远不利的，则要毫不犹豫地放弃当前利益。

【阅读资料】

塞洛克斯公司守住长远利益

早在 20 世纪 40 年代，威尔逊就从父亲手里继承了塞洛克斯公司。一天，一位德国籍发明家约翰·罗梭向威尔逊谈到了自己正在研究的干式复印机，两人一拍即合，同意双方合作制造。当时市面上所有的复印机都是湿式的，印出的文件湿漉漉的，必须等它干了才能取走，用起来非常不便。经过反复研究，塞洛克斯公司终于研制出了干式复印机成品——塞洛克斯 914 型复印机。威尔逊获得了这种复印机的生产专利权，"只此一家，别无分店。"他将卖价定在 2.95 万美元，而其成本为 2 400 美元。威尔逊这样解释："我不出售商品，而是出售的品质和服务。"

威尔逊坚信有一天干式复印机肯定会取代湿式复印机，所以，从长远利益考虑，既不卖专利，也不降价格。14 年中，该公司付出了巨大的代价，为此耗去了 7 500 万美元，威尔逊几乎花光了所有的积蓄，罗梭也被迫出卖了自己的房屋和地产。1960 年，干式复印机一下子畅销起来，虽然公司拼命生产，仍供不应求。由于该产品专利权被塞洛克斯公司独家垄断，谁也不敢侵犯，因而他们高价推销，钱财像潮水滚滚而来。1966 年，年营业额就达 5.3 亿美元，该公司被评为美国 10 年内发展最快的公司，从此迈入了巨型企业的行列。

推销战略要求推销员应反对急功近利，不贪眼前小利，一切从长计议，立足当前，放眼未来，在努力实现和积极维护长远利益的基础上去协调当前和未来发展的关系，达到近期利益与长远利益的统一。

为了进一步了解推销战略的长远性特征，推销员需要把握以下四点：

（一）形象制胜

在日趋激烈的市场竞争中，推销员提高推销效率、求得推销业务迅速发展靠什么？现代推销活动中无数成功和失败的例证表明：现代推销领域的竞争，已经由推销商品的竞争扩展到推销形象的竞争，而且竞争的重点逐步向后者转移，推销员的形象是在竞争中取胜的重要法宝。从而，有远见的推销员便把"形象制胜"确定为坚定不移的推销战略。

从客户的接受心理来看，客户往往是在认可和接纳了推销员之后，比较乐意接受其所推销的商品，而一味地就商品本身进行推销，容易使客户因逆反心理而产生拒购行为。客户在潜意识中对推销员的认可和接纳，主要是对其形象的认可和接纳。

推销员将自己的良好形象植入客户的心目中，能有效地建立和维系长久的客户关系，从而有利于实现推销事业的长远利益。因此，推销员的形象具有重要的战略意义，如何塑造和推销良好的形象便构成了推销战略的内容之一。

推销员的形象包括内在素质和外在形象两个方面。内在素质又包括思想素质、心理素质、知识结构和业务能力等。外在形象主要表现在仪表、风度、举止、谈吐、礼仪等方面。其中，内在素质是外在形象的基础，外在形象是内在素质的展现。推销员首先应按照上述内容与要求制定塑造自己良好形象的措施，并积极认真地付诸实施，在各方面自我完善。然后，在推销活动中还要善于推销自己，即真实、恰当、艺术地表现自己的形象，并使形象推销时时相伴于商品推销，这一点尤其在商品推销之初更显得重要。从推销战略出发，推销员应力求做到"商品未至，形象先行"。

（二）优质服务

就长远性而言，优质服务也是推销战略的一项重要内容，在产品质量保证的前提下，同行业不同企业在推销过程中以优质服务取胜。优质服务之所以是一种战略考虑，不仅在于它是一种行为，而且更在于它是一个过程。作为战略意义上的"优质"，应当是高水平的服务工作自始至终地贯穿于推销活动，即优质的售前、售中和售后服务，并保持服务的恒定性和长久性。随着人们消费水平的提高和消费选择的增强，优质服务在现代推销活动中的地位和影响力越来越重要。服务工作的质量制约着产品推销的成效，产品好但没有好的服务，也会遭到客户的拒绝。这就使得"皇帝的女儿不愁嫁"、"好酒不怕巷子深"等传统观念发生了动摇。许多客户会因推销员的热情友好、亲切和蔼而动购买之心，笑脸相迎、服务周到的商店总能客户盈门，正因为如此，美国凯特皮勒拖拉机公司规定："48 小时之内将客户需要的零件送到世界上任何地方。"驰名全球的美国国际商业机器公司（IBM 公司）建立了一项服务至上的制度："保证在 24 小时之内回答每一条客户的意见"，并明确地告诉社会："IBM 就是服务。"这些措施及宣传主题，寓完善的服务于推销工作之中，是颇具战略眼光的。

【阅读资料】

满意的午餐

星期日中午，雷先生一家三口来到北京某饭店的中餐厅吃午饭。点菜时，服务员微笑着询问雷先生想吃什么。雷先生考虑了一下，告诉服务小姐，想要一些口味清淡、不太辣的菜。于是服务小姐向他们推荐了几样中高档的广东菜，并介绍了广东菜的特点。"广东菜由广州菜、潮州菜和东江菜组成，讲究原料加工方法、口味清淡鲜美，突出菜的质量和原味。比较有名的菜是'红烧大裙翅'、'片皮乳猪'、'蛇羹'、'清汤鱼肚'、'一品天香'、'冬瓜燕窝'、'油爆虾仁'等。我们餐厅有从广州白天鹅宾馆请来的特级厨师，加工的菜都保持了广东菜的正宗风味。如果您感兴趣，可以在我给您推荐的菜中挑选几样尝尝。"

听了服务小姐介绍，雷先生很放心，并按服务小姐的推荐点了菜。每上一道菜，服务小姐都热心地为他们介绍，使他们的进餐过程充满了情趣。经过品尝，雷先生确实感到这家饭店的菜品鲜美，味道不同寻常。用餐快结束时，雷先生又告诉小姐，希望能带走一份味道鲜美、质量上乘、适合于老人享用的菜，带回家给行动不便的老母亲品尝。服务小姐热情地为他推荐了"燕窝鱼翅煲"，并告诉他此菜营养丰富、质量上乘，属于粤菜中的精品，非常适合老年人食用，都进行了精心的包装。雷先生临走时感激地对服务小姐说："这顿饭我虽然花了不少钱，但非常高兴，对你的服务非常满意，有机会还要来这里吃广东菜。希望下次能为我们推荐一些味道更好的菜。"

在推销服务中，一定要注重优质服务和周到服务，只有在优质服务的基础上才能取得客人的信任，保证推销的效果。本例中的服务小姐，在了解了客人的口味特点后，适时、适度地为他们介绍了广东菜的内容，并在上菜过程中继续推销的程序，详细介绍菜品的特点，引发起客人的兴趣，其周到服务的风格满足了客人的心理需求，使推销服务的进程十分顺畅。推销意识是保证推销服务成功的关键。只有具备建立在良好服务意识基础上的推销意识，才能在餐饮服务的全过程中不断发现推销的机会。本例中第二次推销的机会就是在客人用餐结束并赢得客人的信任之后发生的。服务小姐的推销再次激发起客人的购买欲望，使得客人继续消费。

（资料来源：http：//wenku. baidu. com/view/6aa35cd1240c844769eaeecc. html。）

（三）广结人缘

对推销员来说，广结人缘是指能够同尽可能多的客户建立和保持长期的友好往来关系。中国有句古话：天时不如地利，地利不如人和。有利的客观环境对于推销工作固然必要，但"人和"的交往氛围对促进推销业务的发展更为重要。推销战略所要实现的长远利益，是同推销者拥有客户的广泛性和与客户和谐关系的持久性密切相关的。一些一流水平的推销员有一种共同的体验，即推销活动成功与否，决定于企业与推销员能够获得多少客户的支持。良好的人际关系不仅能使推销员通过自身的努力赢得日益增多的客户，而且能使已有的客户也会成为企业产品的义务宣传员，成为自觉和不自觉地协助推销员扩大客户队伍的帮手。推销实践证明，一名成功的推销员往往是广泛交往、善结人缘的能手，并且善于借助良好的人际关系去创造辉煌的推销成绩，而那些一旦成交、货款收讫后就消失的推销员，难以获得长远的成功。

如今是沟通信息的时代，是需要广泛建立人际关系网络的时代。推销员要与客户建立、保持和发展广泛的长期的友好合作关系，就应在平时同客户进行经常性的双向沟通，不断增进相互之间的了解、理解、信任和友谊，并通过信息反馈及时调整自己的推销行为，使之更符合客户的需要和愿望，即便某次推销未成交，也不应改变态度，不要中断联系和往来，"买卖不成情意在"。胸怀大度、目光长远有利于促成将来更多的成交，还要避免临渴掘井、临时烧香，把工夫用在平时和推销之外。推销员与客户的双向沟通，是一项长期的战略任务，需在推销战略中制订出这方面的计划、策略与措施，以指导和保证各种具体的交流沟通活动顺利进行。

（四）开拓未来

推销战略注重推销业务未来的发展，要求推销员在推销活动中要勇于开拓、积极进取。企业推出新产品，推销员应采取一些战略性手段，利用各种途径进行大力宣传，在促使客户了解、认识新产品的基础上，进一步激发他们的消费欲望和购买行为，消费者的消费心理、消费行为会随着主客观条件的变化而变化，推销员自然可以利用消费热抓紧时机推销，但不宜把全部注意力集中于现实的消费需求和已经出现的消费势头上，而应着眼于长远的战略，谋求未来的发展。要从消费规律和消费趋势的变化出发，密切关注和科学预测消费发展的新动向，努力发现和发掘消费者的潜在需求。一方面，积极准备推出适合客户新的需求的产品；另一方面，又要主动创造市场与机会，率先开辟更加广阔的新的销路。在现代推销活动中，既有胆识又有一定把握的"先人之为"，常常能够获得巨大的成功。因此，推销员应当把推销活动的立足点建立在长远发展的战略基础上。

三、动态稳定性

推销战略是统摄全局和长远发展的战略，因而必然是具有稳定性的战略，推销战略的稳定性决定于推销战略的全局性和长远性。如果战略是非稳定的，朝令夕改，也就无所谓战略。推销战略又不是静止的、绝对的稳定，而是在变化的环境中表现为一种动态的、相对的稳定。随着环境条件的改变，需对推销战略进行适时的、合理的调整，以适应推销的对象与市场。

正确理解推销战略的动态稳定性，是科学地制定和调适推销战略的一个基本前提。为此，应辩证地把握以下几点：

（一）推销战略的稳定不变性

稳定性是推销战略的基本特征之一。稳定是指推销战略的长远目标、总体规划与基本策略在其生命周期内具有确定不变的基本内容与性质。如果所制定的推销战略是科学的和正确的，在一般情况下，不会因内部和外部因素的变化或干扰而失去其整体性质，即便因需要而进行局部的改变和调整，整体性质仍然是不变的、确定的、稳定的。推销战略生命周期的终结，须依赖于推销战略目标的最后实现。如果推销战略不稳定，"初一十五不一样"，就会使推销活动的全局发生混乱，推销行为无章可循，从而在变化的环境中会陷入困境，在市场竞争中容易被对手击败。因而，坚持推销战略的稳定性是十分重要的。

（二）推销战略的稳定相对性

推销战略的稳定性，只是表明其基本内容与基本性质的确定性，并不意味着绝对不变性。由于推销者的内部条件和外部条件在不断变化，尤其是市场环境和社会大环境复杂多变，甚至瞬息万变，推销战略中的不适应方面就应当相应地改变，这是发展推销业务和实现推销目标的需要。因此，推销战略的稳定是动态的、有条件的稳定，即相对的稳定。变和不变都是依据一定条件而言的。条件变了，推销战略依旧丝毫不变，就会陈旧、落后，难以适应和利用新的推销形式。推销战略的稳定是相对的，变化则是绝对的。但这又不是说时时都在变，变化是就一个相当长的过程而言的。在正确的推销战略的生命周期内，稳定是基本的，变化是局部的。

（三）推销战略的风险性

推销战略是根据现实的主客观条件和各种信息而制定的对推销活动未来发展的

谋划。而推销领域的任何战略决策，都不可能是在信息绝对充分的条件下作出的，都是对未来所做的预计性决策，由于推销环境的复杂性和多变性，使任何推销战略都成为时间的函数，具有不确定性甚至瞬时性的一面。因此，推销战略的制定与实施，具有一定的风险性。作为一种经济活动，企业与推销员的推销工作就是把现在的资源运用在不确定的未来。经济活动的本质就是冒险。推销战略难以避免风险，一方面，要设法将不利于推销活动的风险降到最低限度；另一方面，更为重要的是，要敢于冒该冒的险。不少成功的推销战略，常常包含着一定的风险系数，要在风险中取胜，就要善于抓住时机。机会和威胁往往可以互相转化，谁能及时抓住机会抢先利用，谁就会争取主动，跨越风险，获得较大的成功和发展。而失去机会就会使潜在的风险变成现实的威胁。由此可见，风险性可能会造成显著的变动性，既能提升和强化推销战略的稳定性，也能扰动和破坏推销战略的稳定性。所以，为了保证推销战略目标稳定而顺利地得到实现，推销员要巧于利用时机，勇于主动出击。

（四）推销战略的应变性与调适性

由于推销战略是一种动态的、相对的稳定体系，而且具有一定的风险性，制定推销战略时就应留有余地，增强其对新情况的应变性和抗干扰能力，以维系战略体系的总体稳定。此外，当推销主体的内部条件和外部环境发生了变化以后，应在不影响和改变推销战略目标的前提下，对推销战略进行及时而合理的调整，调适不能适应推销发展需要的某个或某些部分。当推销战略从根本上不适合外部环境或内部条件时，就应慎重决策，从总体上适时地调整或改变推销战略。推销战略整体的改变通常有两种原因：一是由于信息、判断或预测不准确而制定出错误的推销战略，一经发现需加以改变；二是推销活动的主客观条件发生了重大的或根本性的变化之后，推销战略应及时改变。改变了原有的推销战略，或某一阶段的推销战略完成了历史使命后，企业与推销员又要根据新的条件、形势和发展的需要，按照科学的原则与方法，尽快制定新的推销战略，促进推销工作不断提高水平，取得更多更大的成效。

了解和把握推销战略的上述三个基本特征，对于制定、实施和调整推销战略是至关重要的。推销员无需都成为战略家，但由于推销活动是一种技巧性和战略性都很强的工作，每一个推销员都应懂得推销战略，具有一定的战略头脑和战略眼光，善于审时度势，精于策划谋略，以便出色而卓有成效地完成推销任务，干好推销事业。

【阅读资料】

土著小岛的鞋市场

在太平洋上的一个小岛上，居住着 10 多万土著居民，这里风景秀丽，盛产菠萝、香蕉、椰子、芒果，部落首长统治着这里的政治和经济。一家美国制鞋公司打算把自己的产品卖给这个小岛上的居民。该公司首先派出了自己的财务经理。几天以后，该经理发回电报说："这里的人根本不穿鞋，此地不是我们的市场。"为了证实这一点，该公司又把自己最好的推销员派到该岛上。一周之后，该推销员汇报：

"这里的居民没有一个人有鞋，这里是巨大的潜在市场。"

　　该公司最后又把自己的市场营销副经理派去考察。两周以后，他汇报说："这里的居民不穿鞋。但他们的脚有许多伤病，可以从穿鞋中得到益处。"我们还必须取得部落酋长的支持与合作。他们没有钱，但可用水果与我们交换。我测算了三年内的销售收入及成本，包括把水果卖给欧洲超级市场连锁集团的费用，回报率可达30%。我建议公司开辟这个市场，并制定详细的市场开拓战略。

　　这个事例说明优秀的推销员不应只注重产品本身推销工作，企业应在制定营销战略的基础上制定推销战略。推销战略制定之前需要做充分的市场调研，推销战略制定须和营销战略保持一致。

　　（资料来源：http：//wenku. baidu. com/view/b17c34b91a37f111f1855b15. html。）

第三节　推销战略的制定

　　为了使推销活动在总体目标与总体规划的指导下顺利进行，企业与推销员应根据推销战略的基本特征，在比较充分地分析研究推销环境与推销能力的基础上，制定切合自身实际的推销战略，并具体化为阶段性计划与措施，以便在推销工作中付诸实施。因此，推销战略制定分为五个步骤：制定推销战略的原则，分析推销环境与推销能力，确定推销战略目标与战略重点，制定推销战略方案与计划，实施推销战略管理。

一、制定推销战略的原则

　　推销战略应当是科学的、合理的，能促进推销业务有较大发展，并在推销实践中行之有效，为此，在制定推销战略时，需遵循以下基本原则：

　　（一）系统性原则

　　这一原则要求企业与推销员要通过系统地考察研究推销活动的各个方面、各个环节以及影响推销活动的各种因素来制定推销战略。推销战略是全局性的谋划，不涉及局部的具体问题，但全局是由局部构成的，全局的变化发展规律只能存在于各个局部之间的相互制约、相互作用之中。因此，要把握推销工作全局的规律，需从局部入手，分析研究推销过程中的各个局部和局部之间、局部与全局之间的相互作用关系，从这些关系中，找出影响全局的问题，揭示支配全局的规律，从而制定出具有针对性、现实性和可行性的推销战略。系统是有层次的，推销工作全局的下面一个层次是具体推销活动中的局部因素，而推销工作全局的上面一个层次是企业各项工作构成的全局。相对于企业的全局工作，整个推销工作又成了局部。局部应服从全局，制定推销战略要有利于企业的整体发展。局部之间要互相协调，制定推销战略必须充分兼顾与企业的生产、供应、技术、管理等工作协同发展。推销战略是一项系统工程，旨在追求整体发展的最大效益。

　　（二）科学性原则

　　推销战略的制定不宜从个人的经验出发，不能凭个人兴趣和想当然，而要以一定的推销理论为指导，以企业的外部环境和内部条件为依据，进行深入的探讨和周密的论证，按照科学的方法和程序来制定，使之符合推销活动的发展规律，在推销实践中切实可行。在实施过程中，还要不断对其进行检验、修正和完善。

（三）优势性原则

任何推销者都有自己不同于竞争对手的优势和劣势，制定推销战略必须全面考虑怎样有利于发挥自己的优势，避开自己的劣势，克服自己的短处。但并非所有的企业与推销员都很清楚自己的优势和劣势。因此，贯彻优势性原则，首先应详尽分析、深入考察自身的推销工作和与之相关的各种因素，认清自己的长处与短处。然后在制定推销战略目标和总体规划时扬长避短，以便在实施推销战略中以优势取胜。

推销员的个人长处，可以从以下几个方面来自我认识：（1）想想你的哪一处能力最突出；（2）考虑一下你充满自信和具有浓厚兴趣的方面；（3）总结一下你以往运用什么方法取得的推销成果最多；（4）别人觉得难办而你办起来轻松自如的事情；（5）你经常受到上级、同事和客户肯定、赞赏的方面，等等。

企业应当分析具备下列哪些优势：（1）产品优势，包括产品的质量优势、品种优势、包装优势、更新优势等；（2）资源优势，包括企业所拥有的自然资源优势、固定资产优势、资金优势等；（3）人员优势，包括推销员的数量优势、素质优势、合理构成优势等；（4）推销策略优势；（5）推销渠道与手段优势，等等。认识自己的优势，根据优势来制定推销战略，就能在实施推销战略的过程中信心倍增、得心应手、驾轻就熟、成效显著。

（四）政策性原则

该原则对制定推销战略有以下要点：（1）推销战略必须符合国家、地方的政策法令和有关规定，制定推销战略时要学习了解相关的政策知识，推销战略制定之后，应随着政府政策法令的变化而进行相应的调整；（2）推销战略还要遵循企业制定的各项经营政策与本企业的政策一致，避免出现在本企业内自相矛盾的情况；（3）在推销战略的基础上进一步制定阐明和实施推销战略的相应的政策，建立保障推销战略顺利实现的有关制度，使推销活动的进行在总体上有章可循。

二、分析推销环境与推销能力

推销战略应当与推销实际相符合，满足推销业务发展的现实需要。这就要求制定推销战略应以分析研究推销活动的各种主客观因素和条件为前提，努力做到知己知彼，使推销战略切实可行。

（一）推销环境分析

推销环境是指围绕并影响企业生存和发展的各种因素的总和，这些因素在不同程度上独立于企业而存在，是与企业推销活动相关的外部条件，它们影响企业维持和拓展目标市场的能力，制约企业的推销活动。推销环境是企业推销活动的基础和条件，它的特点包括：（1）复合性，随着社会生活和经济生活的日益丰富，市场日趋复杂和多元化。任何一个市场都是各种环境力量共同作用的结果，只有综合分析影响市场的宏观因素和微观因素，才能了解市场的全貌，认清不同市场的差别，从而开展有针对性的推销活动。（2）系统性，各种环境因素之间是按系统层次组合的，任何一个环境因素的变化，都会引起其他环境因素和整个环境系统的变化，因而环境系统具有内在运动的关联性。（3）动态性，推销环境是一个动态概念，任何环境因素都不是静止的，企业所面临的宏观环境和微观环境无时无刻不在发生变化，如产业政策，十几年前重点在重工业，现在已明显向高科技产业、信息产业倾斜，这种产业结构的调整对企业的推销活动也造成影响。（4）不可控性，推销环境是影响企业决策的外部力量，不受企业控制，推销目标的实现在于企业能否适应环境的变化，但认为企业只能被动地受环境制约的看法是极其片面的，企业对环境的适应，既是对环境的依赖，又是对环境的改造，企业可以借助科学的研究手段，预测市场环境变化的趋势，调整推销策略，促使推销环境中的某些因素向有利于企业的方向发展，创造一个有利于企业发展的空间。

分析推销环境是制定和实施推销战略的重要依据与条件。由于推销环境是推销活动赖以进行的外部条件，因此，在确定推销战略方向、制定推销战略目标和总体规划时，必须全面、详尽地考察和了解各种环境因素，从整体上分析研究微观环境和宏观环境与推销活动的关系，弄清直接环境因素和间接环境因素、主要环境因素和次要环境因素对推销活动的制约和影响，从而在不同层次和程度上将各种环境因素及其作用纳入推销战略的总体框架。

由于微观环境与推销活动直接相关，客户需要、推销渠道和竞争对手的状况与推销者存在着密切的利害关系，因而，推销战略对外部环境的分析研究应以市场环境为核心内容。其中，需将对推销对象的考察分析作为重点。应充分收集和积累有关商品销售、购买、消费的各种统计数据，建立和整理客户档案，分析同过去的、现在的和潜在的客户交往的记录及他们各自的概况，了解报刊及政府部门公布的相关资料，还可通过访谈法、问卷法、抽样调查和深入现场等进行较为广泛的调研，掌握第一手资料，从而使推销战略建立在现实而可靠的基础之上。微观环境分析固然重要，但也不能因此而忽略了对宏观环境因素的关注和重视，宏观环境中的某些因素，在一定条件下也会对推销活动产生重要影响甚至具有决定性作用。推销战略是全局性的谋划，因此，对环境因素的研究，既要分主次轻重，又必须进行全盘考虑。

（二）推销能力分析

分析推销能力同样是制定和实施推销战略的重要依据与条件。推销能力是指企业与推销员进行推销活动的物质能力和主观能力，物质能力包括产品的市场辐射能力、产品的行业竞争能力、产品推销量增长能力、资金投入与使用能力、人员投入能力等。主观能力包括对推销活动的组织管理能力，企业推销员群体的整体素质水准，推销员个体的思想素质、业务素质、实际能力和工作水平等。对推销能力进行周密的分析，弄清推销能力的特点、长处及潜能，以使制定和实施推销战略从实际出发，同推销能力未来可能达到的水平相一致。

三、确定推销战略目标与战略重点

（一）确定推销战略目标

在分析研究推销活动主客观条件的基础上，制定推销战略的第一步就是确定推销战略目标。在制定战略目标时，应具有以下特点：（1）宏观性，推销战略目标是一种宏观目标，它是一种总体设想，它的着眼点是整体而不是局部，它是从宏观角度作出一种较为理想的设定。（2）长期性，推销战略目标是一种长期目标，它的着眼点是未来和长远，战略目标是关于未来的设想，它所设定的是推销员通过自己的长期努力奋斗而达到的对现实的一种根本性的改造。推销战略目标所规定的，是一种长期的发展方向，它所提出的，是一种长期的任务。（3）相对稳定性，推销战略目标既然是一种长期目标，那么它在其所规定的时间内就应该是相对稳定的。（4）全面性，推销战略目标是一种整体性要求。它虽着眼于未来，但却没有抛弃当前；它虽着眼于全局，但又不排斥局部。科学的推销战略目标，总是对现实利益与长远利益和局部利益与整体利益的综合反映。科学的推销战略目标虽然总是概括的，但它对人们行动的要求，却又总是全面的，甚至是相当具体的。（5）可分性，推销战略目标具有宏观性、全面性的特点本身就说明它是可分的，可以分解成某些具体目标、具体任务和具体要求。这种分解既可以在空间上把总目标分解成一个方面又一个方面的具体目标和具体任务，又可以在时间上把长期目标分解成一个阶段又一个阶段的具体目标和具体任务。只有把推销战略目标分解，才能使其成为可操作的东西。可以这样说，因为推销战略目标是可分的，因此才是可实现的，此外，企业的推销战略表述必须明确，有实际的含义，不至于产生误解，易于被推销员理解的目标也易于被接受。

企业领导或销售部门负责人应选择具有较好的业务素质和有一定决策能力的推销员及有关人员，组建成推销战略决策机构，对企业推销员的推销能力和外部推销环境以及推销过程中所存在的问题进行系统的调查、分析、研究和归纳概括，然后对推销工作整体的长远发展进行总体构思与策划，并经过严密的科学的推论，进而制定推销战略的基本原则，正确地确定推销战略目标。

（二）确定推销战略重点

明确了推销战略目标之后，就要根据推销战略目标进一步确定推销战略重点。推销战略重点是实现推销战略目标的关键和突破口，在整个推销战略要素中处于更重要的地位。选择战略重点对于制定和实施推销战略具有重要的意义。如果选择得当，对完成整个推销战略任务将产生巨大的推动作用。

【阅读资料】

山内豆腐如何进入美国市场

日本山内豆腐公司，其豆腐一直在国内销售，老板为了扩展业务，建立了进一步开发市场的新战略。经过一番考察和谋划之后，他们把美国这个消费最大的市场选定为推销战略的重点。日本山内豆腐公司打进美国市场之前，曾派专人到美国进行实地考察，得出结论：豆腐这种低热量、高蛋白的天然食品比较受注重保健的美国人青睐，需求呈上升趋势；产品包装必须适应美国超市的销售方式；美国人普遍不懂得豆腐的吃法。由于调查细致，山内豆腐公司进入美国后，在制定经营策略方面做到了心中有数，一方面聘请医生为形象代表，在电视、报纸等媒体上频频打广告，介绍豆腐的营养价值和对人体的保健作用，另一方面介绍豆腐的吃法和烹调技术。在推销方法上，既利用大型批发网络，又直接向超市供货。经过四年经营，山内豆腐公司占领了美国的大部分豆腐市场，成为美国最大的豆腐公司。由此可见，战略重点的选择对于推销战略目标的实现是至关重要的。

（资料来源：http：//lz. book. sohu. com/chapter－14844－111843922. html。）

四、制定推销战略方案与计划

（一）制定推销战略方案

推销战略方案是为了实现推销战略目标，根据环境分析的结果，比较现时的能力与目标之间的差距，为弥补这个差距而想要采取的政策策略和行动计划。所以，确定了推销战略的目标与重点，进一步的工作就是围绕推销战略目标及重点来拟订推销战略规划的方案。在推销战略规划确定之前，通常应拟订至少两个或多个方案，以便进行比较和选择，有利于正确合理地决策。推销战略方案是在推销战略决策机构的成员进行反复思考、深入探讨和认真细致的可行性研究基础上，从若干个备选方案中优选出的最佳方案。推销战略方案一般应包括推销的基本内容、基本形式、总体步骤和发展阶段等。

每一个企业及其推销员都有其推销的基本内容，推销内容规定着企业推销战略的个性特征、营销风格和总体面貌。制定推销战略方案必须充分考虑本企业推销内容的特点、种类、质量、规模和所适合的对象等，而不宜盲目照搬其他企业的推销模式。

推销的基本形式一般来说有三种：上门推销、柜台推销和会议推销。上门推销是最常见的人员推销形式。它是由推销员携带产品的样品、说明书和订单等走访客户，推销产品。这种推销形式，可以针对客户的需要提供有效的服务，方便客户，故为客户广泛认可和接受。此种形式是一种积极主动的、名副其实的"正宗"推销形式；柜台推销又称门市推销，是指企业在适当地点设置固定的门市，由营业员接待进入门市的客户，推销产品。门市的营业员是广义的推销员。柜台推销与上门推销正好相反，它是等客户上门式的推销方式。由于门市里的产品种类齐全，能满足客户多方面的购买要求，为客户提供较多的购买方便，并且可以保证商品安全无损，故此，客户比较乐于接受这种方式；会议推销指的是利用各种会议向与会人员宣传和介绍产品，开展推销活动。例如，在订货会、交易会、展览会、物资交流会等会议上推销产品。这种推销形式接触面广，推销集中，可以同时向多个推销对象推销产品，成交额较大，推销效果较好。推销形式的选择与综合运用，是一种战略考虑。推销战略应当根据本企业的实际情况和人员推销的特点，从产品、客户与推销区域的整体出发来科学制定。推销战略的总体步骤和发展阶段则应根据企业推销战略目标的要求予以明确划分。

（二）制定推销战略计划

推销战略计划是为实现组织的目标而制定的有广泛意义的计划，通常表现为三年或五年以上的发展规划。推销战略方案是一种指导性的总体谋划，要使之能在推销实践中实施，使推销战略目标得以实现，往往需经历一个较长的过程，需将推销战略的总目标分解成这一过程各个阶段的阶段目标，将推销战略方案具体化为循序渐进的若干个阶段计划。这样，推销战略才具有可操作性。

推销战略的阶段目标是推销战略总目标的进一步量化、层次化和时序化，主要包括每一阶段要求达到的推销规模、效率、增长率、覆盖率和效益等指标。阶段目标只有量化，才能变得明确而易于把握，才有评判的标准。

推销战略的阶段计划是根据推销战略的阶段目标制定的，是推销战略方案的细化和程序化。阶段计划主要包括推销的品种、价格、对象和任务，推销的方式、途径、措施及步骤，推销的人员安排、时间安排、奖金预算以及推销计划的实施，调控和评估办法等。最后，要将推销战略阶段计划编写成书面报告，交领导或有关部门审批，便于执行和事后检查。

推销战略方案与计划的制定、选择与评价，都应遵循建立推销战略的基本原则，并充分考虑其现实可行性、预期效益和能否达到较先进的水平。

在实施推销战略方案和计划的过程中，可以采取典型试验和局部试行的方法，以便发现问题并及时修正，避免造成较大损失。待推销战略方案与计划的正确性得到一定程度的验证并取得一些成功的经验之后，再逐步全面实施。实施推销战略方案与计划时，要做好信息的反馈工作，适时调整不适合推销业务发展和不适应推销环境新特点的部分，使推销战略不断趋于完善。

五、实施推销战略管理

推销战略管理，主要是指战略制定和战略实施的过程。一般来说，战略管理包含四个关键要素：战略分析、战略选择、战略实施、战略评价和调整。推销战略管理是整体战略的重要组成部分，制定了好的推销战略方案，但如果在实施过程中管理不善，也不能保证实现预期的推销战略目标。推销战略的实施主要从以下五个方面加以管理和控制：

（一）制定推销战略实施计划

对实施推销战略所需的资源、时间、资金等作出统筹兼顾的安排。企业的推销战略是对企业未来相当一段时间内推销活动发展的前景作出的总体规划。因此，在推销战略实施时，还必须对战略实施的全程进行周密的策划，制定实施计划，使推销战略更具有可行性。

（二）执行推销战略实施计划

首先，要把推销战略目标与任务分解和落实到各个战略阶段，对近期目标的实施作出详细的计划并付诸行动。其次，把推销战略目标与任务分解落实到各个推销单元，并制定出保证完成推销战略目标与任务的措施；针对推销战略各个阶段的侧重点的不同，给予推销战略重点相应的人力、物力和财力的支持和倾斜。再次，从整体推销战略出发，制定实施推销战略的对策和措施。例如，以新产品或新的推销方式为主的创新推销策略，薄利多销的廉价推销策略，厚利精销的名牌推销策略，快速抢占市场策略，提供优质服务的满意推销策略和强行输入信息的广告宣传策略等，以及各种推销策略的最佳组合。最后，必须制定出推销战略实施的责任体系和考核的指标体系。

（三）监督和控制推销战略的实施

推销战略方案实施后，要对实施过程进行检查和监督，分析实际执行情况与战略目标之间的差距。当出现差距时，必须采取相应的对策和措施加以控制，确保战略目标的实现。

（四）推销战略实施过程中的动态调整

在推销战略实施过程中，市场环境的各种因素总是处于不断变化之中，有些因素还具有较大的不确定性，对企业来说，它们属于不可控因素。当外部的市场环境发生重大变化时，企业必须调整推销战略的方向、目标和对策，使企业的推销战略与变化的市场环境相适应。例如，当发生政权更迭、严重的自然灾害、战争等突发性不可控事件时，企业必须迅速调整推销战略，对付突发事件。但是，推销战略的调整也不能朝令夕改，特别是企业内部的可控因素，如执行推销战略的组织机构、人事安排等就不应频繁地变更。只有保持推销战略要素的相对稳定性，才可能取得较好的推销效益。

（五）加强推销战略实施过程中的信息反馈

推销战略实施过程中，推销管理人员必须准确地收集、评估和反馈推销活动中的各种信息。积极进行市场调查、消费者偏好测验、推销研究、广告评估等工作，及时反馈推销战略实施过程中的推销额、推销成本、现金流程、存货、应收账款等信息，分析以产品、地区和推销员为基础的战略子系统的任务执行情况，及时协调推销子系统目标与总体战略目标的一致性。

【阅读资料】

SPIN 推销战略

一位推销专家耗资 100 万美元，历时 15 年在 20 个国家进行了 35 000 次访问，总结出了一个争取客户的推销战略，这就是：成功的推销战略是建立在客户基础上的。英国克兰费尔德管理学院的推销专家指出："要想成功地说服、诱导客户购买某种产品，首先必须根据客户的决策过程以及在此过程中所考虑的因素进行分析。没有意识到这一点，说服工作就很难进行。"了解客户的购买心理，是制定有效的推销战略的依据。心理专家们认为，客户的购买活动，从心理反应到实际行动经过了以下几个阶段：对需求的认识阶段，对选择的估价阶段，对决定的担心阶段，对决定的履行阶段。SPIN 推销法就是针对客户心理反应的每一阶段，制定相应的推销战略，从而赢得推销成功。

1. 赢得客户的信任——需求认识阶段的战略

对需求的认识阶段，在客户购买产品的心理活动过程中是一个举足轻重的阶段。赢得客户的信任，是这一阶段的中心任务。也就是说，推销员应设法查明客户的不满情绪，使客户对推销员的产品及提供的服务产生信任感。为达到上述目的，可采用 SPIN 询问战略，它包括四个方面：状况的询问，即向客户询问事实真相，如询问客户"你用哪一种设备？""是买来的还是租来的？"等；产品问题的询问，即调查产品存在的问题及用户对产品不满意之处；潜在问题的询问，即从客户的意见中进一步了解产品存在的潜在问题；需要支付报偿问题的询问，即对难题的解决具有实用性或能产生效益的询问，这种询问需要支付报酬。

布赖恩·帕尔曼是专职推销科学仪器的人员。开始时，他的推销记录成绩不佳。后来，他采取SPIN询问战略，对客户进行访问。他将他的仪器可以解决的问题列成一张表，然后写下这些问题的实质，并以询问方式重新把这些问题的实质向客户讲清。这样一年之后，布赖恩就一跃成为出色的推销员。

2. 支配客户的选择——选择的估价阶段的战略

客户在选择供货商时，其选择过程包括三个阶段：一是确定选择商品的标准；二是证实决定的选择标准是正确、重要的；三是以确定的标准作为准则选择供货商。这种选择标准包括质量、价格、服务、交货期、付款方式及条件、关系等。一旦客户决定了某个选择标准，他就以此为依据，评估各个供货商商品的优劣，从而决定向谁购买。如客户急需某一商品，他就把交货期作为选择标准，谁能够在规定的交货期交货，客户就能买谁的，而此时，产品的价格、质量等因素对客户的吸引力则相对降低。客户按照决定的标准对竞争的产品优缺点进行比较，有时较正规和井井有条，有时也常常是带有个人好恶的一种随意性的挑选。

推销员必须清楚，产品特点，如产品的质量、价格、服务等因素对客户的吸引力，是视客户的需要而决定的。客户需要的产品特点，才是重要的特点。推销员不了解客户的选择标准而介绍商品，必定是无的放矢，难收效果。如客户优先考虑的是交货期，而推销员大谈产品质量，是不能打动客户的。推销员要先了解和支配客户的选择标准，而后推销产品。为此，在推销同时，推销员必须实现三个目标：找出决定标准，即找出客户近几年在选择供货商时所依据的条件或准则；左右决定标准，即向你的客户介绍他未能考虑到的重要标准和因素，以左右客户的决定标准，使客户对你的产品或服务的评价超过竞争对手；扩大产品的适应性，即向客户说明你的产品或服务最符合他的要求，如客户的购买标准是购置费用（即产品售价）最低，你的产品特点是价格高，但维修使用费用低，你就处于不利的地位。这时，推销员要影响和改变客户的购买标准，让客户把包括购置费用和使用费用在内的产品寿命周期费用最低作为购买标准。一旦客户改变了标准，你就处于有利的竞争地位上。

要支配客户确定选择的标准，必须掌握对决定标准起影响作用的四种方法：

（1）从需求方面来制定选择标准。你的产品或服务在哪些方面占有优势，你就要诱导客户愿意按照这些需求来确定选择标准。如果达到这一目的，你就能在竞争中稳操胜券。

（2）加强你能够实现的关键性选择标准。认真听取客户的陈述，对你制定产品的决定标准是会有启示的。

（3）在你产品畅销稳定的地方，逐步建立非关键性的决定标准，不能仅重视满足客户需求的关键性决定标准。

（4）对不能满足客户要求的关键性决定标准，则降低其重要性。如你的产品价格高于竞争对手，但在质量、服务等方面略胜一筹，你就可以利用这些有利条件，使客户权衡得失，来弥补你价格较高的不足。

3. 克服最后的担心——消除客户担心阶段的战略

客户常常抱有各种各样的担忧，如"设备能否按时运到？""设备运到后，安装有困难吗？""设备的性能究竟如何？"等。许多销售活动都是由于卖方不能解决好客户的后顾之忧而功败垂成。因此，消除客户的担心是重要的。

客户担心的原因是多种多样的，如重大的购买决策，一旦出纰漏，对买方的责任风险具有敏感性的决定，客户可能会感受到压力加大；客户对你的产品工艺或服务不熟悉以及过去已解决的问题又重新出现，不合理的延迟交货等。推销员要及时掌握客户担忧心理并正确处理。不少推销员用简单化的否定态度来对待客户的后顾之优。例如，他们没有认识到问题的重要性，轻视客户的忧虑，轻描淡写地对客户说请放心吧。有的问题推销员觉得无足轻重，而客户却认为非常重要，如交货期拖了两三天，推销员认为无所谓，而这可能打乱了客户的生产进度计划，给客户造成损失。推销员不能否认或置之不理客户的担忧，而应重视并加以解决。推销员要尽早与客户建立良好的关系，让客户对你抱有信心，使客户感到你是和他一道共同分担忧虑。你要尽一切可能去创造条件，让客户自己去消除害怕心理。

4. 取得持续不断的成功——履行与发展客户阶段的战略

履行阶段从安装开始，包括产品的介绍、产品检验和对你的产品或服务的初步估价。为了形成一套完整的履行战略，推销员必须以客户的观点来了解他对履行的心理状态。

（1）"新鲜"阶段。销售成交后，客户们往往以兴奋的心情，"玩玩"新买的东西。无论是普通商品还是新技术产品，客户的反应均是如此。因此，要鼓励人们去"玩玩"产品的各种功能以及品味一下提供的服务，这会收到事半功倍的效果。它不仅增加了客户对产品的信任感，而且还激发了客户想掌握产品更多功能的动机。

（2）学习掌握阶段。刚一开始，客户就想使产品充分发挥其效能是比较困难的。如果客户不能有效地使用产品，他对你的信任就会一落千丈。推销员要使客户相信他们是能够使用好产品的。

（3）取得成效阶段。客户对你的产品或提供的服务有了充分的了解之后，就有了信任感，你越能帮助客户顺利地达到这个阶段，你实现履行战略就越有成效。

当客户购买了你的产品后，你进入了一个发展客户的阶段——一个对发展和扩大你的业务确有助益的阶段。确保现有的客户是限制竞争对手最为行之有效的手段。它能使那些对你产品满意的客户乐于为你做一些销售业务，也是你生意兴隆的捷径。下面五个方法有助于你发展客户：

（1）要发展而不要维持现状。最为有效的维护销售业务者，绝不是那种仅维护和维持现状的人，而是那些积极在客户中寻找新机会来发展业务的人。

（2）传播客户赞扬的信件。可以确信在你的客户档案中，肯定有谈及买卖成功的信件，要充分借助满意客户的来信，为己所用。如果没有的话，就自己写信给客户，宣传你的产品所具有的优越性。

（3）在产品安装初期，或在客户感觉"新鲜"阶段，就主动向客户介绍产品，提供信息。

（4）对客户的需求进行重新估定。对现有的客户每年进行一两次访问，并把这视为扩大业务的良机。记住：如果对客户的需求不重新进行了解和估定，那么这个机会就会留给你的竞争对手。

（5）要设法左右未来的选择标准。推销员应经常运用各种方式与客户接触，影响客户未来的决定标准，并使你未来的产品或服务胜过竞争对手。

为拥有一批客户而沾沾自喜是最有害的。昨日做的已成为历史，对多数客户来说，最重要的是今天你在为他们做些什么和明天你能为他们做些什么。

（资料来源：http：//wenku. baidu. com/view/f7a4eed428ea81c758f57824. html。）

【本章小结】

推销过程，是指运用一定的推销方法与技巧达到目的的过程，其实，推销方法与技巧不过是推销过程中的"战术"。推销术的运用恰当与否，不仅在于是否熟练地掌握了推销术本身，更取决于是否受到推销战略的支配与指导。

推销战略是营销战略有机的、重要的组成部分，它有利于优化推销策略，有利于提高企业市场竞争力，有利于提高推销员素质和地位。推销战略具有全局性、长远性、动态稳定性三个基本特征。推销战略是具有全局性的推销谋划与策略，是为推销活动的未来发展而设计的，是为实现推销者的长远利益而进行的谋划，是统摄全局和长远发展的战略，是具有稳定性的战略。制定推销战略应遵循系统性原则、科学性原则、优势性原则和政策性原则；制定推销战略应分析推销环境与推销能力；制定推销战略应还确定推销战略目标与战略重点。在制定推销战略方案与计划后，应当有效实施推销战略管理。

【思考与练习】

1. 主要概念

推销战略　推销环境　推销能力　推销战略目标　推销战略重点　推销战略方案　推销战略管理

2. 复习思考题

（1）推销战略的意义有哪些？

（2）推销战略的基本特征包括哪些？

（3）制定推销战略的原则。

（4）推销战略方案包含哪几方面内容？

（5）推销战略的实施主要从哪几个方面进行控制？

【技能训练】

鹤壁天元"黛丝"、"黛莉丝"洗发水推销的失败

1993—1995年，鹤壁天元企业的杀虫水"克星"在国内市场做得有声有色，也获得了巨额的利润。手里有了钱，鹤壁天元就开始进入瞄了很久的洗发水市场。其实，多年前，鹤壁天元就已经开始策划新品牌"黛丝"、"黛莉丝"。当资金、项目

都齐备以后，洗发水项目就立即开始经营。

　　从 1995 年洗发水项目上马以后到 1998 年，很多城市的黛丝、黛莉丝产品热销，有的农村市场还出现了脱销的现象。一个经销商回忆说，在那段时间里，他所在的这个四五十万人口的中小城市，每次要货基本是 400～500 件，而且是每星期一至两次。到了 1997—1998 年聘请香港著名影星万梓良为"黛丝"、"黛莉丝"品牌代言人后，市场份额更是一路飞升，一时间杀虫水和洗发水市场双赢的鹤壁天元公司如日中天，前途似不可限量。鹤壁天元靠杀虫水建立起的销售网络（各地百货批发站、大经销商）起到了极大的作用（但需要强调的是，这些销售网络主要是被大经销商控制着）。鹤壁天元充分考虑大批发商的利益，实行"多销多奖励"的策略，例如，销一件洗发水奖一件保暖内衣，销十件洗发水另外返点等，批发商、零售商经营产品利润非常有竞争力，较一般产品利润丰厚。

　　自 1998 年起，鹤壁天元公司的"黛丝"、"黛莉丝"洗发水的销量开始出现持续下滑的现象。公司在看到销量持续下滑后，曾做过一次市场调查得出以下结论："在同价位的产品中，消费者更愿意购买好迪、夏士莲、花王的产品，因为它们的促销活动多，促销小姐热情而亲切。"但在短时间内想要增加终端促销活动，建造一个新的销售网络，需要投入大量的人力、物力，公司不愿在终端多花钱。实际上，在产品火爆销售一年多后，市场的格局已经开始悄悄变化。全国各地的连锁超市、便利店已基本完成了原始积累，终端权力已出现转移，零售商已获得了较绝对的渠道控制能力，各地百货批发站纷纷倒闭，靠一两个"大户"辐射周边城市的销售网络体系岌岌可危。各大洗发水厂商纷纷拿出应对战略，着手建立新的以终端为主，更着重零售商利益的推销体系。

　　公司不愿在终端多花钱，却选择了另外一个方案，犯下策略上的失误。那就是降价，同竞争对手打价格战。殊不知，销量下降的真正原因并不单是同竞争对手的竞争，更重要的因素是零售商要求分得更多的利润。当时许多超市特别是连锁型超市开始向洗发水等高利产品收取高额陈列费、入场费。而大批发商绝不会给这笔钱。在这种情况下，公司也不愿意出这笔钱。另外，由于没有考虑到零售商的利益，大大伤透了与鹤壁天元合作的零售商的心。于是，很多卖场就拒绝了鹤壁天元公司的货，其直接导致的后果就是消费者找不到货而改买其他品牌的产品。

　　同鹤壁天元公司形成鲜明对比的是，以丽花丝宝集团为代表的厂商不惜成本在终端卖场投入大量费用，率先在全国各地投入大批的销售人员和卖场促销小姐，只要有好的陈列位置和好的卖场，再高的费用也愿意出。这样逐渐形成了终端市场对高利产品行业的收费标准。鹤壁天元公司并不认可这个标准，更习惯以往的市场运作方式。

　　问题：

　　（1）鹤壁天元公司失败的原因是什么？

　　（2）如果你是鹤壁天元公司的推销员，你会怎么做？

实训篇

第十二章
专业推销技巧实训

【导入案例】

11 种销售经典开场白

销售员与准客户交谈之前，需要适当的开场白。开场白的好坏，几乎可以决定这一次访问的成败，换言之，好的开场白，就是推销员成功的一半。

1. 用金钱来敲门

几乎所有的人都对钱感兴趣，省钱和赚钱的方法很容易引起客户的兴趣。

"王经理，我是来告诉您能让贵公司节省一半电费的方法。"

"李厂长，我们的机器比您目前的机器速度快、耗电少、更精确，能降低您的生产成本。"

"陈总，您愿意每年在毛巾生产上节约 5 万元吗？"

"赵总，有一种网站推广方式每年能让您的客户量提升 20%。"

2. 发自内心真诚的赞美

每个人都喜欢听好听的话，客户也不例外。因此，赞美就成为接近客户的好方法。赞美准客户必须找出别人可能忽略的特点，而让准客户知道你的话是真诚的。赞美的话若不真诚，就成为拍马屁，这样效果当然不会好。赞美比拍马屁难，它要先经过思索，不但要有诚意，而且要选定既定的目标与诚意。

"王总，这房子真漂亮。"这句话听起来像拍马屁。"王总，您这房子大厅设计得真别致。"这句话就是赞美了。

下面是两个赞美客户的开场白实例。

"徐经理，我听说×××公司的张总说，跟您做生意是最痛快不过了，他夸赞您是一位热心爽快的人。"

"恭喜您啊，杨总，我刚在报纸上看到您的特别报道，祝贺您当选十大杰出企业家。"

3. 利用好奇心

现代心理学表明，好奇是人类行为的基本动机之一。美国杰克逊州立大学刘安彦教授说"探索与好奇，似乎是一般人的天性，对于神秘奥妙的事物，往往是大家所熟悉关心的注目对象。"那些客户不熟悉、不了解、不知道或与众不同的东西，往往会引起人们的注意，推销员可以利用人人皆有的好奇心来引起客户的注意。

一位推销员对客户说："老陈，您知道世界上最懒的东西是什么吗？"客户感到迷惑，但也很好奇。

这位推销员继续说："就是您藏起来不用的钱，它们本来可以购买我们的空调，让您度过一个凉爽的夏天。"

某地毯推销员对客户说:"每天只花一毛钱就可以使您铺上地毯。"客户对此感到惊奇,推销员接着讲道:"您卧室12平方米,我厂地毯价格每平方米为24.8元,这样需297.6元。我厂地毯可铺用5年,每年365天,这样平均每天的花费只有一角六分钱。"

推销员制造神秘气氛,引起对方的好奇,然后,在解答疑问时,很技巧地把产品介绍给客户。

4. 借第三人来引起注意

告诉客户,是第三者要你来找他的。这是一种迂回战术,因为每个人都有不看僧面看佛面的心理,所以,大多数人对亲友介绍来的推销员都很客气。

"马先生,您的好友×××要我来找您,他认为您可能对我们的印刷机械感兴趣,因为,这些产品为他的公司带来很多好处与方便。"

为了取信客户,若能出示引荐人的名片或介绍信,效果更佳。

5. 举著名的公司或人为例

人们的购买行为常常受到其他人的影响,推销员若能把握客户这层心理,好好地利用,一定会收到很好的效果。

"李厂长,××公司的张总采纳了我们的建议后,公司的营业状况大有起色。"

举著名的公司或人为例,可以壮自己的声势,特别是,如果您举的例子,正好是客户所景仰或性质相同的企业时,效果就会更显著。

6. 不断地提出问题

推销员直接向客户提出问题,利用所提的问题来引起客户的注意和兴趣。

"王厂长,您认为影响贵厂产品质量的主要因素是什么?"产品质量自然是厂长最关心的问题之一,推销员这么一问,无疑将引导对方逐步进入面谈。

在运用这一技巧时应注意,推销员所提问题,应是对方最关心的问题,提问必须明确具体,不可言语不清楚、模棱两可,否则,很难引起客户的注意。

7. 向客户提供有价值的信息

销售员向客户提供一些对客户有帮助的信息,如市场行情、新技术、新产品知识等,会引起客户的注意,这就要求推销员能站到客户的立场上,为客户着想,尽量阅读报刊,掌握市场动态,充实自己的知识,把自己训练成为自己这一行业的专家。

客户或许对推销员应付了事,可是对专家则是非常尊重的。如果你对客户说:"我在某某刊物上看到一项新的技术发明,觉得对贵厂很有用。"推销员为客户提供了信息,关心了客户的利益,也获得了客户的尊敬与好感。

8. 适时地进行产品展示

推销员利用各种戏剧性的动作来展示产品的特点,是最能引起客户注意的。

一位消防用品推销员见到客户后,并不急于开口说话,而是从提包里拿出一件防火衣,将其装入一个大纸袋,旋即用火点燃纸袋,等纸袋烧完后,里面的衣服仍完好无损。这一戏剧性的表演,使客户产生了极大的兴趣。

卖高级领带的售货员,光说:"这是××牌高级领带",这没什么效果,但是,如果把领带揉成一团,再轻易地拉平,说"这是××牌高级领带",就能给人留下深刻的印象。

9. 利用产品引发兴趣

推销员利用产品来引起客户的注意和兴趣。

这种方法的最大特点就是让产品自我介绍，用产品的推力来吸引客户。

一乡镇企业厂长把该厂生产的设计新颖、做工考究的皮鞋放到王经理办公桌上时，经理不禁眼睛一亮，问："哪产的？多少钱一双？"广州表壳厂的推销员到上海手表三厂去推销，他们准备了一个产品箱，里面放上制作精美、琳琅满目的新产品，进门后不说太多的话，把箱子打开，一下子就吸引了客户。

10. 虚心向客户请教

推销员利用客户请教问题的方法来引起客户注意。

有些人好为人师，总喜欢指导、教育别人，或显示自己。推销员有意找一些不懂的问题，或懂装不懂地向客户请教。一般客户是不会拒绝虚心讨教的人。

"程总，在计算机方面您是专家，这是我公司研制的新型电脑，请您指导，在设计方面还存在什么问题？"受到这番抬举，对方就会接过电脑资料信手翻翻，一旦被电脑先进的技术性能所吸引，推销便大功告成。

11. 赠送小礼品

每个人都有贪小便宜的心理，赠品就是利用人类的这种心理进行推销。很少人会拒绝免费的东西，用赠品作敲门砖，既新鲜又实用。

当代世界最富权威的推销专家戈德曼博士强调，在面对面的推销中，说好第一句话是十分重要的。

客户听第一句话要比听以后的话认真得多，听完第一句话，许多客户就自觉不自觉地决定尽快打发推销员走还是继续谈下去。因此，推销员要尽快抓住客户的注意力，才能保证营销回访的顺利进行。

（资料来源：http：//blog. sina. com. cn/s/blog_ a1ee4c0c0100zdyl. html。）

【教学目标】

通过本章的学习，要求学生对行业推销领域有更深的研究和体验，通过对专业推销技巧案例的分析，掌握推销技巧。

第一节　专业推销技巧分析案例

一、满足客户需要的开场白案例

【案例分析】

推销你的商品之前，先推销一次面谈机会

我有次站在一条大船的甲板上看船入坞，很巧地因此领悟了与潜在客户建立关

系的要领。当船靠近码头时，一位水手举起一个状似附在细绳上的棒球抛向码头，码头这边的人员张开手臂准备接，但球状物越过他头，方使得绳子落在他手中。他一手接，另一手拉绳使船进码头，后来我才发觉原来他拉的是一捆粗绳，借以把船拖进码头。他接着快速把绳子卷绑于甲板上的系绳桩，再把船泊码头，然后拖进船坞。

我向船长请教，他说："这条粗绳又叫小钢缆，它捆成的绳球俗称'猴拳'，如果它准确落在码头人员的手上，反而不能使他抓住绳子，也因此不能拖船入坞。"

当时我茅塞顿开，才知自己以前为什么失掉潜在客户的生意，因我总把"猴拳"瞄准抛向他。比方说，在这前几天以前，我差点被一位面包批发公司的老板甩出他的面包厂。我在没有事先订约的情况下，鲁莽地拜访他，又未先表明自己的身份、公司和拜访目的，就滔滔不绝地搬出推销辞令，怪不得他恼火。现在，我才明白自己以前多么愚蠢。

我回家以后，向许多资深推销员讨教，很惊讶地发现他们异口同声："推销最难的一关在于如何与客户建立关系。"我突然明白，为什么我常在客户的办公室门外惶恐犹豫，因为我不知道如何接近他们，害怕尚未说明来意就被拒绝。

然而，我讨教得知克服这层障碍的方法，指点我的人并不是任何推销专家，而是潜在客户。他们指点我两件事情，对我大有裨益：

1. 他们不喜欢推销员故作神秘，不表明身份、代表公司及拜访目的。他们欣赏自然、诚恳、坦白的推销员，直接说出其拜访目的。

2. 如果推销员事先未订约，他们希望他先请问是否方便谈话，而不是莽撞地说出推销辞令。

我引述一位朋友的话："如果你的潜在客户摸不清你来访的用意，以至于无心听你说话，你的推销辞令再精彩又有什么用？所以，每次拜访潜在客户时，先以十分钟的时间开场说明来意。推销你的商品之前，先推销一次面谈机会。"

如果我事先未订约而突然拜访，必先说："×××先生，我名叫贝格，是恒安标准人寿保险公司的业务员。您的朋友×××先生曾拜托我到贵公司附近办事时顺道拜访您。不晓得您现在是否有空，或者待会儿方便时我再来拜访。"

他通常回答："没关系，您有什么事吗？"

"关于您的事。"

"我怎么啦？"

这正是建立关系的关键时刻，如果这时你不能立刻给他满意的答复，倒不如不要拜访他。

如果这时你介绍一些让他花钱的东西，等于是告诉他你想给他添麻烦，因为他早就被抽屉里的账单烦得要命，百般设法节省开支。如果你谈的是他最关切的问题，有助于他解决困难，他必乐于放开胸襟与你交谈。家庭主妇没兴趣跟你谈买新冰箱的事，但她们烦恼肉、蛋、牛奶又再涨价，她们想听的是如何减少浪费、降低食物方面的费用。忙碌的年轻人没兴趣参加青年商会，但他可非常重视交友、成名、被同行认同及如何增加自己的收入等事。

成功地建立关系，有时根本不需要圆滑的"建立关系的辞令"。各位不妨参考我的朋友的经验：

"我第一次到费城以外的城市推销产品，当我刚抵达纽渥克的客户店里时，他正忙着与客户买卖。而他五岁的女儿在地板上玩耍，她非常可爱，我们俩立刻成为好朋友，玩得不亦乐乎。这孩子的父亲忙完后，我向他自我介绍，他仅回答：'我已好久没向贵公司采购产品。'我并未多谈生意，而把话题转向她的小女儿。他说：'我知道您很喜欢我女儿，您愿不愿参加今晚我们替她举办的生日宴会呢？我们就住在店面的楼上。'

当晚我参加这个小型宴会，宴会里每一刻都充满欢乐，我一直留到午夜才离开他家。出人意料地，在我离开之前居然接到老板买一大批货的订单！我并没有向他推销商品的意图，只是尽量逗他女儿开心，却意外地与老板建立友好的关系，因而达成这笔生意。"

这位朋友还说道："在我25年的推销生涯中，我发现接近潜在客户，与他建立关系的最好方法是找出他的嗜好，然后谈论他的嗜好。"

并不是每名客户都有小孩子可接近，或都有其嗜好可聊，但总有消除敌意、建立友善关系的路径。我们来听听另外一位杰出推销员的经验之谈：

"几年前我初出道当推销员，常联络纽约州某大制造商洽谈生意，但屡谈屡败。恰巧有一次，他正准备出门时我登门拜访，他不耐烦地说：'抱歉，我正准备去吃午餐，没时间跟您谈。'我则回答：'皮特斯先生，我是否可以与您一起进餐。'他虽颇诧异，倒也同意一起去吃午饭。午餐时，我毫不谈及公事。但餐毕回他办公室，他下了一张小订单，这是我第一次收到他的订单，却因此打开一条生意线，现已维持数年的交易关系。"

另外一位推销员丁恩先生，他创下一天内销售105双鞋子的纪录，销售对象包括男女老少。我对他极为好奇，于是专程到他店里请教他如何创下这辉煌的纪录。他说："最主要在于你如何接近他们。如果客户不走进你的店里，他怎么会买你的商品？"我很想知道他所说的意思是什么，当天就现场看他招揽生意的实况。他果真使客户有宾至如归的感觉，他站在门口，带着诚挚自然的笑容，欢迎光临该店的客户。丁恩亲切和蔼的招待深获客户的赞赏，所以客户坐下之前就打定主意向他购买鞋子了。

以上所谈的三位推销员都善于亲近客户，建立良好关系，不管推销什么东西，他们都先——推销自己。

我接近客户的方法常决定自己在他们心目中的地位：收订单者或是建议者。如果方法正确，在面谈过程中我就能掌握局面；如果方法错误，整段面谈即由客户控制。

我打算以一席开场白的对话结束此文，希望你能从中领会与人亲近的方法。（以下是我和初次见面的柯斯先生的开场白。）

我："柯斯先生，我无法从您眼睛、头发的肤色来了解您，就像如果我走进诊所，但拒绝跟医生说话，那么医生也没办法替我治病一样，对不对？"

柯斯："的确。"（他带着微笑。）

我："现在我和您的情形也是这样。除非您愿意与我交谈、对我有某种程度的信任，我才能在日后提供一些有助于您的资源。我可以请教您几个问题吗？"

柯斯："问吧!"

我："如果我问的问题您不想回答,没有关系,我会谅解。但如果您愿意回答我,而您告诉我的事别人也知道,则是因为您告诉他们,绝不是由我口中透露出去,请您相信我这点。"

这段开场白使得接下来的调查过程顺利许多。我每提出一项问题,必聚精会神倾听他回答,以便搜集他的相关资料。通常调查过程花五到十分钟时间,虽短却足以让我清楚他的状况。

我的调查包括以下这些问题:

1. 如果您意外去世,您的妻子每月至少需有多少收入才能维生?
2. 当您年届 65 岁时,每月的最低生活费需要多少?
3. 目前所拥有的房地产价值多少?
4. 不动产和现金有多少?
5. 年薪多少?
6. 目前手上有多少股票、债券、保证金?
7. 是否投保了?
8. 每年的保险费是多少?

诸如此类的私人问题,如果您调查之前有段恰当的开场白,则可以大方地提问。

我还有最后一个问题:"柯斯先生,您退休以后打算做些什么事?您有没有什么嗜好?"

他答完这个问题前,我即把调查记录表收好放进公事包,我从不在第一次面谈时就立刻和他讨论调查结果。我搜集全他的这些资料,尽快起身准备离开,并说:"谢谢您,也请相信我,我回去一定仔细研究您的资料,一旦我研拟出有助于您的方案,便立刻打电话约您见面,好吗?"柯斯先生回答:"好!"

我通常视情况而定,有时当时就约定出下次面谈日期,有时隔几天才打电话约定时间。

注意! 这些调查结果必须妥善存档保管,它是你的客户迈向成功过程中的痕迹,他渴望您来分享他进步的喜悦。只要您有心,他必能感受到您对他的了解,因此,愿意对您诉说他的困难或分享他的喜乐。

这种与人拉近关系的开场白不是死背得来的,但我认为应该把它写下并每天演练数次,直到这些话内化成为您的涵养,能自然地表达出来。

(资料来源:http://www.xici.net/d73985241.htm。)

问题:

(1) 假如您是一位人寿保险推销员,参照案例设计您拜访客户的开场白。
(2) 这个案例给了您哪些启示?

【阅读资料】

与成功人士交谈的十大技巧

您希望认识大人物吗? 如果您想把自己的事业做大,如果您想挣更多的钱,如果您想让自己的交际圈子更广，毫无疑问，您需要大人物的影响力。然而，大人物不是那么容易见的，大人物的时间是非常宝贵的，大人物不是非要见你不可。因此，要获得大人物的认识进而取得认可，就必须要找到合适和有效的途径。

每一位大人物都是一座宝藏，如何开启宝藏之门呢？金钥匙必然存在。下面我们就介绍一把可以打开任何大人物心门的金钥匙，让您也借助成功者们的影响力，从而成为大人物。这把金钥匙叫作"设问"，找到这把金钥匙的人，也是一位大人物。

当您有机会与大人物见面或者说上话时，您就可以运用这把金钥匙。如何与大人物见上面不是这里讨论的问题，您可以通过引荐、主动"出击"或者其他方式。

当与大人物交谈时，切记，把谈话时间的99.9%都用在询问大人物的事情上。这就是打开大人物心门的金钥匙。千万不要谈您自己的事情，除非您极其有把握知道谈比不谈更好。为什么？因为在这个时候，大人物对您或您的事情毫不关心。如果他对您有兴趣，就不需要您使用这把金钥匙了。

我们第一次与大人物交谈时，只需要给他留下一种印象就可以。什么印象呢？它可以激发出他去认识您，喜欢您并相信您。只要他能获得这种感觉，他的影响力也就开始跟您有关系啦。因为这种感觉是培育一种双赢关系过程中极其关键的东西。作为大人物，对方非常清楚这一点。

我们可以通过"设问"来做到这一点，方法就是"问正确的问题"。我们需要问的问题应该是开放式结尾的，以便对方回答时感觉良好。"开放式结尾"的问题您可能知道，就是该问题不能用简单的"是"或"不是"来回答，而需要较长的答案。

为了节省您的时间，我们把已经被无数成功事实证明是行之有效的十个"开放式结尾"的问题一一介绍出来。如果您想用好"设问"这把金钥匙，就把稍后我将介绍的"十大黄金问题"储存在您的脑海里，随时取用吧。

这十个问题让回答的人感觉良好，因为它们非常友善，而听者也可以通过回答者的话，了解到回答者的若干思维方式。下面介绍"十大黄金问题"。

1. "您是如何创立您的事业的？"

没有人不喜欢讲自己的故事，每一个人都喜欢自己在他人心里成为主角。那么，就让大人物们与您一起分享他们的故事吧。您要做的就是——主动地倾听。

2. "您最喜欢您事业中的哪一点？"

您很快会发现，这个问题将激发出大人物良好的正面感觉，并使您获得您正在寻找的正确性回应。它必然远远胜过这个负面性问题："您能告诉我，您最讨厌您事业中的哪一点……"

3. "您和您公司与竞争对手的明显区别是什么？"

这是一个"自我标榜性"的问题。我们从来都被教导要谦虚做人，大人物也不例外。但这个问题给了大人物一个吹嘘自己和他们成就的机会。

4. "近年来，您都看见您所在的行业发生了哪些重大的变革？"

拥有丰富经历的比较成熟的人都喜欢回答这样的问题，因为这显得他们的地位举足轻重。

5. "您对您行业的变化趋势的看法是?"

这个问题给了对方一个成为"博学多才"的行家的机会。任何认为自己从业经验丰富、博学多才或觉得自己已经取得了一定成就的人,都很乐意分享他们的知识给别人,因为这种感觉特别好。

6. "对一位刚进入您所在行业的人,您会给予什么样的建议呢?"

这个问题给了对方一个体会做老师滋味的机会。几乎每个人都有好为人师的一面,而且还很在乎别人对他回答的态度。这个问题给了他尊重。

7. "能聊一下您在发展事业过程中遇到过的最有趣的或最难忘的事吗?"

事实上,每个人都喜欢向别人讲述自己的奋斗故事。这个问题给了别人这样的机会。当您成功了,或者在别人眼中是成功人物了,您所经历的事情都是传奇,您难道不希望说出来吗?很多大人物都希望说出自己的艰苦岁月,而一般人都不会给他们机会。您现在主动要求做听众,大人物们虽然表面很平静,但内心必定欣喜若狂。

8. "您认为哪些方法最能有效地使人成功?"

对于任何一位大人物,他对于自己的成功历程都会有一套自己的心得,并且是被他自己的经验所证明过的。但是,平日谁会向他们请教呢?通常,任何一位真正的成功者都喜欢教别人一些东西的。您的问题问到他很乐意的话题上了。

9. "假如您知道自己绝不会失败,您将怎样度过您的一生?"

每个人都有自己的梦想,无论梦想是什么,被问者都会很欣赏您问他这个问题。原因是这个问题显示了您对他足够的关心。

10. "您希望别人用一句什么样的话来描述您和您取得的成就呢?"

大人物听到这个问题后,一般会真正地停下来,认真地思考一下。这其实是在给他们一个很大的恭维。这个问题,可能连他身边最亲的人也没有向他提过呢。

到此,有人会有疑问:第一次见面我就问对方这么多问题,会不会让对方觉得我太爱打听别人的事情了?

答案是:不会。

原因之一,是在最初交谈时,您只需要问上述问题中的有限几个;之二,上述问题都是任何人,尤其是大人物喜欢回答的问题,这是最关键的。显然,您提问题的方式也很关键。您不能像评论家那样用质问的语气问问题,也不能像记者那样抢时间,您需要的是自然地问上述问题中适合的问题,然后让对方感觉良好,进而营造出一种最初的融洽感。

上述问题,已经被证明效果显著。若您想让良好的效果也体现在您身上,那么,把上述的十大黄金问题变成自己内心的一部分,把它们了解得足够透彻。只有这样,您才能够针对具体不同的谈话时机,提出合适的问题,同时,还不用在对方说话时拼命地思考这些问题。

千万别过于关注您想说的话,否则对方就会感觉您并没有全神贯注地倾听他。切记,让对方说他想说的话,让对方感觉良好。

(资料来源:http://blog.sina.com.cn/s/blog_ 67732c9f0100lz0o.html。)

二、询问技巧案例

【案例分析】

挖掘客户的需求

麦克："比尔，您穿多大的西装？"麦克打量着比尔的身材。

麦克："比尔，想必您一定知道，以您的身材想挑一件合身的衣服恐怕不容易，起码衣服的腰围就要做一些修改。请问您所穿的西装都是在哪儿买的？"（麦克强调市面上的成衣很少有买来不修改就适合比尔穿的。他还向比尔询问所穿的西装是在哪一家买的，麦克借此了解他的竞争对手是谁。）

比尔："近几年来，我所穿西服都是从梅尔兄弟公司买的。"

麦克："梅尔兄弟公司的信誉不错。"（麦克从不在客户面前批评竞争对手，他总是说竞争对手的好话，或是保持沉默。）

比尔："我很喜欢这家公司。但是，麦克，正像您说的，我实在很难抽出时间挑选适合我穿的衣服。"

麦克："其实，许多人都有这种烦恼。要挑选一个自己喜欢，适合自己身材的衣服比较难。再说，到处逛商店去挑选衣服也是件累人的事。本公司有4 000多种布料和式样供您选择。我会根据您的喜好，挑出几种料子供您选择。"（麦克强调，卖成衣不如定做的好。）

麦克："您穿的衣服都是以什么价钱买的？"（麦克觉得现在该是提价钱的时候了。）

比尔："一般都是400元左右。您卖的西服多少钱？"

麦克："从375元至800元都有。这其中有您所希望的价位。"（麦克说出产品的价位，但只点到为止，没有做进一步说明。）

麦克："我能给客户带来许多方便。他们不出门能就买到所需的衣服。我一年访问客户两次，了解他们有什么需要或困难。客户也可以随时找到我。"（麦克强调他能为客户解决烦恼，带来方便。麦克的客户多是企业的高级主管，他们主要关心方便。）

麦克："比尔，您很清楚，现在一般人如果受到良好的服务会令他受宠若惊，他会认为服务的背后是否隐藏着什么其他条件，这真是一个可叹的事。我服务客户很彻底，彻底到使客户不好意思找其他的厂商，而这也是我殷勤服务客户的目的。比尔，您同意我的看法吗？"（麦克强调"服务"，因为，他相信几乎每一位企业的高级主管都很强调"服务"。所以，麦克在谈话末了以"您同意我的看法吗？"这句话来引导比尔的回答，麦克有把握让比尔作出肯定的回答。）

比尔："当然，我同意您的看法。我最喜欢具有良好服务的厂商。但现在这种有良好服务的厂商越来越少了。"（麦克觉得比尔的想法逐渐和自己的想法一致。）

麦克："提到服务，本公司有一套很好的服务计划。假如您的衣服有了破损、烧坏的情形，您只要打电话，我立即上门服务。"（由于比尔重视服务，所以麦克向比尔提起公司有一套很好的服务计划，能解决比尔的烦恼。）

比尔："是啊，我有一件海蓝色西装，是几年前买的，我很喜欢，但现在搁在家里一直没有穿。因为近几年我的体重逐年减轻，这套西装穿起来就有点肥。我想把这套西装修改得小一点。"（麦克记住了比尔的话：比尔有一套海蓝色的西装需要修改。）

麦克："比尔，我希望您给我业务上的支持。我将提供您需要的一切服务。我希望在生意上跟您保持长久的往来，永远替您服务。"（麦克不再犹豫，直截了当地向比尔表示，希望比尔"买他的东西"，并强调能提供良好的服务。）

比尔："麦克，什么时候让我看看样品?"（比尔看了看手腕上的表，向麦克暗示他的时间有限。）

比尔想看麦克的样品，麦克虽然准备了很多样品放在包里，但他还不打算拿出来。他想做进一步的询问，希望了解比尔的真正需求。在了解比尔的真正需求以后，才是拿出样品的最佳时机。

麦克："您对衣服是否还有其他的偏爱?"（麦克想知道比尔对衣服的质量和价格的看法。）

比尔："我有许多西装都是梅尔兄弟公司出品的，我也喜欢剑桥出品的西服。"

麦克："剑桥的衣服不错。比尔，以您目前的商业地位来说，海蓝色西装很适合您穿。您有几套海蓝色的西装?"（由于比尔没有主动说出他所拥有的西装，麦克只好逐一询问比尔的每一套西装。麦克想了解比尔的真正需求。）

比尔："只有一套，就是先前向您提过的那一套。"

麦克："比尔，谈谈您的灰色西装吧。您有几套灰色西装?"

比尔："我有一套，很少穿。"

麦克："您还有其他西装吗?"

比尔："没有了。"

麦克："我现在拿出一些样品给你看。如果您想到还有没提到的西装，请立即告诉我。"麦克边说边打开公文包，拿出一些样品放在桌上。

到目前为止，麦克一直以发问的方式寻求比尔真正的需要，同时也在发问中表现出了一切为客户着想的热忱，使比尔在不知不觉中做了很好的配合，创造了良好的谈话气氛。

（资料来源：http://info.1688.com/detail/1024255373.html。）

问题：

（1）为了挖掘客户的需求，您认为需要耗用多少时间向客户问问题呢?

（2）比尔的需要是什么? 麦克的询问过程是怎样的?

【阅读资料】

推销提问技巧的基本原则

1. 洽谈时用肯定句提问

在开始洽谈时用肯定的语气提出一个令客户感到惊讶的问题，是引起客户注意和兴趣的可靠办法。如"您已经……吗?""您有……吗?"或是把您的主导思想先说出来,在这句话的末尾用提问的方式将其传递给客户。"现在很多先进的公司都构建自己的局域网了,不是吗?"这样,只要你运用得当,说的话符合事实而又与客户的看法一致,会引导客户说出一连串的"是",直至成交。

2. 询问客户时要从一般性的事情开始,然后再慢慢深入下去

向客户提问时,虽然没有一个固定的程序,但一般来说,都是先从一般性的简单问题开始,逐层深入,以便从中发现客户的需求,创造和谐的推销气氛,为进一步推销奠定基础。

3. 先了解客户的需求层次,然后询问具体要求

了解客户的需求层次以后,就可以掌握您说话的大方向,可以把提出的问题缩小到某个范围以内,而易于了解客户的具体需求。如客户的需求层次仅处于低级阶段,即生理需要阶段,那么他对产品的关心多集中于经济耐用上。当您了解到这以后,就可重点从这方面提问,指出该商品如何满足客户需求。

4. 注意提问的表述方法

下面一个小故事可以说明表述的重要性。一名教士问他的上司:"我在祈祷的时候可以抽烟吗?"这个请求遭到上司的断然拒绝。另一名教士也去问这个上司:"我在抽烟的时候可以祈祷吗?"抽烟的请求得到了允许。因此,推销实践中,我们应注意提问的表述,如一个保险推销员向一名女士提出这样一个问题:"您是哪一年生的?"结果这位女士恼怒不已。于是,这名推销员吸取教训,改用另一种方式问:"在这份登记表中,要填写您的年龄,有人愿意填写大于二十一岁,您愿意怎么填呢?"结果就好多了。经验告诉我们,在提问时先说明一下道理对洽谈是有帮助的。

常见的提问方式:

(1)协商性提问

您看是否明天送货?

(2)限定性提问

您看今天下午三点还是两点来见您?认为说"不"比说"是"更容易和更安全。

(3)启发型提问

启发型提问是以先虚后实的形式提问,让对方做出提问者想要得到的回答。这种提问方式循循善诱,有利于表达自己的感受,促使客户进行思考,控制推销劝说的方向,如一个客户要买帽子,营业员问:"请问买质量好的还是差一点的呢?""当然是买质量好的!""好货不便宜,便宜无好货。这也是……"

(4)求教型提问

这种提问是用婉转的语气,以请教问题的形式提问。这种提问的方式是在不了解对方意图的情况下,先虚设一问,投石问路,以避免遭到对方拒绝而出现难堪局面,又能探出对方的虚实。如一推销员打算提出成交,但不知对方是否会接受,又不好直接问对方要不要,于是试探地问:"这种商品的质量不错吧?请评价一下好吗?"如果对方有意购买,自然会评价;如果不满意,也不会断然拒绝,使双方

难堪。

常见的提问方法：

（1）单刀直入法

这种方法要求推销员直接针对客户的主要购买动机，开门见山地向其推销，打他个措手不及，然后"乘虚而入"，对其进行详细劝服。请看下面这个场面：门铃响了，一个衣冠楚楚的人站在大门的台阶上，当主人把门打开时，这个人问道："家里有高级的食品搅拌器吗？"男人怔住了。这突然的一问使主人不知怎样回答才好。他转过脸来和夫人商量，夫人有点窘迫但又好奇地答道："我们家有一个食品搅拌器，不过不是特别高级的。"推销员回答说："我这里有一个高级的。"说着，他从提包里掏出一个高级食品搅拌器。接着，不言而喻，这对夫妇接受了他的推销。假如这个推销员改一下说话方式，一开口就说："我是×公司推销员，我来是想问一下你们是否愿意购买一个新型食品搅拌器。"您想一想，这种说话的推销效果会如何呢？

（2）连续肯定法

这个方法是指推销员所提问题便于客户用赞同的口吻来回答，也就是说，推销员让客户对其推销说明中所提出的一系列问题，连续地回答"是"，然后，等到要求签订单时，已造成有利的情况，好让客户再作一次肯定答复。如推销员要寻求客源，事先未打招呼就打电话给新客户，可以说"很乐意和您谈一次，提高贵公司营业额对您一定很重要，是不是？"（很少有人会说"无所谓"），"好，我想向您介绍我们的×产品，这将有助于达到您的目标，日子会过得更潇洒。您很想达到自己的目标，对不对？"……这样让客户一"是"到底。

运用连续肯定法，要求推销员要有准确的判断能力和敏捷的思维能力。

（3）诱发好奇心

诱发好奇心的方法是在见面之初直接向可能买主说明情况或提出问题，故意讲一些能够激发他们好奇心的话，将他们的思想引到你可能为他提供的好处上。如一个推销员对一个多次拒绝见他的客户递上一张纸条，上面写道："请您给我十分钟好吗？我想为一个生意上的问题征求您的意见。"纸条诱发了采购经理的好奇心——他要向我请教什么问题呢？同时也满足了他的虚荣心——他向我请教！这样，结果很明显，推销员应邀进入办公室。

但当诱发好奇心的提问方法变得近乎耍花招时，用这种方法往往很少获益，而且一旦客户发现自己上了当，您的计划就会全部落空。

（4）"照话学话"法

"照话学话"法就是首先肯定客户的见解，然后在客户见解的基础上，再用提问的方式说出自己要说的话。如经过一番劝解，客户说："嗯，目前我们的确需要这种产品。"这时，推销员应不失时机地接过话头说："对呀，如果您感到使用我们这种产品能节省贵公司的时间和金钱，那么还要待多久才能成交呢？"这样，水到渠成，毫不矫揉造作，客户也会自然地买下。

（5）刺猬效应

在各种促进买卖成交的提问中，"刺猬"技巧是很有效的一种。所谓"刺猬"

反应，其特点就是您用一个问题来回答客户提出的问题。您用自己的问题来控制您和客户的洽谈，把谈话引向销售程序的下一步。让我们看一看"刺猬"反应式的提问法：客户："这项保险中有没有现金价值？"推销员："您很看重保险单是否具有现金价值的问题吗？"客户："绝对不是。我只是不想为现金价值支付任何额外的金额。"对于这个客户，若您一味向他推销现金价值，您就会把自己推到河里去一沉到底。这个人不想为现金价值付钱，因为他不想把现金价值当成一桩利益。这时您该向他解释现金价值这个名词的含义，提高他在这方面的认识。

一般地说，提问要比讲述好。但要提有分量的问题并非容易。简而言之，提问要掌握两个要点：

（1）提出探索式的问题

以便发现客户的购买意图以及怎样让他们从购买的产品中得到他们需要的利益，从而就能针对客户的需要为他们提供恰当的服务，使买卖成交。

（2）提出引导式的问题

让客户对您打算为他们提供的产品和服务产生信任。还是那句话，由您告诉他们，他们会怀疑；让他们自己说出来，就是真理。

在你提问之前还要注意一件事——你问的必须是他能答得上来的问题。

（资料来源：http：//www. douban. com/note/319377760/？type＝like。）

三、说服技巧案例

【阅读资料】

推销中的"望、闻、问、切"

与客户交往中，最难判断的是他们的关注点或利益点。一个好的推销员应该借鉴华佗的治病箴言："望、闻、问、切"来弄清楚他们关注什么。

（1）望：观察客户，一眼识别客户的层次、素质、需求、喜好等。

（2）闻：听客户的叙述，必须给客户表述的时间，耐心地听，高质量地听，客户没有耐心为你多讲几遍，他们也不会反复强调重点，甚至有些时候他们会自然不自然地隐藏自己的真实需求，这就更需要细心地听。

（3）问：客户只知道他目前需要购买东西解决问题，却不知买什么与怎样做，这就需推销员担当策划师的角色，为他提供全面、准确、最适合的策划方案。推销员要想清楚明了客户的需求，就需要通过提问、回答反复深入地了解客户的真实想法，从而给出客户最需要的购买建议，完成销售。

（4）切：实际考察客户的状况。客户的表述、回答都不一定正确，适当的时候，业务员需要实地考察客户状况，比如装修，就需上门考察，再为其制定装修方案。

（资料来源：http：//blog. sina. com. cn/s/blog_ 4d29c94c010009xb. html。）

【案例分析】

用客户听得懂的语言交流

詹姆斯受命为办公大楼采购大批的办公用品，结果在实际工作中碰到了一种过去从未想到的情况。

首先使他"大开眼界"的是一个推销信件分投箱的推销员。詹姆斯向推销员介绍了公司每天可能收到信件的大概数量，并对信箱提出了一些具体的要求。这个小伙子听后脸上露出大智不凡的神情，推荐用他们的 CST。

"什么是 CST？"詹姆斯问。

"怎么？"他以凝滞的语调回答，话语中还透着几分悲叹，"这就是你们所需要的信箱。"

"它是纸板做的、金属做的，还是木头做的？"詹姆斯试探地问道。

"哦，如果你们想用金属的，那就需要我们的 FDX 了，也可以为每一个 FDX 配上两个 NCO。"

"我们有些打印件的信封会特别长。"詹姆斯说明。

"那样的话，你们便需要用配有两个 NCO 的 FDX 传发普通信件，而用配有 RIP 的 PLI 传发打印件。"

这时，詹姆斯稍稍按捺了一下心中的怒火，说道："小伙子，您的话让我听起来十分荒唐。我要买的是办公用具，不是字母。如果您说的希腊语、亚美尼亚语或汉语，我们的翻译也许还能听出点道来，弄清楚你们产品的材料、规格、使用方法、容量、颜色和价格。"

"噢，"他答道："我说的都是我们产品的序号。"

詹姆斯运用律师盘问当事人的技巧，费了九牛二虎之力才慢慢从推销员嘴里搞明白他的各种信箱的规格、容量、材料、颜色和价格，从推销员嘴里掏出这些情况就像用钳子拔他的牙一样艰难。推销员似乎觉得这些都是他公司的内部情报，他已严重失密。

如果这位先生绝无仅有的话，詹姆斯还没觉得有些什么大碍。不幸的是，这位年轻的推销员只是个打头阵的，其他的推销员成群结队而来，全都是漂亮、整洁、容光焕发的诚心诚意的小伙子，每个人介绍的全是产品代号，詹姆斯当然一窍不通。当詹姆斯需要板刷时，一个小伙子竟要卖给他 FHB，后来才知道这是"化纤与猪鬃"的混合制品，等物品拿来之后，詹姆斯这才发现 FHB 原来是一个拖把。

几乎毫无例外，这些年轻的推销员滔滔不绝地讲述那些詹姆斯全然不懂的商业代号和产品序号，而且都带有一种深不可测的神秘表情。开始时，詹姆斯还觉得挺有意思，但很快就变得无法忍受。

用客户听得懂的语言介绍产品，这是最简单的常识。有一条基本原则对所有想吸引客户的人都适用的，那就是如果信息的接收者不能理解该信息的内容，那么这个信息便产生不了它预期的效果。推销员对产品和交易条件的介绍必须简单明了，表达方式必须直截了当。表达不清楚、语言不明白，就可能会产生沟通障碍。

（资料来源：http：//vip. book. sina. com. cn/chapter/219940/229026。）

问题：

（1）詹姆斯为什么无法忍受推销员？

（2）分角色扮演案例中的人物，扮演推销员的人要向扮演詹姆斯的人清晰说明产品的利益特性。

【阅读资料】

客户抗拒的类型

说服的前提是存在客户抗拒，因此，从一定意义上说，沟通始于障碍，说服源于抗拒。一个说服专家，必须是一个解除抗拒专家。销售过程中，最常见的抗拒主要为时间的抗拒、价格的抗拒、效果的抗拒等。

1. 沉默型抗拒：沉默型抗拒的客户通常表现为拒绝与业务员交流。这类抗拒的产生往往由于业务员的亲和力不够所致。

2. 借口型抗拒：这种类型的客户通常通过各种借口来推脱业务员的说服。这类情形主要由于业务员没有找出客户借口背后真正的抗拒原因。

3. 批评型抗拒：这种类型的客户喜欢批评业务员和业务员销售的产品及其所在公司。这类抗拒的背后是客户希望获得业务员的认可与肯定。

4. 问题型抗拒：这种人可能受过专业培训，他特别善于提出大量的问题，这类客户希望能够把握主导权。

5. 表现型抗拒：这类客户喜欢自我表现在相关问题上的认识了解，从而希望获得尊重。

6. 主观型抗拒：这类客户容易坚持己见，不易被说服，不喜欢被人影响，而是希望影响他人。

7. 怀疑型抗拒：这类客户不容易对业务员产生信任，此时，业务员应当用亲和力去影响客户。

（资料来源：http：//wenku. baidu. com/view/64260c270722192e4536f637. html。）

四、处理客户异议案例

【案例分析】

地毯的争执

客户李先生从业务员小王处买了一块地毯，铺放在客厅里。一个月后，李先生找到小王。

李先生："小王，这个地毯有瑕疵啊。"

小王："李先生，这个地毯有什么问题呢？"

李先生："你的地毯中间有个洞啊！"

小王："怎么可能？我们卖出去的地毯都绝对保证质量，不会有这样的问题的。"

李先生："可它现在就是有个洞在那儿啊。"

两个人开始争执起来。后来，公司老总知道了这件事情，对小王说："你还没有完全了解李先生的具体情况，不要先和客户争论，先把问题搞清楚啊。"同时，公司老总对李先生说："李先生，对不起，我们没有教育好员工，给您添麻烦了。您有没有带地毯的照片来，我们看一下问题出在哪里好吗？"李先生说："没什么，我只是来找你们业务员，请你们把地毯洞补上。"

最终，公司花很少的费用就替李先生将地毯洞补上了，李先生非常满意。而在此之前，业务员并没有真正了解客户李先生传达的信息，没有了解李先生的需求，而导致了长时间的争执。

（资料来源：http://wenku.baidu.com/view/64260c270722192e4536f637.html。）

问题：

（1）如果你是小王，你会怎么处理李先生的问题？

（2）李先生真正需要的是什么？

【案例分析】

买哪个冰箱

在一次冰箱展销会上，一位打算购买冰箱的客户指着不远处一台冰箱对身旁的推销员说："那种 AE 牌的冰箱和你们的这种冰箱同一类型，同一规格，同一星级，可是它的制冷速度要比你们的快，噪声也要小一些，而且冷冻室比你们的大 12 升。看来你们的冰箱不如 AE 牌的呀！"推销员回答："是的，您说得不错。我们冰箱噪声是大点，但仍然在国家标准允许的范围以内，不会影响您家人的生活与健康。我们的冰箱制冷速度慢，可耗电量却比 AE 牌冰箱少得多。我们冰箱的冷冻室小但冷藏室很大，能储藏更多的食物。您一家三口人，每天能有多少东西需要冷冻呢？再说吧，我们的冰箱在价格上要比 AE 牌冰箱便宜 300 元，保修期也要长 6 年，我们还可以上门维修。"客户听后，脸上露出欣然之色。

分散客户注意力来推销

涂料推销员在向一位公司采购部经理进行推销活动。客户："你们公司生产的外墙涂料日晒雨淋后会出现褪色的情况吗？"推销员："经理您请放心，我们公司的产品质量是一流的，中国平安保险公司给我们担保。另外，您是否注意到东方大厦，它采用的就是本公司的产品，已经过去 10 年了，还是那么光彩依旧。"客户："东方大厦啊，我知道，不过听说你们公司交货不是很及时，如果真是这样的话，我们不能购买你们公司的产品，它会影响我们的工作。"推销员："经理先生，这是我们公司的产品说明书、国际质检标准复印件、产品价目表，这些是我们曾经合作过的企业以及他们对我们公司、产品的评价。下面我将给您介绍一下我们的企业以及我们的产品情况……"

（资料来源：http：//wenku. baidu. com/view/bd8e42e3524de518964b7d50. html。）

问题：

分析以上两个案例中的推销员为什么能够推销成功？

【案例分析】

马克买沙发

前不久，马克终于实现了他在家里盖一间写作与研究用的办公室的梦想，他的梦想还包括一套真皮沙发。马克对小时候牙医诊所的经历还记忆犹新。在治疗室外有一套旧的皮沙发，马克还记得坐在沙发上靠着扶手的感觉，那沙发是真皮的，马克希望在他的新办公室也有一套。

马克和他太太到镇上一家有很多样式的家具店去购物。店员笑着来招呼他们，马克就向他说明了他们的想法。店员就带他们到了沙发销售区部分，当马克看到第一套吸引人的沙发时，就马上问了价钱。店员把沙发售价告诉马克时，他感到非常惊讶，因为售价只有他预估价格的一半。当马克对真皮沙发的价格表示他的惊讶与喜悦时，店员立刻告诉马克，它真的是一套好沙发，这也是他们卖了这么多这种沙发的理由。

马克坐在那张沙发上并向后靠，感觉真的很好。马克在沙发周围走来走去，赞美它，它真的很美。而后马克又再度表达以这样的价格买到的喜悦。又一次，店员跟着附和说这真是拍卖价格，而且对他们来讲这也是笔大生意。这时马克告诉店员他要买这套沙发。

接下来，马克告诉店员他要一张能放在沙发前的咖啡桌，因此他们就走到了咖啡桌销售区。在途中，他们经过另一套皮沙发，跟马克刚刚同意要买的沙发很像。如果要说真有任何差别的话，马克对这套倒更喜欢一些。所以马克就走过去，仔细地查看，坐下来、往后靠，之后马克真的有点难以抉择应该买哪一套。

因此，马克又问了价格，但令他惊讶的是，其价格竟然是刚才那套的两倍。当下马克就问："为何这套会贵上一倍的价格呢？"店员以一句很简单的话说："因为这一套是全皮的。"马克就问："那刚才那一套是用什么材质做的？我还以为是全皮的呢！"店员说："在人体会碰到的部分是全皮的。垫子的顶端、扶手、还有您向后靠的部分是完全真皮的。然而，在扶手下面、沙发座下、整个沙发的背后全是用合成皮做的。"不过，他很快向马克保证没有人会发觉这个差别，他同时也保证合成皮和皮革一样持久、耐用、耐磨。

马克说："朋友，您为何不一开始就跟我说清楚这沙发不是全皮的呢？"店员说："我是想说的，可是话题一直在换，我想您离开时告诉您，因为我不是那种会误导别人的推销员。"

（资料来源：http：//blog. zol. com. cn/462/article_ 461333. html。）

问题：

（1）马克会怎么做，是买其中的一套沙发，还是两套都不买呢？

（2）如果是你，你会不会拂袖而去？

(3) 模拟扮演店员与马克的场景对话。

五、达成协议案例

【案例分析】

让客户说"是"

美国西屋公司的推销员阿里逊曾经这样描述他的一段经历：在我负责的区域中，我希望将自己的机电产品推销给 S 工厂，我的前任也有此愿望，可是为之进行了 10 年的不懈努力，都未能获得成功。

在我接任后又进行了 10 年的努力，只在一个偶然的机会中向 S 工厂试销了数台马达。反正是试销，我相信，如果马达运转顺利的话，他们一定会继续向我订购大批马达的。

三个星期过去了，我深信自己判断的准确性。于是便满怀信心地跨进了 S 工厂的大门。

"阿里逊，我不要你们公司的马达了。"

那家工厂的总工程师见到我就这样说，使我大吃一惊，简直使我手足无措，便连忙追问原因。

"你们公司的马达发热度过高，使工作人员无法碰到。"他回答说。

如果我表示赞同，照我以往的经验，定将于事无补。

于是，我对他说："史密斯先生，您说得很有道理，若真有这种情况发生，我们绝不会要求您购买。您应选择发热量比工会所定标准更小的马达。您说是吗？"他回答当然是肯定的。就这样，我得到了一连串问题中的第一个"是"。

接着我请教他，工会规定的马达温度，在室内是不是可以比室温高 22℃。他仍然回答"是"。接着他说："虽然如此，那些马达却比规定的热度高得多。"我不反对他的话，只是问："你们工厂的温度是多少呢？"，"大约 24℃吧。"于是我对他说："工厂温度 24℃，加上规定温度一共是 46℃。如果用手去触摸 46℃的高温，是不是会被烫伤呢？"

他不得不回答"是"。

"那么，如果请工人不要去触摸马达，不就免得烫伤了吗？"

"对，您说得对。"

于是，他便将下个月的预算 3.5 万美元都订了西屋公司的货。

（资料来源：http：//wenku．baidu．com/view/dd9ad62de2bd960590c67772．html。）

问题：

为什么 S 工厂会继续订购西屋公司的货？

【案例分析】

Furmanite 服务公司

克里斯是一个工业用阀门、法兰、密封圈及密封剂的推销员，他正在访问壳牌石油公司的购买者格雷，希望他能使用该牌子的密封制品来防渗漏，克里斯刚和购买者讨论完产品的特色、优点、利益，也说明了公司的营销计划和业务开展计划，他感觉快大功告成了。以下是他们两人的对话：

克里斯："让我们来总结我们谈到的内容。您说过喜欢由于快速修理所节省下来的钱，您也喜欢我们速战速决的反应而节省的时间，最后一点我们的服务实行三年担保，是这样吧？"

格雷："是的，大概是这样吧。"

克里斯："格雷，我提议带一伙人来这里修理这些渗漏的阀门，您看是让我的人星期一来呢还是别的什么时候？"

格雷："不用这么快吧！你们的密封产品到底可不可靠？"

克里斯："格雷，非常可靠。去年，我们为美孚做了同样的服务，至今为止我们都未因担保而返回修理，您听起来觉得可靠吗？"

格雷："我想还行吧。"

克里斯："我知道您作出决策时经验丰富，富有专业性，而且您也认同这是一个对你们公司正确的、有益的服务，让我安排一些人来，您看是下星期还是两周内？"

格雷："克里斯，我还是拿不定主意。"

克里斯："一定有什么原因让您至今犹豫不决，您不介意我问吧？"

格雷："我不能肯定这是否是一个正确的决策。"

克里斯："就是这件事让您烦恼吗？"

格雷："是的。"

克里斯："只有您自己对自身的决策充满自信，您才可能接受我们的服务，对吧？"

格雷："可能是吧！"

克里斯："格雷，让我告诉您我们已经达成共识的地方，由于能够节省成本，您喜欢我们有在线修理服务；由于能得到及时的渗漏维修，您喜欢我们快捷的服务回应；而且您也喜欢我们训练有素的服务人员及对服务所做的担保，是这些吧？"

格雷："没错。"

克里斯："那什么时候着手这项工作呢？"

格雷："克里斯，计划看起来很不错，但我这个月没有钱，或许下个月我们才能做这项工作。"

克里斯："一点也没问题，格雷。我尊重您在时间上的选择，下个月5号我再来您这里确定维修工人动身的时间。"

（资料来源：http://wyxf110530.blog.163.com/blog/static/11287426720103105

3823963／。）

问题：

（1）说明推销员使用了哪些达成协议的方法？

（2）克里斯是否应再次提出成交？为什么？

第二节　汽车推销技巧实训

一、实训目的和要求

能接待、咨询、展示、绕车介绍汽车推销环节，能协助签订汽车销售协议，能做好交车、验车交代，能做好售后、回访提醒，能参与验证、验车、缴费等销售服务工作，能汇总汽车商品信息、客户信息。

二、实训内容

（一）汽车推销流程

销售服务：售前、售中、售后服务。

配件供应：保用期内的用件及索赔零件，修理件、专业维修服务站的配件。

维修服务：中修和小修。

信息反馈：进一步提高服务质量、开拓市场。

（二）售前技巧

1. 寻找客户

（1）客户类型：直接用户、汽车营销单位；基本往来户、一般往来户、普通往来户。

（2）汽车推销七点经验：

250 定律——不得罪一个客户；名片满天飞——向每个人推销；建立客户档案——更多地了解客户；猎犬计划——让客户帮助你寻找客户；推销产品的味道——让产品吸引客户；诚实——推销的最佳策略；每月一卡——真正的销售始于售后。

2. 推销前的准备

（1）推销员准备

自我心理准备：相信自己、树立目标、把握原则、创造魅力。

形象准备：着装原则、衣着规范。

销售工具的准备：公司介绍、汽车目录、地图、名片夹、通讯录、空白"合同申请表"等。

（2）研究所推销的产品

了解产品的特点与功能，专业数据，了解产品是理性产品还是感性产品，了解产品的构成。另外，很重要的一点是千万不要对自己的产品抱怀疑态度。

3. 访问客户

（1）访问前的准备：熟悉企业、认识商品、了解客户、认识客户心理、审视自我。

①为了这次拜访写下一句开场白的陈述，可以的话，写下可引出这句开场白的陈述。

②假定客户已接受你所提出的议程，写一句开放式询问，开始搜集有关客户的情形和环境所需的资料。

③当你已运用询问了解一个需要，又已经说服该需要，写一个开放式询问，用来发掘其他需要。

④当你已经了解并说服了三个或以上的需要后，你可以开始达成协议。

（2）激发客户兴趣：别出心裁的名片、请教客户意见、告知准客户有用信息、告知可获得利益、指出能协助解决客户面临的问题。

（3）把握客户类型：在拜访和销售过程中对症下药、因人施计，对待不同类型的客户采取不同的方法（见表12-1）。

表12-1　　　　　　　　　汽车行业客户不同性格的特点与推销技巧

类型	特点	技巧
内向型	生活较封闭，对外界表现冷淡敏感，讨厌太过热情。	投其所好。
随和型	易相处，不当面拒绝别人；但易忘记承诺。	幽默风趣，有耐心和其周旋。
刚强型	个性刚毅，对工作认真，严肃、思维缜密。	要显现出严谨的工作作风，时间观念要强；经第三者介绍。
神经质型	异常敏感、容易反悔；情绪不稳定，易激动。	要有耐心、言语谨慎；把握住对方的情绪变动，顺其自然，适时提观点。
虚荣型	爱表现自己，不喜欢听别人劝说，任性且嫉妒心较重。	为其提供发表高见的机会，不轻易反驳或打断其谈话，推销过程中找第三者开口附和他。
好斗型	好胜、顽固，喜欢将自己的想法强加于别人，征服欲强。	必要时丢点面子，准备足够的数据资料、证明材料。
顽固型	老年客户或者是在消费上具有特别偏好的客户。	不要试图在短时间内改变这类客户，否则容易引起对方反感；用手中的资料、数据来说服对方，先发制人，不要给他表示拒绝机会。
怀疑型	对产品和汽车推销员的人格都会提出质疑。	对产品充满信心，但不要企图以口才取胜；端庄严肃、态度谨慎以建立信任。
沉默型	表现消极，对推销冷淡。	提一些简单的问题刺激客户的谈话欲，就汽车产品功能进行解说；必要时给对方一定的时间去思考。

4. 成功的业务拜访

营造一个开放的信息交流的气氛，把重点放在客户的需要上，让你和客户达成互利的决定。

（1）开场白：提出议程——陈述议程对客户的价值——询问是否能接受。

（2）不断询问客户的需求——搜集资料。

（3）说服客户（消除异议）——提供满足其需要的资料。

（4）达成协议——为下一步骤取得共识，交换有关合作的资料。

（三）接待客户

1. 迎接客户：礼貌友好地打招呼——简单自我介绍、递名片——询问客户姓名或尊姓——询问他需要什么帮助。

2. 了解客户需求：使用询问和聆听等方法。

3. 准备工作

（1）了解客户购买的动机

确定客户的主要需求：质量、价格、舒适性、造型、安全性、售后服务、零部件供应。

（2）车辆的准备工作

方向盘调整至最高位置；确认所有座椅都调整回垂直位置；座椅的高度调整至最低的水平；收音机的选台，磁带、CD 的准备；车辆的清洁；钥匙。

（3）学会介绍的技巧

绕车介绍的技巧种类包括：简单介绍、重点突出（好、先进）；寻求客户认同；让客户开口；让客户操作。

绕车技巧有绕车前的产品概述；向客户展示选择后的车辆；从最能够满足客户的购买动机与益处开始；让客户参与——鼓励客户提问；让客户动手；简要介绍——寻求客户认同；让客户开口——让客户操作。

（四）车辆展示

环绕介绍（六方位介绍法）：

车辆前部：通常可以在最有利于看清车辆特征的角度位置向客户做产品概述，如车身线条。

发动机室：介绍车身和风格的好地方，如风阻系数，发动机舱运用综合现在科技的设计。

驾驶座侧：做简单的巡游总结并询问客户有什么问题，鼓励客户打开车门进入内部。

后部：可以突出尾灯、保险杠和汽车的排放，如大面积尾灯、一体式后保险杠。

内部：行李箱，更低的开口，更大的空间；车辆内部，腿部空间。

乘客侧：可以致力于安全性能的介绍，轮胎和悬架系统（舒适性）的介绍，如车门防撞钢梁、四轮独立悬吊。

（五）异议处理

1. 冷静倾听，给出反馈信息；

2. 表示认同（点头效益）；

3. 转换异议；

4. 延缓处理；

5. 否认（反驳）。

（六）缔结成交

1. 购买时机——客户的购买信号

（1）开始询问：内容包括贷款手续、缴款手续；指定颜色车型、交车时间及地点、交车事项；办牌照、保险等相关准备事宜；售后服务、保修等。

（2）身体语言：包括身体向前倾，或向你的方向前倾；眼睛闪闪发光，表现出很感兴趣的样子；出现放松或愉悦的表情和动作点头对你的看法表示同意；不断审视产品，用心仔细观看目录、合同，或是订货单；详细地阅读说明书，并且逐条的检视。

（3）客户自述

2. 建议购买——把握时机，建议客户作出决定

3. 成交技巧

（1）情境成交法：

假设型成交——汽车推销员假设目标客户将要购买，通过语言或无声的行动来表示这种感觉。

二选一法——把最后决定集中到两点上，然后让客户从二者中挑选一种办法。

（2）小点促进型成交——从无足轻重的小的方面开始，逐步使目标客户在更大的决定上点头。

（3）利益总结型成交——以总结产品特点的主要优势及其给目标客户带来的好处来结束对产品的介绍。

（4）供应压力型成交——给目标客户施加一定的压力，让其购买而不拖延。

（5）赞扬型成交——特别适合那些自诩为专家、十分自负或情绪不佳的目标客户。

4. 签订合同

（1）注意合同是具有法律效力的，应重视各阶段及整个时间的可行性及各阶段的付款时间与方式。

（2）代客户办理的服务事项，向客户交代清楚上牌、汽车装潢、保险、外地牌照，相关手续、时期、费用等。

5. 交车、验车

交车、验车包括牌照、保险、移动证（临时牌照）。

交车时：对汽车进行检查，确保所需文件齐备，解释有关文件，演示汽车及一些装置的操作，介绍保养、维修的厂家和程序。

（七）售后服务

1. 商品信誉的维护

商品品质的保证，使客户充分获得购买的利益；服务中承诺的履行。

2. 提供商品资料

供客户参考，报道商情。

3. 汽车客户的维系

（1）感情联络：拜访，书信电话联络，赠送纪念品。

（2）情报搜集：了解客户背景，实现连锁销售。

4. 正确处理投诉

总原则：先处理感情，再处理事情，一直维系客户的热情。

基本做法：

（1）有诚恳的态度——对客户表示同情和理解。

（2）耐心倾听——给客户发泄的机会/说明问题。

（3）虚心提问、真诚道歉——提问和道歉可以平息投诉人的不满情绪。

（4）注意沟通的技巧——对事不对人，要间接指出客户的错误。

三、实训任务

1. 汽车推销流程；

2. 接待、咨询；

3. 绕车介绍；

4. 汽车销售协议的签订；

5. 有一定的处理突发事件的能力（由于生产厂家或物流公司等原因使客户不能按时提车、如何应对一些客户的无理投诉等）。

【阅读资料】

汽车需求的特点

1. 需求具有伸缩性

一方面，汽车的消费需求具有较强的需求价格弹性，即价格的变动对汽车的个人需求影响很大；另一方面，这种需求的结构可变。当客观条件限制了这种需求的实现时，它可以被抑制，或被转化为其他需求，或最终被放弃；反之，当条件允许时，汽车消费不仅会得以实现，甚至会发展成为流行性消费。

2. 需求具有多样性

汽车购买者由于在用途、个人收入和文化观念上的差别，以及在年龄、职业、兴趣、爱好等方面的差异，会形成不同的消费需要，从而使汽车购买者的需求表现出层次性或多样性。

3. 需求具有可诱导性

对大多数个人购买者而言，他们对汽车缺乏足够的专门知识，往往会受到周围环境、消费风气、人际关系、宣传等因素的影响。

4. 需求具有替代性

汽车购买者在面临多种车型的选择时，往往会对能够满足自己需要的商品进行比较、鉴别，只有那些对购买者吸引力强、引起的需求强度高的汽车产品才会最终促成购买行为的实现。也就是说，同时能够满足需要的不同汽车品牌之间具有竞争性，需求表现出相互替代的特性。

5. 需求具有发展性

个人购买需求一般从简单到复杂、由低级向高级发展。在现代社会中，各类消费方式、消费观念、消费结构的变化总是与需求的发展性和时代性息息相关。所以汽车产品个人购买需求的发展也会永无止境，如在不过分增加购买负担的前提下，消费者对汽车的安全、节能和环保等性能的要求总是越来越高。

6. 需求具有集中性和广泛性

一方面，由于私人汽车消费与个人经济实力关系密切，在特定时期内，经济发达地区的消费者或者收入相对较高的社会阶层，对汽车（或某种车型）的消费比较明显，需求表现出一定的集中性。另一方面，高收入者各地都有（尽管数量上的差异可能较大），而且随着经济发展会不断增多，所以需求又具有地理上的广泛性。

（资料来源：http：//www. docin. com/p－21329604. html&endPro＝true。）

【阅读资料】

汽车销售技巧与话术

问题一：这车多少钱？

这是一个很直接的问题，但是在汽车销售话术中销售员绝对不能简单回答一句多少钱完事。销售员的回答："先生/小姐您好，我们这款车的价格定位比较人性化，都是根据客户的实际情况来配套配置的，所以价格也就会有所不同。"然后根据客户情况给出不同配置的报价，切忌一开始就给客户报最低的价格。因为你报出低的价格之后即使配置再好，客户也不愿意再出高的价格。

问题二：能优惠多少？

这一问题千万不能一下子把公司给你的底价一下子亮出来，汽车销售话术技巧之一就是和客户磨。销售员可以跟客户说："我们这个价格是非常优惠的，并且这个价格还有许多的优惠和赠送的精品。"销售价格直接关系到公司和个人佣金的收益，不到万不得已宁可赠送礼品都不要轻易给客户一降再降。

问题三：还有什么礼品送？

做汽车销售的人都明白公司是有很多的附带精品赠送给客户的，但也不是随便送。在能说服客户的情况下尽量不要给客户额外赠送其他的礼品，因为礼品也需要成本，赠送礼品就等于在减少自己的佣金。在汽车销售话术中可以跟客户说：我们已经赠送您很多礼品了，在这个价格上再送的话我们会亏损很难向公司交代的。遇到坚持要送东西的客户时，一定要跟客户说我帮您向上级申请，让客户感觉到这个礼品确实有价值以及你帮了他。

问题四：怎么比网上的价格贵这么多？

这个问题在汽车销售话术中是一个很好回答的问题，汽车销售员在回答时首先要肯定客户。可以说："嗯，我们的价格确实比网上略高了一点，但您也知道网上的东西都比较虚拟，您也不敢直接就在网上买辆汽车对吧？"况且我们这个价格的配置和服务在网上也是没有的，所以这个配置和售后的服务对于这个价格是不贵的。

问题五：这车最低多少钱卖？

客户说到这个份儿上了说明他是真的想买这台车，汽车销售话术就是不能和客户痛快，应该和客户周旋说明这个价格的优势，如果客户坚决要那个价格才肯买则可以在附加赠送的礼品和售后服务中减少。

问题六：什么时候车能降价？

这时的客户处于一个观望的阶段，也就是他很想要这台车只是觉得价格不合适。

销售员一定不能随便回答客户时间或者不知道就完事，而是抓住他想要这台车的优势再次攻击客户。在汽车销售话术中可以说：这款车在市场上很受欢迎，近期都很难有降价的空间，况且在这个价格的基础上我们赠送的附加礼品也等于降了很多。

问题七：那我回去考虑一下？

聪明的汽车销售员都明白这是客户在给销售员暗示他就想要这台车，销售员千万不能就这样放客户走。汽车销售话术技巧中可以抓住客户的心理："请问您是不是还有哪些方面的顾虑呢？有什么疑问我可以帮您解答。"

站在客户的角度帮客户分析，把他所有顾虑打消。做好并且能以真诚的态度为客户服务，就能在交易中抢先一步，在客户面前取得良好的印象，这也是汽车销售员应掌握最基本的销售技巧。

（资料来源：http：//jingyan. baidu. com/article/8275fc86a1326a46a03cf6c7. html。）

参考文献

［1］李先国．现代推销理论与实务［M］．北京：首都经济贸易大学出版社，2008．

［2］凤翔，屠立峰．现代推销技术［M］．北京：北京大学出版社，2012．

［3］彭先坤．推销技巧案例集［M］．南昌：江西高校出版社，2009．

［4］李红梅．现代推销实务［M］．北京：电子工业出版社，2006．

［5］单宝．做世界上最伟大的推销员［M］．天津：天津社会科学院出版社，2006．

［6］吴健安．现代推销理论与技巧［M］．北京：高等教育出版社，2005．

［7］李海琼．现代推销技术［M］．浙江：浙江大学出版社，2004．

［8］周琼．商务谈判与推销技术［M］．北京：机械工业出版社，2005．

［9］佟姗姗，王彤．现代推销技术［M］．北京：中国传媒大学出版社，2011．

［10］钟立群．现代推销技术［M］．北京：电子工业出版社，2005．

［11］崔利群．推销实务［M］．北京：高等教育出版社，2002．

［12］冯华亚．推销技巧与实战［M］．北京：清华大学出版社，2008．

［13］姚书元．现代实用推销学［M］．上海：复旦大学出版社，2004．

［14］单凤儒．市场营销综合实训［M］．北京：科学出版社，2009．

［15］李文国．推销实训［M］．大连：东北财经大学出版社，2008．

［16］苟志强．推销员最新实战完全手册［M］．北京：中国言实出版社，2007．

［17］赵欣然．推销原理与技巧［M］．北京：北京大学出版社，2011．

［18］吴键安，王旭，姜法葵，吴玲．现代推销学［M］．大连：东北财经大学出版社，2006．

［19］赵维方．推销有绝招［M］．北京：中国致公出版社，2007．

［20］周树清．推销必备全书10天打造金牌推销员［M］．北京：中央编译出版社，2006．

［21］陈瑛．推销技术［M］．北京：中国财政经济出版社，2007．

［22］刘轶花．推销实务［M］．成都：西南财经大学出版社，2007．

［23］唐立军．现代推销理论与技巧［M］．北京：中国工商出版社，2007．

［24］李世宗．现代推销技术［M］．北京：北京师范大学出版社，2007．

［25］张汉林．现代推销实务［M］．海口：南海出版公司，2007．

［26］宋立强．推销口才［M］．北京：中国城市出版社，2007．

［27］郭奉元．现代推销技术［M］．北京：高等教育出版社，2005．

［28］席波．推销原理与实务［M］．大连：东北财经大学出版社，2009．

［29］于雁翎．推销实务［M］．广州：广东高等教育出版社，2006．

［30］宋桂元．现代推销实务［M］．重庆：重庆大学出版社，2006.

［31］郑承志．商品推销实务［M］．大连：东北财经大学出版社，2006.

［32］邱训荣．推销技巧［M］．南京：东南大学出版社，2004.

［33］陈转青，吴国庆．现代推销技术［M］．北京：中国人民大学出版社，2011.

［34］劳托．销售圣经：世界最杰出的十大推销大师［M］．北京：中国民航出版社，2004.

［35］托马斯·N．英格拉姆．专业化销售：基于信任的方法［M］．方毅平，译．北京：中国人民大学出版社，2009.

［36］奇普·康利，等．销售改变世界——卓越营销十大法则［M］．闫鲜宁，译．北京：中国人民大学出版社，2008.